21世纪经济学管理学系列教材

管理科学理论与方法

MANAGEMENT SCIENCE
THEORY AND METHOD

黄本笑 范如国 / 编著

WUHAN UNIVERSITY PRESS
武汉大学出版社

前　言

　　改革开放二十多年以来,我国在管理理论与管理实践方面取得了重要发展,管理科学对指导我国经济和社会活动起到了重要的作用。但是与国外现代管理科学发展的水平相比还存在着明显的差距,尚未形成符合我国国情、能够科学指导我国管理实践的系统的管理理论、方法和学科体系。世界各国的现代化进程表明,在实现工业化的过程中,尤其是在工业化的中后期阶段,工业化的推进不仅取决于技术创新和技术进步,还取决于管理创新和管理科学化的程度。进入新世纪,我国大力提倡走新型工业化道路,在这样的背景下,如何加快我国管理科学化的步伐,提升管理科学研究的水平,分析我国管理科学化进程的规律,探索我国管理科学与方法发展的道路和方法,形成我国的管理理论、方法和学科体系;提高我国管理实践的科学化水平,对我国企业管理实践和创新进行科学总结,努力构建中国特色的管理科学理论和方法论体系,是我国管理学界面临的一项重要课题,也是对广大从事管理学研究的理论工作者和管理实践者的重大挑战。

　　管理的科学化包含管理理论研究、管理实践和管理学学科建设的科学化等方面的内容。方法论的科学化是管理学学科建设的有机内容。分析支撑管理学的方法论体系,是加快我国管理理论研究科学化进程和推动我国管理学与世界接轨的重要途径。要开展有效的管理活动,必须对影响管理过程中的各种因素及其相互之间的关系,进行总体的、系统的分析研究,才能形成关于管理的科学的基本理论和合理的决策活动,系统科学理论是管理科学基本的理论、方法和手段。因此,管理科学理论的基本特征,应该是以系统观点为主要方法,综合运用系统科学、数学、统计学、经济和行为科学的理论和方法,结合信息科学技术,使用定性与定量相结合的方法,为现代管理的决策提供科学的依据,通过计划与控制等活动来研究和解决各项生产与经营活动中复杂的管理问题。此外,管理概念、理论和方法的学习也要用系统的观点来进行指导,用系统的观点来分析、研究和学习管理的原理和管理活动的规律。

　　基于上述的分析,本书在思考管理科学理论和方法的理论体系的过程中,从系统理论的思想出发,选择了当今管理科学理论与实践中比较有代表性的十三个方面的理论和方法,尤其是吸收了现代管理科学理论和实践发展中的最新成果,如管理博弈、模糊管理、虚拟管理、复杂性管理等,试图在构建有中国特色的管理科学理论和方法论体系方面作出一些有益的尝试。

　　本书在写作过程中,参阅了大量中外的专业资料、著作和论文,在此谨向作者表示衷心的感谢。武汉大学经济与管理学院及武汉大学出版社的谢文涛编辑,对本书的写作和出版给予了大力的支持和帮助,同时本书还得到湖北省自然科学基金的资助,在此也一并致以深深的谢意。由于编者水平有限,加之时间仓促,书中错误和不妥之处在所难免,恳请广大读者和同行批评指正。

编　　者

2005 年 10 月

目　　录

绪　　论

第一节　管理科学概述

一、管理科学研究的对象

管理科学是继科学管理、行为科学理论之后管理理论发展和实践的结果，它是科技进步和社会发展密切结合的产物，现已被当做一门专门的学科类别加以研究和应用。今天的管理科学已不再是一般性的探索管理的科学，而是设法把科学的原理、方法和工具应用于各种管理活动，制定用于管理决策的数学和统计模型，并把这些模型通过计算机应用于管理，减低不确定性，以便最优化地利用资源的科学。它的研究对外主要有以下几个方面。

（一）管理科学是一门研究管理发展规律的学科

管理不是现代人的发明，管理活动自古以来就存在着。从开始组成集体来实现它们作为个人所不能实现的各种目标以来，管理工作逐步发展成为保证协调各个人的努力所必不可缺少的活动了。协调在 1954 年以前一直被作为一项独立的管理职能，此后则称为整个管理过程的一个组成部分。不少学者认为协调不是管理的一个职能，协调是管理的本质，它涉及管理过程的各个方面及管理的全过程，决定着管理目标的实现。管理的实质是为完成目标而从事的对人与物质资源的协调活动。协调组织中各个分系统的活动，并使之与环境相适应。因此说管理的实质就是协调。

随着社会的不断进步和人类文明的发展，在管理实务中仅靠简单地协调已不能解决一些实际问题。比如公司目标的制定、战略的实施等一些关系公司命运的重大举措，就需要管理者最终进行决定。西蒙有句名言：“决策贯彻管理的全过程，管理就是决策。”管理学也指出，现代管理的重点在于经营，而经营成败的关键在于决策，决策是现代管理的核心。面对一个庞大的瞬息万变的被管理系统，高级管理人员应该及时了解它的动态特性，并及时作出正确的判断和下达正确的指令。这样才能使被管理系统的各个子系统协调配合，进而使整个系统得到发展。管理者下达的任何一条指令都是一个决策，可以说管理就是微分决策的积分。

管理是一种不断认识、实践，再认识、再实践的过程。在实践的过程中，为了走在时代的前面，在竞争激烈的市场经济中始终处于优势地位，我们必须在固有的管理模式上不断地改进创新。被管理者是瞬息万变的，对待同一系统也要求管理者有强烈的创新意识，大胆设想，谨慎运用。别人好的经验可以借鉴，但它绝不是放之四海而皆准的完美理念。我们没有一套规定的正确与错误的管理方法，只要适合系统的方法就是一种好的管理。在实践中不断探索与创新是管理的又一特征。

随着计算机的广泛应用，管理也逐渐向定量化、科学化、合理化的方向发展。以前人们认为的管理者凭直觉就"知道"什么是正确的决策的错误认识已被众多的管理者所认识。他们更多地依靠数学模型来定量地分析，现在个人计算机、电子表格以及其他的信息技术在管理中无处不在。大多数管理决策都涉及一些计算机的应用，现在的观点不再是是否应当使用计算机，而是计算机怎样才能用于支持决策。同时，人机对话模拟系统的出现很好地解决了一些复杂的、难以预测的模糊决策问题。

（二）管理科学是研究如何把科学的方法与管理艺术相结合的科学

管理科学是采用科学方法来解决和评价管理过程的。所谓科学方法一般认为是由观察、归纳、实验、确认四个步骤组成。管理的艺术受管理者个人因素的制约。只有把科学方法和管理艺术两方面有机结合才能作出最好的决策。

管理是一种制造性劳动。它是管理实践中的客观规律和个人因素的高度结合。法国管理学者法约尔说："社会组织的健康和正常活动取决于某些条件，人们将这些条件不加区别地称为原则、规律和规则……在管理方面，没有什么死板和绝对的东西，这里全部是尺度问题……因此，原则是灵活的，是可以适应一切需要的，问题在于懂得使用它。这是一门很难掌握的艺术，它要求智慧、经验、判断和注意尺度。"最富有成效的艺术总是以它对科学的理解为基础的，科学与艺术不是相互排斥的，而是相互补充的。科学与艺术是统一的，艺术与知识的应用，科学与表演的巧妙是有关的。科学是教我们"知"，艺术是教我们"行"。如果一个法官学了民法、刑法、经济法……很多方面的法律条文，但吸收如此丰富的知识，仍不足以使他成为一名杰出的法官，他还要灵活地、正确地运用他的知识、技巧，运用是成功的主要条件。没有科学知识的法官就成了不明事理的昏官，有了科学知识，他们才有可能成为一名杰出的法官。没有科学理论构成的知识，管理者想要进行管理，必然是靠其直觉或过去的经验，靠碰运气。在现代社会里，这是拙劣的管理，必将承担极大的风险。

掌握了管理科学，有了系统的管理知识，他们才可能对管理存在的各种问题，设想出可行的、正确的解决办法。因此，机灵的、有效的管理者应该是科学家兼艺术家，不但需要管理知识和正确地将知识应用于管理实践，而且更需要有诱导或启发的能力，使其部属同心同德自觉地为组织目标尽其最大努力。而管理科学就是研究如何去结合才能达到理想的效果。

二、管理科学学习的内容

（一）系统及系统分析方法

"系统"一词最早出现于古希腊语中，原意是指事物中共性部分和每一事物应占据的位置，也就是部分组成整体的意思。而将系统作为一个重要的科学概念予以研究，则是由美籍奥地利理论生物学家冯·贝塔朗菲（Ludwing von Bertalanffy）第一次提出来的，他认为系统是"相互作用的诸要素的综合体"。

系统的确切定义依照学科不同、使用方法不同和解决的问题不同而有所区别。我国系统科学界对系统通用的定义是：系统是由相互作用的若干组成部分（要素）结合而成的，具有特定功能的有机整体。

系统作为一种特殊的社会形态和自然形态，有其自己的特征。其中最显著的四个特征为：整体性、相关性、目的性和环境适应性。系统的整体性主要表现为，系统的整体功能并非各组成要素的简单叠加，而是能够组创出各要素所没有的新功能，即"整体大于部分之和"。系统的相关性是指各组成要素之间作出相应的改变和调整。系统都是具有目的性的。这才会使人们为达到既定目标而采取各种有效的措施。系统时刻处于环境之中，环境的变化对系统的影响很大。系统只有适应环境的变化，才会成为一个理想的系统，只有系统内外部关系都相互协调、统一，才能全面地发挥出系统的整体功能，保证系统整体向最优化方向发展。管理系统所覆盖的学科之广，使我们不可能有一套特定的分析方法适用各个不同的系统。根据分析对象的不同，应灵活地运用定量与定性相结合的方法，进行各自的系统分析。本书主要列举了以下几种常用的系统分析方法：

1. 定性分析方法

（1）目标-手段分析法。

目标-手段分析法，就是将要达到的目标和所需要的手段按照系统展开，一级手段等于二级目标，二级手段等于三级目标，依次类推，便产生了层次分明、相互联系又逐渐具体化的分层目标系统。在分解过程中，要注意使分解的分目标与总目标保持一致，分目标的集合一定要保证总目标的实现。分解过程中，分目标之间可能一致，也可能不一致，甚至是矛盾的，这就需要不断调整，使之在总体上保持协调。将总目标分解为若干个阶层的分目标，需要有很大的创造性和掌握丰富的科学技术知识与实践经验。目标分解需反复地进行，直到认为满意为止。

（2）因果分析法。

它是利用因果分析图来分析影响系统的因素，并从中找出产生某种结果的主要原因的一种定性分析方法。

系统某一行为（结果）的发生，绝非是由一种或两种原因所造成的，而往往是由于多种复杂因素的影响所致。为了分析影响系统的重要因素，找出产生某种结果的主要原因，系统分析人员广泛使用了一种简便而有效的定性分析方法——因果分析法。这种方法是在图上用箭头表示原因与结果之间的关系，形象简单，一目了然，特别是在分析的问题越复杂时越能发挥其长处，因为它把人们头脑中所想问题的结果与其产生的原因结构图形化、条理化。在许多人集体讨论一个问题时，这种方法便于把各种不同的意见加以综合整理，从而使大家对问题的看法逐渐趋于一致。

（3）KJ法。

KJ法是一种直观的定性分析方法。KJ法是从很多具体信息中归纳出问题整体含义的一种分析方法。它的基本原理是：把一个个信息做成卡片，将这些卡片摊在桌子上观察其全部，把有"亲近性"的卡片集中起来合成为子问题，依次做下去，最后求得问题整体的构成。这种方法把人们对图形的思考功能与直觉的综合能力很好地结合起来，不需要特别的手段和知识，不论是个人或者团体都能简便地实行，因此，是分析复杂问题的一种有效的方法。

（4）Delphi方法。

Delphi方法是由兰德（RAND）公司于20世纪40年代末提出来的，也是一种重要的定性预测方法。Delphi方法是一种结构化的方法，它通过大量专家对某一特定问题的判断来获得对该问题未来的综合判断，故也称为专家查询调查法。Delphi法的一个独特性就是其所有的专家并不是聚集在一起讨论他们的观点，而是有意识地把这些专家分开，以使每位专家自己的判断不会受到其他参与专家的影响。同时，参与Delphi法的专家可以来自企业内部，也可以来自企业外部，但许多企业更加偏好于使用企业内部专家，因为这样可以更好地控制结果。Delphi法在系统分析中可以用于创造性地解决问题，其最常用的功能是预测，特别是预测未来环境、技术等的变化。

2. 定量分析方法

（1）直接分析建模法。

直接分析建模是最常用和最基本的建模方法，许多模型都是用这种方法建立的。当问题比较简单和明确，又有较充分的数据和资料时，它是一种非常有效的方法。

（2）状态空间法。

状态空间法采用状态变量来描述系统，建立系统的数学模型，用于系统的分析、设计、优化和控制。这种分析方法不仅可以处理系统输入和输出之间的关系，而且还可以通过状态变量来描述和研究系统的内部结构，是系统分析中常用的方法之一。

（3）投入产出分析法。

投入产出分析（input-ouput　analysis）是美国经济学家来昂惕夫（W. Leontief）创立的研究现代经济活动的一种方法，是利用数学方法研究经济活动的投入与产出之间的数量关系和规律，特别是研究和分析国民经济各部门（各类产品）在产品的生产与消耗之间的关系。它是进行经济系统分析、经济综合平衡和预测的一种行之有效的方法，其基本内容包括：投入产出表、投入产出方程等。

（4）层次分析法。

层次分析法（the Analytic Hierarchy Process, AHP），是一种简明实用的定性分析与定量分析相结合的分析方法。层次分析法是通过分析复杂系统所包含的因素及其相互关系，将问题分解为不同的要素，并将这些要素归并为不同的层次，从而形成一个多层次的分析结构模型。在每一层次中可按某一规定准则对该层要素进行逐对比较，写成矩阵形式，构成并建立判断矩阵。通过计算最大特征根及其相对应的特征向量，得出该层次要素对于该准则的权重。在此基础上进而计算出各层次要素对于总体目标的组合权重，从而得出不同方案的权值，选出最优方案。

（二）决策理论与方法

决策是人们的一种社会行为，渗透到社会的各个领域。决策的正确与否直接影响到决策的经济效益和社会效益。决策一词，如果简单地、顾名思义地来认识，可以理解为作出决定，即为了达到一定的目标，而对应采取行为的方案作出最好的选择和决定，也就是"decision making"。但若进一步深入、完整地加以探索，实际上，"决策"包含了从明确要求解决的问题开始，经过积极思考、研究、分析客观情况和主观目标要求，直到制订和确定最优行动方案，并加以贯彻实施的全过程。因此，我们可以这样来定义决策：决策是指为实现某一目标，从若干可以相互替代的可行方案中选择一个合理方案并采取分析判断的过程。

决策本质上是一个系统的过程，而不是一个"瞬间"作出的决定，从决策的概念可以看出：

（1）决策要有明确的目的。决策总是为了解决某个问题，达到某种目的而采取的行动。没有问题则无须决策，没有目的则无从决策。

（2）决策要有若干可行的备选方案。从多个方案中进行比较和选择是重要的原则，如果只有一个方案，则无从比较其优劣，也没有选择的余地。

（3）决策要进行方案之间的比较和分析。因为各个备选方案都是可行的，所以必须确定评价标准，对各方案从技术、经济等方面进行综合分析与评价，从而确定各方案对目标的贡献程度以及存在的问题。

（4）决策的结果是要选择一个合理的方案。决策是多变量、多约束的行为，现实中的决策要达到所谓最优是不可能的，因而决策者往往对决策的评价指标确立一个最低标准，超过这个标准并在总体上达到预期效果即为合理，也称为满意。

（5）决策是一个分析判断的过程。决策有一定的程序和规则，决策既要依靠科学的理论和科学的方法，也要依靠人的智慧、经验和判断力。因此决策者要不断提高自己的决策能力，以提高决策的正确性和科学性。

决策是管理中的一项重要的活动，决策的效果直接影响到管理目标的实现。决策产生正确的行动，才能得到好的结果。相反，错误的决策必然会产生坏的结果，有时即使在有利的条件下，错误的决策也会使本来可以成功的事业遭到失败。我们研究决策理论，就是用来指导人们怎样作出合理决策，并试图建立一个依据数学以及现实世界（包括人与人、人与自然）的决策逻辑结构。在选择行动和方针时，把科学和管理实践两个领域联合起来，依据所认识的管理系统运营和发展的客观规律性，决策时所处的具体情况的一切条件和特点，决策时所应遵循的多项标准和原则，对各种风险进行分析，以便决策者根据已经认识到的可能结果，来决定采取什么行动。所以，管理决策及其制定的过程，包含着科学知识的因素和创造性、艺术的因素。它是科学知识在实践中的运用，是科学与艺术的高度结合，而且是一个创造性的过程。

现代企业管理的实践证明，管理的重心在经营，经营的中心在决策。那么如何才能作出合理的决策呢？所谓合理决策，包含两层含义：一是在决策选择的过程中，要广泛吸收群众参与决策，以求得广大群众对决策要解决的问题或要达到的目标的理解和共识；二是决策方法的科学化，在决策的全过程中都要遵循科学的决策程序，采用定量分析和定性分析相结合的分析技术，按照合理的决策机制，客观地评选各种可供选择的行动方案。但作出完全合理的决策在管理领域中是难以达到的，这是因为：①人们不可能对过去的事作出决策，决策总是为将来而作的，而将来几乎总是一些不确定因素，即使一个最机灵、消息最灵通的决策者，他也无法预测将来可能会发生的全部事件。②人的知识、时间、精力是有限的，不可能完全了解和掌握有关决策环境的信息。决策者仅把问题的部分信息当做对象，未经知觉的信息被排除在决策者的认知范围之外，当决策者对未来作判断时，利用直觉往往多于利用逻辑分析方法，而人的判断是容易出错的。③实现决策目标的可供选择的方案或行动方针是很多的，但人们无法将它们全部拟定出来。即便全部罗列出来也并非所有的方案都是可以分析的。

　　因此，学会科学的决策分析方法，找到满意的决策方案，已成为实现企业现代化的一个重要课题，也是对企业各类管理人员的基本要求。

　　要进行科学决策，其中一个重要方面就是要进行定性分析和定量研究相结合。决策是对未来行动的设计和选择，是一种超前性的活动，必须以科学的预测为前提。决策不仅需要经验方法和直观信息，更需要借助于科学决策技术和决策方法去定量分析信息和对信息进行统计。

　　我们称定量研究为一种硬决策，即数学决策。它的一般方法是先建立方程式、不等式、逻辑式或概率分布函数来反映决策问题，然后直接用数学手段求解，并查出最优方案。它所应用的数学工具主要是运筹学，其中包括线性规划、非线性规划、排队论和对策论，等等，另外，系统分析、系统工程、网络图论也常常用到。当然，所有这些问题的计算，都是在电子计算机的帮助下完成的。

　　硬决策使得决策科学摆脱了个人经验的约束，从而使得决策科学走上了严格的逻辑论证之路。而电子计算机的使用又使得决策的时效性和准确性得到了飞速的提高。但硬决策本身也存在着很大的弱点。上面我们说过，决策不要求最优，而只要求满意即可，满意标准正是协调各方面因素的理想方案。为此，人们逐渐认识到，过分追求决策的硬化，将越来越不符合实际。这样，决策软化就成为决策的一个重要特征。

　　软决策又称为专家决策。它的主要内容是指"专家决策"的推广和科学化，当然也包括一些硬决策的软化工作。软决策可通过所谓"专家法"把心理学、社会学、行为科学和思维科学等各门学科的成就应用到决策中来，并通过各种有效方式，使专家在不受干扰的情况下充分发表见解。它的代表方法是德尔菲法（Delphi 法）、KJ 法和 FHW 法。

　　（三）管理创新

　　由于科学技术的突飞猛进，国内外的市场竞争日趋激烈，客观环境要求我们的企业必须从更高的层次来制定发展战略，加强管理，不断进行管理创新。不创新就没有进步，就没有发展。我国加入 WTO，这对我国的经济发展既是一个机遇，又是一个挑战。因此，我们更应清楚地认识到国外企业对境内企业的冲击，高瞻远瞩，努力把握企业环境的未来变化趋势，因势利导，在管理上采取新的方法，新的措施，以提高管理系统的自我发展能力，促进管理整体功能的进一步优化，迎接更大的挑战。

企业管理创新，一是要在管理中不断探索；二是需要理论工作者不断结合实践进行总结，反过来又指导实践。

创新本身是一个破旧立新的过程，我们在不断探索的过程中必然会遇到各种抵制和阻力，并非一蹴而就的。当人们已习惯一定的管理模式后，就很难接受其他新型的模式。他们会认为每一次变革都会带来一些不确定因素，面临崭新的、不熟悉的情况会使人感到担忧。当人们对成功没有把握，害怕遇到挫折和失败时，往往会通过守旧来保持所谓的"稳定"。这就要求我们的管理者在不断增强企业变革的动力的同时，也要想办法消除或降低变革的阻力。

一套新的管理理论和方法是否有效，必须放在实践中进行检验，结合实践中出现的偏差，不断改进总结，最后形成一套切实可行的新理念，最后再用于实践，引导企业向更高层次发展。由此看来，管理创新其实就是一个理论结合实践的、不断改进完善的动态过程。

管理创新主要是指管理模式与管理方法的创新，即如何使企业在市场上处于竞争的有利地位，并以企业内部的优良管理面对市场经济浪潮。管理模式与方法的创新主要是指在市场营销、生产管理、物流管理、人力资源开发与利用、资本运营等方面不断采用新的方式和方法的过程。

技术创新实质上是科学技术转化为直接生产力的过程。而管理创新则是通过对生产要素在企业内和企业与市场间的组织协调，达到降低企业的交易成本和内部运行成本的目的。管理创新对技术创新又起指导作用：第一，正确的管理创新增加了技术创新成功的可能性。新产品开发的成功，不仅有应用新技术的问题，而且在管理上也必须进行对策创新。通过分析找到新产品开发的"易胜之地"，对潜在需求进行估计，引导技术创新。第二，管理创新通过对企业内部人、财、物、源的有效组织和计划，保证技术创新各环节的联结，并加速转换过程，形成高效率的技术创新链（见图0.1）。

（四）管理复杂系统的理论和方法

美国刊物 Science 于 1999 年 4 月 2 日出版了一个题目为"复杂系统"的专辑。两位编者 Richard Gallagher 和 Tim Appenzeller 在前言中以"超出还原论"为标题，对复杂系统作了如下简单描述：通过对一个系统的分量部分（子系统）的了解，不能对系统的性质作出完全的解释，这样的系统称为复杂系统。也就是说，系统大于其组成部分之和，即系统整体与部分之间不是简单的线性

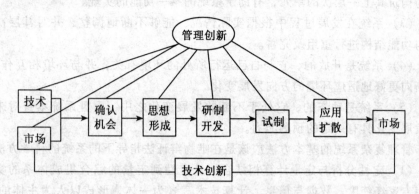

图 0.1　管理创新加速技术创新环节的转换

关系。系统具有层次结构，系统处于不断地发展变化之中，系统经常与其环境（外界）有物质、能量和信息的交换，系统在远离平衡状态下也可以稳定（自组织），确定性的系统有其内在的随机性（混沌），而随机性系统却又有其内在的确定性（突现）。

随着信息技术与其他高新技术的发展及计算机的推广应用，在国民经济发展与国防建设中具有全局性影响的系统往往朝着大型化与复杂化方向发展。这就要求我们不断地研究、认识并学会如何管理一个复杂系统。

关于复杂系统，许多科学家提出了不同的定义，有人认为是组分众多、有层次结构的系统；有人认为是具有多样性的系统，也有人认为是耦合度高的系统；还有人认为是有人参与的系统，等等。新英格兰复杂系统研究所给出的定义是："复杂系统是指系统整体行为不能从组成单元的行为加以推断的系统"[1]；成思危教授认为："复杂系统最本质的特性是其组分具有某种程度的智能，即具有了解其所处的环境，预测其变化，并按预定目标采取行动的能力。"[2] 这也就是生物进化、技术革新、经济发展、社会进步的内在原因。据此我们认为，复杂系统的复杂性主要表现在以下几个方面：

（1）系统各单元之间联系紧密，关系错综复杂，形成一个网络。因此每一单元的变化都会受到其他单元变化的影响，并会引起其他单元的变化。

（2）系统具有多层次、多功能的结构。由下及上，逐层实现其功能，并

①　New England Complex System Institute—URL: http: // necsi. org/

②　成思危：《复杂科学与管理》，载《复杂性科学》（香山科学会议第 112 次学术讨论会交流材料），1999

成为构筑其上一层次的单元,有助于系统的某一功能的实现。

(3) 系统在发展过程中根据实际情况,能够不断地调整,并对其层次结构与功能结构进行重组及完善。

(4) 系统是开放的,它与自己运行所处的环境有关,并与环境相互作用,不断向更好地适应环境的方向发展变化。

(5) 系统是动态的,它处于不断的发展变化之中,而且系统本身对未来的发展变化具有一定的预测能力。

管理复杂系统的基本方法应该是在唯物辩证法指导下的系统的科学方法。

(1) 定性分析与定量计算相结合。从定性到定量的综合集成体系的实质是集专家经纬度、数据与信息、计算技术三者为一体,形成以人为主体的人-机智能系统,把理性的和感性的、理论的与经验的、定性的和定量的知识,通过人-机相互作用,综合集成,实现从定量到定性上认识的飞跃。

(2) 还原论与整体论相结合。一个组织管理的目标是使企业系统实现整体目标的优化。复杂系统的一个重要特征就是系统的整体行为不能从其个体行为上加以推断。企业系统整体目标的优化不是各个单位或部门目标优化的叠加,而应当强调系统内部各部门之间的相互联系和作用,但如果没有对单个单元进行深刻了解,对系统整体的把握也难以具体化。

(3) 混沌理论与科学理论相结合。科学理论是具有某种逻辑结构并经过一定实验检验的概念系统,但由于复杂系统存在着许多非线性的、不稳定平衡的及不确定性的现象,如果仅用传统的科学理论,则不能给予合理的解释或解决。而混沌理论关于自然科学研究所取得的成果,揭示了复杂与简单、确定与随机、混乱与有序之间的系统辩证关系,能够说明传统科学理论不能说明的一些现象或问题。

三、学科性质

管理科学是随着自然科学的发展而发展的,是自然科学与社会科学交叉的产物。这是由管理的二重性决定的,即管理的自然属性和社会属性。

管理起源于人类的共同劳动,社会生产是由许多人的共同劳动来构成的。可以看出,管理与社会化大生产是联系在一起的,同时社会化大生产也要求进行有效的管理,优化配置和高效地利用各种资源,以获得尽可能好的经济效益。没有有效的管理,社会化大生产无法进行,社会也无法发展,因此管理具有自然属性。

同时,管理是为组织目标服务的,是一个有意识、有目的的行为过程。它由一系列相互关联、连续进行的活动构成,进行计划、组织、指挥、协调和控制。没有管理职能的引导，生产关系就会出现紊乱，社会化大生产也无法进行下去，这又体现出管理的社会属性。

　　管理科学又是一门综合性的学科。管理科学的目的是通过把科学的原理、方法和工具应用于管理的各种活动之中，制定用于管理决策的数学和统计模型，并把这些模型通过计算机应用于管理，减少不确定性，以便使投入的资源发挥最大的作用，获得最大的经济效果。对于一些复杂的管理系统，它们很难具体地加以表述，即使表述也可能是笨拙的，并且需要花时间去创新或处理。所以，我们应当借助数学建立一些抽象的模型。大多数的管理科学分析都是在数学模型的帮助下得以实施的。它们能够描述各种多变的情形，并且可以根据经验和预测简单地进行修改。最近，传统的和类似的模型运用得更加普遍。在模糊决策和 DSS 中更是如此。复杂系统中数学模型往往是非常庞大的，计算过程也极其复杂。我们不得不借助计算机快捷准确的计算程序来完成。不同学科的管理软件也不同，这就要求我们在各自的学术领域中都能精通电脑，让它更好地为我们的理论研究服务。然而在管理科学的研究和应用之中，除了需要数学和计算机知识以外，随具体对象的不同，还需要经济学、心理学、会计学、物理学、化学及工程技术等方面的知识。

第二节　管理科学发展简史

　　管理理论是以管理经验的系统总结为基础，按逻辑结构严密组织起来的概念、思想和结论。管理理论从形成到发展至今已有 100 余年的历史，其发展阶段的主要线索是：第一阶段是指 19 世纪末 20 世纪初在美国、法国、德国等国形成的有一定科学依据的管理理论，称为传统管理理论，又叫古典管理理论或科学管理理论。其代表是美国泰勒的科学管理理论、法国法约尔的一般管理理论和德国韦伯的行政集权制理论。第二阶段是 20 世纪 20 年代人际关系学说的出现，它后来发展为行为科学。其代表人物有梅奥、马斯洛、赫兹伯格、麦格雷戈、卢因、坦南鲍姆等。他们研究生产组织中人的行为以及这些行为产生的原因、需要、动机、内驱力、个性、情绪、思想，特别是人群之间的关系。第三阶段是二次世界大战之后。首先是一些在战时采用的高新技术成果被用于管理，从而产生了管理科学理论。同时，管理史上又出现了许多新的理论和学说，形成了新的学派。这些理论和学派，在历史渊源和理论内容上互相影响和联系，形成了盘根错节、争相竞荣的局面，这被叫做"管理理论的丛林"。

一、古典管理理论

当时，像美、法、德等一些工业先进国家经过产业革命后一定时间的发展，生产力已达到相当的程度，科学技术也有了较大的进展，许多新的发明也应用于生产。但是，当时的管理却还相当落后，一般建立在经验和主观臆断的基础上，缺乏科学的依据。管理的落后使得科学技术的成就和生产力发展的潜在条件远远没有被充分利用。为了进一步发展生产，就必须在管理方面有一个较大的突破，这是当时资本主义社会提出的客观要求。另外，以往科学管理思想的积累又为管理和管理思想的突破提供了资料，所以，当时在美、法、德等国，几乎同时有科学管理运动的产生，形成了各有特点的古典管理理论。

（一）泰勒的科学管理理论

泰勒（Frederick W. Tailor）的科学管理理论主要研究工厂内部的生产管理，其解决的中心问题是提高劳动生产率。1911 年泰勒出版了《科学管理原理》一书，全面叙述其管理思想，它标志着科学管理理论的正式形成。

泰勒定义的科学管理四原则如下：

（1）由管理人员有意识地搜集原来存在于工人头脑和体力技能中的大量传统知识并把所有这些传统知识记录下来，编成表格，进而在许多情况下归纳成为法则、规则甚至数学公式。以科学的操作方法代替过去单凭经验的老方法。

（2）认真挑选工人，对他们进行科学操作方法的培训。

（3）与工人进行真诚的合作，一切工作都按科学的原则进行。

（4）改变过去所有工作和责任都由工人承担的做法，让管理者和工人共同来承担。

科学管理要求工人按正确的方法工作，学习一些新东西，按科学方法改变他们原来的方法。

科学管理的内容和主要贡献：

（1）高的日工作定额。为了提高工人的劳动生产率，泰勒的方法是，选择熟练的工人，把他们在作业中每一项最佳的动作、每一道工序的时间记录下来，把这些时间加起来，再加上必要性的休息时间，就得出完成该项作业所需的总时间，再据此规定出一个工人的"高的日作业量"。为了实现这一目标，管理人员必须为作业挑选合适的人员并将其培训成为"第一流的工人"。泰勒认为，培训工人成为"第一流的工人"是领导方面的职责。至于"高的日作业定额"的制定，泰勒是以第一流的工人"能在不损害其健康的情况下，维持很长年限的速度，能使他更愉快而健壮的速度"为标准的。

（2）标准的作业条件。标准的作业条件包括：使工人掌握标准化的操作方法，使用标准化的工具、机器和材料，使作业环境标准化。泰勒认为，应采用科学的方法对工人的操作方法、使用的工具、劳动和休息时间的搭配，以至机器的安排和作业环境的布置等进行全面分析，消除各种不合理的因素，把各种最好的因素结合起来，从而形成一种标准的作业条件。他认为这是企业管理当局的首要职责。

（3）差别计件付酬制。在通过科学方法制定出定额的基础上，对同一种工作设有两个不同的工资率，按照工人是否完成其定额而采取不同的工资率。工资支付的对象是工人而不是职位，即根据工人的实际工作表现而不是根据工作类别来支付工资。

（4）职能化原理和例外原则。泰勒认为工人单凭自己的经验是无法找到科学的工作法的，而且他们也没有时间和条件去从事这方面的试验和研究。因此，必须把计划职能和执行职能分开：计划职能归企业管理当局，下设专门的执行部门；计划部门从事全部的计划工作，并对工人发出执行命令。泰勒还认为，规模较大的企业，不能只依据职能原则来组织和管理，还必须应用例外原则。即企业的高级管理人员把一般的日常事务授权给下级管理人员处理，自己只保留对例外事项（即重要事项）的决策和监督权，如有关重大政策的决定和重要人事的任免等。泰勒提出的这种以例外原则为依据的管理控制原则，以后发展成为管理上的分权化原则和事业部制等管理体制。

（5）精神革命。泰勒认为科学管理的实质是要求企业中劳资双方在思想上来一次"精神革命"，相互协作，共同为提高劳动生产率而努力。双方不应该把注意力放在盈余的分配上，而应转移到增加盈余上，使盈余增加到不必为如何分配而进行争吵。

（二）法约尔的一般管理理论

法约尔（Henri Fayol）管理理论是以作为一个整体的大企业为研究对象的，他的代表作为1916年出版的《工业管理与一般原理》。他认为有关管理的原理和措施不仅适用于公私企业，也适用于军政机关和宗教组织等。因而他的管理理论也被叫做"一般管理理论"。法约尔对管理的突出贡献是从理论上概括出一般管理的原理、要素和原则，将管理提到一个新的高度。

其理论要点可总结如下：

a. 经营与管理。法约尔认为经营与管理是两个不同的概念。经营是指导或引导一个组织趋向一个目标。每一种经营都包含六种活动，即技术活动，商业活动，财务活动，安全活动，会计活动，管理活动。管理则是其中的一种。

b. 管理的要素。法约尔认为，管理活动有五项要素：计划、组织、指挥、协调和控制。

c. 管理的原则。法约尔在总结管理工作的实践经验的基础上，提出了14条管理原则。

(1) 劳动分工。这一条是关于劳动专业化的古典的概念。他认为劳动分工不仅适用于技术工作，也适用于管理工作、职能的专业化和权限的划分。

(2) 权力与责任。权力指的是指挥和要求别人服从的力量。法约尔把管理人员的正式权力和个人权力相区别。一个好的管理人员以他的个人权力来补充自己的正式权力。权力和责任是互为因果的，有权力就必定有责任。

(3) 纪律。纪律实质上是以企业同其雇员之间的协定为依据的服从、勤勉、积极、规矩和尊重的表示。纪律松弛必然是领导不善的结果，而严明的纪律则产生于良好的领导、企业管理当局同工人明确的协议和赏罚的审慎应用。

(4) 统一指挥。法约尔认为一个下属人员只应服从一个领导者的命令。这一点与泰勒的观点正好相反。

(5) 统一领导。目标相同的一组活动，只能有统一的领导计划。统一领导来自健全的组织。

(6) 个体利益服从集体利益。在一个企业里，一个人或一个部门的利益不可能置于整个企业的利益之上。

(7) 人员的报酬。人员的报酬就是其价格，应该合理，并尽量使企业同其中的人员都满意。

(8) 集权。集权是指下级参与决策的程度。集权的程度必须随着环境的不同而改变。

(9) 等级系列。这是从企业的最高领导开始到最基层为止的上下级系列。它显示出权力执行的路线和渠道。

(10) 秩序。凡事都应各就其位，按照事物的内在联系，事先很好地选择恰当的位置。

(11) 公平。公平是由善意和公道产生的。它为处理企业同雇员之间的关系提供了一条原则。

(12) 人员的稳定。组织成员的高流动率会导致低效率，管理当局应有规范的人事计划，有秩序地安排人员并补充人员。

(13) 首创精神。全体人员的首创精神，对企业来说是一股巨大的力量，要尽可能地鼓励和发展这种能力。

(14) 团结精神。要努力在企业内部建立起和谐与团结的气氛，这是企业发展的巨大动力。

（三）韦伯的行政组织理论

韦伯（Max Weber）为了便于进行理论分析，以理想的即纯粹形态的行政集权制作为研究和分析的对象。这样便于说明从小规模的创业者管理（家传产业式的管理）向大规模的职业性管理的过渡。他的代表作为《社会组织与经济组织》，在该书中他提出了现代社会最有效和合理的组织形式，因此韦伯被称为是"古典组织理论"的创始人。

韦伯认为任何组织都必须有某种形式的权力作为基础。有三种纯粹形式的权力：理性-法律的权力、传统的权力和超凡的权力。传统权力是对古老传统的不可侵犯性和按传统执行权力的人的正统性的信念；超凡权力过于带有感性色彩和非理性；只有理性-法律的权力才能作为理想组织结构的基础。这种权力的依据是对标准规则的"合法性"的信念，或对那些按照标准规则被提升为指挥者的权力的信念。

理性-法律权力的基本特点是：

（1）行使正式职能的持续性组织。

（2）明确的职权领域。

（3）行政机关按等级原则来组织。

（4）指导一个机关的行为规则，可能是一些技术规则，也可能是一些准则。

（5）在一个合乎理性的组织中，一个重要原则是，管理当局的成员必须完全 同该组织的生产资料和管理资料的所有权分离。

（6）在合乎理性的组织中，任职者不能滥用其正式的职权。

（7）组织中的管理行为、决定和规则，都要以书面形式规定和记载。

（8）合法权力能以各种不同的方式来行使。

总的来说，古典管理阶段是基于"经济人"假设提出和形成管理理论的，随着社会和经济的发展，这一从优的管理思想的局限性日益突出，因此行为科学理论兴起成为时代的必然。

二、行为科学理论

随着科学技术的进步，企业的生产规模不断扩大，工人的文化水平和技术水平都有了提高。这种情况下采用严格管理和金钱刺激就起到了过去所不能起到的作用。在新形势下需要研究人的因素，研究怎样才能调动工人的积极性，从而提高劳动生产率。

（一）早期的行为科学——人际关系学说

当初为了验证生产环境对工人劳动生产率的影响，于 1924 年开始在位于美国芝加哥郊外的西方电器公司霍桑工厂进行了试验。主要研究员工在生产中的人际关系，包括研究人的工作动机、情绪、行为等与工作之间的关系，并研究按人的心理发展规律来激发人的积极性。这一时期的代表人物是梅奥（George E. Mayo），其代表作为《工业文明中人的问题》和《工业文明中的社会问题》。

关于霍桑试验，许多管理学者发表了大量的著作。其中主要的是梅奥和罗特利斯伯格等人的。他们依据霍桑试验的材料，得出以下三点主要的结论：

（1）职工是"社会人"。梅奥指出，工人不仅仅只追求金钱收入，还有社会方面、心理方面的需求。这是对古典管理理论"经济人"假设的否定。

（2）企业中存在着"非正式组织"。企业中除了正式组织之外，还有非正式组织。非正式组织有其特殊的感情和倾向，左右着成员的行为，对生产率的提高有很大的影响。

（3）新的企业领导能力在于通过各种努力，来提高职工的满足度。根据"社会人"和"非正式组织"的观点，企业中新的领导在于提高职工的满足度从而提高劳动生产率。因此，管理人员要同时具备技术-经济的技能和人际关系的技能。

（二）行为科学的发展

人际关系学说在纠正传统管理理论忽视人的因素这一点上是有贡献的，并且在管理实践中取得了一定的成就，但是它也有不足之处。由于社会经济和科学技术的发展，单纯依靠梅奥等人在早期提出的一些理论和方法，已越来越不能适应管理实践和学科发展的需要。于是许多行为科学家在梅奥等人奠定的基础上做了更细致深入的研究，从"社会人"假设发展到"自我实现人"假设和"复杂人"假设等。下面主要介绍几种常见的理论。

1. 需求层次理论

这是美国行为科学家马斯洛（Maslow, H. Abraham）提出的一种理论。他把人的需求归纳为五大类。这五类需求相互关联，按重要性的先后次序，可排列成一个需求等级：第一级，生理上的需求；第二级，安全上的需求；第三级，社会的需求；第四级，尊重的需求；第五级，自我实现的需求。这些需求的内容主要如下：

第一级，生理上的需求。包括维持生活和繁衍后代所必需的各种物质上的需要，如衣食、饮水、住房、恋爱结婚等。这些需求是人们最基本的，因而也是推动力最强大的需求。

第二级，安全上的需求。这是有关免除危险和威胁的各种需求，储蓄和各种形式的保险方案也可列入这一级。

第三级，社会的需求。包括同家属、朋友、同事等保持良好的关系，成为某个团体的公认的成员等。如果这一层次的需求得不到满足，就会导致精神上的不健康。

第四级，尊重的需求。包括自尊心、自信心、能力、知识等得到别人的承认和尊重。

第五级，自我实现的需求。这是最高一级的需求，指一个人需要做他认为最适宜的工作，发挥他最大的潜在能力。

以上五类需求，人们并不是都能得到满足的。一般来讲，等级越低的需求越容易得到满足，也只有较低级别的需求得到合理满足后，较高级别的需求才会发展起来，起推动作用。

2. 双因素理论

这是行为科学家赫兹伯格（Herzberg, Frederick）提出的一种激励理论。他曾在美国匹兹堡地区对 200 名工程师和会计人员进行了访问调查，在调查报告中提出了这一理论。他把企业中影响人的积极性的因素分为两大类，即激励因素和保健因素。

所谓保健因素，是指它的满足对职工产生的效果不能直接起激励职工的作用，但能防止职工产生不满情绪。当保健因素改善后，职工的不满情绪会消除，但并不会导致积极的结果。而激励因素则是可以构成很大程度的激励和对工作的满足感，然而如果不具备这些因素，也不会构成很大的不满。

赫兹伯格的双因素理论同马斯洛的需求层次理论有相似之处。他提出的保健因素相当于马斯洛提出的生理上的需求、安全的需求、社会的需求；激励因素则相当于受尊重的需求和自我实现的需求。当然他们两人的具体分析和解释是不同的，但是这两种理论都没有把"个人需求的满足"同"组织目标的实现"两者联系起来。

此外，还有许多管理学者从不同的角度对组织行为理论作出了贡献，丰富了组织行为理论的内容，使之成为当代管理理论的重要组成部分。

三、现代管理理论

第二次世界大战以后，现代科学技术迅速发展，生产力迅速增长，企业的规模越来越大，生产的国际化进程加速，这一切都给管理工作提出了许多新问题，引起了人们对管理工作的普遍重视。许多学者结合前人的经验和理论，从不同的角度出发对管理进行多方面的研究，提出各种不同的分析方法和思想，产生了多种管理学派，出现了"管理丛林"现象。这些学派之间互相补充，从各方面来阐述管理中的有关问题，极大地丰富了管理思想和管理科学。孔茨将这种"理论丛林"概括为 11 个学派，包括经验管理学派，人群关系学派，组织行为学派，社会协作系统学派，社会技术系统学派，决策理论学派，系统管理学派，管理科学学派，权变理论学派，经理角色学派和管理过程学派。

这一阶段的另外一个显著特点是，数学在管理中得到了日益广泛的应用，主要是运筹学。直到二次世界大战爆发，管理科学（运筹学）才开始以一门专门的学科出现。英国称为 operational research，也叫运用研究。美国称为 operations research（我国在 1965 年曾用过运用学的名词，到 1957 年正式定名为运筹学）。当时，英国政府为了更好地利用国内资源应战德国攻击，成立了专门的研究小组协助现场的司令官去解决那些非常复杂的战略战术问题。他们发现，那些经过学术专业培训的专家研究问题的能力并不仅仅局限于他们的业内研究，于是政府要求生物学家去研究电子工学方面的问题；物理学家根据人的运动而不是分子运动去思考问题；数学家运用可行性理论去提高士兵的幸存机会；化学家除了研究化学之外还要分析系统均衡。专业组研究的问题也十分广泛，有成本估计、完整的军事系统的研究（如国家的防御系统），还有反潜深水炸弹的合理爆炸深度等，几乎覆盖了各行各业。无独有偶，当时美国组织了盟国的船队穿越大西洋向英国等欧洲盟国运送弹药、给养等军需品和人员，船队在大西洋遭到了德国 U 形潜艇肆无忌惮的攻击，损失惨重。如何对商船队进行编队护航，才能在船队遭受德国潜艇攻击时使船队损失最少？在数学家的帮助下，运用数学方法圆满地解决了这一难题。

战争过后，运筹学也运用到了工业领域。首先进入的是工艺流程，像原油的开采、钢和纸的制作等。这都是一些资源相对贫乏，需求量又较大的产品，稍作优化，汇总起来就是一笔可观的财富。

第二次世界大战后 45 年，随着科技的高度发展，我们看到这一领域也出现了巨大的进步。运筹学作为一门学科逐步成熟，由于电子计算机尤其是微机的迅猛发展和广泛应用，运筹学的方法论能成功且及时地解决大量管理科学中的决策问题。

在 20 世纪 70 年代，管理科学运用到大量的社会和城市系统中，如罪犯的审判、医疗保健、教育等方面。到 80 年代，又出现了一套新的理论——管理信息系统的合成，这一合成产生在一个迅速发展的领域——决策支持系统（DSS）。而且，近来人工智能的发展也为管理科学提供了辅助工具。

四、管理科学的发展趋势

我国管理科学只是在新中国成立以后才逐步得到重视，特别是在改革开放以后，从国外引进了大量的先进的管理思想、理论与方法，一大批从事自然科学与社会科学的有志之士迅速从不同的学科转移到这一新的研究领域，在学习国外先进的管理科学理论的同时，开始结合我国的实际情况，研究我国管理实践中的具体问题。

经过十余年的学习积累与研究实践，我国管理科学从总体上讲已经进入了一个新的历史时期，我国管理科学已经初步完成学科发展的初创与开拓，进入了一个新的阶段。

1. 管理科学将实现信息化平台管理

现代社会的显著特征之一是信息化。前些年科学技术研究重复立项很多，使科技投入浪费大、效益低。管理科学研究也存在此现象，因而迫切需要建立全国性的管理科学信息中心，储存科研成果及正在研究的项目和与此有关的大量信息，使有限的资金投入到国民经济急需的理论研究和实用技术研究上，从根本上解决高投入、低产出问题。这必将成为管理科学发展的一个重要趋势。

2. 管理科学将向着复杂科学研究方向发展

现阶段，管理科学已越来越受到各界人士的承认，由管理者与管理学者共同构成的综合型的研究队伍已粗具规模，新的学科领域与研究方向不断涌现。在管理实务中，时常遇到的一些复杂巨系统逐步引起了研究人员的注意，他们认为用传统的管理理论已不能解决类似问题。复杂科学作为一门新兴科学，给众多的管理者带来了管理突破的契机。它主要是研究复杂性和复杂系统的一门学科，被有些科学家誉为"21世纪的科学"。管理科学也将沿着这一方法深入研究，使组织能适应社会、经济及科技的迅速发展。

3. 管理科学将成为一门全面的、具有中国特色的学科体系

就现状而言，管理科学的学科体系的重大缺陷是不具有中国人自己创立的理论、学派和方法、技术。管理科学与其他科学的显著区别之一就是它具有"国籍"。我们对从西方引进的先进有效的管理模式和经验即使有一些总结，但很多也只是局限于一种零散的新闻报道式的宣传，并没有进行更高层次的科学提炼与深入总结，以寻求其中蕴含的具有科学意义的共同规律，去创立一种具有中国社会主义特色的管理理论。同时管理科学的分支学科领域也有所欠缺，比如中国管理科学史、中国管理思想与管理思想史研究、中国现代管理方法等，这些分支的研究对于管理科学的特殊地位具有很高的价值和作用。管理科学将在这方面不断完善与发展。

4. 管理科学将成为一门为经济发展服务的学科

对于任何一门学科体系中各学科领域来说，到底注重理论研究还是注重实际应用，与该领域的发展阶段紧密相关。一般来说，学科的初期应更偏重于理论的研究，而后期则致力于实践的应用。管理科学经过多年的理论研究与探索

之后，将形成一套成熟的管理理论，必然会拿到实践中去检验。围绕"为经济发展服务"的中心思想，运用管理理论与生产实践来促进经济的发展和生产力的进步是管理科学发展的总体战略目标。而发展了的经济和生产力又对管理科学提出新的要求和挑战，在这种相互影响、相互吸引、相互依存的复杂作用下，管理科学将与经济共同发展，并最终为经济发展服务。

第三节　学习管理科学的方法

由于管理科学研究的范围较为广泛，它的学习方法当然也应不拘一格，下面主要介绍三种运用较为普遍的方法。

一、建模

运用模型来解决问题是管理科学中最常见的一种方法。它运用数学模型定量地分析计算，得出最优方案。此方法的运用程序如图 0.2 所示。

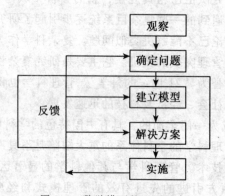

图 0.2　数学模型的运用程序

（1）观察。科学管理过程的第一步就是发现系统（组织）中存在的问题。为了使问题一经出现或被预测可能出现就能被很好地确认，我们必须连续且密切地关注系统（组织）。问题不可能总是如我们所预计或计划的情形一样如期而至，这就需要管理者用其敏锐的目光发现身边可能出现的问题。一个精通管理科学方法的管理学家总是能够运用他的经验和理论知识及时地发现问题。

（2）确定问题。观察是用来识别问题的，分析是用来理解问题的，只有将知识（事实）和理解事实背后的道理有效地交叉综合，才能确定问题。我们一旦确认问题的存在，就必须对该问题进行明确具体的分析。不当的分析很容易导致问题无解或是一个不合理的解，所以问题的界定以及它所涉及的组织中其他要素互相影响的程度都应在分析问题时加以考虑。尽管问题的存在使目标在某种程度上不可能完全实现，但组织仍应有一个明确的目标，它能帮助我们认识到问题的实质。

（3）建立模型。管理科学的模型是对一个问题的抽象描述。它可能是一幅图表，但更多的是由数学关系式表示的一个数学函数，这些数学表达式是由数字和符号组成的，其一般形式为：

$$E = F(X_i, Y_j)$$

式中：E 代表系统的效率，称为目标函数；F 表示函数关系；X_i 为可控的变数；Y_j 为不可控的变数。

（4）从模型得出解决方案。即找出使系统效率最优化的可控制数的值。管理科学的解决方法通常适应特殊的模型。所以，模型种类和解决方法都是管理科学技术的一部分。我们说"模型被解出来了"，是因为模型代表一个问题，故模型的解也就是问题的解决方案。但是可变决策的意义并不是制定一个确切的决策，而是为管理者提供一个指引和导向作用的方向，以供他们作出决策。

（5）结果的实施。模型中得出的解为管理者提供了决策方向，但管理者并非不加分析地原始地套用这些结果。在作出最后的决策前，管理者必须结合自己的经验和专家的意见，综合考虑，这是一个反复验证修改的过程。对模型和得出的解决方案进行验证，包括验算变数，用实际情况来检验模型的真伪，并对实际的结果和预计的结果进行比较，建立信息反馈系统，以便及时了解情况并在必要时作出反应，以适应现实的动态变化。最后在将解决方案付诸实施时，即将解决方案转化为可行的作业程序时对临时发现的偏差和缺点予以补救和纠正。

模型的解决方案是组织的管理者作出决策的依据，但不是生搬硬套，只有实际情况综合分析才能作出切实可行的最优决策方案。

二、实践

管理科学是一门实践性很强的科学。理论来自于实践，又对实践起指导作用。我们掌握了管理活动之间的内在联系和规律后，在实际管理工作中较自觉地运用科学的思想和方法，这就是一种实践。

对一个刚刚离开中学校门的大学本科生来说，学习管理学会觉得太抽象，不易领会；而对有一定工作经验的 MBA 的学生来说，他们学习管理学会觉得更具有操作性和实践性。因为这些理论结合他们曾经遇到过的困惑，他们会觉得学有所用，豁然开朗。实践能够发现问题，再通过对理论知识的运用，问题会迎刃而解。也只有通过实践才能检验一个决策的正确与否。

任何一个组织它所处的社会环境和自然环境都是很复杂的，组织中的成员又各有特色，不是从一个模子中造出来的，而且环境因素和人的因素总是在不断地变化的，做好管理工作绝不是学一些普遍性的规律所能解决的，必须在实践中不断运用管理科学中学到的知识，不断增长才干和积累经验，才能真正做到学以致用。

比如管理学中的人际关系学，人们很难在书本上找到对所有人都适用的理论方法，最多也只能将其大致分为几类。但在实际的处事中，仅凭书本上的知识是远远不够的。我们要分析个人的性格，再决定以何种方式去对待他。比如对同一种激励方式，两个人的激励效果却大不相同；或者说用两种不同的方式去激励同一个员工，收到的效果会存在差异。只有较好地了解了你的员工的各种需求，因人而异，才能使每个人都能充分发挥他们自己的优势，使组织的人力资源得到最大化的利用。

三、案例分析

用数学模型来解决的问题都是一些可以通过大量的统计数据得出一种统计规律形成经验公式——即函数关系，并且可用恰当的度量衡标准来度量的量，然后用精确的数来表示度量结果的一系列问题。但管理工作中所遇到的因素，所要解决的问题，除了像资源、时间这样可以精确地用数来表示外，还有许多因素是不能用数来表示的，也就是无法精确地度量的。如管理工作中所遇到的一些环境因素及变化，人的思想情绪、心理变化等都是无法量化的。决策过程中许多因素之间存在明确的关系，可以用数学公式（即建模的方式）来解决，而更多的是无法进行量化的因素，那就要选择另外的决策办法。而对一些重大的决策来说，我们也不可能直接用实践来冒风险。比如在对一个超市的选址问题进行决策时，我们不能说在每个可行点都建一个超市，然后比较收益，最后进行取舍，这显然是行不通的。因此我们还应该了解另一种方法，即案例分析法。

还是拿超市选址问题来说。首先，决策者应明确决策的目标，即收益尽可能大，风险尽可能小。其次要确定方案标准。方案标准是指判断方案可能产生的效果的标准。事前确定这些标准有助于在决策的时候理智地进行分析和选择，然后建立、比较和选择备选方案。这一阶段要求决策者详细地调查各种可选方案，并将它们一一列举出来，找出可行性方案，再经过对多个可行性方案的相互比较，对每一个方案的各项标准给出评分，以供决策之用。这是一项细腻的工程，要对可行性方案（即可行地址）的各方面条件进行调查分析。如该地的交通条件、商业氛围、主要消费群、经营面积及经营成本等。先对各指标进行重要性排序，然后再对各方案的指标评分，最后得出方案得分。当然，决策时也并非简单地选择得分较高的方案，对得分较低的方案，经过慎重研究再作出决定。投资者除了考虑收益之外，还很关注风险。因此，我们还应对方案的风险发生的可能性和发生后的严重性进行分析，尽量减小或避免风险的发生。决策者根据上述各项分析结论，最后拍板决定。诚然，决策者的性格和战略目标等自身的因素也会直接影响到决策结果。但通过案例的详细分解评析，能给决策者提供清晰详尽的决策依据，这是决策者最终作出正确取舍的有力保障。

参考文献

1. Efraim Turban, Jack R. Meredith. Fundamentals of Management Science. 5th ed; Richard D Irwin, 1991

2. New England Complex System Institute—URL: http: //necsi. org/

3. 孙耀君主编. 管理思想发展史. 太原：山西经济出版社，1999

4. ［加］唐纳德·沃特斯（Donald Waters）著. 管理科学实务教程. 张志强，臧明云，王春香译. 北京：华夏出版社，2000

5. ［加］钟彼德（Peter C. Bell）著. 管理科学（运筹学）：战略角度的审视. 韩伯棠，等译. 北京：机械工业出版社，2000

6. 成思危主编. 复杂性科学探索（论文集）. 北京：民主与建设出版社，1998.8

7. 王永生著. 决策方略论. 北京：人民出版社，1999

8. 汪克夷主编. 管理学. 大连：大连理工大学出版社，1998

9. 国家自然科学基金委员会. 管理科学. 北京：科学出版社，1995

10. 李国纲主编. 管理系统工程. 北京：中国人民大学出版社，1992

第一章　管理系统及其构成

　　系统通常是由两个以上的要素按照一定的方式组成的，系统中的各个要素之间存在着动态的相互作用，任何要素的变化都将影响其他要素，甚至于整个系统的变化。管理本身就是一个系统，通过对人流、物流、信息流和资金流的系统分析，使各种要素实现最优组合，达到最佳配置。

第一节　管理系统的构成要素

一、管理系统的要素

　　管理系统的要素主要包括人、物资、资金和信息。在这个大系统中，各分系统之间的相互作用和相互依存关系，主要靠这四个要素的耦合来实现。

　　（1）人力资源。人力资源是指能够推动组织发展、实现组织目标的员工的综合能力和素质。它既包括员工的数量，又包括员工的质量。人力资源是组织一切活动的主体，是组织的核心资源，合理利用人力资源有利于提高组织的管理水平，有利于进一步提高员工的整体素质，从而不断提高生产率，降低成本。有效的管理者都应该认识到人力资源的价值，采取行动（步骤），确保组织的发展和人力资源的充分利用，以赢得竞争优势。

　　（2）物资。物资是指组织系统中的各种劳动资料和劳动对象。包括组织经营中所占用的土地、建筑物、机器设备、能源、原料、半成品和成品等。其中能源是物资中最主要的内容，在管理活动中，首先要保证能源的供给，其他的物资也是缺一不可的，所以要加强物资的组织与管理，以保证组织生产经营活动中的效率和效益。

　　（3）资金。资金包括内部资金和外部资金两大类。内部资金指组织不必依赖外界而持有的资金，包括累计折旧、资本金、资本公积金、盈余公积金、未分配利润和出售资产收益等。外部资金指组织向组织以外单位筹措的资金，它又可分为短期资金和中长期资金。外部短期资金主要有票据融资、银行短期贷款、发行商业本票；外部中长期资金主要有银行中长期贷款、发行债券、租赁融资等。良好的资金管理意味着实现价值的最大化。

（4）信息。信息是人和外界互相作用过程中互相交换的内容，是系统内部建立联系的特殊形式，是系统确定程度（特殊制度、组织或有序程度）的标记。信息的核心问题是按照应用的需要，采用一定的方法和手段，对信息进行收集、存储、加工、传递和输出等信息处理。组织管理信息一般是指在生产经营活动中产生的，反映和控制管理活动的经过加工的数据、文字、单据、账簿、图表。管理信息按管理的层次可分为战略决策信息、管理控制信息、作业操作信息等；按管理的对象可划分为技术信息、人事信息、物资信息、设备信息和财务信息等；按信息的来源可分为内部信息和外部信息；按信息的流向可分为输入信息、输出信息和反馈信息等。信息的畅通和及时，能正确反映各方面的情况和活动，使领导做到心中有数，及时作出正确的决策，来调整和控制整个系统，而使组织取得最优效果。

以上四个要素构成了管理系统的两大类子系统：第一类子系统是物的系统；第二类子系统是人的系统。信息是两类子系统运行的基础。人们先是认识第一类子系统，进而认识第二类子系统。第二类子系统比第一类子系统更为复杂多变，成为管理科学在以人为本时代的艰巨研究任务。

二、要素的流动

所有这些要素都是在组织目标的指引下，在整个管理系统中不断变化而且不断流通着的。掌握流通的条件，促成它顺利的流通，是管理系统工程活动的重要环节。其中有四种流通是最重要的，即物流、信息流、人流和资金流。只有保证这"四流"的畅通，才能使组织的经营管理产生最优的经济效果。

（一）*物流*

物流是指对采购、运输、物料管理、生产、装卸、保管、销售、配送等活动的整合。它是组织生产经营活动中影响效率和效益高低的主要因素之一。在兼顾利润和总体战略的前提下，物流的目标包括以下两个方面的内容：

（1）成本目标。用总成本的观点，平衡物流活动之间的交替损益成本，在优化某一部分时，必须考虑对总成本的影响，使总成本最小。

（2）服务目标。使物流服务于生产和销售，在完成物流基本功能的同时，可以提供增值服务。

物流的理想目标就是对物流整体系统进行调整改进使之优化，以达到以最小的物流成本获得最高的服务水平。但是"最高的服务水平"和"最低的物流成本"只是一种理想化的物流模式，在现实中，"最高的服务水平"和"最低的物流成本"是不可能同时成立的。因为在这两者之间存在着一种"二律背反"：高水平、高标准的服务要求有大量的库存、足够的费用和充分的仓容，这些势必产生较高的物流成本；而低的物流成本所要求的是少量的库存、低廉的运费和较少的仓容，这些又势必减少服务项目，降低服务水平和标准。因此，物流就面临着一个服务与成本的抉择问题。在某一项目标可以达到，而另一项目标却不能达到的情况下，就只能追求一种合理化物流的模式，通过权衡利弊，用综合方法来求得服务与成本之间的平衡，以取得最佳的综合经济效益。这种合理化物流旨在实现"有效率的系统"。以最低的物流成本达到可以接受的物流服务水平，或以可以接受的物流成本达到最高的服务水平，这样的系统都是"有效率的系统"，即合理化的物流系统。

（二）信息流

信息流在生产经营系统管理中起着主导作用。在各类组织的生产经营活动中始终存在着人流、物流以及信息流。任何其他流的产生和存在不断地生成和传递着信息流，同时对其他流的控制也以信息流为依据。若组织内各信息流联系组织在一起，共同服务于企业的管理与控制，就形成了组织的信息系统，又称组织管理信息系统。

管理信息系统是一个为组织的管理服务的信息系统，它对组织的信息资源进行统一的管理；辅助有关人员对控制对象的运行状态和运行结果，以及组织环境的变化信息进行采集；对信息进行加工、分析和处理；构成一个多回路管理控制系统的信息网络；并向管理控制系统的决策机构提供有关的控制信息，以支持组织管理控制工作。

管理信息系统必须按照其主次目的掌握：①必要的信息；②在需要的时候能够得到的信息；③必要数量的信息；④可靠的信息。这些是有用信息的四个特征。

1. 信息流模型

信息流有纵向流和横向流两种（见图1.1）。纵向流是指自上而下或自下而上的信息流动。例如，厂部的决策向下传递，生产指标逐级向下分解，这是自上而下的信息流动；而各个生产岗位、班组的生产情况，则是车间的生产进度逐级向上汇总，产品销售情况逐级向上汇报，是自下而上的信息流动。横向流是指企业内部各种人员之间，班组之间，车间之间，职能科室之间从横的方向进行信息传递。企业内部信息流纵向、横向的交叉进行，组成了企业内部信息网络。

2. 物流和信息流的关系

从控制论的观点看，管理过程就是信息的收集、传递、加工、判断和决策

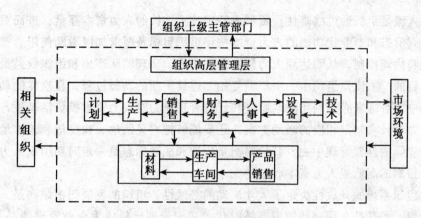

图 1.1　企业信息流模型图

的过程。无论是整个国民经济系统，还是它属下的工业企业系统，它们的全部活动可概括成两大类：一类是生产活动，输入原材料和其他资源，经过各道工序机器设备进行的加工和处理，最后输出制成品；另一类是管理活动，围绕和伴随着一系列生产活动，执行着决策、计划和调节等职责，以保证生产有秩序、有效能地进行。在生产活动中流动的是物，从输入转换到输出是一股物流；而在管理活动中流动的是信息，从输入转换到输出是一股信息流。

因此，组织系统的活动可以概括如图 1.2 所示：

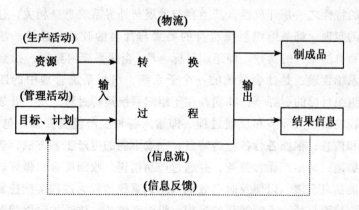

图 1.2　企业系统活动示意图

（三）人流

人流是组织通过战略性投资形成特定技术结构的人力资本存量，进而对这些不同形态和专业化功能的人力资本按照组织目标及要求加以激励使用、整合配置和协调控制，从而达到人力资本保值增值、实现团队产出和组织收益最大化的目的。人流是组织中一个周而复始、连续不断的动态过程，在这样的动态过程中，管理者必须利用战略眼光和计划管理能力对人力资本投资活动进行预测，并设计和制定相应的激励方案，还要能够把它灵活地、权变地、艺术地运用于实际的经营管理中去，其最终衡量标准和成功标志是一定时期组织人力资本回报率的高低或人力资本收益的大小。

组织系统的开放性决定了人才流动的必然性。组织的发展归根结底是人才的发展，尤其是在现今的知识经济时代，知识管理已经成为企业管理的必然。同时，在组织变革时，要打破传统组织文化的干扰，加强人才的流动是一种较好的方法。

（四）资金流

组织的生产经营活动既是物资的流动过程，也是资金和信息流动的过程。资金流是指现金转化为非现金资产如固定资产、流动资产等转化为现金的运动过程。

资金运动的过程如图 1.3 所示，相应的管理内容包括筹资管理、投资管理、流动资产管理及运营资金管理、利润和股利分配管理、财务分析、财务预测、财务控制。资金管理的最终目标是实现利润的最大化。

系统的特性之一是开放性，其生存与发展与外界系统息息相关，任何一个组织目标的实现，都是组织系统自身的要素与社会的政治、经济、法律、文化、科技和自然条件的函数，即组织目标 = F（企业系统内要素，社会环境）。现代组织系统管理，是社会系统的一个子系统，组织系统管理中的四种要素流，是在组织目标的引导下，共同存在于组织系统运行过程之中，并表现为输入、转换、输出三大环节和反馈过程，即输入各种生产经营要素，包括：人、资金、物和信息；根据各行各业的特点，采取不同的生产工艺方法，进行产品的生产和制造；输出产品和劳务，并通过产品销售，收回资金；做好转换和输出过程中的信息反馈，以便及时有效地对组织系统的行为过程实施控制。以上过程是一个周而复始、不断循环的过程。组织系统的立体结构可以用图 1.4 来表示。

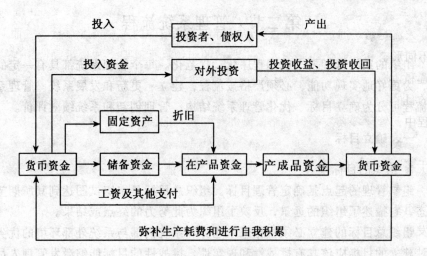

图 1.3　资金运动过程

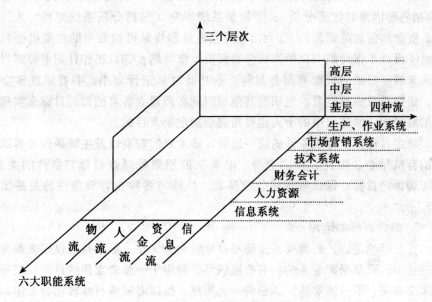

图 1.4　现代组织系统立体结构模型

第二节 管理系统流程

组织的系统管理要求管理程序化、规范化。每个管理系统都具有一定的功能，为更好地实现功能，必须严格按流程，建立、更新和发展系统。管理系统的流程可分为确立目标、优化管理系统结构、管理创新和系统绩效评价。

一、确立目标

1. 组织的目标

组织管理的起点是确定管理目标。组织总目标是组织试图达到其所期望的状态，它描述了组织的远景，反映了组织为此努力的终点或结果。

组织总目标的建立必须根据未来趋势和系统内部与系统外部环境的优劣而定。建立的目标应该具有挑战性和现实性。挑战性的目标能够激发管理人员寻找提高业绩的可能方法，但是如果目标不切实际，就可能使管理人员放弃努力。制定一个管理系统的目标可采取下列的程序：①衡量系统的未来展望（包括各种因素的优劣分析）；②衡量系统本身（包括分析系统架构、人、物资、资金和信息的强弱）；③列出系统在最近和将来可能面对的主要机会和问题；④设计工作计划书以争取机会和解决系统问题；⑤以工作计划书拟定当年及未来数年必须的资源和财务报告；⑥必要时修正计划书，并替系统建立目标。组织总目标确定后，组织的其他部门就必须建立各自的部门目标来实现系统的总目标。而部门中的个人也要相应地制定个人目标。

确定目标是主客观条件的统一过程，即主观的需要以及主观条件与客观环境的有机结合。因此，按"充分、必要"的原则处理好目标与条件的关系，是正确确定目标、保证管理绩效的基础。目标与各种主客观条件的关系如图1.5 所示。

2. 组织目标的运用

在目标确定后，最重要的是要将目标转化为工作。如果目标仅仅表现为良好的愿望，那是毫无意义的。有些组织尽管制定了一整套宏伟的目标，但若把它束之高阁，不付诸实施，那必将一无所成。所以必须将目标转化为工作。因为工作总是有具体、明确、毫不含糊、可衡量的结果，且有时间界限以及责任安排。

另一方面，也不能过分地受到目标的束缚，把目标当做约束自身的"紧身箍"，否则同样是有害的。目标在期望的基础上，体现了对未来不确定因素的一种有根据的判断，但这些判断要素往往大部分都存在于组织的外部，是不

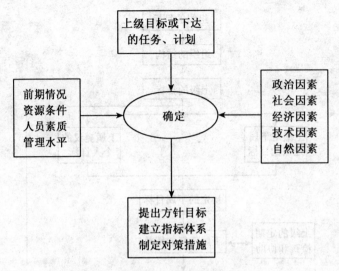

图 1.5　目标与各种主客观条件的关系

为组织所控制的。当需要改变时，就应该作出明智的转变。

3. 目标管理

不管组织规模的大小，许多组织发现它们需要一种简单、容易理解和可操作的方法来实现计划工作过程。目标管理就是一种行之有效的方法。

目标管理是一种系统方法，在该系统中下属和上级共同确定具体的绩效目标，定期检查完成目标的进展情况，并根据这种进展给予奖励。管理过程如图1.6 所示。

二、优化管理系统的结构

管理系统的结构是指系统内部各要素之间相互作用、相互联系的总和，结构的概念是用来表示系统内部各要素之间关系的范畴的，系统的目标和战略可以看做是系统要实现的功能。系统为了适应环境的变化必须不断地调整所处的状态，通常通过改变系统的功能来实现，即改变系统制定的目标和战略。而目标和战略的改变也会影响到系统内部各要素之间的关系，从而反作用于结构。

管理系统的基本结构从分系统的立场上看，可分为垂直分系统结构和水平分系统结构。水平分系统是根据企业中经营活动的不同，按其不同职能划分的。它大致可以划分为以下几个主要分系统：①计划职能分系统；②生产职能分系统；③财务职能分系统；④销售职能分系统；⑤人事职能分系统；⑥物资

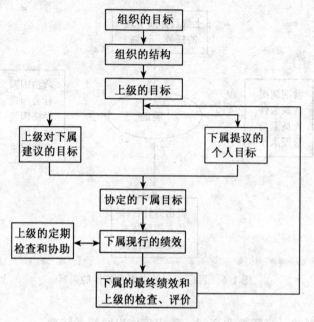

图 1.6　目标管理的过程

供应职能分系统；⑦新产品开发职能分系统。但是随着组织的发展，部门的分系统将会不断地细分。例如企业的销售职能分系统，由于企业产品种类的增多，会按产品再进行分化。再如家电厂家，可以将销售职能分系统，细化为冰箱销售职能分系统、电视销售职能分系统、空调销售职能分系统，等等。此外，在各分系统之间往往由于追求各自的利益，而难以取得一致的意见，会影响整个企业的利益。因此，要在水平分系统结构中建立竖向的垂直分系统结构。垂直分系统结构如图 1.7 所示。

　　垂直分系统的建立是为了协调各职能分系统之间的相互关系，以便达到统一的控制与协调。它按垂直层次划分为三个阶层（分系统）：高级管理分系统、中级管理分系统和基层管理分系统。这三个分系统担负着不同的任务。

　　（1）高级管理分系统主要是制定企业的经营方针和目标；调查和分析企业的环境，明确经营战略，编制长期战略计划，进行预测和预算；确定新产品的研制计划；制定设备计划和拟定投资方案和企业的投资组合；评价整个企业的成绩，等等。所以，高级管理分系统又称战略计划分系统。

　　（2）中级管理分系统的职能主要是为不同职能部门制定达到总体经营目标的管理分目标；筹划和选择事物的实施方案，按照部门分派资源；协调各部

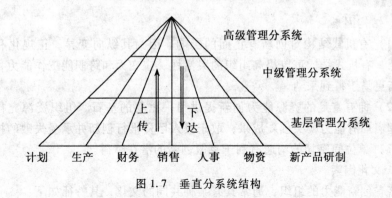

图 1.7　垂直分系统结构

门之间的相互关系；按不同职能制定具体实施的详细程序；评价生产成绩以及制定对偏离目标的行动的及时修正等。所以，中级管理分系统又称为管理控制分系统。

（3）基层管理分系统的主要职能是按照上级指示的命令，进行组织、指挥和具体实施生产作业，对生产过程中发生的事故进行及时、妥善的处理，并向上级呈报。所以，基层管理分系统又称为执行分系统或生产分系统。

在三级管理系统中从上而下的指令和从下而上的报告，都贯穿着信息的流动，构成纵横交错的信息网。它综合了各个职能部门的目标和计划，从总体上使各个职能部门协调和统一，从而实现整个管理系统的目标。

三、管理创新

创新是指对生产要素的重新组合，是改革资源的产出量或改变消费者从资源得到的价值和满足。创新的实质就是形成一项创造性思想并将其转换为有用的产品、服务或作业方法的过程。管理者所说的将组织变革得更富有创造性，通常指的是激发创新。

（一）组织与创新

管理学家彼得·德鲁克在《管理、任务、责任和实践》一书中指出："如果管理人员只限于做已经做过的事情，那么，即使外部环境和条件资源都得到充分利用，他的组织充其量不过是一个墨守成规的组织。这样下去，很有可能会造成衰退，而不仅仅是停滞不前的问题，在竞争的情况下，尤其是这样。"因此，管理不是一种官僚的行政工作，它必须是创新性的，而不是适应性的工作。

有三类因素可以用来激发组织的创新力，分别是组织的结构、文化和人力资源实践。

1. 结构因素

（1）有机式结构对创新有正面的影响。因为其纵向变异、正规化和集权程度低，有机式结构可以提高组织的灵活性、应变力和跨职能工作能力，从而使创新更易于得到采纳。

（2）拥有富足的资源能为创新提供另一重要的基石。组织资源充裕，就使管理当局有能力购买创新成果，敢于投入巨资推行创新并承受失败的损失。

（3）单位间密切的沟通有利于克服创新的潜在障碍。

2. 文化因素

富有创新能力的组织，通常具有某种共同的文化，其特征如下：

（1）外部控制少。组织将规则、条例、政策的控制降到最低限度。

（2）接受风险。组织鼓励员工大胆试验，不用担心可能失败的后果。

（3）容忍冲突。组织鼓励不同的意见。个人或单位之间的一致和认同并不意味着能实现很高的经营绩效。

（4）注重结果甚于手段。提出明确的目标后，个人被鼓励积极探索实现目标的各种可行途径。

（5）强调开放系统。组织时刻监控环境的变化并随时作出快速的反应。

3. 人力资源因素

有创新力的组织积极地对其员工开展培训和发展，以使其保持知识的更新。同时，还给员工提供工作保障，以减少他们担心因犯错而遭解雇的担忧。

（二）创新过程

创新主要有以下五步历程，分别为：

（1）收集素材。这是一个积累的过程。积累和收集各种有用的信息与素材是进行创新的必要前提。

（2）深思熟虑。在此阶段要克服各种思想障碍，发挥思想的灵活性，运用多种创造原理进行思维。

（3）酝酿储备，即通常所谓的孕育阶段。当某些新思想浮现时，也许它是以初级、粗糙的形式出现的，需要进行琢磨、充实与完善，把原始的数据信息和思索时发掘的新资料通过加工整理，进行酝酿构思。

（4）领悟发现。这是作出创造性发现的阶段。在这一阶段，直觉、灵感、想像等非逻辑思维起着决定性的作用，在继续深思熟虑与酝酿储备的基础上，一旦出现了思维的飞跃，则新的认识与见解也就最终产生了。

（5）确立完善。对创新思想，通过修正、扩充、提炼加以完善，并运用评估的能力加以检验与抉择。

四、系统绩效评价

(一) 评价过程

业绩是活动的最终结果。选择哪种测评指标测评系统业绩就是监测系统活动与业绩结果的过程，以把实际业绩与预期业绩做比较。这一过程为管理层提供必要的反馈，以评价结果并根据需要采取纠正措施。这个过程可以用一个五步反馈模型来表示（见图1.8）。

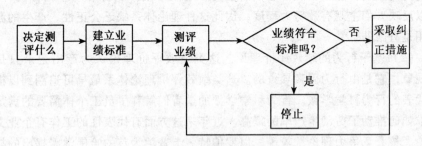

图1.8 系统绩效评价过程

（1）决定测评什么。高层经理和一线经理要规定实施过程，以及监测和评估结果。这一过程及其结果要可以用客观、合理、一致的方式来测评。重点要放在过程中最重要的环节，即那些占费用比例最高的或者问题最多的环节上。不论有多少困难，都要为所有重要的地方找到测评方法。

（2）建立业绩标准。用于测评业绩的标准是对战略和目标的详细表述。它们是对可接受业绩结果的衡量。每个标准都要包括浮动范围，它确定可以接受的偏差。不仅要为最终产出确定标准，也要为中间阶段的产出确定标准。

（3）测评实际业绩。按预定时间、次数进行测评。

（4）把实际业绩与标准进行比较。如果实际业绩结果在可接受范围之内，测评过程可以到此为止。

（5）采取纠正措施。如果实际结果在预期接受范围之外，就要采取措施纠正偏差。这些措施不仅要能纠正偏差，而且能够防止再发生偏差。为此，要解决以下问题：①该偏差是否只是偶然波动？②整个过程是否得到正确执行？③整个过程是否能恰到好处地达到预期目标？

高层管理者在前两步建立控制模型方面，比后面三步要做得好。他们喜欢建立一套控制体系，然后把实施过程交给他人，这常常带来不幸的结果。解决这一矛盾的方法就是建立业绩评定责任中心，高层管理者只起监督作用。

（二）评价体系

1. 两种绩效评价理论体系

（1）基于产出的绩效评价理论体系。这类绩效评价理论倾向于用特定时期内评价单元的产出记录来表述绩效。这类绩效评价理论体系最早可追溯到工业化初期"科学管理之父"泰勒创立的科学管理理论。近年来这方面有代表性的工作是 A. Charnes 在 1978 年创立的数据包络分析（DEA）理论与方法。这类绩效评价方法表达直观，便于量化。但结果中往往受评价单元客观基础条件优劣的影响，仅仅体现了它们的实力，着重于财务指标和效率指标的评价，难以反映人们主观有效努力程度，因此这种理论体系缺乏公正性，产生的激励作用是有限的。

（2）基于行为的绩效评价理论。这类绩效评价理论认为产出记录只是一种现象，它是由行为因素导致的。这类绩效评价理论体系最早可追溯到以梅奥为代表的行为科学学派。行为科学学派的学者们解释了员工个体需要的满足与追求如何推动了劳动生产率的提高。近年来这方面有代表性的工作有企业文化理论、核心竞争力理论，等等。以罗伯特·卡普兰为首的哈佛学派提出的战略思想也越来越引起重视，更强调非财务指标所引起的作用，而非财务指标离不开上述提出的各种因素。这种评价理论虽然抓住了绩效的本质，但存在如何量化的困难。依靠专家打分的方法涉及人为的因素过多，难以做到公平合理，也会带来一些消极的影响。

绩效是评价一切实践活动的有效尺度和客观标准。绩效评价工作认识上的分歧以及上述两种绩效评价理论体系各自存在的不足，必然影响到管理水平的提高。其实，与行为有关的因素，包括管理者的素质、能力、有效努力程度等综合作用的结果必然落实并且反映在评价单元实力的变化上；反之，通过评价单元实力的动态变化也可以度量出上述行为因素产生的相对综合效果。这种行为因素作用的度量既可以用来反映评价单元的整体状况，也可以用来反映评价单元某一层面的状况。在这种思想的指导下，就可以实现将上述两种绩效评价理论体系有机地统一起来。

2. 基于管理有效性的绩效测评模型

管理有效性是指消除客观基础条件优劣的影响，真实反映人们由于经营管理而产生效益的一种行为特性。建立一种可以消除客观基础条件优劣的影响，能够真实地反映出各评价单元由于素质、能力、有效努力等行为因素，而促使效益提高的测评方法必须在动态变化中进行，需要考虑对评价单元客观基础条件的差异如何进行描述以及具体的测算方法。

（1）测评指数。

　　在建立绩效评价指标体系后，采用已有的一些评价方法，例如层次分析法（AHP）、功效系数法等，可以对以往的状况进行测算，得到的指数反映了评价单元的客观基础条件状况，称之为参考指数。用同样的指标体系以及同样的方法对当前的状况进行测算，得到的指数称为当前指数。设 x_j 是第 j 个评价单元的参考指数，y_j 是该评价单元的当前指数，其中 $x_j \in E_1$，$y_j \in E_1$，则称数组 (x_j, y_j) 为第 j 个评价单元的指数状态。

　　先给出这种测算方法的整体思路，然后再给出具体的数学模型和测算方法。

　　将参考指数作为横坐标 X，当前指数作为纵坐标 Y，就可以在平面坐标上标出所有评价单元的指数状态，采用数据包络分析（DEA）方法得到指数状态可能集的前沿面。任何一个评价单元 (X, Y) 均介于某两个处于前沿面的评价单元之间，将该评价单元的当前指数 Y 在前沿面上的对应值记为 Y'，Y 与 Y' 的比值 η 可作为该评价单元管理有效性的一种度量（见图 1.9）。

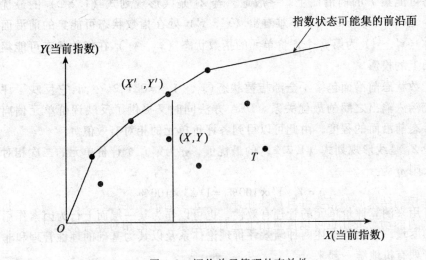

图 1.9　评价单元管理的有效性

（2）测算管理有效性的数学模型。

设观察到各评价单元的指数状态为 (x_j, y_j)，$j = 0, 1, 2, \cdots, n$，则

$$\begin{cases} T = \left\{ (x_j, y_j) \mid \displaystyle\sum_{j=1}^{n} \lambda_j x_j \leqslant x, \sum_{j=1}^{n} \lambda_j y_j \leqslant y \right\} \\ \displaystyle\sum_{j=1}^{n} \lambda_j = 1, \lambda_j \geqslant 0, j = 0, 1, 2, \cdots, n \end{cases} \quad (1.2.1)$$

式（1.2.1）是由上述指数状态 (x_j, y_j)，$j = 0, 1, 2, \cdots, n$ 形成的指数状

态可能集，其中 $(x_0, y_0) = (0, 0)$。

将参考指数作为一种输入，当前指数作为一种输出，采用 Charnes 提出的数据包络分析（DEA）构造生产前沿面的方法，可以构造出指数状态前沿面。由此，建立以下的数据包络分析（DEA）模型：

$$\max Z$$

$$\text{s. t.} \sum_{j=0}^{n} \lambda_j x_j \leqslant x_{j_0}$$

$$\sum_{j=0}^{n} \lambda_j y_j \leqslant Z y_{j_0} \qquad (1.2.2)$$

$$\sum_{j=0}^{n} \lambda_j = 1, \forall \lambda_j \geqslant 0, j = 0, 1, 2, \cdots, n$$

如果上述线形规划式（1.2.2）的最优值 $Z^0 = 1$，则称该评价单元处在指数状态可能集 T 的前沿面上。一般地，若 Z^0 是线形规划式（1.2.2）的最优值，令 $x'_{j_0} = x_{j_0}$，$y'_{j_0} = Z^0 y_{j_0}$，不难看出 (x'_{j_0}, y'_{j_0}) 处在指数状态可能集的前沿面上，称 (x'_{j_0}, y'_{j_0}) 为第 j_0 个评价单元的指数状态 (x_{j_0}, y_{j_0}) 在指数状态可能集前沿面上的投影。

指数状态前沿面包络了全部指数状态 (x_j, y_j)，$j = 0, 1, 2, \cdots, n$，它反映了评价系统输入输出之间的最优关系。DEA 方法同时又提供了反映评价单元偏离指数状态前沿面的程度，由此可以得到各评价单元的相对有效值。

设 Z^0 是线形规划式（1.2.2）的最优值，η 为第 j_0 个评价单元的二次相对效益。则 η 为

$$\eta = Y_{j_0} / Y'_{j_0} \times 100\% = 1/Z^0 \times 100\%$$

它既可用来测算评价单元的管理有效性，也可以作为某一层面上行为因素作用效果的度量，从而将上述两种绩效评价理论体系及以其为基础的理性管理和非理性管理有机地统一起来。

第三节　管理组织系统

一、管理系统领导

（一）领导、领导科学化与领导系统

领导从字面上解释是指带领和引导，实际中指领导者所进行的领导活动和领导行为，是为实现预期的组织目标，运用各种职能，采取一定的方式、方法，影响、率领、引导组织内的成员完成预定任务的行为过程。领导的性质体

现在以下方面：

（1）矛盾性。领导活动是由领导者、被领导者、作用对象和中介体等要素构成的矛盾统一体。其中领导者与被领导者之间的矛盾；领导者、被领导者与系统环境之间的矛盾是领导系统的主要矛盾。领导活动的开展，其实就是系统内旧的矛盾的解决和新的矛盾的产生。

（2）主体性。在领导系统的两对矛盾中，领导者都是矛盾的主体或矛盾的主要方面。因此，领导是以领导者为主导性主体而发生的一种社会行为。

（3）目的性。领导总是处于某一具体的主体中，如军事领导、行政领导、企业领导等。各种主体的存在都有其特点和目的，领导行为必须在主体目标的指引下发生。

（4）动态性。领导活动是在主体目标的引导下，领导者指导主体中的人流、物流、资金流和信息流的流转。领导的动态性就表现为上述四种要素的流动。

（5）系统性。领导活动是由领导者、被领导者、工作对象、中介手段等要素构成的矛盾统一体。领导活动只能从要素总体，即以系统的观点来考察与分析。

随着科技的发展，人类社会的活动呈现出了丰富的形态。领导作为一种社会活动，也呈现出现代化：领导活动本身越来越系统化，只有把领导活动看做一个系统，才能从整体上发挥领导的高效能、领导关系多样化、领导工作科学化等。领导科学化是随着领导的现代化而出现的。

领导的科学化，就是用现代科学技术、科学思维、科学方法去武装领导行为，使领导行为摆脱传统的经验模式，成为一门领导科学。具体说来，包括以下几点：①领导者作为领导活动矛盾的主要因素，是领导活动成功与否的决定因素。领导者必须具备完备的知识体系，包括丰富的科技知识和合理的知识结构，具有危机意识，不断学习，更新自己，以适应组织发展的需要。②现代组织向着大型化、集团化发展。领导者已经成为大型组织的一个特殊的群体。这个群体必须遵循相关科学原理所揭示的规律，选择群体的组成人员，使之形成合理的结构。同时配以科学的领导体制，以便发挥领导者集体的整体功能。③领导行为的科学化。领导工作是由领导者发挥主导作用，同被领导者、工作对象、中介手段等各子系统协调一致的一种社会行为系统，只有在领导者个体和群体素质优化、领导体制科学合理的基础上，求得系统整体优化，包括领导系统整体行为中决策的科学化、领导方式的科学选择等，才能使领导系统保持稳定又适时演化，以达到有效领导的预期目的。

知识经济的到来要以系统科学技术作为它的文化基础，从而在系统科学技术文化基础上，产生了领导科学的崭新模式——领导系统理论。领导工作作为一项系统工程，已经越来越成为广大专家学者和各级领导工作者的共识。领导系统理论的出现，是领导科学和管理科学发展到一定阶段的必然产物，是现代领导自身发展的必然要求。领导工作自身的系统化，要求人们把领导科学研究和应用推进到系统领导的地位。采用系统工程的观念和方法，对领导行为作出全面的多角度的研究。

领导系统理论是管理科学理论和领导科学交叉结合而形成的一门学科。领导系统论以领导系统作为研究对象，用系统观点和理论来考察当代领导工作，解决领导工作中遇到的新情况和新问题，揭示领导活动的系统本质和营运规律，寻求提高领导整体行为效能的途径。

领导系统是领导者在一定的环境条件下，以一定的组织形式为载体，引导、带领、影响被领导者，为实现预定的组织目标共同作用于工作对象，从而形成特定功能的领导行为整体。以领导系统为对象的领导系统论，把领导科学研究中零散、孤立地应用系统科学方法的状况，推进到直接把领导行为看做一个系统继而进行界定，探讨其结构、功能和模式，进而研究其作为系统的营运过程，作为系统整体的行为方式和主体优化，以及作为系统整体的效能分析，等等。

（二）领导系统的构成要素

系统总是由不同的要素所组成。考察领导和领导系统的含义，以及领导系统中的矛盾运动，可以发现，领导系统包含有人流、物流、信息流和资金流。这里，按照常规的分类方法将领导系统分成领导者、被领导者、作用对象和中介体等四个子系统。领导者是领导系统中的主要矛盾或者矛盾的主要方面。在一些大、中型组织中，领导者作为一个群体，成为领导系统中处于决定地位的子系统。被领导者子系统是领导者子系统的作用对象，同时，又是系统实际得以运转的主体，是作用对象和中介体得以存在的基础。作用对象是领导者和被领导者改造作用的对象，是领导者和被领导者主体地位的体现。中介体则是领导者、被领导者、作用对象和可观环境之间存在的关系或者说是矛盾，是其他三个子系统的联系桥梁。

在大型、多维的领导活动中，领导系统内存在着复杂的矛盾运动。领导系统的营运过程，是领导者依据不同的环境和不同的被领导者、中介体，采用相应的领导方式，获得高效能的领导，实现组织预期目标的过程。

（三）领导系统的模式

系统就是根据某种性质发生关系的要素集合。领导系统作为一个社会系统，其系统的模式充分体现了其要素的组成，以及系统内人流、物流、资金流和信息流的运动。领导系统的基本模式如图 1.10 所示。

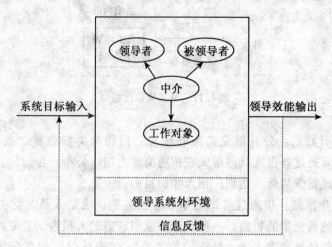

图 1.10　领导系统基本模式图

（四）领导系统的开放性

任何系统都与环境相对区别又有联系。认识、开发、营运领导系统，同样应当具有强烈的开放意识，注意系统内外环境的关系。领导系统只有经常和系统外环境进行各种交换，才能获得其自身发展所需要的能量，也才能适应系统外环境，进而得以生存。领导系统作为一个社会系统，其系统的开放性是不言而喻的。

二、管理员工系统

任何系统都离不开"人"，任何企业都离不开"员工"。"员工系统"是与"领导系统"相对应的。大体上，可以这样划分，"领导系统"指的是组织结构图中的"决策层"，而"员工层"指的是"管理层"和"生产层"。只有有效地开发"员工系统"，合理、科学地管理和利用员工系统，企业才能蓬勃发展，蒸蒸日上。

任何系统都需要不断地输入新鲜"血液"，不断地更新内部结构，以求得最佳的状态。企业中的员工系统也不例外，其流动过程如图 1.11 所示。

（一）员工招聘

员工招聘是指组织为了发展的需要，寻找、吸引那些有能力又有兴趣到本组织任职，并从中选出适宜人员予以录用的过程。

1. 员工招聘的原则

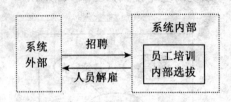

图 1.11　员工流动过程

（1）公开原则。公开就是将招聘单位、招聘种类和数量、条件、方法、时间、地点等通过登报或其他形式在招聘简章上加以公布，告知社会，形成社会舆论，造成竞争局面，达到广招人才的目的。

（2）竞争原则。指通过考试竞争和考核鉴别，确定人员的优劣和人选的取舍。为了达到竞争的目的，一要动员、吸引较多的人报考，二要严格考核程序和手段，科学地录取人选，防止"拉关系"、"走后门"和贪污受贿现象的发生，通过激烈而公平的竞争，选择优秀人才。

（3）平等原则。指对所有报考者一视同仁，不得人为地制造各种不平等的限制条件和各种不平等的优先优惠政策，努力为社会上的有志之士提供平等的机会，不拘一格地选拔、录用各方面的优秀人才。

（4）级能原则。人的能量有大小，本领有高低，工作有难易，要求有区别。招聘工作的原则是，不一定要最优秀的，而应量才录用，做到人尽其才、用其所长、职得其人，这样才能持久、高效地发挥人力资源的作用。

（5）全面原则。指对报考人员从品德、知识、能力、智力、心理、过去工作的经验和业绩进行全面考试、考核和考察。因为一个人能否胜任某项工作或者发展前途如何，是由其多方面因素决定的，特别是非智力因素对其将来的作为起着决定性作用。

（6）择优原则。择优是招聘的根本目的和要求。只有坚持这个原则，才能广揽人才，选贤任能，为单位引进或为各个岗位选择最合适的人员。为此，应采取科学的考试考核方法，精心比较，谨慎筛选。特别是要依法办事，杜绝不正之风。

招聘的程序一般是如图 1.12 所示。

2. 招聘的途径

（1）组织内部招聘。内部职员既可自行申请适当位置，又可以推荐其他候选人。员工的情绪可以由此改善，同时也可降低招募的成本费用。但是，内部来源如果处理不当，容易引起纠纷。所以招募时一定要有固定的严格的标

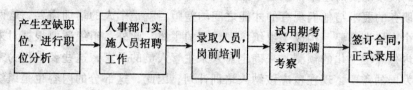

图 1.12　员工招聘程序

准，以免招募主持人徇私舞弊或受制于人。①内部提升。当组织中有些比较重要的岗位需要招聘人员时，让组织内部符合条件的员工从一个较低级别的岗位升到一个较高级别的岗位的过程就是内部提升。它的主要优点是：有利于激发员工奋发向上，容易形成组织文化；主要缺点是：自我封闭，不易吸收优秀人才，可能使组织缺少活力。②内部调用。当组织中需要招聘的岗位与员工原来的岗位层次相同时，把员工调到同层次的岗位上去工作的过程就是内部调用。其主要优点是：对新岗位员工比较熟悉，容易形成组织文化；主要缺点与内部提升的缺点相似，另外还可能影响员工的工作积极性。

　　（2）组织外部招聘。一个组织必须不断地从组织外部寻求员工，特别是当需要大量扩充的时候。其主要途径有：大中专院校、人才交流会、职业介绍所、竞争者与其他组织、行业协会，等等。外部招聘的主要优点是：①候选人员来源广泛，具备各类条件和不同年龄层次的求职人员，有利于满足组织选择合适人选的要求。②有利于组织吸收外部先进的经营管理理念、方式和经验，内外结合不断开拓创新。③对外招聘管理人员，在某种程度上可以缓解内部候选人竞争的矛盾。主要缺点在于：①应聘者的条件不一定能代表其实际水平和能力，因此不称职者会占有一定的比例。②应聘者入选后对组织的各方面情况需要有一个熟悉的过程，不能迅速进入角色，开展工作。③如果组织中有胜任的人未被选用或提拔，外聘人员会挫伤组织内部员工的积极性。

　　（二）员工培训与开发

　　员工培训与开发是指组织通过学习、训练手段来提高员工的工作能力、知识水平和潜能发挥，最大限度地促进员工的个人素质与工作需求相一致，从而达到提高工作绩效的目的。培训与开发是在组织或个人的基础上产生的。其内涵可用公式表示为

　　培训与开发的需求 ＝ 需要达到的工作绩效 － 当时实际的工作绩效

　　1. 培训开发的过程

　　组织关于人力资源的培训开发计划，是以对需要的分析为依据的。对现职人员来说，他考虑的是目前职务对现职人员的要求。他的实际工作成绩与要求

达到的成绩之间的差距，就是个人的培训需要。对新选拔出来的人员来说，下一个职务的要求与他们现有的才能之间的差距，就是个人的培训需要，这两方面的个人培训需要，构成了组织培训计划的主体。此外，组织还要根据对未来组织内外环境变化的预测，来确定对未来主管人员的要求，这些要求作为未来组织发展的需要，现在也应该纳入培训计划，因此，这部分的内容也是组织培训计划的组成部分。还有，就是对主管人员的正式培训，培训的方式有两种：一种是在职培训，另一种是脱产培训，可以在组织内部或外部进行。最后考核评审培训的结果。

2. 培训的方法

（1）理论培训。这是提高主管人员管理水平和理论水平的一种主要方法。尽管主管人员当中有些已经具备了一定的理论知识，但仍然需要在深度和广度上接受一些培训。这种培训大多采用短训班、专题讨论等形式，时间不长，主要是学习一些管理的基本原理以及在某一方面的一些新进展、新研究成果，或就一些问题在理论上加以探讨，等等。理论培训有利于提高受训者的理论水平，有利于他们了解某些管理理论的最新动态，有利于在实践中及时运用一些最新的理论和方法。

（2）职务轮换。职务轮换是使受训者在不同部门的不同位置上轮流工作，以使其全面了解整个组织的不同的工作内容，得到各种不同的经验，为今后在较高层次上任职打好基础。

（3）提升。它包括：①有计划的提升。这种方法有利于培养那些有发展前途的、将来拟将提拔到更高一级职位上的主管人员。它是按计划好的途径，使主管人员经过层层锻炼，从低层逐步提拔到高层，这种有计划的提升，不仅上级主管人员知道，而且受训者本人也知道，因此不仅有利于上级领导对下级进行有目的的培训和观察，也有利于受训者积极地学习和掌握各种必备知识，为将来的工作打下较为扎实的基础。②临时提升。临时提升是指当某个主管人员因某些原因，例如度假、生病或长期出差等而出现职务空缺时，组织便指定某个有培养前途的下级主管人员代理其职务，这样，临时提升既是一种培养的方法，同时对组织来说也是一种方便。代理者在代理期间作出决策和承担全部职责时所取得的经验是很宝贵的。

（4）设立副职。副职的设立，是要让受训者同有经验的主管人员一起密切工作，后者对于受训人员的发展给予特别的注意。这种方法可以使配有副职的主管人员很好地起到教员的作用，通过委派受训者一些任务，并给予具体的帮助和指导，由此培养他们的工作能力。而对受训者来说，这种方法可以为他们提供实践机会，并观摩和学习现职主管人员分析问题、解决问题的能力和技巧。

（5）研讨会。研讨会是指各有关人员一起对某些问题进行讨论或决策。通过举行研讨会，组织中的一些主管人员与受训者一起讨论各种重大问题，可以为他们提供一个机会，观察和学习上级主管人员在处理各种事务时所遵循的原则和具体如何解决各类问题，取得领导工作的经验。

（6）辅导。辅导对于负责培训的上级主管人员来说，是一种常规的培训方法。辅导要注意培养受训者的自信心和独立工作的能力，培养他们在处理人、财、物、时间和信息等方面的管理技巧。

3. 培训的组织管理

员工培训的工作流程如图 1.13 所示。

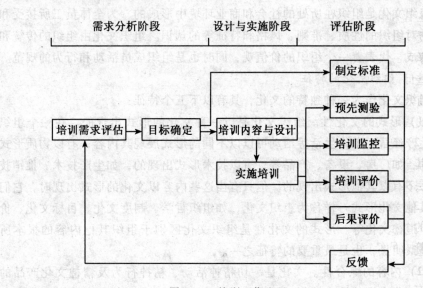

需求分析阶段　　　设计与实施阶段　　　评估阶段

图 1.13　培训工作流程

（三）员工激励

为了使组织成员向组织提供有益的贡献，管理者要通过分析组织成员的行为特点和影响因素，有针对性地展开工作，创造并维持一个良好的工作环境，以调动组织成员的工作积极性，改变和引导他们的行为，从而把组织中个人的需要与组织的目标协调起来，这正是管理者的激励工作所需要完成的任务。

所谓激励，就是在满足组织成员个体需要的基础上，通过高水平的努力来实现组织的目标。受到高度激励的人会努力工作以实现绩效目标，如果加上足够的工作能力及表现机会，就会有出色的业绩。员工受激励的过程如图 1.14

所示。

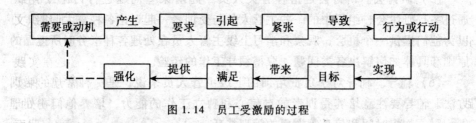

图 1.14　员工受激励的过程

三、管理组织文化

组织文化是组织在所处的社会和商业环境中形成的，为全体员工所接受和认同的对组织的性质、准则、风格和特征等的认识。组织文化由组织的传统和氛围构成，代表着一个组织的价值观，同时也是组织成员活动和行为的规范。

（一）组织文化的特征

组织文化作为一种独特的文化，具有以下五个特征：

（1）形式的文化性。组织文化是以一种文化的形式出现的。在一个组织中，生产经营、工作生活等活动可以以不同的形式展现其内容，有以物质形式出现的，如厂房、设备、产品等；有以技术形式出现的，如生产技术、推销技术等；还有以其他形式出现的。但只有当这些内容以文化的形式出现时，它们才和其他文化形式一样称为组织文化，如组织哲学、制度文化、目标文化、价值观、道德文化等。形式的文化性是组织文化区别于组织其他内容的根本所在，是最明显，也是最重要的特征之一。

（2）内容的综合性。文化是一切精神活动、精神行为及精神文化产品的总称，文化内容的综合性使组织文化也带有综合性的特征。组织文化是一种独特的文化，其内容渗透到组织的各个方面。

（3）功能的整合性。组织文化的整合性使组织文化具有强大的凝聚力，具有调整员工思想行为的重大作用。组织文化的目标是要通过精神力量的作用，使组织成为一个有机的整体，显示共同的意志、目标和追求。因此，组织文化能使员工认识组织的共同目标和利益，齐心协力，尽可能减少内耗。它以文化的手段达到了调整职工行为的作用，使全体员工行为趋于一致。

（4）形成的自觉性。一般的文化都是在社会、政治、经济等客观因素下，在人们自觉意识之外形成的。而组织文化则是在主体高度自觉的努力下形成的，是组织自觉的自我意识所构成的精神文化体系。在组织的实践中，一些管理者、企业家甚至包括一些员工，在总结组织经验教训的基础上提出了组织文化理念，并将其付诸实践，从而培养、升华出高水平的精神文化。因此，组织文化是高度理性化的文化，形成的自觉性是组织文化的又一特性，也是组织文化具有管理功能的前提条件。

（5）目的的实践性。一方面，从组织文化的形成过程来看，它是在实践中得到的结论，是为了更好地进行管理，它直接出于实践的需要，作为一种实践工具而存在；另一方面，从组织文化内容来看，它也是和实践密不可分的，不论是组织哲学、组织精神，还是价值观念、道德规范，都是针对管理实践而言的。因此，组织文化是一种实践的文化，目的上具有强烈的实践性。

（二）组织文化的内容

从组织文化的内容来看，其内容分为显性和隐性两大类。

1. 显性内容

显性内容就是指那些以精神的物化产品和精神性行为为表示形式，通过直观的视听器官能感受到，又符合组织文化实质的内容。它包括组织标志、工作环境、规章制度和经营管理行为等方面。

（1）组织标志是以标志性的外化形态来表示本组织的组织文化特色，并和其他组织明显区别开来的内容，包括徽章、服装、商标和标志性建筑等。组织标志有利于组织形象的塑造，有利于激发员工的自豪感和责任感。

（2）工作环境是指员工在组织中办公、生产、休息的场所。良好的工作环境一方面是领导爱护员工、保障员工权利的表现，另一方面又能激发员工热爱组织、积极工作的自觉性。因此，以改善工作环境为主要内容的环境建设是组织文化的一个组成部分。

（3）规章制度是组织成员所必须遵循的行为规范总和。体现组织特色、反映组织精神面貌的规章制度是组织文化的组成部分。

（4）经营管理行为都是组织哲学、价值观念、道德规范等的具体实施和直接体现，属于组织文化的显性内容。

组织文化的显性内容是组织文化的重要组成部分，但它们毕竟是精神的外化，不是组织文化的根本内容。

2. 隐性内容

组织文化的隐性内容是组织文化的根本，是最重要的组成部分，直接表现为精神活动，直接具有文化的性质。组织文化的隐性内容大致包括组织哲学、价值观念、道德规范、组织精神等方面。

（1）组织哲学是组织理论化、系统化的世界观和方法论，是一个组织全体成员所共有的对事物最一般的看法，用于指导组织的生产、经营和管理等活动。从一定意义上讲，组织哲学是组织最高层次的文化，主导、制约着组织文化其他内容的发展方向。从根本上说，组织哲学是对组织进行总体设计、总体信息选择的综合方法，是组织一切行为的逻辑起点。组织哲学在管理历史上已经经历了"以物为中心"到"以人为中心"的转变。

（2）价值观念是指组织的管理人员和员工对组织的生产经营活动和组织中人的行为是否有价值以及价值大小的总的看法。它包括组织存在的意义和目的、组织各项规章制度的价值和作用、组织中人的各种行为与组织利益的关系等。价值观念是组织文化的重要组成部分，为组织的生存和发展提供了基本的方法和行动指南，为组织成员形成共同的行为准则奠定了基础。价值观念对组织成员的行为起着直接的支配作用，因而也限定了管理人员的管理活动不能与之背道而驰。

（3）道德规范是所有组织成员自觉遵守的行为准则和道德风气、习俗。它包括是非界限、善恶标准和荣辱观念等。道德规范的形成主要取决于组织哲学和价值观念的作用，管理人员应通过树立优秀的组织哲学和价值观念来引导组织形成良好的道德规范。良好的道德规范主要表现为尊重知识、尊重人才、友好相处、自觉工作、与组织共命运，等等。

（4）组织精神是指组织群体的共同心理定势和价值取向。它是组织哲学、价值观念和道德规范的综合体现和高度概括，反映了全体组织成员的共同认识和追求。管理人员应对本组织的文化加以总结概括，挖掘出其中最有代表性的内核，把它升华为一种精神，激励全体员工为之奋斗。同时，管理人员应约束自身的管理行为，而使其与之相符。

（三）组织文化对管理实践的影响

由于组织文化具有特殊的强制渗透功能，因而成为管理人员进行管理的依据，同时也是管理人员管理活动的限制因素。随着组织文化的形成和发展，它渗透到管理人员的一切活动中，并产生了重大的影响。在任何一个特定的组织中，人们所公认的管理要素，如计划、组织、指挥和控制等本身就带有一定程度的文化色彩，脱离文化的管理活动是不存在的。

四、管理组织结构

目前较为多见的组织结构形式主要有以下五种，适用于不同特点的行业。

（一）直线型组织结构

直线型组织结构又称简单结构，在一个组织中，从最高层领导到基层一线人员，通过一条纵向的直接的指挥链连接起来，上下级之间关系是直线关系，即命令与服从关系。在组织内部不设参谋部门。直线结构的组织方式使得管理人员任务比较繁重，重大决策都集中于高层管理人员。

　　（二）直线职能型组织结构

　　直线职能型组织结构就是直线与参谋相结合的组织结构，随着组织规模的扩大，管理工作日益复杂，上层管理人员无法承担一切工作，需要配备一些专门人士充当顾问，协助其管理。这些由专业人士组成的部门称为职能部门，他们充当参谋的角色。参谋部门权力有限，不能直接指挥其他部门，只能提供服务、帮助、提出意见和建议。其结构如图 1.15 所示。

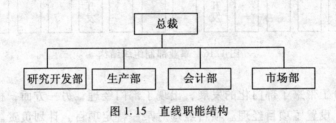

图 1.15　直线职能结构

　　在直线职能结构中，中间管理人员作用开始显露，高层管理人得以集中精力致力于组织总体战略的决策与控制。直线职能制主要优点是：可以高效率地从事标准化、专业化活动。由于管理人员配备了专业技术人员，而他们开展生产活动的标准化有助于实现规模效应。主要缺点是：各部门只关心自己的目标，强调自己部门工作效率的提高，缺乏与其他部门的沟通，并且有时与参谋之间也会发生冲突。

　　绝大多数从事标准化生产的制造企业都采用这种结构。在稳定的环境下，该组织结构有利于充分发挥生产的效率。

　　（三）事业部制组织结构

　　事业部制组织结构又称为分部结构或 M 型结构。在这种组织结构下，公司总部只对公司总体战略作出决策，决定资源在各事业部的分配方案；各事业部则拥有完整的发展战略及运营决策自主权。只要不违反总部的总体战略，分部可以采用任何他们认为有效的方式进行管理。其结构如图 1.16 所示。

　　事业部制组织结构适用于采用多样化战略、国际化战略的大型组织，该组织的产品或服务分散在各个市场，且规模较大。在环境较为稳定的条件下，事业部制组织结构是可以发挥其特长的。

　　（四）矩阵结构

　　矩阵结构是指在垂直领导系统的基础上，又加上水平横向规划目标领导系统，形成纵横交叉的双重指挥链的一种组织结构形式。

　　矩阵结构采用双重指挥链，它打破了统一指挥这一古典组织原理。一方

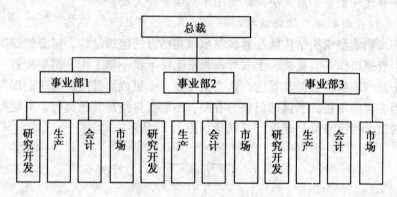

图 1.16　事业部制组织结构

面，专业分工带来了部门化的发展，出现了部门经理；另一方面，根据项目的具体要求，设置了项目经理。项目经理对某一特定项目、计划负责。这样，下属员工既接受部门管理人员的领导，又接受项目经理的领导。其结构如图1.17 所示。

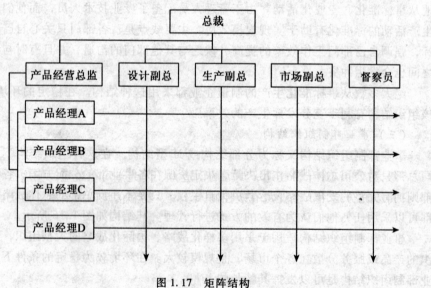

图 1.17　矩阵结构

矩阵结构的优点是：它发挥了职能部门化与项目部门化两方面的优势，避免了缺陷；促进了专业资源在各项目中的共享；便于一些复杂而独立的项目之间的协调合作，同时又保留了将同类专家归并一组的好处。缺点在于：它放弃了统一指挥，造成了一定程度上的混乱，又容易产生权力的争斗。由于项目经理和部门经理之间关系及权力分配难以在制度上明确规定，只能通过协商确定，而事实上，当一个组织放弃统一指挥之后，往往会造成管理人员个人野心的膨胀，从而出现彼此争斗的混乱局面。因此，是否采用矩阵结构，要考虑两方面的因素。

（五）网络结构

网络结构是一种目前流行的组织结构形式，它可使管理人员面对新技术、新环境显示出极大的灵活应对性。所谓网络结构，是指这样一个小的核心管理组织，它通过合作关系（以合同形式）依靠其他组织执行制造、营销等经营功能。其结构如图 1.18 所示。

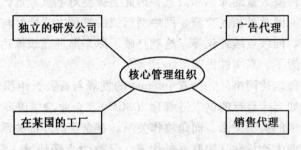

图 1.18   网络组织结构

组织内部的网络型组织结构是不确定的，各个公司的网络型组织也并不一样。但它们都有一些基本特征如下：

（1）网络型组织通过减少行政层次（即组织的扁平化）来减少信息的失真，增加上下级的直接联系，并通过信任和开诚布公来促进人的合作关系。企业上下级之间的沟通十分畅通，员工的创造力、闪光点可在最短时间内被捕捉到，并得以充分运用。企业可有效控制人、财、物和信息四大要素，避免因多级管理而造成的四大要素配置不当和失控。

（2）网络型组织通过团队（基层项目小组和高层管理专业小组）来适应创造性劳动对知识的密集性要求。创造性劳动需要不同知识背景的人相互组合，企业团队就是由此而产生。团队是加强合作、加强信息交流的一种方式，也是网络型组织的一种形式。在现代企业管理中，领导不要居高临下，要胸怀宽广，要强调合作和团队精神。

（3）网络型组织通过信息系统来达到信息共享，企业的边界模糊，并通过学习和培训增加组织的知识密度。在网络型组织中，不是一两个部门与外界产生联系，除营销和采购部门与外界联系外，技术部门和生产部门都可以直接与供应企业和销售代理联系，并充分利用信息系统实现信息共享。同时采取多种形式加强职工培训，包括教育投资、多岗位轮换等。

（4）网络型组织具有柔性化、个性化、多文化和差异化的特点。柔性化是指在组织结构设置一定的非固定和非正式或临时性的组织机构，这些组织机构往往以任务为导向，可以根据需要而设置或取消。在网络型组织中，每一个人都是网络组织上的节点，他们之间的联系比传统直线型组织的更密切。而企业内部多种文化和差异、个性有利于知识和信息的整合。

（5）网络型组织通过合作和民主来适应信息和知识的不均匀性。一些调查显示：创新的创意 60% ~ 70% 来自于顾客和与实际密切接触的基层员工，而创造性劳动需要大量的知识和信息，因此上级要对下级尊重，鼓励创新，允许失败，鼓励不同意见相互交流。网络型组织的管理方式恰好与此相适应，例如合理化建议、同级业绩评议等。这就打破了原来那种逐级传达的方式，使情报所经路径缩短了，真实性提高了。

除组织内部结构网络外，随着 Internet 的发展与普及，组织间的关系网络逐渐形成。例如当今盛行的供应链管理（SCM），企业与供应商、销售商之间不再是简简单单的买卖关系，而是协作关系。在企业的外部关系网络中，最重要的就是与企业生产活动直接联系的因素，又称为直接环境，它和市场有关，因此也称之为市场环境。三个因素是：顾客、竞争企业、供应者。在这个大的网络中，关系错综复杂，形成"食物链"式的关系网。

思考题

1. 用图表示管理系统四种要素之间的联系与区别。
2. 举例说明管理系统的流程。
3. 你认为哪一种绩效评价理论体系更为有效，为什么？
4. 试分析组织文化在管理系统中的作用。
5. 谈谈网络时代的组织结构将发生何种变化。

第二章　系统分析原理与方法

系统分析（System Analysis，SA）是美国兰德（RAND）公司于 20 世纪 40 年代末期提出的一套解决复杂性问题的技术和方法，系统分析在早期主要是一种定量分析方法，应用于武器系统的成本和效益分析。20 世纪 60 年代以后，人们开始将系统分析方法应用于其他系统的分析，并逐步认识到了仅使用定量分析的局限性，因此将其与定性分析结合，发展和完善了系统分析方法。随着系统分析方法的发展与完善以及应用领域的不断扩大，系统分析方法在经济管理领域的应用也取得了显著成果，已成为研究经济管理问题的一种重要手段和方法。

第一节　系统分析概述

一、系统分析的定义及特点

由于系统分析方法在不同领域和不同问题的应用中所采取的技术和模型并不一定相同，因此，系统分析至今仍没有一个完整和严密的科学定义。

一般认为，系统分析是一种有目的、有步骤的探索和分析过程。它以系统观点为出发点，以多种科学的分析工具和方法为手段，在确定目标和准则下，对复杂问题的各因素的功能及相互关系进行分析，利用定量分析和定性分析相结合的方法对解决复杂问题的可行方案进行比较，并推断其可能的结果，从而为管理决策者的科学决策（即选择最优方案）提供可靠依据。

系统分析作为一种系统方法和手段的应用，与系统工程有着密切的联系。目前较为普遍的两种观点是：其一认为系统分析是系统工程的同义语，系统分析就是系统工程；其二认为系统分析只是系统工程的一个环节，但又是系统工程解决问题过程中一个必须的逻辑步骤，系统分析与系统工程的关系如图 2.1 所示。

其实，不论是哪种观点，都说明了系统分析的重要性，在实际应用当中，只要正确理解系统分析的本质，明确系统分析的特点，就可以正确地运用系统

图 2.1　系统工程过程的一般描述

分析方法来解决各种复杂问题。系统分析的主要特点有：

（1）系统分析是一种管理决策技术。系统分析以特定问题作为研究对象，针对问题中的各种确定和不确定因素，通过比较和判断各种可行方案的可能效果，来寻求解决问题的最优方案，为决策者的最终决策提供可靠信息和资料。

（2）系统分析把研究对象视为一个系统，并以系统最优化观点来分析问题。系统分析运用科学的推理方法，深入挖掘影响系统的内部和外部因素以及各因素之间的相互关系，并根据系统整体效益最大化的原则，寻求解决问题的最佳途径。

（3）系统分析通常借助于各种模型。系统分析运用应用数学的基础知识和优化原理，在分析影响复杂问题各项因素的基础上，对问题进行模型化，利用定量方法提供相对可靠和可用的数据，借以制定各种可行方案，并比较各种可行方案的差异。同时，对那些难以定量化的影响因素，则运用经验判断等定性分析方法来加以考虑和测量，再结合定量分析的结果，综合评价可行方案的优劣。

（4）系统分析主要使用电子计算机作为分析工具。由于复杂问题的影响因素众多，而且彼此间关系也很复杂。因此，在系统分析中就产生了大量的信息，对这些信息收集、处理、分析、汇总、传递和存储等，都必须依赖于电子计算机。同时，在系统分析中运用最优化技术，如规划论（包括线性规划、非线性规划、整数规划、目标规划和动态规划等）、网络分析和排队论等也都需要电子计算机。

（5）系统分析不同于一般技术经济分析。系统分析从系统整体目标出发，寻求的是整体最优，不仅分析有关技术经济方面的问题，也分析包括有关政策制定、组织体制和物流管理等各个方面的问题。通过系统分析，待解决问题将在一定条件下得到最优的解决方案。

二、系统分析的原则

复杂问题的组成要素很多，而且各要素之间的相互联系和相互作用也多种多样。同时，作为一个系统，随着时间或空间的变化，组成系统的各要素以及各要素之间的联系或作用都会发生相应的变化，使得系统处于一个不断发展变化的动态过程中。因此，在运用系统分析方法进行分析时，要想把握系统的实质，必须考虑系统的这种动态性和复杂性，并遵循以下几项原则：

（1）系统内部因素和外部环境相结合。

作为一个系统，不仅受系统内部因素的影响，而且还要受系统外部环境的制约。通常情况下，系统内部因素是可控的，而外部环境是不可控的。因此，通常采用的处理办法是，把系统内部因素作为系统的决策变量，而把外部环境因素作为系统的约束条件，通过建立约束条件的系统模型来反映两者之间的关系。

（2）局部利益与整体利益相结合。

一个系统往往由若干个子系统构成，如果各个系统之间是相互独立的，那么，只要各个子系统的效益达到最优，整个系统的效益也必将达到最优。然而，在实际问题中，各子系统之间并不能经常同时达到最优，而且有时甚至需要牺牲某些子系统的利益以满足整体的利益。

因此，在进行系统分析时，必须坚持"系统总体效益最优，局部利益服从总体利益"的原则。即在系统分析时，对系统的要求是整体效益最大化，而不苛求每一子系统都达到最佳状态。

（3）当前利益与长远利益相结合。

在作系统方案决策时，不仅要考虑当前的利益，更要考虑未来的长远利益，即要正确处理好当前利益与未来长远利益之间的关系。在现实问题中，当前利益与长远利益经常会发生矛盾和冲突。在处理这类矛盾和问题时，应该站在战略的高度上，以期求得长远有利发展为原则，兼顾当前利益。综合考虑当前利益和长远利益后，寻找妥善解决问题的最优方案。

（4）定量分析与定性分析相结合。

定量分析是指通过各因素之间的数量关系和指标来分析研究问题，能给评价系统可行方案的优劣提供相对客观的依据，定量分析通常借助于模型、公式和数据指标来表示。而定性分析主要是针对那些不易或不能用定量描述的问题或因素，如政治体制、政策、环境污染、心理因素等，运用经验方式来进行直觉推理、分析和判断。

在系统分析过程中，由于组成系统的因素很多，所以必须坚持定性分析和定量分析相结合的原则。定性分析是定量分析的基础，定量分析是定性分析的量化，要充分分析系统中组成要素的性质、特点，遵循"定性—定量—定性"这一反复循环的分析过程，建立能正确反映问题本质的模型。

三、系统分析在管理中的应用范围

由系统分析的特点可以知道，系统分析是为了实现系统整体效益的最优化。一般来讲，正确地运用系统分析可以达到以下效果：①决策者能够充分地考虑所面临的各种不同选择；②能够更有效地利用人力、物力、财力等资源；③能够更好更省地达到目的和目标；④能够在资源合理配置、政策制定、目标设定，以及在解决涉及社会、政治、经济、文化等方面的复杂问题时，增强决策能力，以避免失误。

因此，系统分析在各个领域中的应用越来越广。特别是随着应用数学理论的发展和深化，以及电子计算机及其网络技术的快速发展，系统分析的应用也越来越效率化。在经济管理系统中，系统分析已经成为管理决策部门的主要决策工具之一，主要应用于整个经济管理系统的发展规划，既包括技术经济方面的分析，也包括政策制定、组织实施、物流及信息管理等方面的分析，主要应用范围有：

（1）制定管理系统规划方案。依据各种资源条件、统计资料和目标要求，运用规划论的分析方法寻求优化方案。

（2）重大工程项目的组织和管理。运用网络技术分析进行全面的计划协调和安排，以保证工程项目中各个环节密切配合，按期完成。

（3）选定厂址和确定工厂规模。考虑原材料的来源、能源、运输以及市场等客观条件与环境因素，进行技术论证，集思广益，制定出适合我国国情、技术上先进、生产上可行、经济上合理的最佳方案。

（4）新产品设计。通过对新产品的使用目的、结构、功能、用料以及价格等进行系统分析，并结合分析结果来重新调整和确定新产品最佳的设计性能、结构、用料选择和市场能接受的价格水平。

（5）厂内的生产布局和工艺路线组织。运用系统分析使人员、物资和设备等各种设施所需的空间得到最妥善的分配和安排，并使相互间能有效地组合和安全地运行，从而使工厂获得较高的生产率和经济效果。

（6）编制生产作业计划。运用投入产出法，使零部件投入产出平衡与生产能力平衡，确定出最合理的生产周期、批量标准和在制品的储备周期，并运用调度管理，安排好加工顺序和装配线平衡，实现均衡生产。

（7）库存管理。可以应用经济批量模型制定最佳储备点和进料点，压缩原材料与在制品的资金并降低成本。

（8）资金成本管理。对生产活动采取的技术改造和革新措施，可以进行成本的盈亏分析，然后决定采取哪一种措施或方案更为经济合理。

（9）质量管理。可以运用工程能力指数、排列图、因果图和管理图等方法进行质量分析，提高工程质量的可靠性，控制产品质量，预防废品产生。

第二节　系统分析的内容与流程

一、系统分析的主要构成要素

组成一个系统的要素有很多，在进行系统分析时，要充分地考虑各种可能的影响因素。人们经过长期的实践总结，逐渐把系统分析的主要构成要素概括为以下六个基本要素：目标、可行方案、模型、费用、效果、评价标准。

1. 目标

对某一系统进行分析时，首先必须明确所要分析问题的目标。确定目标是系统分析的前提，是系统分析的首要步骤。目标是系统所希望达到的结果或完成的任务，是由所要研究的问题决定的。因此，确定目标必须进行问题分析，而问题分析的关键是界定问题（所谓界定问题，就是把问题的实质和范围准确地加以说明）。

在界定问题以后，通常采用"目标-手段系统图"进行目标的结构分析（如图2.2所示，下文将进行详细介绍），以使目标达到具体化和明确化。确定目标的过程如图2.3所示。

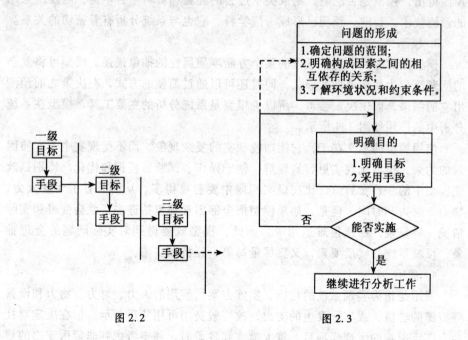

图 2.2　　　　　　　　　　　　　　　　图 2.3

2. 可行方案

一般情况下，实现系统的目标，可采取多种手段和措施，这些手段和措施在系统分析中称为可行方案，或称为备选方案。拟定供选择用的各种可行方案，可以说是系统分析的关键。只有拟订出一定数量和质量的可行方案，进行对比选择，系统分析才能做到合理。如果只拟定一个方案，就无法对比，也就难以辨认其优劣，故没有选择的余地。所以说，在系统分析中通常都需要拟订多个可行方案作为备选方案。可行方案的设计，一般分为以下两个步骤：

(1) 轮廓设想。轮廓设想即从不同的角度和途径，设想出各种各样的可行方案，以便为系统分析人员提供尽可能多的多样性的方案。这一步骤的关键问题在于打破框框，大胆创新。这要求拟订备选方案的人员不仅要有坚实的知识基础和创新能力，更要具有敢于冲破习惯势力与环境压力的精神。

(2) 精心设计。精心设计主要包括两项工作：一是确定方案的细节；二是估计方案的实施结果。一方面，由于轮廓设想并没有过多地考虑细节问题，只提供了一个比较粗糙的大体方案框架，所以，只有通过确定方案的细节，方案才能付诸实施；另一方面，如不估计方案的实施结果，就无法识别方案的优劣，最优选择也就无法进行。方案的细节应该包括哪些方面，是根据分析问题的性质而有所不同的，并不是一成不变的。对方案实施结果的估计一般都经过预测得出，预测是否准确，则取决于过去的经验和资料是否丰富，以及所采用的预测技术。目前，预测已形成一门学科，它也与系统分析有着密切的关系。

3. 模型

模型是对客观事物或过程的某个方面本质属性的抽象描述。模型可将复杂的问题简化为易于处理的形式，同时还可以通过简便的方式，在决策之前预测出它的结果，以供决策参考，所以说模型是系统分析的主要工具。模型在系统分析中的作用如图 2.4 所示。

使用模型的意义在于，它能摆脱现实的复杂现象，而不受现实中非本质因素的约束，模型比现实更容易理解，便于操作、试验、模拟和优化。特别是改变模型中的一些参数值，比在现实问题中要容易得多，从而节省了大量人力、物力、财力和时间。但是，如果模型把全部因素都包括进去，就会变得和实际情况一样复杂，那就很难运用了。因此，模型既要做到对实际问题的合理抽象，反映系统的实质要素，又要尽量简单、经济和实用。

4. 费用

费用是指为实现系统的目标，实施方案所使用的人力、财力、物力和设备等资源的价值，或实际发生的支出，故一般费用可用货币表示。但在决定对社会有广泛影响的大规模项目、重大措施和政策时，还要考虑到非货币支出的费

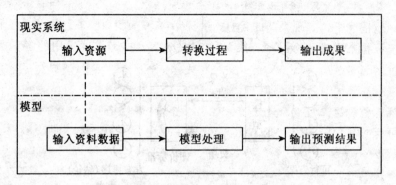

图 2.4　模型在系统分析中的作用

用，因为其中有些因素是不能用货币尺度来衡量的。例如，对生态影响的因素，对环境污染的因素等。

5. 效果

效果就是达到系统目标所取得的成果。衡量效果的尺度，通常用效益和有效性来表示。效益是可以用货币尺度来评价达到目标的效果；有效性是用非货币尺度来评价达到目标的效果。效益又分为直接效益和间接效益两种。直接效益包括使用者所付的报酬，或由于提供某种服务而得到的收入。间接效益则指直接效益以外的，那些能增加社会生产潜力的效益，当然，这类效益是比较难以衡量的，但也应尽可能考虑到。

6. 评价标准

评价标准是指用来衡量可行方案效果优劣的尺度。通过评价标准对各个可行方案的功能、费用和效果等方面进行综合评价，确定出各方案的优劣顺序。评价标准应具有明确性、数量化和敏感性。对大型复杂系统的评价往往涉及多个方面，通常要使用一个评价指标体系。评价指标体系一般包括：政策性指标、技术性指标、社会性指标、时间性指标和资料性指标等，每一类指标还可以包括一些更具体的指标。对于具体的评价问题，可选择适当的指标构成评价指标体系。当评价指标较多时，可以通过设置权重区别众多指标在重要程度上的差别。

以上管理系统分析的六要素，可组成管理系统分析要素的结构图，如图 2.5 所示。

从这个要素结构图可以看到：系统分析是在明确的系统目标前提下进行的，经过分析研究，设计出能够实现该系统目标的各种可行方案，然后通过对方案的模型化以及模型的效用费用分析，依据评价准则对各可行方案进行综合

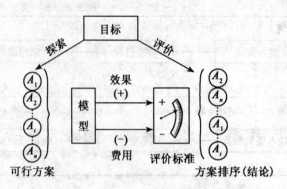

图 2.5　管理系统分析要素的结构图

评价，并结合确定的系统目标，最终确定各方案的优劣关系，以供决策者进行决策参考。它基本反映了系统分析的主要内容和构成。

二、系统分析的要点与步骤

1. 系统分析的要点

系统分析通常运用逻辑思维推理的方法对问题进行分析，在分析时往往可以通过追问一系列的"为什么"来获得问题的解答。其要点可借用表 2.1 来理解。

表 2.1　　　　　　　　　　　系统分析的要点

项目	为什么	应该如何	对策
目的 对象	为什么提出这个问题? 为什么从此入手?	应提出什么? 应找哪个?	删除工作中不必要部分
地点 时间 人	为什么在这里做? 为什么在这时做? 为什么由此人做?	该在何处做? 应何时做? 应由谁做?	合并重复的工作内容，要考虑到重复组合
方法	为什么这样做?	如何去做?	使工作简化

有人把上述内容归纳成解决问题的 "5W 1H，即：What，Why，When，Who，Where，How"。例如，假设接受了某个系统的开发项目，那么接下来就必须设定问题，如果拟出下列疑问句自问自答，就容易抓住问题的关键。

（1）项目的对象是什么？即要干什么？（What）

（2）这个项目何以需要？即为什么这样干？（Why）

（3）它在什么时候和在什么样的情况下使用？即何时干？（When）

（4）使用的场所在哪里？即在何处干？（Where）

（5）是以谁为对象的系统？即谁来干？（Who）

（6）怎样做才能解决问题？即如何干？（How）

2. 系统分析的步骤

应用系统思想、观点和科学的方法对复杂问题进行系统分析的整个过程，主要包括界定问题、确定目标、提出方案、系统模型化、评价可行方案以及综合分析评价等6个典型环节，是一个连续的循环过程。如图2.6所示。

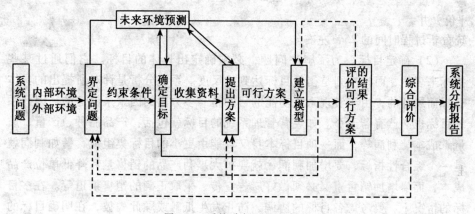

图 2.6 系统分析过程的描述

（1）界定问题。进行系统分析，首先要摆明问题性质，划定问题范围。其工作的主要内容是对某项问题和解决问题的活动做出详尽的说明，明确目标，界定问题的范围，划定系统与环境的边界，弄清约束条件，阐明解决问题的基本对策和所需要的基本条件等。如在分析一个长期亏损的企业时，其原因可能涉及产品的品种和质量、销售价格、市场环境、国家及上级主管部门的管理政策、技术力量强弱、工人素质等多方面的问题，那么究竟哪些因素属于这个问题的范围，对其问题的界定如图 2.7 所示。图中1，2，3，4，5，6 和7分别代表产品品种、产品质量、销售价格、市场环境、国家及上级主管部门的管理政策、技术力量、工人素质。

界定问题阶段通常是以定性分析和直观判断为主，主要为后面的工作打基础，对系统分析以后的工作有着非常重要的影响。因此，该阶段通常占整个系

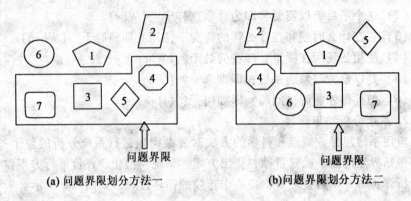

(a) 问题界限划分方法一　　　　　　　　(b) 问题界限划分方法二

图 2.7　问题界定

统分析过程时间的 25% 左右。

（2）确定目标。为了解决问题，必须确定出具体的目标。它们通过某些指标来表达，而标准则是衡量目标达到的尺度。系统分析是针对所提出的具体目标而展开的，由于实现系统功能的目的是靠多方面的因素来保证的，因此系统目标也必然有若干个。如经营管理系统的目标就包括：产品品种、产量、质量、成本、利润等，而一项目标本身又可能由更小的目标集组成，譬如利润就是一个综合性指标，要增加利润，就要扩大赢利产品的销售量和降低单位产品成本，而要增加销售量又必须做好广告宣传、采取正确的销售渠道等。在多目标的情况下，要考虑各目标的协调，防止发生抵触或顾此失彼，在明确目标的过程中，还要注意目标的整体性、可行性和经济性。

（3）收集资料，提出方案。资料是系统分析的基础和依据，要根据所明确的总目标和分目标，收集必要的资料和数据，为分析做好准备。收集资料通常多借助于调查、实验、观察、记录以及引用外国资料等方式。有时说明一个问题的资料很多，但不是都有用，因此，选择和鉴别资料又是收集资料中所必须注意的问题。收集资料必须注意可靠性，说明重要目标的资料必须经过反复核对和推敲。资料必须是说明系统目标的，对照目标整理资料，找出影响目标的诸因素，而后提出能达到目标条件的各种替代方案。

方案的提出有多种方式。系统分析人员、问题提出者和有关人员等都可以提出方案，也可以采用召开座谈会、讨论会或采用专家调查法等方式获得方案，项目招标也是很好的方式。方案的提出要敢于突破旧框框，大胆探索创新；应考虑各种可能的方案，不应忽视那些看似离奇的构想；保持系统原状，不采取任何措施也可以作为一种方案，因为它更具有现实性，也是各种方案对比的基准。

（4）系统的模型化。系统的模型化就是把实体系统置换成简要的、在时间上或理论上都能处理的模型。具体来说，就是找出说明系统功能的主要因素及其相互关系，即系统的输入、输出、转换类型、系统的目标和约束等。通过模型对系统的重要事项和功能特性加以考虑。在真实系统建立之前，可凭借模型求得系统的设计参数并确定系统的各种约束条件。通过建立模型来描述与研究对象有关的重要因素之间的相互关系。在没有实际系统的情况下，利用模型作各种分析和计算，可以方便地改变模型的参数、变量取值等，得到有关数据和信息，估计和评价方案的效果、技术性能和经济指标等。

系统分析可以使用的模型很多，如概念模型、图形模型、数学模型等。建立何种模型要根据实际问题来确定。对于结构比较清晰的问题，可侧重使用定量描述模型；对于结构不太清晰、机理不甚清楚的复杂问题，应侧重于使用定量化程度低的模型方法。有时对同一问题可建立多种模型，以便相互印证。建模的根本目的是要有助于对问题的认识和解决，而不是其他。

（5）分析可行方案的效果。利用已建立的各种模型对可行方案可能产生的结果进行计算测定，考察各种指标达到的程度。譬如费用指标，则应考虑投入的劳动力、设备、资金、动力等。不同方案的输入、输出不同，其结果就不同，得到的指标也不同。当分析模型比较复杂，计算工作量较大时，可借助于计算机求解。

（6）综合分析和评价。在上述分析的基础上，再考虑各种定性因素，对比系统目标达到的程度，用标准来衡量，这就是综合分析和评价。评价结果，应能最后选择一个或几个可行方案，供决策者参考。

上述的系统分析步骤直观形象、概括地描述了系统分析方法的研究策略。通过对系统分析步骤的讨论，有利于了解和熟悉认识、分析问题的基本思路，掌握系统分析方法的框架和研究策略，有助于我们增强应用系统方法认识问题和解决问题的能力。但是这里应当指出：

（1）上述对系统分析步骤的划分，仅是一般的方法框架，并不是所有实际的系统分析过程都必须按这些环节进行。在实际应用中，所采取的步骤可以有所不同，应根据问题的性质和特点设置相应的环节。

（2）系统分析各环节之间存在着反馈。这表明对问题的分析不可能一次性地顺利完成，而是一个反复修正、循环的过程。通过分析得到的暂时性结论，要通过验证来加以考察，必要时各种假定和问题的范围都要重新修订。

第三节　系统分析的主要方法

系统分析并没有一套特定的普遍适用的技术方法，随着分析对象和分析问题的不同，所使用的具体方法可能很不相同。一般说来，系统分析的各种方法可分为定性和定量两大类。定量方法适用于系统结构清楚，收集到的信息准确，可建立数学模型等情况。如果要解决的问题涉及的系统结构不清，收集到的信息不太准确，或是由于评价者的偏好不一，对于所提方案评价不一致等，难以形成常规的数学模型时，可以采用定性的系统分析方法。

一、定性分析方法

1. 目标-手段分析法

目标-手段分析法，就是将要达到的目标和所需要的手段按照系统展开，一级手段等于二级目标，二级手段等于三级目标，依此类推，便产生了层次分明、相互联系又逐渐具体化的分层目标系统。在分解过程中，要注意使分解的分目标与总目标保持一致，分目标的集合一定要保证总目标的实现。目标分解需反复地进行，直到认为满意为止。

目标-手段分析法的实质是运用效能原理不断地进行分析的过程。图 2.8 是发展能源的目标-手段分析图。要发展能源，其手段主要有发展现有能源生产、开发研究新能源和节约能源，而节约能源的主要手段是综合利用能源和开发节能设备。

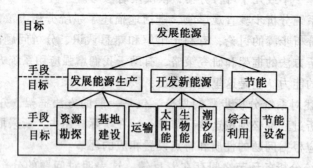

图 2.8　发展能源的目标-手段分析图

2. 因果分析法

它是利用因果分析图来分析影响系统的因素，并从中找出产生某种结果的主要原因的一种定性分析方法。

系统某一行为（结果）的发生，绝非由一种或两种原因所造成，而往往是由于多种复杂因素的影响所致。为了分析影响系统的重要因素，找出产生某种结果的主要原因，系统分析人员广泛使用了一种简便而有效的定性分析方法——因果分析法。这种方法是在图上用箭头表示原因与结果之间的关系（如图2.9所示），形象简单，一目了然，特别是在分析的问题越复杂时越能发挥其长处，因为它把人们头脑中所想问题的结果与其产生的原因结构图形化、条理化。在许多人集体讨论一个问题时，这种方法便于把各种不同意见加以综合整理，从而使大家对问题的看法逐渐趋于一致。

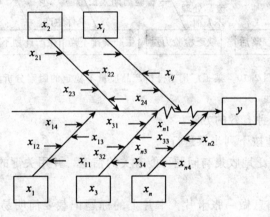

图 2.9　因果分析图

图2.10是某工厂在分析产品质量不稳定的原因时曾经用过的一张因果分析图。厂方将其制成幻灯片，投影在工厂会议室的墙壁上，便于参加质量分析会的各方面专家集体会诊，因而比较快地找到质量不稳定的主要原因及其应该采取的对策。

3. KJ 法

KJ法是一种直观的定性分析方法，它是由日本东京工业大学的川喜田二郎（Kauakida Jir）教授开发的。

KJ法是从很多具体信息中归纳出问题整体含义的一种分析方法。它的基本原理是：把一个个信息做成卡片，将这些卡片摊在桌子上观察其全部，把有"亲近性"的卡片集中起来合成为子问题，依次做下去，最后求得问题整体的构成。这种方法把人们对图形的思考功能与直觉的综合能力很好地结合起来，不需要特别的手段和知识，不论是个人或者团体都能简便地实行，因此，是分

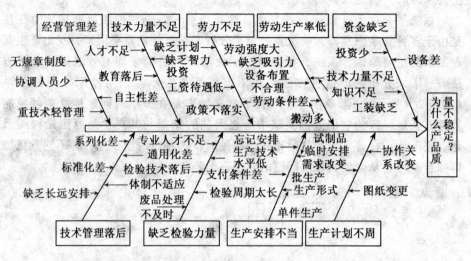

图 2.10　某工厂用于分析产品质量不稳定的因素分析图

析复杂问题的一种有效的方法。

KJ 法的实施按下列步骤进行：

（1）尽量广泛地收集与问题可能有关的信息，并用关键的语句简洁地表达出来。

（2）一个信息做一张卡片，卡片上的标题记载要简明易懂。如果是团体实施，则要在记载前充分协商好内容，以防误解。

（3）把卡片摊在桌子上通观全局，充分调动人的直觉能力，把有"亲近性"的卡片集中到一起作为一个小组。

（4）给小组取个新名称，其注意事项同步骤（1）。这个小组是由小项目（卡片）综合起来的，应把它作为子系统来登记。这个步骤不仅要凭直觉，而且还要运用综合和分析能力发现小组的意义所在。

（5）重复步骤（3）和步骤（4），分别形成小组、中组和大组，但对难以编组的卡片不要勉强地编组，可把它们单独放在一边。

（6）把小组（卡组）放在桌子上进行移动，根据小组间的类似关系、对应关系、从属关系和因果关系等进行排列。

（7）将排列结果画成图表，即将小组按大小用粗细线框起来，将一个个有关系的框用"有向枝"（带箭头的线段）连接起来，便构成一目了然的整体结构图。

（8）观察结构图，分析它的含义，取得对整个问题的明确认识。

4. Delphi 方法

Delphi 方法是由兰德（RAND）公司于 20 世纪 40 年代末提出来的，也是一种重要的定性预测方法。Delphi 方法是一种结构化的方法，它通过大量专家对某一特定问题的判断来获得对该问题未来的综合判断，故也称为专家查询调查法。Delphi 法的一个独特性就是其所有的专家并不是聚集在一起讨论他们的观点，而是有意识地把这些专家分开，以使每位专家自己的判断不会受到其他参与专家的影响。Delphi 法在系统分析中可以用于追求创造性地解决问题，但其最常用的功能是预测，特别是预测未来环境、技术等的变化。

Delphi 法主要包括以下 3 个基本步骤：

（1）事先就预测主题拟定一份调查表，准备必要的背景材料以及 Delphi 法的简要介绍，用信函方式寄给选定的专家们。专家匿名回答所提问题，并寄回预测调查组，预测调查小组对回收的调查表进行统计处理。

（2）预测小组将第一轮调查表的统计处理结果和同样的调查表，仍寄给同一批专家，再次进行调查。专家们可以参考上一轮的统计汇总结果回答提问，并允许改变自己的意见，而无须公开说明理由。调查者在反馈汇总统计结果时，必须忠实于专家们的回答，在任何情况下都不应泄露和暗示自己的意向。专家们在答完第二轮调查表中的问题后，仍寄回预测调查小组。

（3）预测小组对回收的第二轮调查表再作统计分析，再将汇总结果反馈给专家们。对于存在分歧的问题，尤其是对持极力赞同观点或激烈反对观点的专家，可以要求他们说明其特殊理由。

以上的 3 个步骤基本上勾勒出了 Delphi 法的工作程序。在一般情况下，经过 3 ~ 4 个轮次的咨询调查，意见便会集中和明确起来，并逐渐趋于一致。但有些企业为了适应其特殊的需要，经常会对以上的工作程序进行微小的调整。

二、定量分析方法

（一）直接分析建模法

直接分析建模法是最常用和最基本的建模方法，许多模型都是用这种方法建立的。当问题比较简单和明确，又有较充分的数据和资料时，它是一种非常有效的方法。本节以盈亏平衡分析实例来介绍直接分析建模法的思路和方法。

盈亏平衡分析，又称量本利分析，是美国哥伦比亚大学劳施特劳赫（W. Rauthstrauch）教授在 20 世纪 30 年代提出的。盈亏平衡分析模型是通过对产量、成本和利润的综合分析而建立起来的模型，用来确定盈亏平衡的产量，掌握生产经营项目的盈亏界限，以控制成本，提高经济效益。

　　一项投资或经营项目的盈亏主要取决于销售收入和成本费用。当总收入大于总成本时将盈利，否则将亏损。用关系式可表示为

$$销售总收入(I) ＝ 总成本(C) ＋ 利润(P) \qquad (2.3.1)$$

式中，销售总收入 I 由产品的市场价格（M）和销售量（Q）决定；总成本（C）可分为固定成本（C_F）和变动成本（C_V）。

　　盈亏分析分为线性和非线性两类，在此我们主要讨论线性盈亏分析。

　　对于线性盈亏分析模型，设单位产品销售价格为 M，产品销售总收入 I 与产品销售量 Q 之间的关系式为 $I = M \cdot Q$。设 C_{V0} 为单件产品变动成本，即 $C_{V0} = \dfrac{C_V}{Q}$。由此，式（2.3.1）可写成：

$$M \cdot Q = C_F + C_{V0} \cdot Q + P \qquad (2.3.2)$$

经整理可得

$$Q = \frac{C_F + P}{M - C_{V0}} \qquad (2.3.3)$$

　　令利润 $P = 0$，即为盈亏平衡的情况。对应于平衡点的产品产量或销售量，称为保本产量，记作 Q_e，其表达式由式（2.3.3）不难得到。Q_e 是掌握盈亏界限的重要参量，一般说来 Q_e 的值越小，表明经营状况越好。表达式（2.3.2）描述的量本利之间的关系，可在直角坐标系中直观地表示出来，称作盈亏分析图，如图 2.11 所示。

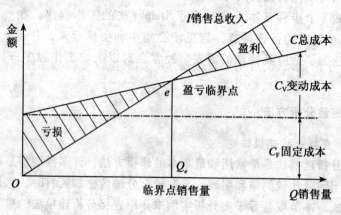

图 2.11　盈亏分析图

　　由图 2.11 可知，当产品销售量 $Q < Q_e$ 时将亏损，当 $Q = Q_e$ 时不亏不盈，只有当 $Q > Q_e$ 时才会有盈利。

盈亏分析模型是企业经营管理和投资项目评价中经常使用的定量分析模型，十分简便和有效。

（二）状态空间法

状态空间法采用状态变量来描述系统，建立系统的数学模型，用于系统的分析、设计、优化和控制。这种分析方法不仅可以处理系统输入和输出之间的关系，而且还可以通过状态变量描述和研究系统的内部结构，是系统分析中常用的方法之一。

一个随时间变化的开放系统，具有一定数量的输入和输出，可以概括地用图 2.12 表示。环境对系统的输入作用以 m 个输入变量 u_1，u_2，$\cdots$，u_m 表示，系统对环境的作用以 l 个输出变量 y_1，y_2，$\cdots$，y_l 来表示，而 x_1，x_2，$\cdots$，x_n 是描述系统内部状态的一组最少的变量。

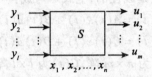

图 2.12　系统的一般描述

系统的状态变量是可以完整地描述系统时域行为的一组最少的变量 $x_1(t),x_2(t),\cdots,x_n(t)$，当已知这些变量在任一时刻 t_0 的值 $x_i(t_0)$（$i=1,2,\cdots,n$），及随后对系统施加的输入 $u_j(t)$（$j=1,2,\cdots,m$）时，就足以将任何 $t>t_0$ 时系统的状态确定下来。

对于一个简单系统，可用一阶微分方程来描述，这个微分方程就称为状态方程。对于复杂系统，一般要用多个一阶微分方程来描述。对图 2.12 所示的具有 m 个输入和 l 个输出的动态系统，其状态方程一般可写成：

$$\frac{\mathrm{d}x_i(t)}{\mathrm{d}t} = f_i(x_1(t),x_2(t),\cdots,x_n(t);u_1(t),u_2(t),\cdots,u_m(t))$$

$$(i = 1,2,\cdots,n) \qquad (2.3.4)$$

式中：$x_i(t)$ 为状态变量；$u_j(t)$ 为输入变量；f_i 为第 i 个函数关系式。

系统的输出 $y_k(t)$（$k=1,2,\cdots,l$）是状态变量和输入变量的函数，可用以下输出方程来表示：

$$y_k(t) = g_k(x_1(t),x_2(t),\cdots,x_n(t);u_1(t),u_2(t),\cdots,u_m(t)) \qquad (2.3.5)$$

式中：g_k（$k=1,2,\cdots,l$）表示第 k 个函数关系。

状态方程(2.3.4)和输出方程(2.3.5)是描述系统内部状态和输出特征的数学模型,称为系统的状态空间表达式。其中状态方程左端只包含状况变量的一阶导数,而右端只出现状态变量的输入变量。若设:

$$u(t) = \begin{bmatrix} u_1(t) \\ u_2(t) \\ \vdots \\ u_m(t) \end{bmatrix}, y(t) = \begin{bmatrix} y_1(t) \\ y_2(t) \\ \vdots \\ y_l(t) \end{bmatrix}, x(t) = \begin{bmatrix} x_1(t) \\ x_2(t) \\ \vdots \\ x_n(t) \end{bmatrix}$$

则系统的状态空间表达式也可以用矩阵形式表示为

$$\dot{x}(t) = f(x(t), u(t))$$
$$y(t) = g(x(t), u(t))$$

式中:f 是以函数 $f_1, f_2, \cdots, f_n$ 作为分量的 n 维列向量;g 是以函数 $g_1, g_2, \cdots, g_l$ 为分量的 l 维列向量。若系统是线性的,上式可写成:

$$\dot{x}(t) = A(t)x(t) + B(t)u(t)$$
$$y(t) = C(t)x(t) + D(t)u(t)$$

式中:$A(t)$ 为 $n \times n$ 阵,$B(t)$ 为 $n \times m$ 阵,$C(t)$ 为 $l \times l$ 阵,$D(t)$ 为 $l \times m$ 阵,分别称为系数矩阵、输入矩阵、输出矩阵和传输矩阵。由上面两式定义的系统称为线性时变系统。当矩阵 $A(t), B(t), C(t), D(t)$ 中的元素与时间无关时,上面两式进一步可写成:

$$\dot{x}(t) = Ax(t) + Bu(t)$$
$$y(t) = Cx(t) + Du(t)$$

(2.3.6)

式(2.3.6)所描述的系统为线性定常(时不变)系统,一般认为它是时变系统在一定精度下的理想化模型。

根据系统分析时间的连续与否,状态空间分析通常分为连续时间状态空间分析和离散时间状态空间分析两类。

1. 连续时间系统的状态空间表达式

线性定常系统一般可以用一个关于输入和输出的高阶微分方程来描述。考虑系统只有一个输入变量 $u(t)$ 和一个输出变量 $y(t)$ 的情况,其微分方程可写为

$$y^{(n)} + a_1 y^{(n-1)} + \cdots + a^{n-1} y' + a_n y = u$$

(2.3.7)

若已知 $y(0), y'(0), \cdots, y^{(n-1)}(0)$ 和 $t \geq 0$ 的输入 $u(t)$,就可以完全确定系统未来的行为。对于这个单输入单输出的线性定常系统,可以用状态空间表达式来描述。设一组状态变量如下:

$$\begin{cases} x_1 = y \\ x_2 = y' = \dot{x}_1 \\ \cdots\cdots \\ x_n = y^{(n-1)} = \dot{x}_{n-1} \end{cases} \tag{2.3.8}$$

将式(2.3.8)代入式(2.3.7),则高阶微分方程可化为一阶微分方程组,从而系统的状态方程为

$$\dot{x}_1 = x_2$$
$$\dot{x}_2 = x_2$$
$$\cdots\cdots$$
$$\dot{x}_{n-1} = x_n$$
$$\dot{x}_n = -a_n x_1 - a_{n-1} x_2 - \cdots - a_1 x_n + u$$

将上式写成矩阵形式得

$$\begin{bmatrix} \dot{x}_1 \\ \dot{x}_2 \\ \vdots \\ \dot{x}_{n-1} \\ \dot{x}_n \end{bmatrix} = \begin{bmatrix} 0 & 1 & 0 & \cdots & 0 \\ 0 & 0 & 1 & \cdots & 0 \\ \vdots & \vdots & \vdots & & \vdots \\ 0 & 0 & 0 & \cdots & 1 \\ -a_n & -a_{n-1} & -a_{n-2} & \cdots & -a_1 \end{bmatrix} \begin{bmatrix} x_1 \\ x_2 \\ \vdots \\ x_{n-1} \\ x_n \end{bmatrix} + \begin{bmatrix} 0 \\ 0 \\ \vdots \\ 0 \\ 1 \end{bmatrix} u \tag{2.3.9}$$

由 $x_1 = y$ 可以得到输出方程:

$$y = x_1 = [1,0,\cdots,0] \begin{bmatrix} x_1 \\ x_2 \\ \vdots \\ x_{n-1} \\ x_n \end{bmatrix} \tag{2.3.10}$$

式(2.3.9)和(2.3.10)可简记为

$$\dot{x}(t) = Ax(t) + Bu(t)$$
$$y(t) = Cx(t)$$

对于线性定常系统的状态方程,考虑如下形式的齐次方程:

$$\dot{x}(t) = Ax(t) \tag{2.3.11}$$

它描述系统在不受外界输入作用时的自由响应。若设 $\varphi(t)$ 是一个 $n \times n$ 的状态转移矩阵,则它必须满足方程(2.3.12),即

$$\frac{\mathrm{d}\varphi(t)}{\mathrm{d}t} = A\varphi(t) \tag{2.3.12}$$

若已知 $t=0$ 时的初始状态 $x(0^+)$，则 $\varphi(t)$ 可用下面的矩阵方程来定义：

$$x(t) = \varphi(t)x(0^+)$$

此方程是齐次状态方程（2.3.11）的解。为了求出 $\varphi(t)$，先假设式（2.3.12）的解形式为 $x(t) = e^{At}x(0^+)$。不难证明该式即为齐次状态方程的解，因为将它代入式（2.3.12）可得

$$\frac{\mathrm{d}e^{At}}{\mathrm{d}t} = Ae^{At}$$

因而可以确定 e^{At} 就是状态转移矩阵。通常 e^{At} 可表示成矩阵 At 的幂级数形式，即

$$\varphi(t) = e^{At} = I + At + \frac{1}{2!}A^2t^2 + \cdots + \frac{1}{i!}A^it^i + \cdots \tag{2.3.13}$$

可以证明上述矩阵幂级数是一致收敛的。由上式可知，状态转移矩阵 $\varphi(t) = e^{At}$ 只取决于矩阵 A，而且 $\varphi(t)$ 完全确定了从初始时刻 t_0 到任意时刻 t 的状态转移。它具有如下性质：

(1) $\varphi(0) = I$

(2) $\varphi^{-1}(t) = \varphi(-t)$

2. 离散时间系统的状态空间表达式

许多动态系统，尤其是社会经济系统，其数据往往只在特定的时间点上给出，两个数据样本点之间存在一定的时间间隔，如统计数据或报表仅是按月、按季或按年份汇总，因此，对这类系统主要使用离散时间系统模型来描述。

设某动态系统可用下面的高阶差分方程来描述：

$$y(k+n) + a_1y(k+n-1) + a_2y(k+n-2) + \cdots$$
$$+ a_{n-1}y(k+1) + a_ny(k) = b_1u(k) \tag{2.3.14}$$

式中：k 表示第 k 个采样时刻；$y(k)$ 表示 k 时刻系统的输出；$u(k)$ 表示 k 时刻系统的输入。取离散时间系统的状态变量为

$$\begin{cases} x_1(k) = y(k) \\ x_2(k) = y(k+1) = x_1(k+1) \\ \cdots\cdots \\ x_n(k) = y(k+n-1) = x_{n-1}(k+1) \end{cases} \tag{2.3.15}$$

将上式代入式（2.3.14），并变换整理，则有

$$x_1(k+1) = x_2(k)$$
$$x_2(k+1) = x_3(k)$$
$$\cdots\cdots$$

$$x_{n-1}(k+1) = x_n(k)$$

$$x_n(k+1) = -a_n x_1(k) - a_{n-1} x_2(k) - \cdots - a_1 x_n(k) + bu(k)$$

将上式写成矩阵形式,则离散系统的状态空间表达式可简记为

$$\begin{cases} x(k+1) = Ax(k) + Bu(k) \\ y(k) = Cx(k) \end{cases} \tag{2.3.16}$$

对于离散系统状态方程有

$$x(k+1) = Ax(k) + Bu(k)$$

当已知 $k=0$ 时的初始条件 $x(0) = x_0$ 和 $k \geqslant 0$ 以后的输入 $u(k)\{u(0),$ $u(1),\cdots\}$ 时,可以得

$$\begin{cases} x(1) = Ax(0) + Bu(0) \\ x(2) = Ax(1) + Bu(1) \\ \cdots\cdots \\ x(k) = A^k x(0) + \sum_{j=0}^{k-1} A^{k-j-1} Bu(j) \end{cases} \tag{2.3.17}$$

由方程组(2.3.17)不难得到,离散系统状态方程的状态转移矩阵为

$$\varphi(k) = A^k \tag{2.3.18}$$

由此可见,离散时间状态方程的求解采用逐步迭代便可得到一般解。

(三)投入产出分析法

投入产出分析法(input-ouput analysis)是美国经济学家来昂惕夫 (W. Leontief)创立的研究现代经济活动的一种方法,是利用数学方法研究经济活动的投入与产出之间的数量关系和规律,特别是研究和分析国民经济各部门(各类产品)在产品的生产与消耗之间的关系。它是进行经济系统分析、经济综合平衡和预测的一种行之有效的方法,其基本内容包括:投入产出表、投入产出方程等。

1. 投入产出表的结构

在投入产出分析中,所谓投入是指生产过程中投入(或消耗)的劳动对象、劳动资料和活劳动的数量,所谓产出是指各经济部门输出的产品数量。将各部门的投入和产出情况及其相互联系,集中在一张表上反映出来,就形成了反映部门间联系的投入产出表。

投入产出表是进行投入产出分析的主要工具。它是建立在对部门产品流向分析的基础上的。

设一个经济系统由 n 个部门组成,部门 i 的总产出记为 x_i,最终产品记为 y_i,从部门 i 流向部门 j 的中间产品记为 x_{ij},则得到投入产出表的一般形式如表

2.2 所示。

表 2.2　　　　　　　　　　　　投入产出表的一般形式

产出＼投入	中间产品				最终产品	总产品
	1	2	…	n		
1	x_{11}	x_{12}	…	x_{1n}	y_1	x_1
2	x_{21}	x_{22}	…	x_{2n}	y_2	x_2
⋮	⋮	⋮		⋮	⋮	⋮
n	x_{n1}	x_{n2}	…	x_{nn}	y_n	x_n

　　若以货币为单位,相应于表 2.2,可以将投入产出表扩充为表 2.3。

　　将表 2.3 用粗实线划分为四大块,按照左上、右上、左下与右下的次序,分别命名为第Ⅰ象限,第Ⅱ象限,第Ⅲ象限,第Ⅳ象限。

表 2.3　　　　　　　　　　　　价值型投入产出表

产出＼投入	中间产品				合计	最终产品				总产出
	1	2	…	n		消费	储备	出口	合计	
部门 1	x_{11}	x_{12}	…	x_{1n}					y_1	x_1
2	x_{21}	x_{22}	…	x_{2n}					y_2	x_2
⋮	⋮	⋮		⋮					⋮	⋮
n	x_{n1}	x_{n2}	…	x_{nn}					y_n	x_n
合计										
折旧	d_1	d_2	…	d_n						
新创造价值 工资	v_1	v_2	…	v_n						
利润	m_1	m_2	…	m_n						
合计										
总产出	x_1	x_2	…	x_n						

　　其中第Ⅰ象限为 $n \times n$ 矩阵,是由 n 个生产部门纵横交叉组成,反映经济系统各个部门之间的生产技术联系,特别是反映各个部门之间相互提供劳动对象

供生产过程消耗的情况。

第Ⅱ象限反映各个部门的总产品中用于最终产品的那部分情况。最终产品通常包括消费、储备、出口以及基建投资。

第Ⅲ象限包括各部门固定资产折旧和新创造的价值。其中新创造的价值主要是劳动报酬(工资、津贴、奖金和补助等)和社会纯收入(利润、税金、公积金和公益金等),它反映国民收入的初次分配情况。

第Ⅳ象限反映国民收入再分配的情况,比较复杂,在投入产出表中通常略去。

2. 投入产出方程

从表 2.3 的纵向关系看,第 i 部门的总成本 C_i 为

$$C_i = \sum_{j=1}^{n} x_{ji} + d_i + v_i, \quad i = 1,2,\cdots,n$$

以 C_i 加上利润 m_i,即为第 i 部门的总产值:

$$x_i = C_i + m_i = \sum_{j=1}^{n} x_{ji} + d_i + v_i + m_i, \quad i = 1,2,\cdots,n$$

或

$$x_i = \sum_{j=1}^{n} x_{ji} + z_i, \quad i = 1,2,\cdots,n \tag{2.3.19}$$

式(2.3.19)称为"产值方程",式中:

$$z_i = d_i + v_i + m_i$$

从表 2.3 的横向关系看,每一行满足以下关系:

$$x_i = \sum_{j=1}^{n} x_{ij} + y_i, \quad i = 1,2,\cdots,n \tag{2.3.20}$$

就是说,每一部门的总产出,等于该部门流向各个部门作为中间消耗用的产品(包括自身消耗)与提供给社会的最终产品之和。这个关系式称为"产出分配方程"。

当式(2.3.20)以货币单位计算时,对于同一个部门 i 来说,式(2.3.19)和(2.3.20)左端相等,因此有

$$\sum_{j=1}^{n} x_{ij} + y_i = \sum_{j=1}^{n} x_{ji} + z_i, \quad i = 1,2,\cdots,n \tag{2.3.21}$$

等式两边消去相同项 x_{ij},则得

$$\sum_{\substack{j=1 \\ j\neq i}}^{n} x_{ij} + y_i = \sum_{\substack{j=1 \\ j\neq i}}^{n} x_{ji} + z_i, \quad i = 1,2,\cdots,n \tag{2.3.22}$$

式(2.3.22)表示从第 i 部门流向其他部门的中间产品加上该部门的最终产品(左边),等于该部门从其他部门投入的中间产品加上本部门新创造的价值(工

资和利润等)(右边),因此称式(2.3.22)为"投入产出方程"。

由式(2.3.21)显然有

$$\sum_{i=1}^{n} \left(\sum_{j=1}^{n} x_{ij} + y_i \right) = \sum_{i=1}^{n} \left(\sum_{j=1}^{n} x_{ji} + z_i \right)$$

即

$$\sum_{i=1}^{n} \sum_{j=1}^{n} x_{ij} + \sum_{i=1}^{n} y_i = \sum_{i=1}^{n} \sum_{j=1}^{n} x_{ji} + \sum_{i=1}^{n} z_i$$

而

$$\sum_{i=1}^{n} \sum_{j=1}^{n} x_{ij} = \sum_{i=1}^{n} \sum_{j=1}^{n} x_{ji}$$

则

$$\sum_{i=1}^{n} y_i = \sum_{i=1}^{n} z_i \qquad (2.3.23)$$

也就是说,第Ⅱ象限与第Ⅲ象限在总量上相等。

3. 直接消耗系数与完全消耗系数

直接消耗系数 a_{ij} 是为了计算与分析方便而引入的一个系数,其定义式如下:

$$a_{ij} = \frac{x_{ij}}{x_j}, \quad i,j = 1,2,\cdots,n \qquad (2.3.24)$$

a_{ij} 表示第 j 部门生产单位所需的第 i 部门的投入量。

如果已知 a_{ij},对于设定的产出 x_j,则投入 x_{ij} 可按下式计算:

$$x_{ij} = a_{ij} \cdot x_j, i, \quad j = 1,2,\cdots,n \qquad (2.3.25)$$

a_{ij} 又称为"技术系数"或"投入系数",因为它反映了部门之间的技术条件与投入定额。

记

$$A = (a_{ij})_{n \times n} = \begin{bmatrix} a_{11} & a_{12} & \cdots & a_{1n} \\ a_{21} & a_{22} & \cdots & a_{2n} \\ \vdots & \vdots & & \vdots \\ a_{n1} & a_{n2} & \cdots & a_{nn} \end{bmatrix}$$

矩阵 A 称为"直接消耗系数矩阵"或"技术结构矩阵"。

a_{ij} 具有以下性质:

(1) $0 \leqslant a_{ij} < 1, i,j = 1,2,\cdots,n$

(2) $\sum_{i=1}^{n} a_{ij} < 1, j = 1,2,\cdots,n$

由于有这两条性质,根据矩阵理论,得出以下结论:

(1) 矩阵 A 的所有特征根之模均小于1;

(2) 当 $m \to \infty$ 时,$A^m \to 0$。

于是

$$I + A + A^2 + \cdots + A^m = (I - A)^{-1} \tag{2.3.26}$$

以后推导完全消耗系数计算公式时,要用到公式(2.3.26)。

如果将式(2.3.25)代入式(2.3.20)就得

$$x_i = \sum_{j=1}^{n} a_{ij} x_j + y_i, j = 1, 2, \cdots, n \tag{2.3.27}$$

改写为矩阵形式方程得

$$X = AX + Y$$

即
$$(I - A)X = Y \tag{2.3.28}$$

或
$$X = (I - A)^{-1} Y \tag{2.3.29}$$

根据以上投入产出模型,可以进行 x_i 与 y_i 之间的换算。具体来说,有以下三种换算:

(1)如果在经济系统中,总产量 $X = (x_1, x_2, \cdots, x_n)^T$ 已经确定,则可计算出最终产量 $Y = (y_1, y_2, \cdots, y_n)^T$。

(2)反之,如果该经济系统的最终产量 $Y = (y_1, y_2, \cdots, y_n)^T$ 已经确定,则可计算出总产量 $X = (x_1, x_2, \cdots, x_n)^T$。

(3)在经济系统各部门的总产量 x_i 与最终产量 $y_i (i = 1, 2, \cdots, n)$ 之中,只要知道其中任意几个,就可以计算出其余几个未知数。

完全消耗包括直接消耗与间接消耗,间接消耗又分为许多层次,如图 2.13 所示,炼钢直接消耗电、生铁、耐火材料、炼钢设备,等等,而且消耗过程构成循环,所以间接消耗的层次是无限多的。

根据图 2.13 可以采用无穷级数的形式建立计算完全消耗系数的公式。设 b_{ij} 表示第 j 部门生产单位产品对第 i 部门的完全消耗系数,则有

$$b_{ij} = a_{ij} + \sum_{k=1}^{n} a_{ik} \cdot a_{kj} + \sum_{s=1}^{n} \sum_{k=1}^{n} a_{is} \cdot a_{sk} \cdot a_{kj} + \sum_{t=1}^{n} \sum_{s=1}^{n} \sum_{k=1}^{n}$$
$$a_{it} \cdot a_{ts} \cdot a_{sk} \cdot a_{kj} + \cdots, i, j = 1, 2, \cdots, n \tag{2.3.30}$$

记 $B = (b_{ij})_{n \times n}$,称为"完全消耗系数矩阵",则方程组(2.3.30)可以改写为

$$B = A + A^2 + A^3 + \cdots \tag{2.3.31}$$

由于直接消耗系数矩阵 A 具有列和小于 1 的性质,且 A 的最大特征根之模小于 1,则有

$$I + A + A^2 + A^3 + \cdots = (I - A)^{-1}$$

于是,式(2.3.31)可以改写为

$$B = (I - A)^{-1} - I \tag{2.3.32}$$

公式(2.3.32)即为所求的"完全消耗系数矩阵"。

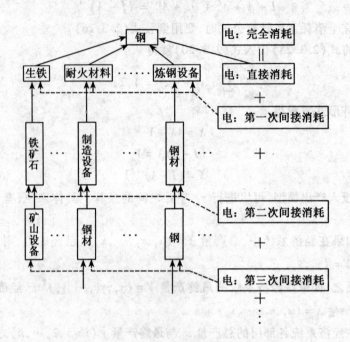

图 2.13　炼钢的直接消耗和间接消耗

（四）层次分析法

　　层次分析法（analytical hierarchy process，AHP）是美国运筹学家匹兹堡大学教授萨迪（Thomas L. Saaty）于 20 世纪 70 年代中期提出的。它是把一个复杂问题表示为有序的递阶层次结构，通过人们的判断，对备选方案的优劣进行排序。这种方法具有实用性、系统性和简洁性等很多优点，特别适用于有关社会经济系统的决策分析，近些年来的研究和应用发展得很快。

　　运用 AHP 处理问题的基本步骤是：①构造系统问题的层次结构模型；②建立判断矩阵，计算相对权重，这又称为层次单排序；③判断一致性检验；④计算组合权重，并通过组合权重的对比，得到决策方案的优劣顺序，又称为层次总排序。

　　有关层次分析法的详细介绍请阅读第四章。

第四节　实 例 分 析

某厂技术改造的系统分析

某锻造厂通过系统分析现有生产情况和扩大汽车半轴生产的情况，提出了四种扩产和改造方案，并对这些方案进行综合评价，选择最优的可行方案。

1. 问题的提出

该锻造厂是以生产解放、东风140、东风130等汽车后半轴为主的小型企业，年生产能力可达1.8万根。1982年产值为约98万元。近年来，由于无计划购进设备，使其加热和热处理工序的生产能力大大超过锻造工序，形成前道工序限制后道工序的局面，浪费了大量设备能力和人力，使生产成本不断提高，企业经营效益受到严重影响。为改变企业现状、增加盈利，工厂提出产值翻番的设想，并就此讨论工厂的改造规划及其系统分析。

2. 扩大汽车半轴生产必要性的论证

（1）从市场需求看其必要性。由于后半轴在汽车行驶中承受相当大的阻力，在超载运行（如突然刹车、起动、上坡和过沟等）阻力超过半轴所能承受的强度时，就会引起半轴的断裂，所以半轴属于汽车配件中的易损件。在某省近年来汽车保有量猛增的情况下，半轴需求量也从1979年的3.6万根增加到4.8万根，而该省的半轴生产能力只有4.6万根左右，满足不了当前的市场需要。

（2）从工厂的设备生产能力看其必要性。半轴生产由多种加工工艺组成，包括锻造、热处理、机加工、喷漆等23道工序，其中每班生产能力在120～190根以上者有9道工序，主要是机加设备；在70～90根以上者有6道工序，主要是淬火及校直设备；下余工序在30～45根范围之内，都是锻造设备，这些窄口工序影响企业生产能力的进一步提高，而过剩生产能力的设备又白白损失。因此，扩大半轴生产可以使生产能力得到有效利用，提高企业经济效益。

（3）从职工人数看其必要性。工厂原有职工230名，安排青年就业后增加到320名，经过定编定岗后有30人闲置。扩大生产则可以把这部分人力充分利用起来。

（4）从经营效果看其必要性。从经营效果指标（见表2.4）可以看出，由于设备和人员的不合理增加，使企业的产值增长幅度低于费用增加的幅度，严重影响了企业的经济效益。

上述四个方面说明扩大半轴生产是提高企业经济效益，增加盈利的有效途径。

3. 市场分析及预测

扩产改造不仅看企业内部条件，还要看市场需要的变化。因此要作市场分析与预测。

表2.4   经营效果指标情况

序号	指 标	1976 年	1982 年
1	产 量	15 500 根	18 000 根
2	产 值	844 750 元	979 050 元
3	企 管 费	92 310 元	112 400 元
4	车间经费	31 320 元	107 840 元
5	物 耗	335 420 元	387 431 元
6	工 资	52 125.62 元	97 063.2 元
7	总 成 本	561 175 元	704 734 元
8	单件成本	36.25 元/根	39.38 元/根
9	利 润	283 574.9 元	264 315.8 元
10	生产工人	68 人	115 人
11	劳动生产率	12 422.79 元/人	8 573 元/人

(1) **市场分析**。各种汽车半轴实际消耗量调查及消耗系数的计算（见表 2.5）。

表2.5   各种半轴的实际消耗量

车 队	1980 年		1981 年		1982 年	
	汽车拥有量	实耗半轴数	汽车拥有量	实耗半轴数	汽车拥有量	实耗半轴数
运输五队	40	50	79	80	70	40
运输三队	35	40	37	70	52	100
运输十二队	—	—	—	—	30	50
汽车一队	30	45	30	40	201	150
地区运输公司	500	470	540	490	500	500
总 计	605	605	676	680	853	840

计算平均加权消耗系数为

$$\alpha = \frac{\sum \text{半轴实耗数}}{\sum \text{汽车拥有量}} = \frac{605 + 680 + 840}{605 + 676 + 853} = 0.9911$$

同时算得 $\alpha_{140} = 0.345, \alpha_{130} = 0.498$。

计算几年来汽车半轴的平均市场需求量为

$$市场占有率 = \frac{\sum 需求订货数}{\sum 市场需求量} \times 100\% = 49\%$$

来厂订货数与该厂实际供应数的比例为

$$供应能力占订货数的比例 = \frac{\sum 实际供应数}{\sum 订货数} \times 100\% = 84\%$$

即工厂只能供应订货数的 84%。

（2）市场预测。根据 1980 ~ 1982 年的汽车保有量，利用直线趋势法可预测出 1983 ~ 1986 年的解放车、东风 140、东风 130 车的保有量（计算从略）。

根据半轴消耗系数预测 1983 ~ 1986 年全省半轴需要量（计算及数字从略），参见图 2.14。

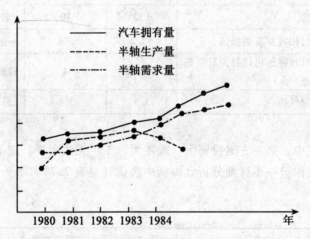

图 2.14　目前半轴生产能力与未来需求量

从图 2.14 中可以看出：1983 年以前，某省半轴生产能力高于市场需求；从 1983 年起，半轴生产能力不能满足市场需求。因此锻造厂进行改造，使生产翻番的目标是符合市场预测情况的。

资源、能源及相关因素分析项目及数字从略。

根据上述分析，半轴扩产规模 3 ~ 4 万根较好，扩产过大则有风险。

4. 建立约束条件

综合上述情况可得出：

（1）年产量 4 万根左右。

（2）投资最好在 3.9 万元内，最多不超过 20 万元。

（3）设备用电不能超过 250kW，并应选择用电少的方案。

（4）扩大生产占地不应超过 400m²。

（5）建设周期要短。

5. 扩大半轴生产方案的提出与分析

该厂锻加工设备能力最低为 1.8 万根/年，铣齿和磨槽工序的设备能力为 3.6 万根/年，若增加班次可超过 4 万根/年，其余设备能力均为 5 万根/年以上。根据这种情况，得出重点是寻求有关提高锻造生产能力的方案（见表 2.6）。

表 2.6　　　　　　　　　　　**各种锻造方案的情况**

方案	项　目	投资/万元	年产量/万根	难度	可行否
一	上平锻机	130	10	难	不可行
二	用轧制机代替原有夹板锤	13.2	3.6	一般	可行
三	用轧制机和碾压机代替原有夹板与空气锤	20.38	4	较难	可行
四	增一台空气锤	3.5	3.6	易	可行

四个方案中，第一方案投资大，难度大，工厂无法实现，应予以淘汰。其余三个方案需作进一步详细分析，再从中选优（见表 2.7）。

表 2.7

序号	指标	第二方案	第三方案	第四方案
1	产量/万根	3.6	4.0	3.6
2	产值/万元	193.77	215.3	193.77
3	投资/万元	13.2	20.38	3.5
4	原设备残值/元	3 000	18 000	—
5	车间经费/元	115 969.6	119 856.3	115 960.0
6	企管费/元	127 203.4	127 242.2	127 203.4
7	燃料动力费/元	738 850.2	105 028	73 385.2
8	工资/元	108 057.6	104 680.8	121 564.2

续表

序号	指标	第二方案	第三方案	第四方案
9	物料消耗/元	738 813.2	807 348	783 813.2
10	总成本/元	1 168 870.0	1 264 254.47	1 126 514.2
11	解放半轴成本/（元/根）	32.15	31.71	31.11
12	利润总额/元	77 385.2	388 745.53	811 185.8
13	增加投资利润/元	509 505.2	624 429.73	546 870
14	增加税金上缴/元	380 131.14	443 644.84	413 297.39
15	投资纯利润/元	129 374.06	180 784.89	1 133 372.61
16	投资利润率（%）	385.99	306.0	1 562
17	投资回收期/月	12.2	12.5	3.1
18	生产工人数/人	128	124	144
19	改建周期/月	8	12	1
20	日耗电量/度	2 240	2 960	160

6. 方案优选与评价

这三个方案都可在该厂应用，技术上没有问题。它们的区别在于投资多少，技术先进程度，成本高低，耗电量大小等。为了进行优选，采用方案互比打分法，即将三个方案的主要指标归纳出来，逐项打分，最好的给2分，中等的给1分，最差的不给分，方案得分最多者为最优方案。

7. 评价报告

通过三个方案比较，第四方案明显优于第二、第三方案。其主要优点是：

（1）节约投资。第二方案需要13.2万元投资，第三方案需要20.38万元投资，而第四方案只需要3.5万元投资。如果选择第二方案，由于本厂自有资金有限，需贷款9万元，如果选择第三方案，则需贷款15万元，而如果选择第四方案，利用本厂设备改造资金就可以解决，这样可以立足于本厂挖潜，并节省贷款利息。

（2）投资利润率高。第四方案投资利润率为1 562%，比第二方案高1 176%，比第三方案高1 256%，投资少，效益好。

（3）成本低。第四方案单件成本最低，只需31.1元/根，比第二方案低1.04元，比第三方案低0.6元。

（4）投资周期短，投资回收快。第四方案投产只要1个月，比第二方案快 7 个月，比第三方案快 11 个月。第四方案只要 3.1 个月就可以全部收回投资，比第二方案早 9.1 个月，比第三方案早 9.4 个月。

（5）耗电量低。第四方案只需增加 160 度/日，是第二方案的 1/14，第三方案的 1/17。按年工作日 300 天计算，比第二方案年节电 62.4 万度，比第三方案节电 84 万度。

（6）设备上马快，难度小。适应该厂的技术力量，而第二、第三方案都有一些技术难度，必将牵扯全厂的技术力量，影响生产。

但第四方案也存在如下缺点：

（1）劳动强度大，消耗工人体力。

（2）用人较多，比第二、第三方案多 16 人和 20 人。

（3）技术比较落后。

但综合起来考虑，第四方案优点比较多，适应厂情，是其中比较理想的方案。

小　　结

系统分析是以系统观点为出发点，以多种科学分析工具和方法为手段，在确定目标和准则下，对复杂性问题进行分析并提出解决方案的探索和分析过程。

系统分析的构成要素主要包括目标、可行方案、模型、费用、效益以及评价标准。其分析的要点可归纳为"5H 1W"。

系统分析主要包含以下六个典型环节：界定问题、确定目标、提出方案、系统模型化、评价可行方案以及综合评价分析。

系统分析方法分为定性分析和定量分析两种。定性分析方法主要有目标-手段分析法、因果分析法、KJ 法以及 Delphi 法；定量分析方法主要有直接建模法、状态空间法、投入产出法以及层次分析法等。

思考题

1. 何谓系统分析？其有何特点？

2. 系统分析包括哪些要素？请用简图说明这些要素之间的关系。

3. 系统分析的要点是什么？试简要说明一下系统分析的主要步骤。

4. 试用目标-手段分析法、因果分析法、KJ 法和 Delphi 法做一具体问题的系统分析。

5. 结合实际问题，试用定量分析与定性分析相结合的方法对实际复杂问题进行系统分析。

参考文献

1. 王佩玲编著．系统动力学——社会系统的计算机仿真方法．北京：冶金工业出版社，1994

2. 刘惠生主编．管理系统工程教程．北京：企业管理出版社，1991.

3. 谭跃进等编著．系统工程原理．长沙：国防科技大学出版社，1999.

4. 杜瑞成、闫秀霞主编．系统工程．北京：机械工业出版社，1999.

5. 王其藩编著．系统动力学（修订版）．北京：清华大学出版社，1994.

6. 严广乐等编著．系统动力学：政策实验室．上海：知识出版社，1991.

7. 南志远主编．管理系统工程．北京：北京科技出版社，1993.

8. 黄克安编著．管理系统工程概论．北京：中国经济出版社，1990.

9. 张延欣等编著．系统工程学．北京：气象出版社，1997.

10. Kathryn M. Bartol, David C. Matin. Management. 3rd ed. The McGraw-Hill Companies Inc. 1998.

11. Stephen P. Robbins, Mary Coulter. Management. 北京：清华大学出版社．2002.

第三章　管理系统动力学模型

系统动力学（System Dynamics，SD）是一门以反馈控制理论为基础，以数字计算机仿真技术为手段，定量地研究和分析复杂反馈动态行为的方法学。经过四十多年的发展，SD方法已经在社会、经济和管理等各个领域得到了广泛的应用。本章将重点介绍系统SD模型的基本构成、建模方法以及模型应用等内容。

第一节　系统动力学模型概述

一、SD模型的基本概念

SD模型本质上是带时滞的一阶微分方程组。但是，这种方法在建模时借助于流图，其中流位变量、流率变量、辅助变量等都具有明确的物理（经济）意义，是一种面向实际问题的建模方法。

SD模型一般用DYNAMO语言编写。这是一种专门为SD设计的通用的连续系统的仿真语言，使用简单方便，具有20多种函数，包括制法、延迟函数、阶块函数、脉冲函数和随机函数等供选用，有关DYNAMO语言的详细内容可参阅有关系统动力学的教材或专著。

SD模型的一大特点是能作长期的、动态的、战略性的定量分析研究。系统工程一般要求从将来的观点、长远的观点出发来研究当前的、近期的问题。SD恰恰具有这样的优点，这也是SD能够在管理科学中得到广泛应用的主要依据之一。

SD模型具有以下几个比较突出的优点：

（1）擅长处理周期性问题。

从一个企业的发展到一个国家的经济发展，甚至到整个世界的经济发展，都经常出现各种周期性的波动，利用SD模型，可以对上述各种周期性波动所形成的机制进行有效的解释。

（2）擅长处理长期性问题。

SD 模型是一种因果机理性模型，它强调系统行为主要是由系统内部机制决定的，因此它的仿真时间可以比较长。这一点对于研究具有大惯性的社会经济系统是十分必要的，著名的世界模型、城市动力学模型的仿真时间均在百年以上。

（3）有数据缺少的条件下仍可进行研究。

数据不足及某些参数或关系难以量化是研究社会经济问题中时常遇到的一个基本问题。但在这种条件下，SD 模型仍可进行一些研究工作，这是因为 SD 模型的结构是以反馈环为基础的。动态系统的理论与实践表明，反馈环的存在使得系统行为模式对大多数参数是不敏感的。这样，虽然数据缺乏对参数估计带来困难，但是只要估计的参数落在其允许的范围之内，系统行为仍显示出相同的模式，在这种条件下用 SD 模型方法仍可研究系统行为的趋势、行为模式、波动周期、相位超前与滞后等问题。

（4）擅长处理高阶、非线性、时变的问题。

社会经济系统往往是复杂的，因而描述它的方程往往也是高阶、非线性和时变的。利用常规的数学手段很难求解方程和从中获得完整的信息。降阶、线性近似等方法虽然能使求解变得容易，但是求得的解往往不够精确，很可能会丢失许多非常重要的信息。而 SD 模型可以借助于计算机等手段，对高阶、非线性和时变的复杂系统的处理具有很好的效果。

（5）对未来的预测更具客观性。

凡社会经济模型都涉及"未来"问题。SD 模型对未来的预测建立在现有的和即将出现的客观条件之上，这些条件都是未来可能结果产生的前提。在SD 模型中，常用"if…then…"的形式作为有条件的预测。这样，随着条件的变化，预测结果也随之变化，即使预测结果与客观条件更具有对应性，增加了预测结果的客观性。

二、系统因果关系和反馈结构

（一）因果关系

系统是由相互联系、相互影响的元素组成。在 SD 方法中，元素之间的联系或关系可以概括为因果关系（causal relationship），正是这种因果关系的相互作用，最终形成系统的功能和行为。所以，因果关系分析是 SD 建模的基础，也是对系统内部结构关系的一种定性描述。通常因果关系用一个箭头线表示，即 $A \rightarrow B$，变量 A 表示原因，变量 B 表示结果。箭头线标为因果链，表示 A 到 B 的作用，如图 3.1 所示。

一般地讲，当 A 变化时将引起 B 变化。假定 $\Delta A > 0$，$\Delta B > 0$，分别表示变

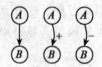

图 3.1 因果关系键

量 A，B 的改变量。

若满足下列条件之一：

(1) A 加到 B 中；

(2) A 是 B 的乘积因子；

(3) A 变到 $A \pm \Delta A$，则 B 变到 $B \pm \Delta B$，即 A，B 的变化方向相同。

则称 A 到 B 具有正因果关系，简称正关系，用 " + " 号标在因果链上，用 $A \overset{+}{\to} B$ 表示。

若满足下列条件之一：

(1) A 从 B 中减去；

(2) $1/A$ 是 B 的乘积因子；

(3) A 变到 $A \pm \Delta A$，则 B 变到 $B \mp \Delta B$，即 A，B 的变化方向相反。

则称 A 到 B 具有负因果关系，简称负关系，用 " − " 号标在因果链上，用 $A \overset{-}{\to} B$ 表示。

因果关系是逻辑关系，没有计量和时间上的意义。在系统中任意具有因果关系的两个变量，它们之间的关系不是正关系，就是负关系，没有第三种关系。

(二) 因果反馈回路与反馈系统

一个指定的初始原因依次对整个因果链发生作用，直到这个初始原因变成它自身的一个间接结果，这个初始原因依次作用，最后影响自身，这种闭合的因果序列称为因果反馈回路 (causal feedback loop)。在这里反馈的意义就是信息的传递与返回。一组相互联结的反馈回路的集合就构成了反馈系统。

如图 3.2 所示，因果关系键有正键和负键之分，因此，由这种键串联而成的反馈回路也可分为正反馈回路和负反馈回路。在图 3.2 (a) 中，如果 A 变量增加 ΔA，B 变量就同向增加 ΔB；当 B 变量增加 ΔB 之后，C 变量就要减少 ΔC；C 变量减少 ΔC 之后，又使 A 变量再增加 $\Delta A'$。也就是说，当 A 变量增加 ΔA 之后，通过整个因果反馈回路的影响，最后使 A 变量的增量变成 $\Delta A +$

$\Delta A'$；如果 A 变量减少 ΔA，结果会再使 A 变量减少 $\Delta A'$。总的来说，在反馈回路中任一变量的变动最后会使该变量同方向变动的趋势加强，这种具有自我强化效果的因果反馈回路，称为正因果反馈回路。如果当环中一个要素发生变化后，通过环中各元素依次的作用，最后使该要素减少其变化，这种反馈回路称为负因果反馈回路，如图 3.2（b）所示。负反馈回路的行为是使变化趋于稳定，是一种自我调节行为。

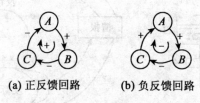

(a) 正反馈回路　　　　　(b) 负反馈回路

图 3.2　反馈回路

系统动力学了解系统动态特性的主要方法是回路分析法（即因果关系和反馈思想）。反馈回路中的因果关系都是相互的，从整体上讲，我们无法判定任意两种因素谁是因、谁是果。社会和个人的决策过程也是这样。导致行动的决策是企图改变系统的状态；改变了的状态又产生进一步的决策及变化，此即形成了因果反馈回路。因此，互为因果就成了反馈回路的基本特征。

确定反馈回路正负极性的一般原则是：若反馈回路包含偶数个负的因果链，则其极性为正，称为正反馈回路；若反馈回路包含奇数个负的因果链，则其极性为负，称为负反馈回路。图 3.2（a）中有两个负键，故该反馈回路为正反馈回路；而图 3.2（b）中只有一个负键，所以为负反馈回路。

三、系统动力学模型的构成

为了说明系统动力学模型的基本构成，我们先来看图 3.3 所表示的水位控制系统。

流体由储箱 1 通过阀门 2 流入容器 3 中，再通过阀门 4 流出，操作者 5 通过控制阀门 2 来调节容器 3 中的流体的积累量。这里假设阀门 4 固定为某流量不变。整个动态过程如下：操作者通过对容器液面的观测，获得关于液面状态的实际信息，并与所期望的液面状态相比较后，作出调节阀门 2 的决策，并通过手付诸实施，行动的结果是使原液面的状态发生变化，这个信息又传给决策者……上述过程如图 3.4 所示。由于信息形成了封闭的环，所以可称为反馈环，图中虚线部分表示系统状态的改变与新信息的传递。用图 3.4 来表示这个

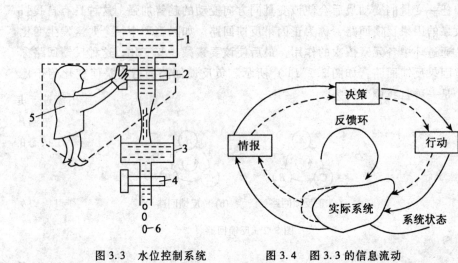

图 3.3　水位控制系统　　　　图 3.4　图 3.3 的信息流动

决策过程就更加清楚了。通过观测实际系统获得系统状态的信息，决策者根据这个信息作出决策，其结果产生行动，行动再作用于实际系统，使系统的状态发生改变（虚线），这种改变又形成新的情报（虚线）。这是一个完整的决策过程，系统动力学描述这个决策过程是用流程图表示的。如图 3.5 所示，其中储箱 1 称为源，阀门 2 称为"流速"（rate），又称为决策函数。容器 3 中的液面称为积累（level），也称为状态变量。带箭头的实线表示流（这里指液体流），虚线表示信息。动态系统模型是由积累、信息、流速和流四者有机组合而构成的，它描述了一个信息反馈系统，任何复杂社会系统的描述都必须由这四个基本元素构成。

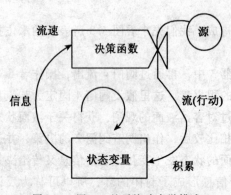

图 3.5　图 3.3 的系统动力学描述

通过上例，我们得出系统动力学模型的基本构成要素有：

（一）积累

积累是指系统内部的堆积量，是系统内部状态的描述。如容器中液体的深度、企业的库存量以及人口总数等，都可以表示为积累。在某个时间间隔内积累变动量等于这个时间间隔与输入流速和输出流速差的积。

积累可以是可见物流网络中流的积累，也可以是信息网络中信息的积累或是精神方面的积累。例如：人们的满意水平、乐观程度、景气估计等都是积累量，都可以对决策者提供状态信息。

积累可有以下三种：

（1）自我平衡型积累。

在自我平衡型积累中，由于从具有过渡过程的积累中流出的输出流速，是由积累量及其传递的要素的时间常数（平均延迟）来确定的，所以这种输出流速从属于积累。而且系统本身具有补偿作用，能自然地抵抗改变现在状态的作用。

（2）非自平衡型积累。

非自平衡型积累中流出的流速，与积累的大小无关，它是由其他积累以外的条件来确定的。

（3）途中耽搁时间（运输延迟）的积累。

此时由耽搁时间所产生的积累流出的流速等于流入的流速，积累的大小等于途中耽搁时间乘以流速。

图 3.6 是一个具有多个积累的流，由系统的输入到输出，积累和流速相间出现，积累数为 $Level_1 \sim Level_n$，其中 $Level_1$ 的输入流就是全系统的输入流，$Level_1$ 的输出流同时又是 $Level_2$ 的输入流……$Level_{n-1}$ 的输出流是 $Level_n$ 的输入流，$Level_n$ 的输出流即为全系统的输出流。

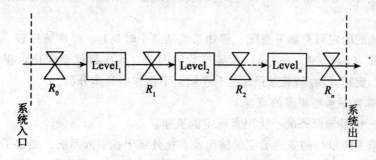

图 3.6　具有多积累流的全系统从输入到输出的过程

$Level_1$，$Level_2$，…，$Level_n$ 对应系统的流动特性，就变成由自平衡型、非自平衡型以及耽搁延迟而构成的积累，这些积累之间流速的大小是与系统活动相对应的。由于流速的变化不同而规定了积累的状态，我们可以将其分为稳定状态和过渡状态两种情况来讨论。

（1）稳定状态下的积累特性。

在稳定状态下，从系统的输入口到系统的输出口，流的状态是固定不变的。因此，各个积累的大小也是一定的，在各个积累之间的流速全都相等。要使系统处于稳定状态，应该保证 $R_1 = R_2 = \cdots = R_n = R_c$，其中 R_c 是流经全系统的流速。此时，流由输入到流出的流动过程中，需要耽搁时间 t_c，那么，系统中由于耽搁时间而造成流的储存量为 $R_c \cdot t_c$。加上系统中各积累量，全系统的全部积累量为

$$R_c \cdot t_c + \sum_{i=1}^{n} \text{Level}_i \qquad (3.1.1)$$

系统处于稳定状态时式（3.1.1）具有固定不变的值。

（2）过渡状态下的积累特性。

在过渡状态下，各流都要发生变化，即 R_c 要随时间变化，$R_{i-1} \neq R_i$（$i = 1, 2, \cdots, n$）。各时刻的积累 Level_i（$i = 1, 2, \cdots, n$）由各 R_{i-1} 和 R_i 来计算。如果随着时间的推移，既系统可以达到平衡，又可以达到 $R_0 = R_1 = \cdots = R_n = R_c'$，此时全系统内的总积累为

$$R_c' t_c' + \sum_{i=1}^{n} \text{Level}_i' \qquad (3.1.2)$$

（二）流速（rate）

流速是表示在系统中流动着的活动状态，是单位时间的流量。积累是系统活动的结果表现出的状态，是流的堆积，它不仅具有现在的状态信息，而且还保存着过去状态的信息，而流速则仅表现为现在的信息，是系统现在活动状态的描述。

流速的确定可有如下情况：假如系统从某个时刻起，平衡被打破，那么系统流速 R_i（$i = 0, 1, \cdots, n$）就要变化。因此，各积累就要变化。在非稳定状态下，流速 R_i 的确定方程式也有不同。下面作些具体分析。

1. 非自平衡型积累的流速

（1）由系统以外的干扰因素确定的流速。

根据系统以外的条件确定的输出流，把外部干扰引入系统，变成了打破系统平衡的原因。因为流速由系统以外的条件来确定，所以这个流速为输出流的积累是属于非平衡型的积累。

（2）由系统内部的积累信息确定的输出流速。

此种输出流速不考虑外部因素的影响，而是由系统内的其他积累所确定的输出流速。此种输出流的确定，重要的是正确确定各积累的信息。

2. 自平衡积累的输出流速

在自平衡积累中，输入流速如果发生变化，其输出流速的变化取决于这个

积累固有的延迟特性。系统经过一定的时间，输出流速可以与输入流速相等，自调节达到平衡。在系统动力学中，用延迟来描述自平衡的积累，来制作系统的流图。

（三）流（flow）

从系统动力学观点来看，反馈回路只是动态系统的结构表述，而系统中状态的变化、决策的制定却是系统变化的机制，这种机制的正常运作就依靠系统中的流来维持。

在 SD 模型中，有两类独立的流：

（1）物质能量流。物质能量流表示系统中流动着的实体，用实线来表示。主要包括物流、订货流以及资金流三种独立的流。这三种流属于管理中的被控对象，是构成系统的基本流，而且它们是一种守恒流。但是，它们对于系统的管理（控制）来说，并没有直接的关系。

（2）信息流。信息流表示连接状态和变化率的信息通道，是与因果关系相连的信息的传输线路，用虚线来表示。它记录着物流的状况，同时又反过来控制物流，是双向的，即信息的反馈，是与控制有直接关系的流。任何系统活动过程中都不仅有物流，而且必然有信息流，两者互相依存，缺一不可。信息在活动过程中不断变换形式，管理者的责任就是不断地通过信息流来控制物流。但信息流并不是一种守恒流，从某一状态取出信息并不会改变该状态的原值，而且信息可以被重复使用。

（四）信息（information）

信息是对客观事物某些属性的描述。

对客观事物的描述形式是多种多样的，可以是数字、文字，也可以是图表、音像还可以是经过处理加工的数据。这些对客观事物的描述就构成了信息，在管理决策过程中，信息的收集和处理是非常重要的，几乎所有的管理决策工作都建立在信息的基础之上。

SD 模型的构成，除了上述的四个组成元素（即积累、信息、流速和流）之外，还受延迟、噪声和失真的影响。

信息流与实体流都有延迟现象。实体流的延迟（即耽搁时间）是指实物流从一个积累状态流出到流入另一个积累状态之间的时间上的差异。信息流的延迟是因为数据或情况的收集、整理和处理都需要时间，所以从数据收集到决策者作出决策，信息延迟是不可避免的。信息的延迟对决策影响很大，延迟不仅给控制带来误差，而且会引起系统稳定性变坏，甚至失控。

所谓"噪声"是指有用信息之外的东西，俗称"水分"。例如，生产过程中的残次品是实体流噪声。如何净化信息，消除噪声，提高数据质量，对于科学地决策是十分重要的。

　　另外，在信息的流动中还会出现放大与失真的现象，主观愿望以及组织机构都可能造成信息的放大和失真。对这些不利因素的影响要充分给予重视，并设法减弱它的影响。因为现代社会系统的管理的成败，取决于信息的准确与及时。

第二节　SD 模型的建模原理与步骤

一、SD 模型的建模原理

　　（1）构建系统动力学模型最基本的依据就是系统动力学对系统及系统特性的一系列观点，即有关系统的整体性、等级性、相关性与相似性；系统的结构、功能与行为的辩证对立统一关系；系统的行为模式主要根植于内部反馈结构与机制，任何复杂的大系统都可以由多个最基本的信息反馈回路按某种方式连接而成，及主导部分作用原理等。

　　（2）建立系统动力学模型的目标，就是要针对实际应用情况，从变化和发展的角度去解决系统的实际问题。因此，建模时必须明确模型的任务是什么。建模过程始终都要面向客观系统所要解决的矛盾与问题；面向矛盾诸方面相互制约、相互影响所形成的反馈动态发展过程；面向模型的应用及政策的实施。

　　（3）在建模的构思、模拟与测试的全过程中，正确地使用分解与综合原则，以实现系统结构和功能的双模拟。

　　根据系统的整体性和层次性，可以应用综合与分解原则来研究系统。一方面，要以整体的观点来研究系统；另一方面，系统的层次性意味着一个系统是由不同等级层次的子系统组成的，这样，在进行系统与结构分析时可以应用分解原理。系统分解过程可以用方框图、因果相互关系图和流图来具体表示。

　　与分解过程相反的是综合过程。尽管分解过程对系统研究十分重要，但我们决不能停留在这一阶段。无论对于建立系统模型还是对于分析系统的动态行为，分解的最终目的都是为了综合。只有系统的各部分有机地联结为一个整体，各部分的功能与行为符合总体的功能与行为，模型才能真实地表现真实系统的整体结构与功能。因此，在建立与测试系统模型时，我们应该逐步由部分测试过渡到总体调试，从整体观点出发不断改进模型的结果，全面地、系统地考察系统的内部结构和反馈机制。

　　（4）模型是实际系统的"实验室"。它是真实系统的简化与代表，是真实世界的某些断面或侧面，而不是原原本本地翻译或复制真实世界的每一细节。所以，在建模过程中，必须注意把握问题的本质，抓住问题的关键，合理地定义系统的有效变量和确定系统的有效边界。

（5）构建模型的最终目的是为了解决实际的系统问题，所以模型的实践结果是检验模型一致性、有效性的惟一标准。当然，其中也可以借助于有如结构和参数的灵敏度分析，极端条件下的模拟试验和统计检验等方法，但实践检验是最终的标准。另外，系统是一个动态的发展着的问题，任何模型都必须不断地调整和修正，以适应由于环境的变化形成新的目标。

二、建立 SD 模型的目的与原则

在 SD 研究中建立的模型至少应该能够帮助我们了解所研究系统的行为特性，对决策者而言，SD 模型应该能够作为一项指南，而使决策者在运用他们的直觉判断的同时又能够有效地参考模型所提供的结果，因此制定出更为有效的各种政策和发展战略。

在管理系统研究中，使用 SD 模型主要是帮助决策者"提高"决策能力和决策效率。因而，在一般情况下，一个有效的 SD 模型应该能够正确地反映系统的本质；能够显示政策或系统组织结构改变对系统未来发展趋势的影响；能够显示系统在受环境变化冲击时的最敏感的因素。因而，使得决策者能够迅速准确地确定相应的对策，而提高整体的管理水平。

所以，在建立 SD 模型的过程中，应遵循以下的原则：

（1）在建立模型之前，要首先明确建立模型所要解决的问题，并确定系统的界限。

具体建立某一 SD 模型的目的一般是比较明确的，即建立 SD 模型应解决的具体问题是明确的。

在明确建模的目的和用模型解决的问题之后，应该确定该系统模型的界限。系统的界限（或边界）规定哪一些部分应该归入模型，哪一些部分不应归入模型。系统的界限是一个想像的轮廓，把建模目的所考虑的内容圈入，而与其他部分（环境）隔开。在边界内部凡涉及与所研究的动态问题有重要关系的概念与变量均应考虑进模型。反之，在界限外部的那些概念与变量均应排除在模型之外。

一般地讲，模型是为解决系统问题而建立的。模型界限应该取决于希望解决的问题的大小。问题越复杂、越重要，模型则应越详细，包括的因素也应越多；反之则应相对简单些，包括的因素少些，这是模型应该具有的合理规模和范围。

（2）在建模过程中，应尽量地使模型接近实际问题，即模型中的所有变量和常量应与实际系统中的因素在数量上和概念上保持一致，而且模型的动态结构应能反映实际系统的动态特性。

SD 模型主要是数学仿真模型，需要通过计算机的仿真来显示系统的行为特性，模型中的变量是我们在分析系统时所使用的抽象量，常常会因为个人认识上的差异而对变量的意义和性质发生误解。因此，在建立模型的过程中，首先需要确定系统中每个变量的内涵及其性质，然后对系统中使用的变量作出如下区别：系统本身的实际（actual）量和要求（desired）实现量之间的区别；变量本身的真实（true）值和作变量的显示（indicated）值之间的区别，其中显示值是决策可以利用的信息。使之能够反映实际系统中应该具有能够被量化的本质。同时，在建立的模型中，必须详细分析上述过程中各量之间的时间顺序关系和所需时间长短，只有这样才有可能用其模型仿真出实际系统的真实的动态行为。

（3）对所建立的 SD 模型要具有可更改性。即不能用预先假定系统稳定性的方式建立 SD 模型。

在律模的初始阶段，我们只能在数据信息较少的基础上建立有效的系统模型，随着数据和信息的不断补充，以及对系统问题的进一步认识，有时初始模型会显得并不是最适合的。因此，这就要求对初始模型进行重新更改，以使模型和实际系统的行为相一致。

上述原则的主要思想是，"实施"问题不仅与建好模型和用好模型进行政策分析有关，"实施"问题必须自觉地从一开始就细心加以规划。当模型研制者在确定建模的目的时，若不同时考虑上述原则，就等于在盲目地进行工作。

三、SD 模型建立的主要步骤和基本模块

（一）主要步骤

SD 建模过程是一个认识问题和解决问题的过程，根据人们对客观事物认识的规律，这是一个波浪式前进、螺旋式上升的过程，因此它必须是一个由粗到细、由表及里、多次循环、不断深化的过程。

系统动力学将整个建模过程归纳为系统分析、结构分析、模型建立、模型试验和模型使用五大步骤（见图 3.7），这五大步骤有一定的先后次序，但按照建模过程中的具体情况，它们又都是交叉、反复进行的。

1. 系统分析

这一步骤首先要对所需研究的系统作深入、广泛的调查研究，通过与用户及有关专家的共同讨论、交换意见，确定系统目标，明确系统问题，收集定

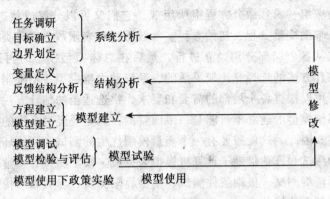

图 3.7 系统动力学构模五大步骤

性、定量两方面的有关资料和数据，了解和掌握目前国内外在解决类似系统问题方面所处的水平、状况及未来的发展动向，并对前人所做工作的长处与不足作出恰如其分的分析。对其中合理的思想和方法要注意借鉴、吸收，对其中不足之处要探究其原因，提出改进的设想。

接着，在广泛的调查研究基础上对课题的可行性进行分析，考虑系统的规模，即划定系统边界，把与实现系统目标关系密切的重要部分划入系统作为内生变量，并把影响系统的各主要环境因素定义为外生变量。然后确定系统各主要变量的动态行为模式，对系统模型可能获得的结果有一个大致的轮廓。

2. 结构分析

结构分析主要有两大方面的内容，即变量的定义和系统内部反馈回路的分析。

系统变量包括内生变量和外生变量，要定义系统变量，首先要分清楚什么是系统的基本问题和主要问题，什么是系统的基本矛盾和主要矛盾，什么是一般变量和重要变量。变量的定义要少而精，在能够反映系统状况的前提下尽可能精简变量。

变量定义完后，以那些与系统问题关系密切而又能代表系统某一特征的所谓主要变量为中心展开。系统的状态变量能够反映出系统的状态特征，所以状态变量通常是重要变量。将各变量的因果关系链组织起来就构成了系统的反馈回路，在反馈回路上可以确定出系统结构方面的一些性质，如反馈回路的极性；各回路之间的反馈耦合关系；系统局部与总体之间的反馈机制；系统的主回路及其主回路的变化特性，等等。

3. 模型的建立与试验

在系统分析和结构分析基础上就可以对系统建立规范的数学模型。系统动力学模型由一组一阶常微分方程组所组成，它们又可以分解成状态变量方程、速率方程、辅助变量方程、初始方程、常数方程和表函数方程等类型。模型的参数估计先从各个局部分别独立进行，然后在总体模型模拟时再进行总的调试。参数估计方法的选择是比较灵活的，系统动力学模型并不限制参数估计方法的种类，可以根据各个局部的需要和要求，挑选适当的估计方法。

一个系统模型的建立不可能是一蹴而就的，总是要经过多次的循环往复的修改和完善。因此，这就需要有一个衡量模型优劣的测试和评估环节。系统动力学模型的测试和评估借助于计算机模拟来完成。模型测试有一整套技术上的方法，包括量纲测试、极端条件测试、模型界限测试、参数和结构的灵敏度测试，等等。而系统评估最根本的标准就是看系统的结构和行为特性与客观实际是否一致，如果模型评估不能通过，那么就要分析原因，找出问题的根源，然后回到前面相应的步骤中去修改模型，再重复前面的构模步骤，一直到模型的评估结果能够令人满意为止。

4. 模型的使用与政策实验

借助于计算机在模型上进行各种模拟实验和政策分析，从而更深入地剖析系统，可获得更丰富的系统信息。针对各种系统问题，设计出一组可能的实施政策，并分别送入模型进行模拟试验，然后在所获得的各种政策结果中进行区别和比较，再从中挑选出能有效地解决系统问题的优化决策来。

在模型使用与政策实验的过程中，除了会出现与定性分析相一致的"情理之中"的模型结构外，还常常会有"意料之外"的一些情况。在处理这些"意外"情况时尤其要慎重，因为这里面有可能包含着两种不同的起因：一种是出于模型结构方面的错误，虽然模型是经过各种测试和评估的，但是任何测试都只是针对模型的某一方面而言的，而客观事物又是极其复杂的，况且即使是在模型的行为特征与实际系统相吻合得比较好的情况下，也有可能陷入系统同构的泥潭。另一种是出于复杂系统反直观的诱惑。这里面有可能包含着还没有被认识到的新的问题和新的规律，要认真地去分析、探求。因此，在遇到模型模拟的结果与预料之中的情形发生背离时，要特别注意加以区别，既不要因为系统同构特性而乱了手脚，更不要因系统反直观特性的迷惑而轻易错过获取新成果的机会。

（二）SD 模型的基本模块

根据系统动力学关于系统基本结构的理论，任何大规模的复杂系统都可以用多个系统基本结构按照特定的方式联结而成。系统的基本模块是典型基本结构的形式，它是由系统的基本单元、单元的运动以及单元信息反馈三大部分组成。了解和掌握系统基本模块的性能、特性和作用，有助于分析和构造系统模型。尤其是分析和构造大规模复杂系统的模型。

系统动力学建模过程中用得最多的是一阶正反馈、一阶负反馈和 S 型增长三种基本模块。

1. 基本正反馈模块

正反馈是现实生活中客观存在的现象与过程，如人口的增长、国民经济的发展、知识的积累、细胞的分裂、物价的上升等。正反馈具有非稳定、自增长的作用。

基本正反馈模块的流图如图 3.8 所示。其动力学方程为

$$\frac{\mathrm{d}x}{\mathrm{d}t} = \mathrm{RT}, \mathrm{RT} = k_1, x, x(0) = x_0, k_1 > 0 \qquad (3.2.1)$$

解得

$$x(t) = x_0 \mathrm{e}^{k_1 t} = x_0 \mathrm{e}^{t/T_1} \qquad (3.2.2)$$

式中：

k_1——比例常数；

T_1——时间常数。

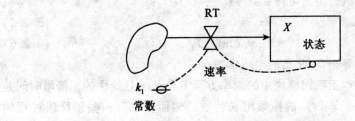

图 3.8　基本正反馈模块的流图

时间常数 $T_1 = 1/k_1$，其涵义为当时间 t 等于 T_1 时，状态变量 $x(t)$ 达到其初值的 e 倍（$e \approx 2.72$），即

$$x(T_1) = \mathrm{e}x_0 \qquad (3.2.3)$$

同理，可推得

$$x(2T_1) = \mathrm{e}^2 x_0$$
$$\cdots\cdots \qquad (3.2.4)$$
$$x(nT_1) = \mathrm{e}^n x_0, n = 1,2,3,\cdots$$

当时间经过 n 倍的时间常数时，状态变量变化成其初始值的 e^n 倍。

基本正反馈模块中还定义了另一个时间常数 T_d，称为倍增时间常数，其

涵义是当状态变量达到其初始值的两倍时所需要的时间。T_d 与 T_1 之间存在着固定的比例关系，如图 3.9 所示。

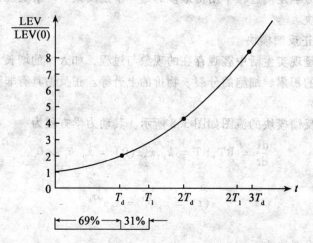

图 3.9　T_d 与 T_1 之间的关系

由倍增时间常数的定义可得到：

$$2x_0 = x_0 e^{T_d/T_1} \tag{3.2.5}$$

$$T_d = (\ln 2) T_1 \tag{3.2.6}$$

即倍增时间常数约等于 0.69 倍的时间常数。

以上讨论的基本正反馈模块中的速率方程 $RT = k_1 x$ 是线性的，倍增时间是个常数，结果导致了 $x(t)$ 的指数增长特性。然而，也有一些正反馈过程的倍增时间不是固定的，而是在不断地缩短的，如图 3.10 所示。显然在这种情况下 $x(t)$ 的增长比指数型增长还要剧烈，称为超指数增长。原子核裂变、炸药爆炸都是超指数增长的例子。

正反馈机制具有自循环、自增长的特性。循环和增长有可能导致两种截然不同的结果：要么进入良性循环，系统健康发展；要么陷入恶性循环，致使系统崩溃。图 3.11 所示的是可以产生增长和崩溃两种行为模式的系统。图中的 x^* 是系统的非稳定平衡点。当 $x(t)$ 的初始值小于 x^* 时系统呈指数增长特性；当 $x(t)$ 的初始值小于 x^* 时系统呈指数崩溃特性；当 $x(t)$ 的初始值正好位于 x^* 上时系统处于临界状态，$x(t)$ 有可能进入增长区，也有可能进入崩溃区，这时候随机涨落将起着关键性的作用。

正反馈的作用机制具有促使系统趋于发散的作用。在实际过程中正反馈机制只能在有限的时间区间上起作用，不可能永无休止地进行下去。正反馈作用

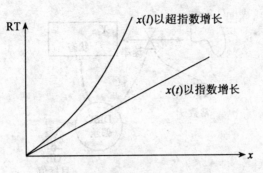

图 3.10　超指数增长的 RT-x 曲线

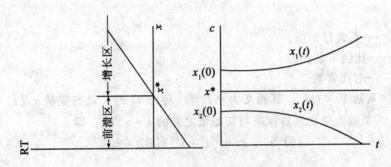

图 3.11　正反馈的增长特性与崩溃特性

的最终结果是，要么其正反馈作用被系统中其他负反馈回路所遏制，要么导致系统的彻底崩溃。

　　2. 基本负反馈模块

　　负反馈也是现实生活中存在的现象与过程，如资源的枯竭、物种的退化、知识的老化等等。负反馈具有自调节、自控制和自均衡的作用。负反馈模块是稳定的，并具有跟随系统目标的特性。

　　基本负反馈模块的流图如图 3.12 所示，其动力学方程为

$$\frac{\mathrm{d}x}{\mathrm{d}t} = \mathrm{RT}, \ \ \mathrm{RT} = k_2 \ (\mathrm{GL} - x), \ x \ (0) \ = x_0, \ k_2 > 0 \qquad (3.2.7)$$

解得

$$x(t) = \mathrm{GL} - (\mathrm{GL} - x_0) \mathrm{e}^{-k_2 t}$$

$$= x_0 + (1 - \mathrm{e}^{-1/T_2}) (\mathrm{GL} - x_0) \qquad (3.2.8)$$

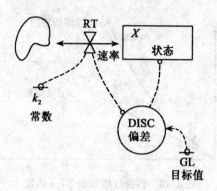

图 3.12　基本负反馈模块流图

式中：

GL——系统目标值；

k_2——比例常数；

T_2——时间常数。

时间常数 $T_2 = 1/k_2$，其涵义为当时间 t 等于 T_2 时，状态变量 $x(t)$ 在初始值 x_0 的基础上变化其目标值与初始值之差的 $1 - e^{-1}$ 倍，即

$$x(T_2) = x_0 + (1 - e^{-1})(GL - x_0) \tag{3.2.9}$$

或者

$$\frac{x(T_2) - x_0}{GL - x_0} = 1 - e^{-1} \tag{3.2.10}$$

同理可推得

$$\frac{x(2T_2) - x_0}{GL - x_0} = 1 - e^{-2}$$

$$\cdots\cdots \tag{3.2.11}$$

$$\frac{x(nT_2) - x_0}{GL - x_0} = 1 - e^{-n}, n = 1, 2, 3, \cdots$$

表 3.1 中给出了当 n 取不同值时系统的状态变量接近其目标值的程度。

表 3.1　　　　　　时间常数与 $x(t)$ 接近 GL 程度之间的关系

t	T_2	$2T_2$	$3T_2$	$4T_2$	$\cdots$	nT_2
$\dfrac{x(t) - x_0}{GL - x_0}$	0.63	0.86	0.95	0.99	$\cdots$	$1 - e^{-n}$

　　由表中的计算结果可知，经过 3 倍的时间常数以后，状态变量接近其目标值的程度已达 95%；而经过 4 倍的时间常数以后，则达到 99%，可见此时已经非常接近系统稳态了。

　　基本负反馈模块中还定义了另一个时间常数 T_h，称为减半时间常数，其涵义为当目标值 GL 为零时状态变量减少到其初始值的一半所需要的时间。T_h 与 T_2 之间也存在着固定的比例关系，如图 3.13 所示。

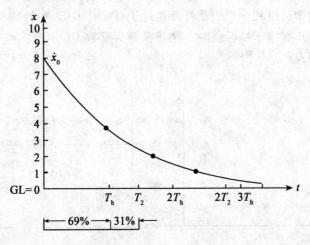

图 3.13　T_h 与 T_2 之间的关系

　　由减半时间常数的定义可得到：

$$\frac{1}{2}x_0 = x_0 e^{-T_h/T_2} \tag{3.2.12}$$

$$T_h = (\ln 2) T_2 \tag{3.2.13}$$

即减半时间常数约等于时间常数的 0.69。

　　由基本负反馈模块的速率方程 $RT = k_2(GL - x)$ 可知，模块的自调节机制是依靠目标值与状态值的动态偏差来实现的，偏差越大自调节作用也越大。达到稳态时速率为零，则 $x = GL$，所以调节是无净差的。

　　但是，当速率方程中还存在着一个定常的外生输入 k_3 时，即

$$RT = k_2(GL - x) + k_3 \tag{3.2.14}$$

就会出现新的情况。可以看出，在这种情况下原先的负反馈回路还是具有动态自调节的功能，模块最终稳定于某个定态。但是，在静态时 $RT = 0$，状态变量的稳定值并不是其目标值 GL，而在 GL 上还加上个偏差：

$$x(\infty) = GL + \frac{k_3}{k_2} \qquad (3.2.15)$$

偏差的大小取决于 k_3 与 k_2 的比率，因此负反馈模块是有净差的。在外生速率的影响下负反馈回路的这种有净差的动态自调节特性，称为补偿特性。

基本负反馈模块的最大特点就是具有寻的功能，状态变量总是朝着其目标的方向变化。图 3.14 中 $x_1(t)$ 和 $x_2(t)$ 分别表示初值为 x_{10} 和 x_{20} 的状态变量的动态特性，其中 $x_{10} > GL$，$x_{20} < GL$。$x_1(t)$ 呈指数衰减过程，$x_2(t)$ 呈有极限的指数增长过程，它们最终都趋近于目标值 GL。在特殊情况下，当状态变量的初值正好等于目标值时，状态保持为常数 GL 不变。$x^* = GL$ 称为系统的稳定平衡点。

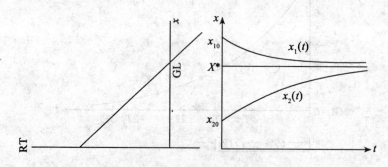

图 3.14　基本负反馈模块的寻的特性

3. 基本 S 型增长非线性模块

S 型增长趋势是现实生活中非常普遍的现象，如细菌的繁殖、产品的开发与销售、生物种群的增长、传染病的蔓延、谣言的传播等等。S 型增长是一个非线性模块，它包含了指数增长和渐近指数增长两种过程。

基本 S 型增长模块的流图如图 3.15 所示。图中 RTV 与 x 的关系曲线具有这样的特点，前半段是增长过程，代表正反馈特性；后半段是下降过程，代表负反馈特性，在上升曲线和下降曲线的交连处 RTV 有一个极大值 R_{max}。最典型的 RTV 与 x 的关系曲线是一段开口向下的抛物线，又称逻辑斯蒂曲线。

逻辑斯蒂增长的方程为

$$\dot{x} = RTV, RTV = ax - bx^2, \qquad a, b > 0, x(0) = x_0 \qquad (3.2.16)$$

可解得

$$x(t) = \frac{ax_0 e^{at}}{a - bx_0(1 - e^{at})} \qquad (3.2.17)$$

模块的增长最终是稳定的，$x(t)$ 的稳态值为

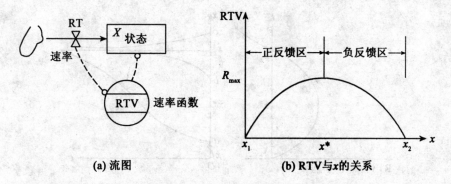

(a) 流图　　　　　　　　(b) RTV与x的关系

图 3.15　基本 S 型增长模块流图

$$\lim_{t \to \infty} x(t) = \frac{a}{b} \tag{3.2.18}$$

对应于 RTV = 0，模块有两个平衡点 $x_1 = 0$ 和 $x_2 = \dfrac{a}{b}$，求速率对状态的偏导数：

$$\frac{\partial RTV}{\partial x} = a - 2bx \tag{3.2.19}$$

当 $x < \dfrac{a}{2b}$ 时，$\dfrac{\partial RTV}{\partial x} > 0$，对应模块的正反馈特性；当 $x > \dfrac{a}{2b}$ 时，$\dfrac{\partial RTV}{\partial x} < 0$，对应模块的负反馈特性。因此，$x_1$ 是非稳定平衡点，而 x_2 是稳定平衡点。经过计算可得

$$x^* = \frac{a}{2b}, R_{max} = \frac{a^2}{4b}$$

$$t^* = \frac{1}{a} \ln \left| \frac{a}{bx_0} - 1 \right|, 0 < x_0 < \frac{a}{b} \tag{3.2.20}$$

式中：t^* 为当状态达到 x^* 时所对应的时刻。

由上述分析可知，S 型增长模块由两个基本回路组成，一个是正反馈回路，另一个是负反馈回路，它们相互交织在一起。

在 S 型增长模块中，状态初值的不同选择将会对模块的行为特性产生较大的影响。如图 3.16 所示，当状态初值正好取在平衡点 x_1 或 x_2 上时，状态将保持其初始状态不变；当状态初值取在大于 x_2 的 c 点时，$x(t)$ 呈指数衰减特性；当状态初值取在 x^* 与 x_2 之间的 b 点时，$x(t)$ 呈有极限的指数增长特性；只有当状态初值取在 x_1 与 x^* 之间的 a 点时，$x(t)$ 才呈现出 S 型增长的模式。

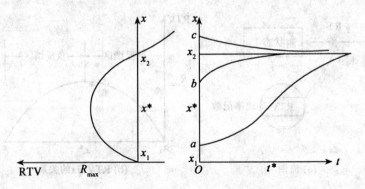

图 3.16　不同状态初值对 S 型模块行为特性的影响

第三节　建立系统动力学模型的基本方法

　　在明确待解决的系统问题以及确定模型的变量与模型的基本模块之后，模型研制人员接着就要研究系统与其组成部分之间的关系以及这些重要变量与有关要素之间的相互关系。这是一个由粗到精、由浅入深地将思维模型转化成数学模型和计算机模型的过程。在这个过程中，首先要分析系统整体与局部的关系，进而研究系统因果关系与相互关系链和回路，然后把它们重新联结在一起形成回路。系统结构框图、因果关系图法、流图法和图解分析法是其研究系统反馈结构、建立动力学模型的常用方法。这些方法各有不同的特点和功能，正确、合理地使用这些方法，可以比较顺利、准确地建立 SD 模型。

一、系统结构框图法

　　系统框图是一种极其简单的系统描述方法。方框图中只有方框和带箭头的实线两种符号。方框表示系统的元素、子系统或功能块，方框中填上相应的名称、功能或说明。带箭头的实线表示各元素、各子块之间的相互作用关系、因果关系或逻辑关系，也可以表示流量的运动方向（流量写在实线旁）。图 3.17 表示一个公司模型的方框图。图 3.18 表示国民经济流转模型的方框图。

　　方框图既表示了系统中各相对独立的组成部分，又指明了它们之间的相互关系。系统框图的特点是简单明了，非常有助于人们划定系统边界和确定各大块之间主要的反馈回路，是对系统进行粗分析的一个十分有用的工具。

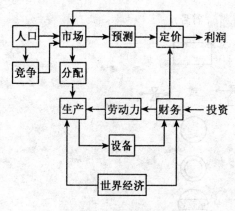

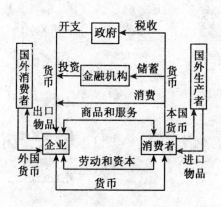

图 3.17 公司模型方框图   图 3.18 国民经济流转模型方框图

二、因果关系图法

因果关系图是一种用因果链来表明各度量之间因果关系的图形。本章第一节已经作了详细介绍，此处不再重复。

因果关系图在构思模型的初级阶段起着非常重要的作用，它既可以在建模过程中初步明确系统中诸变量间的因果关系，又可以简化模型的表达，使人们能很快了解系统模型的结构假设，使实际系统抽象化和概念化，非常便于交流和讨论。

三、流图法

流图法又叫结构图法，它采用一套独特的符号体系来分别描述系统中不同类型的变量以及各变量之间的相互作用关系。流图中所采用的基本符号及涵义见图 3.19 所示。

1. 状态变量

状态变量又称为位，它是表征系统状态的内部变量，可以表示系统中的物质、人员等的稳定或增减的状况。状态变量的流图符号是一个方框，方框内填写状态变量的名字。状态变量的变化只受速率变量的影响（见图 3.20）。状态方程也可根据连续性原理、能量质量守恒原理等原理来建立。状态方程有三种最基本的表达方式：微分方程表达、差分方程表达和积分方程表达。在一定的条件下，这三种表达方式可以互相转化。

（1）微分方程表达。

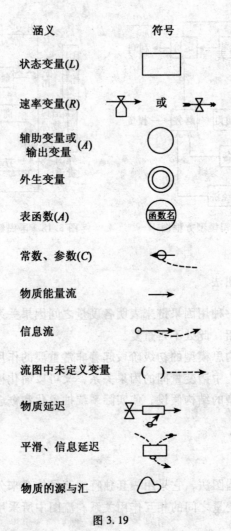

| 涵义 | 符号 |

- 状态变量(L)
- 速率变量(R)   或
- 辅助变量或 输出变量(A)
- 外生变量
- 表函数(A)   函数名
- 常数、参数(C)
- 物质能量流
- 信息流
- 流图中未定义变量   ( )
- 物质延迟
- 平滑、信息延迟
- 物质的源与汇

图 3.19

R_{in} R_{out}

源   Level 状态   汇

输入率   输出率

图 3.20　状态变量只受速率变量的影响

根据动态守恒原理，状态变量的变化速率等于其输入率与输出率之差，设

状态变量的输入率与输出率分别是 R_{in} 和 R_{out}，有

$$\frac{d(Level)}{dt} = R_{in} - R_{out} \tag{3.3.1}$$

（2）差分方程表达。

系统的状态变化遵循着过去决定现在，过去和现在决定将来的时间因果关系。因此，系统目前的状态是在其前一时刻状态的基础上加上一个从旧状态向新状态的转化值，设时间间隔为 Δt，有

$$Level(t + \Delta t) = Level(t) + \Delta t[R_{in}(t) - R_{out}(t)] \tag{3.3.2}$$

式中：Level $(t + \Delta t)$——现有时刻状态值；

Level (t)——前一时刻状态值。

（3）积分方程表达。

从积累效应来看，状态变量的变化是一个积累的过程，因此系统状态可以用积分方程来表达：

$$Level(t) = Level(t_0) + \int_{t_0}^{t} (R_{in} - R_{out}) dt \tag{3.3.3}$$

式中：Level (t_0)——前一时刻 t_0 的状态值。

2. 速率变量

速率变量的流图符号像一个阀门。速率变量控制着状态变量的变化，速率方程规定了这种控制的方式和强度。速率方程的构成比较灵活，没有固定的形式。一般说来，速率方程可以是状态变量、辅助变量和外生变量等的代数组合。但是应该特别注意的是，状态变量对速率变量的作用关系不是通过物质的直接转移来实现的，而是通过状态变量变化的信息传递来实现的。确定速率方程的函数关系在系统动力学构模过程中是相当关键的一环，需要经过理论分析、逻辑判断、历史经验参考再结合各种技术方法上的技巧综合求得。

3. 辅助变量、外生变量、常数和表函数

辅助变量的流图符号是一个圆圈，内部填辅助变量的名字。辅助变量是为了建模方便而人为引入的信息反馈变量，它是状态信息变量的函数。

外生变量的流图符号是两个同心圆，内部填外生变量的名字。外生变量是系统边界以外对系统发生作用或产生影响的环境因素。

在特殊情况下，外生变量呈现出固定不变的状态时就退化成常数。常数的流图符号是在一横杠上加上圆圈。

系统中变量与变量之间的关系除了可以用各种代数形式的函数来表示之外，还可以用图表的方式来表示。这样的图表函数称为表函数，它的流图符号是圆圈内加两横，内部填表函数的名字。表函数反映在了两个变量之间某种特

定的非线性关系。

4. 流线与延迟

流图中的流线（通道）分成物质流线和信息流线两种。物质通过物质流线运动，信息通过信息流线传送。物质流线和信息流线分别用带箭头的实线和虚线表示。若作为信息源的变量尚未定义，可用括弧代替。箭头的指向表示物质或信息的运动方向。

在流线上经常会出现各种延迟现象。发生在物质流上的延迟叫物质延迟，发生在信息流上的延迟叫信息延迟。它们的流图符号为一个方框内标上延迟的种类和延迟变量的名字。

5. 物质的源与汇

在流图中物质的源与汇都是用水潭符号表示。源表示取之不尽，用之不竭的物质源泉，抽象为白洞，物质只出不进，所以与它相连的物质流线箭头均朝外。汇的概念正相反，表示永远填不满的坑，抽象为黑洞，物质只进不出，所以与它相连的物质流线箭头均向内。源和汇的抽象概念源于现实又高于现实。源和汇总是成对出现的，有时为了方便也可将源和汇合为一体，用双向箭头流线与其他变量相连。

流图法的特点是将系统中各变量按其不同的特征以及在系统中所起的不同作用划分成不同的种类，并用物质流线和信息流线按照其特有的作用方式将它们联结起来，组成系统的结构。所以，流图法比因果关系图法更加详细地反映出系统内部的反馈作用机制，使人们对系统的构成有一个更加直观、更加透彻的理解。流图法是在系统动力学构模过程中介于思维模型和计算机模型之间的一个十分重要的过渡方法，它为构造系统的数学模型打下了良好的基础。对一个比较熟练的构模者来说，他可以省去用因果关系图法描述系统的步骤，但是通常不能省去流图法的步骤。

四、混合图法

混合图已日渐普遍地成为描述系统结构的一种方法。所谓混合图就是在因果关系图中，把状态和速率变量按照流图中的符号表示出来。混合图全部用实线表示。图 3.21 给出一个用混合图描述系统结构的实例。此图描述了自然资源发现率与勘探成本、勘探投资、储产比及市场需求等诸方面的关系。（注：在因果关系中用流图的符号清晰地标出状态变量与速率）

这种混合表示法的优点在于：既把重要的状态与速率变量清晰地表示出来，又保持了因果相互关系回路图的简洁性。把速率与状态变量清晰地标出来后，使分析者能更加可靠地用混合图分析与推论反馈结构所综合的动态特性。

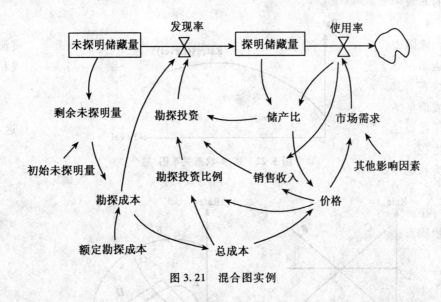

图 3.21　混合图实例

混合图还能使分析者比采用简单的因果相互关系回路图更容易理解模型假设的实际动态因果相互关系。由于能识别速率与状态变量，使混合图向建立可进行计算机模拟的方程式靠近了一大步。

五、图解分析法

图解分析法是一种简便、形象的分析工具，它能分析以一阶反馈结构为基础，简单线性或非线性系统变量随时间变化的特性。

图解分析法的第一步是要找到待研究的有关变量、状态与速率的关系曲线，即以状态变量与速率为坐标的关系曲线。速率 Rate 与状态 Level 的一般关系式为

$$\text{Rate} = f \text{ (Level)}$$

f 可为线性或非线性函数，此关系式可以速率-状态关系图表示，如图 3.22 所示。

常见的 f 函数有线性与非线性两类，如图 3.23 所示。图中曲线 A，B，C 是线性的，D，E，F，G 是非线性的。

速率与状态关系图并无时间变量，还不能直接获得变量与时间的关系曲线，但根据它可以用图解法把它隐含的变量与时间的关系求出来，即把 Level 与 Rate 变量随时间的变化曲线绘制出来。图 3.24 给出根据 Rate 与 Level 关系曲线以图解法求出某系统变量随时间变化的例子，其关系一目了然（若欲进

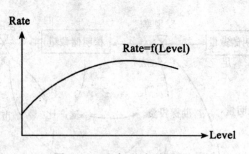

图 3.22   速率-状态关系图

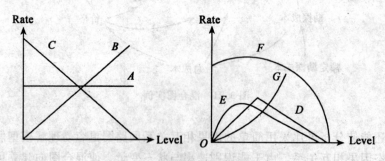

图 3.23   线性与非线性函数

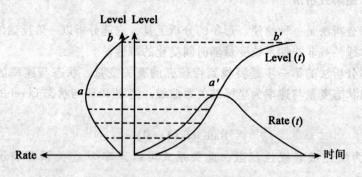

图 3.24   图解法求作系统变量随时间变化曲线

一步研究此组曲线所描述的反馈机制，可参见本章第二节基本 S 型增长非线性模块）。可见，通过图解分析能够求出简单系统的解。

上述就是图解分析法的基本内容，在此基础上可对所研究的变量间的关系作进一步的探讨。比如，Rate 与 Level 的关系曲线可取各种可能的形状，并求出相应的可能解 Level (t) 与 Rate (t) 曲线。

图解分析法具有简单、形象和清晰的优点，然而它最可贵的特点还在于它能够分析解决用一般线性分析解析方法无法解决的简单非线性系统的问题。图解分析法也有它的不足之处，它无法满足对于复杂系统的分析研究任务。对此惟有借助于系统动力学的理论、构模原理和借助计算机模拟技术。

第四节　模型实例分析

一、世界动力学模型

1968 年 4 月，来自世界各国的 30 名科学家、经济学家、教育学家、企业家在罗马聚会，共同探讨人类未来面临的问题与困境，并由此成立了罗马俱乐部 (The Club of Rome)。1970 年夏，福雷斯特 (Jay W. Forrester) 教授向俱乐部成员介绍了世界动力学模型的雏形，World Ⅱ，该模型辨证统一地分析了世界人口、农业生产、自然资源、工业生产和污染等诸因素的相互关系和作用，受到了俱乐部成员的赞赏。因此，罗马俱乐部决定成立由福雷斯特教授的学生梅多斯 (Doneela Meadons) 教授为首的国际研究小组，进一步研究世界未来发展问题。

国际小组研究世界范围内人口、工业、农业、自然资源与环境和污染诸因素的相互联系、制约和作用，以及产生各种后果的可能性。上述诸因素的因果相互关系如图 3.25 所示。图中以因果链表示变量间的关系，带有正号的箭头表示某变量的增长将导致该箭头所指向变量的同时增长。该图描述了世界系统的基本反馈机制。由人口、工业化和食物形成一个正反馈环，同时还存在工业化与自然资源形成的负反馈环；工业化与污染形成的负反馈环；工业化与污染和人口形成的负反馈环以及工业化、食物、占用土地、自然空间和人口形成的负反馈环。由于这些变量与反馈回路面的相互影响与作用，产生世界复杂的动态行为。

由于因果回路图只能粗略地描绘系统的反馈机制，为了借助计算机进行模拟，还得先设计好系统的结构图（或称流图），然后根据结构建立方程，形成数学的规范的模型。

世界模型只有一百多个方程式，详见相关系统动力学专著，其基本模拟结果如图 3.26 所示。

世界模型模拟结果的基本结论是：迄今世界范围内人口、工农业和生态破坏呈指数式增长与加剧的趋势，不能永远持续下去，将受到种种客观条件的限

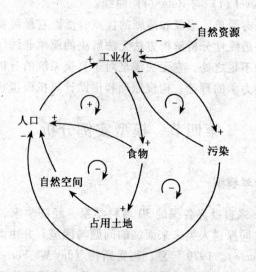

图 3.25 世界系统基本变量的因果回路

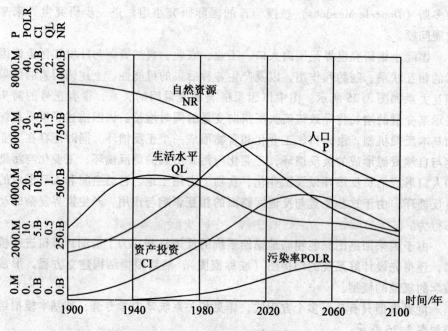

图 3.26 世界模型的基本模拟结果

制，世界的未来发展应逐渐过渡到某种均衡发展状态。具体结论如下：

（1）迄今工业化所带来世界的进步是人口增长的基本因素。

（2）西方工业化模式会带来严重的后果。世界若按西方工业化的模式发展下去，到下个世纪人类将面临：

① 自然资源日渐枯竭引起工业发展衰退；

② 污染严重加剧，导致人口下降；

③ 人均食物的降低也将导致人口下降；

④ 指数式增长带来的物理与心理上的拥挤，造成不利的社会压力。

（3）尽管世界发展不平衡，存在落后与贫穷的地区与国家，然而按人均拥有财富看，目前已是世界的黄金时代。

（4）没有充分论据可以使人信服，目前不发达、落后的国家可以达到西方先进工业化国家的现有生活水平。

（5）不发达国家不应重蹈西方发达国家所走过的工业化道路。发达国家将面临种种阻碍，不发达国家应想方设法加以避免。

关于该模型模拟结论的正确与否，目前争论很多，但无论如何系统动力学的世界模型（World Ⅱ和World Ⅲ）是20世纪70年代诞生的一批世界模型中的第一个，它也是第一个研究世界诸主要因素之间辩证（对立统一）关系的定量的世界模型。尽管对它的评价众说不一，但它对未来世界发展的探索所给予人们的启迪是有益的。作为一门分析研究信息反馈系统的新学科的系统动力学亦更为人们所认识了。

二、中国国家模型

中国全国系统动力学模型的研究是我国"六五"期间重点科研项目"公元2000年中国"中"长期发展趋势模型Ⅱ"研究工作的部分成果。采用系统动力学的理论方法，揭示我国社会经济系统未来近百年发展的趋势、特征和面貌，对不同时期存在的矛盾、动力和障碍因素进行整体定量的分析，把公元2000年时中国的面貌作为全过程中的一个历史断面来研究，并提出长期的发展战略决策。该研究在系统动力学全国社会经济整体定量模型SDNMC上进行。1984年完成的SDNMC包括工业、农业、人口、能源、教育、科技、消费、污染及交通运输等12个子块。

SDNMC能分析研究的主要问题有：

（1）社会、经济、生态环境和资源总体之间的相互影响与制约关系；

（2）人口、科技、教育、能源、污染、交通运输诸因素之间的关系，以及它们对国民经济发展的作用和影响；

（3）工农业之间的关系；

（4）积累与消费的关系及其对国民经济发展的影响；

（5）社会总产值与国民收入增长速率问题；

（6）人口目标、年龄结构和人口问题对社会经济的影响；

（7）新旧能源的更替。

SDNMC 共包括以下 12 个子块：人口子块；非农业生产能力子块；资本积累子块；国民收入与分配子块；消费资料生产子块；生产资料生产子块；农业生产能力子块；能源子块；交通运输子块；科技子块；教育子块；污染子块。

各子块通过变量之间的耦合而互相联系。这种相互作用形成了模型的反馈结构。图 3.27 与图 3.28 分别描述了子块间的联系和模型的主要反馈回路。

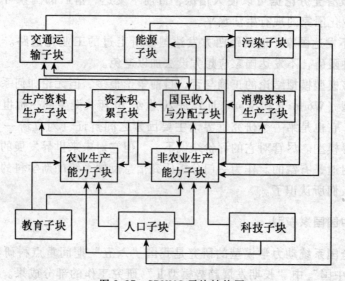

图 3.27　SDNMC 子块结构图

第一时期：1965～1980 年。这一时期中，资产是经济增长的主导因素，尽管其作用有逐渐下降的趋势；科学技术的作用呈明显上升的趋势；劳动力的作用有所提高，但仍不显著；而教育的作用没有显著的改变。这一结果表明这一时期我国经济结构以劳动密集型和资本密集型企业为主，知识密集型企业的不多，但在不断增加。

第二时期：1980～1990 年。这一时期资产的作用仍占主导地位，但科学技术的作用不断上升，跃居第二位，而劳动力作用则退居第三位。这一结果表明我国经济结构正经历着重大变革，随着对外开发程度不断加深，先进技术的

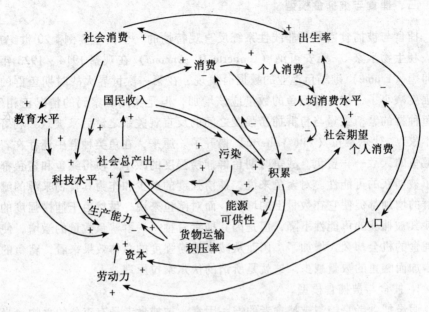

图 3.28　SDNMC 主要反馈回路

大量涌进，使得经济效益和生产效率得到广泛关注。

第三时期，1990～2065 年。在这一时期中，科学技术的作用进一步加强，逐渐成为了经济增长的主导力量，资产的作用逐渐减弱，但仍保持相当的重要性。这一结果表明我国经济结构将更加依赖于科学技术，将逐步转向于知识密集型的经济结构。

上述的模拟结果与我国经济结构近数十年来的发展与演变是基本一致的，其意义在于向人们揭示了我国未来经济增长和发展的动力和趋势。

SDNMC 模拟结果同时也表明，我国经济未来发展道路上布满了各种各样的障碍，有近期的，也有远期的；有明显的，也有潜在的。近期的阻碍因素主要来自于过多的人口、能源的短缺、交通运输能力的不足、资金短缺以及污染严重等问题；而远期来看，主要的阻碍来自人口过多、资源短缺以及污染严重等问题。

中国全国系统动力学模型的建设和研究，为定量分析中国经济系统中的许多重大决策问题提供了有力的工具，也为系统动力学在中国的发展起了积极的促进作用。

三、捕食与被捕食模型

捕食与被捕食问题是非线性系统反直观特性的一个典型实例。20 世纪初，意大利生物学家 U. 戴安可纳（Umberto D. Ancona）在观察 1914 ~ 1923 年期间弗姆（Fiume）港鳀鱼渔业的数据时发现，在第一次世界大战时期鱼群的捕捞强度减小了，按常规鳀鱼的数量应该增加，但是实际观察到的情况正相反，鳀鱼种群的繁衍数量与鱼群捕捞强度之间的反直观关系之谜后来被意大利著名数学家 V. 伏尔泰拉（Vito Volterra）揭开了。原来，在鱼类种群中还存在着一种鳀鱼的天敌——鲨鱼。战争时期鱼群捕捞强度的减小，使得鳀鱼和鲨鱼都减少了被捕获的可能性。对鲨鱼来说，捕捞强度的减少和作为其食物来源的鳀鱼种群的增加都促使它在数量上的增长。而对鳀鱼来说，虽然由于捕捞强度的减少使其被捕获的可能性下降，但是因其捕食者种——群鲨鱼数量的激增，使它被捕食的机会却大大增加了。因而从减小捕捞强度的总体效果来看，鲨鱼的数量增加而鳀鱼的数量减少。这就是所谓的伏尔泰拉原理。

1. 捕食与被捕食模型

假设捕食者是控制被捕食者的惟一因素，被捕食者具有充分的食物，当没有捕食者时，被捕食者以指数规律增长。而被捕食者是捕食者惟一的食物来源，当没有被捕食者时，捕食者以指数规律衰亡。在上述假设的前提下，伏尔泰拉建议将如下的模型作为描述捕食与被捕食系统的简单模型（1931）：

$$\begin{cases} \dot{x} = ax - bxy \\ \dot{y} = -cy + dxy \end{cases} \tag{3.4.1}$$

式中：

$\dot{x}$——被捕食种群数量（单位）；

$\dot{y}$——捕食种群数量（单位）。

a，b，c，d 均为大于零的常数，分别为相应的变化率系数。图 3.29 是该系统的流图。

系统中有一个稳定平衡点：

$$\bar{x} = c/d, \quad \bar{y} = a/b$$

再考虑捕捞强度的影响。捕捞的结果使得捕食者与被捕食者的数量同时减少。假设捕捞强度为常数 ε，则模型变成

$$\begin{cases} \dot{x} = ax - bxy - \varepsilon x = (a - \varepsilon)x - bxy \\ \dot{y} = -cy + dxy - \varepsilon y = -(c + \varepsilon)y + dxy \end{cases} \tag{3.4.2}$$

此时系统的稳定平衡点为

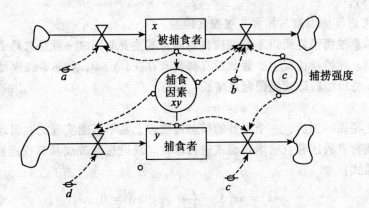

图 3.29 捕食与被捕食系统流图

$$\bar{x}_e = \frac{c + \varepsilon}{d}, \bar{y}_e = \frac{a - \varepsilon}{b}, \varepsilon < a \tag{3.4.3}$$

比较具有捕捞作用和没有捕捞作用两种情况下系统的平衡状态可知，在一条件（$\varepsilon < a$）下，当捕捞强度增加时被捕食者的平均数量趋于增加，捕食者的平均数量趋于减少，反之则相反。这就从系统内部结构出发说明了为什么战争时期捕捞强度减小反而会使鳐鱼数量减少的原因。

现在来讨论模型的动态行为特性。注意到捕捞强度 ε 的大小只是改变了系统稳定平衡点的位置，并没有改变模型的基本结构，因而也不会改变模型的动态特性。所以，不失一般性，只要讨论捕捞强度为零的情况就行了。

通过坐标变换把系统的稳定平衡点移到新坐标的原点：

令 $u = x - \dfrac{c}{d}$, $v = y - \dfrac{a}{b}$, 得

$$\begin{cases} \dot{u} = -buv - \dfrac{bc}{d}v \\ \dot{v} = duv + \dfrac{ad}{b}u \end{cases} \tag{3.4.4}$$

系统线性化后的特征方程为

$$\lambda^2 + ad = 0 \tag{3.4.5}$$

它的两个特征值为一对纯虚数：

$$\lambda_{1,2} = \pm i\sqrt{ad} \tag{3.4.6}$$

系统的行为特性呈等幅振荡的形式，显然系统不是结构稳定的。因此，梅（May）指出，把这个模型当做自然界捕食与被捕食系统的真实描述是不合适

的（1973）。

2. 考虑环境因素的捕食与被捕食模型

伏尔泰拉模型之所以不是结构稳定的，其主要原因之一就是忽略了环境因素的影响。在特殊情况下，假如没有捕食者存在，$y=0$，伏尔泰拉模型假定被捕食者 x 将以指数形式无限制地增长，即有

$$\dot{x} = ax \qquad 当 y = 0 \qquad\qquad (3.4.7)$$

这实际上是做不到的，一个发散的模型在物理上是不可能实现的。因此，有必要对被捕食者的这种自然增长模式进行修改。现设想修改成具有稳定特性的 S 型增长模式：

$$\dot{x} = ax\left(1 - \frac{x}{L}\right) \qquad 当 y = 0 \qquad\qquad (3.4.8)$$

式中：L 为环境允许的最大的被捕食者数量。图 3.30 为考虑了环境因素以后的捕食与被捕食系统流图。

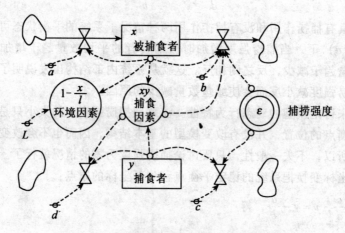

图 3.30　考虑环境因素的捕食与被捕食系统流图

现在来分析修改后的系统的结构与行为。先讨论没有捕捞因素的情况。图 3.30 的系统方程为

$$\begin{cases} \dot{x} = ax\left(1 - \dfrac{x}{L}\right) - bxy \\ \dot{y} = -cy + dxy \end{cases} \qquad\qquad (3.4.9)$$

系统的稳定平衡点为

$$\bar{x} = \frac{c}{d}, \bar{y} = \frac{a}{b}\left(1 - \frac{c}{dL}\right), dL > c \qquad\qquad (3.4.10)$$

加上捕捞因素后，系统方程为

$$\begin{cases} \dot{x} = ax\left(1 - \dfrac{x}{L}\right) - bxy - \varepsilon x = (a - \varepsilon)x\left[1 - \dfrac{ax}{L(a - \varepsilon)}\right] - bxy \\ \dot{y} = -cy + dxy - \varepsilon y = -(c + \varepsilon)y + dxy \end{cases}$$

$$(3.4.11)$$

系统的稳定平衡点变为

$$\begin{cases} \bar{x}_e = \dfrac{c + \varepsilon}{d}, \bar{y}_e = \dfrac{a - \varepsilon}{b}\left[1 - \dfrac{a(c + \varepsilon)}{dL(a - \varepsilon)}\right], \\ dL > \dfrac{a(c + \varepsilon)}{(a - \varepsilon)}, a > \varepsilon \end{cases}$$

$$(3.4.12)$$

比较具有捕捞作用和没有捕捞作用两种情况的平衡状态可知，在一定的条件下（$\varepsilon < a$, $dL > c$）捕捞强度 ε 越大，被捕食种群的数量也越大，捕食者种群的数量则越小，反之则相反。这一结论与伏尔泰拉模型的结论是一样的。

再来分析修改后的捕食与被捕食模型的动态行为特性。与分析伏尔泰拉模型的情形一样，由于捕捞强度 ε 的大小只改变系统稳定平衡点的位置，并没有改变模型的基本结构，所以也只需讨论捕捞强度为零的情况。

先将系统在其稳定平衡点附近展开并保留其线性部分，略去高次项，得

$$\begin{cases} \dot{x} = \left[a\left(1 - \dfrac{2\bar{x}}{L}\right) - b\bar{y}\right]x - b\bar{x}y \\ = -\dfrac{ac}{dL}x - \dfrac{bc}{d}y, \qquad dL > c \\ \dot{y} = d\bar{y}x \\ = \dfrac{ad}{b}\left(1 - \dfrac{c}{dL}\right)x, \qquad dL > c \end{cases}$$

$$(3.4.13)$$

系统的特征方程为

$$\lambda^2 + \dfrac{ac}{dL}\lambda + ac\left(1 - \dfrac{c}{dL}\right) = 0 \tag{3.4.14}$$

它的两个特征值为

$$\lambda_{1,2} = \dfrac{-\dfrac{ac}{dL} \pm \sqrt{\left(\dfrac{ac}{dL}\right)^2 - 4ac\left(1 - \dfrac{c}{dL}\right)}}{2}$$

$$= \dfrac{ac}{2dL}\left[-1 \pm \sqrt{1 - \dfrac{4dL}{a}\left(\dfrac{dL}{c} - 1\right)}\right] \tag{3.4.15}$$

因为 $dL > c$，所以系统是结构稳定的。

小　结

SD 模型是以反馈控制理论为基础，以计算机仿真技术为手段，定量地研究和分析复杂反馈动态行为的一种建模方法，能对复杂的实际问题进行长期的、动态的、战略性的定量研究分析。

SD 模型主要由积累、流速、流和信息等要素构成，这些要素通过彼此间的联系和影响构成了系统因果反馈回路和反馈系统。

SD 模型的建立必须以实际问题为始点和终点，通过系统分析、结构分析、模型建立、模型试验和模型使用五大步骤来完成。SD 模型的基本构成模块有一阶正反馈模块、一阶负反馈模块和 S 型增长模块。

建立 SD 模型的主要方法有系统结构框图法、因果关系图法、流图法、混合图法以及图解分析法等。

思考题

1. 什么是 SD 模型？有什么优点？

2. 何谓系统因果关系和反馈结构？试构造一个问题的因果反馈结构（要求正、负反馈回路各不少于 2 个）。

3. SD 模型的构成要素有哪些？其基本模块又有哪些？各有什么特点？试简要说明 SD 建模的主要步骤。

4. 试比较分析系统结构框图法、因果关系图法、流图法、混合图法以及图解分析法等 SD 建模方法。

参考文献

1. 王佩玲编著. 系统动力学——社会系统的计算机仿真方法. 北京：冶金工业出版社，1994.9.

2. 谭跃进等编著. 系统工程原理. 长沙：国防科技大学出版社，1999.

3. 刘惠生主编. 管理系统工程教程. 北京：企业管理出版社，1991.

4. 杜瑞成、闫秀霞主编. 系统工程. 北京：机械工业出版社，1999.

5. 王其藩编著. 系统动力学（修订版）. 北京：清华大学出版社，1994.

6. 严广乐等编著. 系统动力学：政策实验室. 上海：知识出版社，1991.

7. 南志远主编. 管理系统工程. 北京：北京科技出版社，1993.

8. 黄克安编著. 管理系统工程概论. 北京：中国经济出版社，1990.

9. 张延欣等编著. 系统工程学. 北京：气象出版社，1997.

10.　Kathryn M. Bartol David C. Matin Management.　3rd ed. The McGraw-Hill Companies. Inc. 1998.

第四章　管理的模糊层次分析

人们在进行社会、经济以及科学管理领域问题的系统分析中，面临的常常是一个由相互关联、相互制约的众多因素构成的复杂系统。层次分析法为分析这类复杂的社会、经济以及科学管理领域中的问题提供了一种简洁、实用的决策方法。而在复杂的系统中，很多的因素都具有模糊性，模糊综合评判模型是模糊系统分析的基本方法之一，有着广泛的应用。在介绍了层次分析法和多层次模糊评判的基础上，引入模糊层次分析法，既充分应用了层次分析法的长处，又用模糊数学的方法克服了传统的层次分析法的缺点，使对复杂系统的分析更加精确。

第一节　层次分析法

美国著名的运筹学家萨蒂（T. L. Saaty）于 1977 年提出的层次分析法（the Analytic Hierarchy Process，AHP）是一种定性和定量相结合的决策方法。AHP 把复杂的问题分解为各个组成因素，将这些因素按支配关系分组形成有序的递阶层次结构，通过两两比较的方式确定层次中诸因素的相对重要性，然后综合人的判断，以决定决策诸因素相对重要性总的顺序。

一、层次分析法原理

用层次分析法作系统分析，首先要把问题层次化。根据问题的性质和要达到的总目标，将问题分解为不同的组成因素，并按照因素间的相互影响关系以及隶属关系将因素按不同层次聚集组合，形成一个多层次的分析结构模型，并最终把系统分析归结为最低层（供决策的方案和措施等）相对于最高层（总目标）的，相对重要性权值的确定或相对优劣次序的排序问题。

在排序计算中，每一层次的因素相对于上一层次某一因素的单排序问题又可简化为一系列成对因素的判断比较。为了将比较判断定量化，层次分析法引入 1~9 比率标度方法，并写成矩阵形式，即构成所谓的判断矩阵。形成判断矩阵后，即可通过计算判断矩阵的最大特征根及其对应的特征向量，计算出某一层元素相对于上一层次某一个元素的相对重要性权值。在计算出某一层次相对于上一层次各个因素的单排序权值后，用上一层次因素本身的权值加权综合，即可计算出某层因素相对于上一层整个层次的相对重要性权值，即层次总排序权值。这样，依次由上而下即可计算出最低层因素相对于最高层的相对重要性权值或相对优劣次序的排序值。决策者根据对系统的这种定量分析，进行决策、政策评价、选择方案、制订和修改计划、分配资源、决定需求、预测结局、找到解决冲突的方法等。

这种将思维过程数学化的方法，不仅简化了系统分析和计算，还有助于决策者保持其思维过程的一致性。在一般的决策问题中，决策者不可能给出精确的比较判断，这种判断的不一致性可以由判断矩阵的特征根以外的其余特征根的负平均值作为一致性指标，用以检查和保持决策者判断思维过程的一致性。

二、层次分析模型及其构造

应用层次分析法分析社会、经济以及科学管理领域的问题，首先要把问题条理化、层次化，构造出一个层次分析结构的模型。下面先以科研课题遴选问题为例，说明如何构造层次分析模型。

对一个研究单位来说，科研课题的选择是组织管理的首要任务，课题选择合适与否直接关系到科研单位的贡献大小，因此是一项关键性的技术决策和管理决策。对于一个具体科研课题的选择，要考虑的选择因素很多，其中主要有：

（1）实用价值，即科研课题具有的经济价值和社会价值，或完成后预期的经济效益和社会效益。

（2）科学意义，即科研课题本身的理论价值，以及对某个科学技术领域的推动作用，它不仅关系到科研成果的贡献大小，也关系到人才的培养、研究单位水平的提高。

（3）优势发挥，即选择科研课题要发挥本单位学科及专业人才优势。

（4）难易程度，即科研课题因自身的科学储备、成熟程度，以及科研单位人力、设备等条件限制所决定的成功可能性及难易程度。

（5）研究周期，即科研课题研究预计所需花费的时间。

（6）财政支持，即科研课题研究所需的经费、设备和有关单位支持情况。

当然对于不同规模、不同性质的研究单位，还可以考虑更多的，或不同的因素，如课题的先进性；对科研单位基地建设和实验室建设的促进；协作单位支持的程度，等等。

对于一个具体科研课题，如何综合考虑上述各种选择因素，决定课题的当选与否；或对一些研究课题如何综合考虑上述各种选择因素，确定出它们之间相对优劣次序来，以供领导者决策或安排科研力量，这就是对这个科研课题遴选问题分析所要得到的解答。

　　仔细分析一下，上述这些选择因素都共同体现了科研贡献大小、人才培养以及科研课题的可行性（或称可选性）准则，而这些准则又都最终体现了合理选择科研课题这个根本目标。根据上述分析，可以构造出如图4.1所示的层次分析模型。

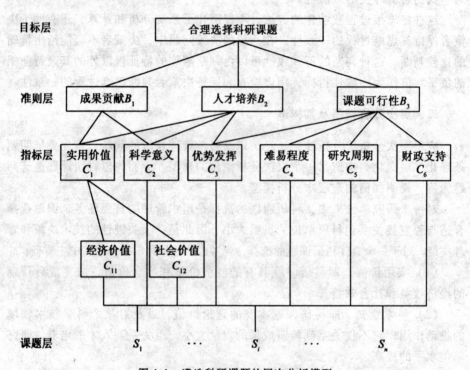

图 4.1　遴选科研课题的层次分析模型

　　遴选科研课题的层次分析模型主要分为四层。最高目标层，即合理选择科研题。中间有两层：准则层和指标层。准则层，即合理选择科研课题的三方面准则：科研成果贡献，人才培养以及课题的可行性（可选性）。指标层，即选择科研课题具体考虑的七项指标（包括子指标）：实用价值、科学意义、优势发挥、难易程度、研究周期和财政支持；实用价值又可分为经济价值和社会价值两个子指标。最低层为课题层，即为待选择的科研课题。

　　建立层次分析模型后，就可以在各层元素中进行两两比较，构造出比较判断矩阵，并引入合适的标度将判断定量化，通过数学运算即可计算出最低层各待选科研课题相对于最高总目标相对优劣的排序权值。据此，科研单位的领导即可决定课题的选择方向或科研力量的分配，或者通过排序计算，计算出实用价值等各项选择因素相对于总目标的相对重要性权值，再将各选择指标划分为若干项绝对评价数量标准，对具体课题可通过专家逐项指标评审（评分），综合给出绝对数量评价，以供科研单位领导决策。

通过上述例子不难看出，应用层次分析法分析社会、经济以及科学管理等领域的问题时，首先要对问题有明确的认识。弄清问题的范围，所包含的因素，因素之间的相互关系、隶属关系，以及最终所要解决的问题。根据对问题的初步分析，将问题包含的因素按照是否共有某些特性将它们聚集成组，并把它们之间的共同特性看做系统中新的层次中的一些因素。而这些因素本身也按照另外一组特性被组合，形成另外更高层次的因素，直到最终形成单一的最高因素，这往往可以视为决策分析的目标。这样即构成由最高层，若干中间层和最低层排列的层次分析结构模型。例如，对于决策问题，通常可以划分为下面几类层次：

（1）最高层：表示解决问题的目的，即层次分析要达到的总目标。

（2）中间层：表示采取某种措施、政策、方案等来实现预定总目标所涉及的中间环节；一般又可分为策略层、约束层和准则层等。

（3）最低层：表示要选用的解决问题的各种措施、政策和方案等。

在层次模型中，用作用线标明上一层次因素同下一层次因素之间的联系。如果某个因素与下一层次中所有因素均有联系，则称这个因素与下一层次存在着完全层次关系。如图 4.1 中，目标层元素 A 同准则层因素联系即属于完全层次关系。而经常存在着不完全的层次关系，即某个因素仅与下一层次中的一部分因素有联系。如图 4.1 中，准则层因素 B_1，B_2，B_3 与指标层因素关系即为不完全层次关系。层次之间可以建立子层次，子层次从属于主层次中某个因素，它的因素与下一层次的因素有联系，但不形成独立层次。如图 4.1 中，子层次因素 C_{11}，C_{12} 即从属于指标层中的 C_1 因素。

当问题的总目标可以分解为若干关系确定的子目标时，各子目标可以分别建立中间层次各异的层次分析结构。在分别计算出各子层次的排序问题后，得到同一最低层次的不同排序结果，按照它们对应子目标之间的关系，将相应排序权值对应相乘（除），即得到总目标的排序结果。如采用层次分析法分析效益、费用及资源时，通常需要建立两个子模型：效益子层次结构，代价（费用）子层次结构模型。

在前面所举的例子中，构造的层次分析模型都是递阶层次结构，即从高到低或从低到高的层次结构。而在实际分析中，还会遇到更复杂的系统。在这些系统中，层次已经不能标明高或低了，这是因为某一层次既可直接或间接地影响其他层次，又直接或间接地被其他层次所影响。对于这种复杂的社会、经济以及科学管理领域的系统问题，通常用网络结构模型来描述。对于这种具有反馈影响的复杂系统，需要用超矩阵方法将前述排序方法扩展以解决这类更一般系统的排序问题。

三、层次分析法的求解过程

当通过对问题进行分析并建立了相应层次分析结构模型后，问题即转化为在层次中排序计算的问题。例如，对如图 4.1 所示的科研课题遴选问题，通过建立层次分析模型后，问题分析即转化为各待选科研课题相对于各选择指标、准则，最终归结为相对于合理选择科研课题的总目标的优劣排序问题。

（一）层次中的排序——特征向量方法

在排序计算中，每一层次中的排序又可简化为一系列成对因素的判断比较，并根据一定的比率标度将判断定量化，形成比较判断矩阵；通过计算判断矩阵的最大特征值和它的特征向量，即可计算出某层次因素相对于上一层次中某一因素的相对重要性权值，这种排序计算称为层次单排序，为了得到某一层次相对于上一层次的组合权值，用上一层次各个因素分别作为下一层次各因素间相互比较判断的准则，得到下一层次因素相对于上一层次各个因素的相对重要性权值；然后用上一层次因素的组合权值加权，即得到下一层次因素相对于上一层次整个层次的组合权值，这种排序计算称为层次的总排序。依次沿递阶层次结构由上而下逐层计算，即可计算出最低层因素（如待决策的方案、措施和政策等）相对于最高层（总目标）的相对重要性权值或相对优劣的排序值。

为了说明上述计算排序的特征向量方法的原理，简单定性说明如下。假定有 n 个物体，它们的重量分别为 W_1，W_2，$\cdots$，W_n，并假定它们的重量和为单位 1。比较它们之间的重量，很容易得到它们之间逐对比较的判断矩阵：

$$A = \begin{bmatrix} \dfrac{W_1}{W_1} & \dfrac{W_1}{W_2} & \cdots & \dfrac{W_1}{W_n} \\ \dfrac{W_2}{W_1} & \dfrac{W_2}{W_2} & \cdots & \dfrac{W_2}{W_n} \\ \vdots & \vdots & & \vdots \\ \dfrac{W_n}{W_1} & \dfrac{W_n}{W_2} & \cdots & \dfrac{W_n}{W_n} \end{bmatrix} = (a_{ij})_{n \times n}$$

显然，$a_{ij} = 1/a_{ji}$，$a_{ij} = a_{ik}/a_{jk}$，　　　$i, j, k = 1, 2, \cdots, n$
用重量向量 $W = [W_1, W_2, \cdots, W_n]^T$ 右乘 A 矩阵，其结果为

$$AW = \begin{bmatrix} \dfrac{W_1}{W_1} & \dfrac{W_1}{W_2} & \cdots & \dfrac{W_1}{W_n} \\[2mm] \dfrac{W_2}{W_1} & \dfrac{W_2}{W_2} & \cdots & \dfrac{W_2}{W_n} \\[2mm] \vdots & \vdots & & \vdots \\[2mm] \dfrac{W_n}{W_1} & \dfrac{W_n}{W_2} & \cdots & \dfrac{W_n}{W_n} \end{bmatrix} \begin{bmatrix} W_1 \\ W_2 \\ \vdots \\ W_n \end{bmatrix} = \begin{bmatrix} nW_1 \\ nW_2 \\ \vdots \\ nW_n \end{bmatrix} = nW$$

从上式不难看出,以 n 个物体重量为分量的向量 W 是比较判断矩阵 A 的对应于 n 的特征向量。根据矩阵理论可知,n 为上述矩阵 A 是惟一非零的,也是最大特征根,而 W 则为其所对应的特征向量。

这就提示,如果有一组物体需要估算它们的相对重量,而又没有称量仪器,那么可以通过逐对比较这组物体相对重量方法,得出每对物体相对重量比的判断,从而形成比较判断矩阵,通过求解判断矩阵的最大特征根和它所对应的特征向量问题,就可以计算出这组物体的相对重量。同样,对于复杂的社会、经济以及科学管理等领域中的问题,通过建立层次分析模型,构造两两因素的比较判断矩阵,就可以应用这种求解判断矩阵最大特征根及其特征向量的方法,来确定出相应各种方案、措施和政策等相对于总目标的重要性排序权值,以供领导者决策。

对于一组物体,要想估计它们的相对重量,一个直接的方法就是以公斤为单位估计每件物体的重量,然后对每件物体的重量除以全组物体的总重量,就可得到它们各自的相对重量。另一种方法就是把物体成对地进行比较,对每一对物体的相对重量比率作出判断,形成上述的比较判断矩阵,通过求解矩阵最大特征根及其特征向量来求得它们的相对重量。后一种方法虽然看上去采取的步骤在数量上要多一些,然而每一步却比前一种方法简单得多。更重要的是,第一种方法对有度量标尺的问题可以采用,但对于大量的社会、政治、人的行为以及科学管理等领域问题,目前还没有找到普遍使用的度量标尺。因此,后一种成对因素两两比较的度量方法在解决这类无统一度量标尺的问题上就充分显示出其优越性了。层次分析法正是采用这种两两比较的度量方法,才使其能广泛地应用于社会、经济、政治、人的行为以及科学管理等简化为各种因素之间的成对比较判断和简单的排序计算,从而使很多难以用参数型数学模型方法解决的复杂系统的分析成为可能。

(二)判断矩阵及其标度

任何系统分析都以一定的信息为基础,层次分析法的信息基础主要是人们对于每一层次中各因素相对重要性给出的判断。这些判断通过引入合适的标度用数值表示出来,写出判断矩阵。判断矩阵表示针对上一层某因素,本层次与之有关因素之间相对重要性的比较,假定 A 层因素中 a_k 与下一层次中的 B_1, $B_2,\cdots,B_n$ 有联系,构造的判断矩阵一般取如下形式:

a_k	B_1	B_2	$\cdots$	B_n
B_1	b_{11}	b_{12}	$\cdots$	b_{1n}
B_2	b_{21}	b_{22}	$\cdots$	b_{2n}
$\vdots$	$\vdots$	$\vdots$		$\vdots$
B_n	b_{n1}	b_{n2}	$\cdots$	b_{nn}

　　在层次分析法中,为了使决策判断定量化,形成上述数值判断矩阵,萨蒂引用了表4.1所示的 $1\sim9$ 比率标度方法。

表4.1　　　　　判断矩阵标度及其含义

标 度	含 义
1	表示两个因素相比,具有同样重要性。
3	表示两个因素相比,一个因素比另一个因素稍微重要。
5	表示两个因素相比,一个因素比另一个因素明显重要。
7	表示两个因素相比,一个因素比另一个因素强烈重要。
9	表示两个因素相比,一个因素比另一个因素极端重要。
2,4,6,8	上述两相邻判断的中值。
倒数	因素 i 与 j 比较得判断 b_{ij},则因素 i 与 j 比较的判断 $b_{ji}=1/b_{ij}$

　　选择 $1\sim9$ 比率标度方法是基于下述的一些事实和科学依据:

　　(1)差别不大才可比较。实际中,当被比较的事物在所考虑的属性方面具有同一个数量级或很接近时,定性的区别才有意义,也才有一定的精度。

　　(2)判断分级别。在估计事物质的区别性时,可以用五种判断很好地表示:即相等、较强、强、很强、绝对强。当需要更高精度时,还可以在相邻判断之间作出比较,这样,总共有九个数值,它们有连贯性,因此在实践中可以应用。

　　(3)心理学极限。在同时比较中,7±2 个项目为心理学极限;社会调查也说明,一般情况下,至多需要七个标度点来区分事物之间质的差别或重要性程度的不同。如果取 7±2 个元素进行逐对比较,它们之间的差别可以用九个数字表示出来。

　　(4)层次可细分。如果需要用比标度 $1\sim9$ 更大的数,可用层次分析法将因素进一步分解聚类,在比较这些因素之前,先比较这些类,这样就可使所比较的因素间质的差别落在 1 ~ 9 标度范围内。

例如对如图 4.1 所示遴选科研课题的层次分析模型,相对于合理选择科研课题这个总目标,各选择准则相对比较可以建立如下判断矩阵:

A	B_1	B_2	B_3
B_1	1	3	1
B_2	1/3	1	1/3
B_3	1	3	1

矩阵中的数值为两两准则相对于总目标重要性比较的数值判断。如第一行第二列元素 $b_{12} = 3$,表示相对于合理选择科研课题这个总目标,科研课题的成果贡献准则(B_1)同人才培养准则(B_2)相比,贡献要比人才培养稍重要;而第一行第三列元素 $b_{13} = 1$,则表示相对于合理选择科研课题这个总目标,成果贡献准则(B_1)同课题的可行性(或可选性)准则(B_3)相比,同等重要。

构造出上述的比较判断矩阵后,即可计算出判断矩阵的最大特征根及其对应的特征向量。对于上述 A-B 判断矩阵,$\lambda_{max} = 3$,$W = (0.43, 0.14, 0.43)$。即确定出相对于合理选择科研课题这个总目标,成果贡献(B_1),人才培养(B_2)和可行性准则(B_3)的相对重要性权值分别为 0.43,0.14,0.43。

同样,可以依次构造准则层(B)同指标层(C)之间的判断矩阵,并计算出相应判断矩阵的最大特征根及其特征向量。

相对于成果贡献准则(B_1),各有关选择指标的相对重要性判断矩阵 B_1-C 如下:

B_1	C_1	C_2	W
C_1	1	3	0.75
C_2	1/3	1	0.25

$$\lambda_{max} = 2$$

相对于成果贡献准则(B_1),各有关选择指标的相对重要性判断矩阵 B_2-C 如下:

B_1	C_1	C_2	C_3	W
C_1	1	1/5	1/3	0.10
C_2	5	1	3	0.64
C_3	3	1 - 3	1	0.26

$$\lambda_{max} = 3.04$$

相对可行性准则(B_3),各有关选择指标的相对重要性判断矩阵 B_4-C 如下:

B_1	C_3	C_4	C_5	C_6	W
C_3	1	1	3	2	0.33
C_4	1	1	3	2	0.33
C_5	1/3	1/3	1	1/2	0.10
C_6	1/2	1/2	2	1	0.24

$$\lambda_{max} = 4.08$$

以上构造的是各层次元素的比较判断矩阵,进行的是单排序计算。在各层次单排序计算的基础上还需要进行各层次总排序计算。对于目标层(A)只有一个元素,所以以准则层(B)层次单排序即为层次总排序;而对于指标层(C)相对于整个准则层(B)总排序计算,需要用准则层(B)各元素本身相对于总目标的排序权值加权综合,才有计算出指标层(C)相对于整个准则层(B),也即相对于合理选择科研课题总目标的相对重要性权值。层次总排序计算一般写成如下形式:

C ＼ B	B_1	B_2	B_3	C 层次总排序
	0.43	0.14	0.43	W
C_1	0.75	0.10	0	0.33
C_2	0.25	0.64	0	0.20
C_3	0	0.26	0.33	0.18
C_4	0	0	0.33	0.14
C_5	0	0	0.10	0.04
C_6	0	0	0.24	0.10

通过上述计算,即可算出相对于合理选择科研课题这个总目标,各考虑的选择指标相对重要性权值分别为:实用价值0.34,科学意义0.20,优势发挥0.18,难易程度0.14,研究周期0.04,财政支持0.10。对于具体考虑的一组待选科研课题 $S_1, S_2, \cdots, S_n$,可同样构造出各待选科研课题相对于各选择指标(C_i)的比较判断矩阵,分别进行上述的单排序和总排序计算,即可计算出各待选科研课题相对于合理选择科研课题总目标的相对优劣排序权值,科研单位领导据此即可作出课题选择决策,或科研力量的分配决策。

（三）判断矩阵的一致性及其检验

在层次分析法中，为了形成判断矩阵，引入了 1~9 比率标度方法，这就使得决策者判断思维数学化。这种将判断思维数学化的方法大大简化了问题的难度，使定量分析非常复杂的社会、经济以及科学管理领域中的问题成为可能。此外，这种数学化方法还有助于决策者检查并保持判断思维的一致性。

应用层次分析法保持判断思维的一致性是非常重要的，所谓判断一致性，即判断矩阵 A 有如下关系：

$$a_{ij} = a_{ik}/a_{jk} \qquad i,j,k = 1,2,\cdots,n$$

根据矩阵理论，判断矩阵在满足上述完全一致性条件下，具有惟一非零的，也是最大的特征根 $\lambda_{max} = n$，且除 λ_{max} 外，其余特征根均为零。层次单排序计算问题可归结为计算判断矩阵的最大特征根及其特征向量的问题。如已知判断矩阵 A，即计算满足：

$$AW = nW$$

的特征根 n 及对应的特征向量 W，上式可写成

$$A = \begin{bmatrix} \dfrac{W_1}{W_1} & \dfrac{W_1}{W_2} & \cdots & \dfrac{W_1}{W_n} \\[2mm] \dfrac{W_2}{W_1} & \dfrac{W_2}{W_2} & \cdots & \dfrac{W_2}{W_n} \\[2mm] \vdots & \vdots & & \vdots \\[2mm] \dfrac{W_n}{W_1} & \dfrac{W_n}{W_2} & \cdots & \dfrac{W_n}{W_n} \end{bmatrix} \begin{bmatrix} W_1 \\ W_2 \\ \vdots \\ W_n \end{bmatrix} = n \begin{bmatrix} W_1 \\ W_2 \\ \vdots \\ W_n \end{bmatrix}$$

但是，在一般决策问题中，决策者不可能给出精确的 W_i/W_j 度量，只能对它们进行估计判断。这样，实际给出的 a_{ij} 判断与理想的 W_i/W_j 有偏差，不能保证判断矩阵具有完全的一致性。根据矩阵理论，相应于判断矩阵 A 的特征根也将发生变化，新的问题即归结为

$$A'W' = \lambda_{max} W'$$

式中：λ_{max} 为判断矩阵 A' 的最大特征根，相应的 W' 就是对应于 λ_{max} 的特征向量。

若判断矩阵具有完全一致性时，$\lambda_{max} = n$，且除 $\lambda_{max} = n$ 外，其余特征根均为零。而当判断矩阵具有满意的一致性时，它的最大特征根稍大于矩阵阶数 n，且其余特征根接近于零。这样基于层次分析法得出的结论才是基本合理的。但是，由于客观事物的复杂性和人们认识上的多样性，以及可能产生的片面性，要求每一个判断都有完全的一致性显然是不可能的，特别是因素多规模大的问题更是如此。因此，为了保证应用层次分析法分析得到的结论基本合理，还需要对构造的判断矩阵进行一致性检验。对于矩阵方程

$$Ax = \lambda x$$

其系数 λ 就是矩阵 A 的特征根,并且对于所有 $a_{ii} = 1$,有

$$\sum_{i=1}^{n} \lambda_i = n$$

显然,当矩阵具有完全一致性时,$\lambda_1 = \lambda_{max} = n$,其余特征根均为零;而当矩阵 A 不具有完全一致性时,则有

$$\lambda_1 = \lambda_{max} > n$$

其余特征根 $\lambda_2, \lambda_3, \cdots, \lambda_n$ 有如下关系:

$$\sum_{i=2}^{n} \lambda_i = n - \lambda_{max}$$

或

$$\lambda_{max} - n = - \sum_{i=2}^{n} \lambda_i$$

当矩阵 A 具有满意一致性时,λ_{max} 稍大于 n,而其余特征根也接近零。

上述结论告诉,当判断矩阵不能保证具有完全一致性时,相应判断矩阵的特征根也将发生变化,这样就可以用判断矩阵特征根的变化来检查判断的一致性程度。因此,在层次分析法中引入判断矩阵最大特征根以外的其余特征根的负平均值,作为度量判断矩阵一致性的指标,即用

$$CI = \frac{\lambda_{max} - n}{n - 1}$$

检查决策者判断思维的一致性。

为了度量不同阶判断矩阵是否具有满意的一致性,还需引入判断矩阵的平均随机一致性指标 RI 值。对于 $1 \sim 9$ 阶判断矩阵,RI 值分别为

1	2	3	4	5	6	7	8	9
0.00	0.00	0.58	0.90	1.12	1.24	1.32	1.41	1.45

在这里,对于 1,2 阶判断矩阵,RI 只是形式上的,因为 1,2 阶判断矩阵总具有完全一致性。当阶数大于 2 时,判断矩阵的一致性指标 CI 与同阶平均随机一致性指标 RI 之比称为随机一致性比率,记为 CR。当

$$CR = \frac{CI}{RI} < 0.10$$

时,即认为判断矩阵具有满意的一致性,否则就需要调整判断矩阵,并使之具有满意的一致性。

上述平均随机一致性指标 RI 是这样得到的。用随机方法构造 500 个样本

矩阵,具体构造方法是,随机地用 $1 \sim 9$ 标度中的 $1,2,3,4,5,6,7,8,9$ 以及它们的倒数填满样本矩阵的上三角各项,主对角线各项数值始终为 1,对应转置位置项则采用上述对应位置随机数的倒数。分别对 $n = 1 \sim 9$ 阶各 500 个随机样本矩阵计算其一致性指标 $(\lambda_{max} - n)/(n - 1)$ 值,然后平均,即得到上述平均随机一致性指标。

例如在遴选科研课题的问题分析中,所构造的各判断矩阵,其相应的一致性指标和随机一致性比率分别为

A-B 判断矩阵:

A	B_1	B_2	B_3	W
B_1	1	3	1	0.43
B_2	1/3	1	1/3	0.14
B_3	1	3	1	0.43

$$\lambda_{max} = 3, CI = 0, CR = 0$$

B_2-C 判断矩阵:

B_2	C_1	C_2	C_3	W
C_1	1	1/5	1/3	0.10
C_2	5	1	3	0.64
C_3	3	1/3	1	0.26

$$\lambda_{max} = 3.04, CI = 0.02, RI = 0.58, CR = 0.04$$

B_4-C 判断矩阵:

B_3	C_3	C_4	C_5	C_6	W
C_3	1	1	3	2	0.33
C_4	1	1	3	2	0.33
C_5	1/3	1/3	1	1/2	0.10
C_6	1/2	1/2	2	1	0.24

$$\lambda_{max} = 4.08, CI = 0.03, RI = 0.90, CR = 0.03$$

同样,为检验层次总排序的计算结果的一致性,需要计算与层次单排序类似的检验量。

四、层次分析法的基本步骤

本节对层次分析法的基本步骤做一概括性的小结。

层次分析法大体分为五个步骤:①建立层次结构模型;②构造判断矩阵;③层次单排序及其一致性检验;④层次总排序;⑤层次总排序的一致性检验。对上述步骤分别简单说明如下:

(1)建立层次结构模型。在深入分析所面临的问题之后,将问题中所包含的因素划分为不同层次,如目标层、准则层、指标层、方案层、措施层,等等,用框图形式说明层次的递阶结构与因素的从属关系。当某个层次包含的因素较多时(如超过 9 个),可将该层次进一步划分为若干子层次。

(2)构造判断矩阵。判断矩阵元素的值反映了人们对各因素相对重要性(或优劣、偏好、强度等)的认识,一般采用 1~9 及其倒数的标度方法。当相互比较因素的重要性能够用具有实际意义的比值说明时,判断矩阵相应元素的值则可以取这个比值。

(3)层次单排序及其一致性检验。判断矩阵 A 的特征根问题 $AW = \lambda_{max} W$ 的解 W,经规一化后即为同一层次相应因素对于上一层次某因素相对重要性的排序权值,这一过程称为层次单排序。为进行层次单排序(或判断矩阵)的一致性检验,需要计算一致性指标 $CI = \dfrac{\lambda_{max} - n}{n-1}$。平均随机一致性指标 RI 的值在第 26 页给出。当随机一致性比率 $CR = \dfrac{CI}{RI} < 0.10$ 时,认为层次单排序的结果有满意的一致性,否则需要调整判断矩阵的元素取值。

(4)层次总排序。计算同一层次所有因素对于最高层(总目标)相对重要性的排序权值,称为层次总排序。这一过程是最高层次到最低层次逐层进行的。若上一层次 A 包含 m 个因素 $A_1, A_2, \cdots, A_m$,其层次总排序权值分别为 $a_1, a_2, \cdots, a_m$,下一层次 B 包含 n 个因素 $B_1, B_2, \cdots, B_n$,它们对于因素 A_i 的层次单排序权值分别为 $b_{1j}, b_{2j}, \cdots, b_{nj}$(当 B_k 与 A_j 无联系时,$b_{kj} = 0$),此时 B 层次总排序权值由下表给出。

层次 B \ 层次 A	A_1	A_2	$\cdots$	A_m	B 层次总排序权值
	a_1	a_2	$\cdots$	a_m	
B_1	b_{11}	b_{12}	$\cdots$	b_{1m}	$\displaystyle\sum_{j=1}^{m} a_j b_{1j}$
B_2	b_{21}	b_{22}	$\cdots$	b_{2m}	$\displaystyle\sum_{j=1}^{m} a_j b_{2j}$
$\vdots$	$\vdots$	$\vdots$		$\vdots$	$\vdots$
B_n	b_{n1}	b_{n2}	$\cdots$	b_{nm}	$\displaystyle\sum_{j=1}^{m} a_j b_{nj}$

（5）层次总排序的一致性检验。这一步骤也是从高到低逐层进行的。如果 B 层次的某些因素对于 A_j 单排序的一致性指标为 CI_j，相应的平均随机一致性指标为 CR_j，则 B 层次的总排序随机一致性比率为

$$\mathrm{RI} = \frac{\sum_{j=1}^{m} a_j \mathrm{CI}_j}{\sum_{j=1}^{m} a_j \mathrm{CR}_j}$$

类似地，当 $\mathrm{RI} < 0.10$ 时，认为层次总排序结果具有满意的一致性，否则需要重新调整判断矩阵的元素取值。

第二节　多层次模糊综合评判模型

所谓综合评判，是指对多种因素所影响的事物或现象进行总的评价，若这种评价过程涉及模糊因素，便是模糊综合评价，又称模糊综合评判。

在生产、科研和日常生活中，人们总要比较各种事物，评价优劣好坏，以作相应的处理。例如，评价运动员的素质，评价各种商品的好坏，评价某设计参数的合理程度等。对许多问题，并不能简单地用一个分数来加以评判。例如，评价服装的好坏。这时，影响评判的因素有花色、样式、价格、耐用度等。显然，按同一评判因素，不同的人会得出不同的评判结果。如按花色来评判，有的认为好，有的认为差，有的认为一般。评判结果，不再是一个确定的数，而是一个用语言来表达的模糊概念了。这时，为了得到合理的评判结果，便会采用下面介绍的模糊综合评判法。

一、模糊综合评判

模糊综合评判主要分为两步：第一步先按每个因素单独评判；第二步再按所有因素综合评判。其基本方法和步骤如下：

（一）建立因素集

因素集是以影响评判对象的各种因素为元素所组成的一个普通集合。通常用大写字母 U 表示，即

$$U = \{u_1, u_2, \cdots, u_m\} \qquad (4.2.1)$$

各元素 $u_i (i = 1, 2, \cdots, m)$，即代表各影响因素。这些因素，通常都具有不同程度的模糊性。例如，评判结构的安全系数时，为了通过综合评判得出合理的值，则影响安全系数取值的因素，一般应包括：

$u_1 = $ 设计水平

u_2 = 制造水平

u_3 = 材质好坏

u_4 = 重要程度

u_5 = 使用条件

u_6 = 维修费用与灾害损失费用的多少

$\vdots$

上述因素 $u_i(i=1,2,\cdots,m)$ 都是模糊的,由它们所组成的集合,便是评判安全系数的因素集:$U=\{u_1,u_2,\cdots,u_m\}$。

.应注意,因素集中的因素,可以是模糊的,也可以是非模糊的,但它们对因素集 U 的关系,要么 $u_i\in U$,要么 $u_i\in U(i=1,2,\cdots,m)$,二者必居其一且仅居其一。因此,因素集本身应是一个普通集合。

(二) 建立权重集

一般说来,各个因素的重要程度是不一样的。对重要的因素应特别看重;对不太重要的因素,虽然应当考虑,但不必十分看重。为了反映各因素的重要程度,对各个因素 $u_i(i=1,2,\cdots,m)$ 应赋予一相应的权数 $a_i(i=1,2,\cdots,m)$。由各权数所组成的集合为

$$A = (a_1,a_2,\cdots,a_m) \tag{4.2.2}$$

称为因素权重集,简称权重集。

通常,各权数 $a_i(i=1,2,\cdots,m)$ 应满足归一性和非负性条件:

$$\sum_{i=1}^{m} a_i = 1, a_i \geqslant 0 \quad (i=1,2,\cdots,m) \tag{4.2.3}$$

它们可视为各因素 $u_i(i=1,2,\cdots,m)$ 对重要的隶属度。因此,权重集可视为因素集上的模糊子集,并可表示为

$$A = \frac{a_1}{u_1} + \frac{a_2}{u_2} + \cdots + \frac{a_m}{u_m} \tag{4.2.4}$$

各个权数,一般由人们根据实际问题的需要主观地确定,也可按确定隶属度的方法来加以确定。同样的因素,如果取不同的权数,评判的最后结果也将不同。

(三) 建立备择集(评价集)

备择集是评判者对评判对象可能作出的各种总的评判结果所组成的集合。常用大写字母 V 表示,即

$$V = \{v_1,v_2,\cdots,v_n\} \tag{4.2.5}$$

各元素 $v_i(i=1,2,\cdots,n)$,即代表各种可能的总评判结果。模糊综合评判的目的,就是在综合考虑所有影响因素的基础上,从备择集中,得出一最佳的评判结

果。例如,评判安全系数时,备择集中的元素 $v_i(i=1,2,\cdots,n)$ 即为可能选取的各种安全系数值;评判的结果便是从 V 中得出一个最合理的安全系数。

显然,v_i 对 V 的关系也是普通集合关系。因此,备择集也是一普通集合。

(四) 单因素模糊评判

单独从一个因素出发进行评判,以确定评判对象对备择集元素的隶属程度,便称为单因素模糊评判。

设评判对象按因素集中第 i 个因素 u_i 进行评判,对备择集中第 j 个元素 v_j 的隶属程度为 r_{ij},则按第 i 个因素 u_i 评判的结果,可用模糊集合

$$\underset{\sim}{R_i} = \frac{r_{i1}}{v_1} + \frac{r_{i2}}{v_2} + \cdots + \frac{r_{in}}{v_n} \tag{4.2.6}$$

来加以表示,$\underset{\sim}{R_i}$ 称为单因素评判集。显然,它应是备择集 V 上的一个模糊子集,可简单地表示为

$$R_i = (r_{11}, r_{12}, \cdots, r_{1n})$$

同理,可得相应于每个因素的单因素评判集如下:

$$\underset{\sim}{R_1} = (r_{11}, r_{12}, \cdots, r_{1n})$$

$$\underset{\sim}{R_2} = (r_{21}, r_{22}, \cdots, r_{2n})$$

$$\cdots\cdots$$

$$\underset{\sim}{R_m} = (r_{m1}, r_{m2}, \cdots, r_{mn})$$

将各单因素评判集的隶属度为行组成的矩阵:

$$\underset{\sim}{R} = \begin{bmatrix} r_{11} & r_{12} & \cdots & r_{1n} \\ r_{21} & r_{22} & \cdots & r_{2n} \\ \vdots & \vdots & & \vdots \\ r_{m1} & r_{m2} & \cdots & r_{mn} \end{bmatrix} \tag{4.2.7}$$

称为单因素评判矩阵。显然,$\underset{\sim}{R}$ 为一模糊矩阵。

单因素评判集,实际上可视为因素集 U 和备择集 V 之间的一种模糊关系,即影响因素与评判对象之间的合理关系。因此,单因素评判集又可表示为

$$\underset{\sim}{R_i} = \frac{r_{i1}}{(u_i,v_1)} + \frac{r_{i2}}{(u_i,v_2)} + \cdots + \frac{r_{in}}{(u_i,v_n)} \tag{4.2.8}$$

式中:$(u_i,v_j)(i=1,2,\cdots,m;j=1,2,\cdots,n)$ 为直积集 $U \times V$ 中的元素;r_{ij} 表示 u_i 和 v_j 之间隶属合理关系的程度,即按 u_i 评判时,评判对象取 v_j 的合理程度。因此,单因素评判矩阵 R,又可视为从 U 到 V 的模糊关系矩阵。

(五) 模糊综合评判

单因素模糊评判,仅反映了一个因素对评判对象的影响。这显然是不够的,

评判的目的是要综合考虑所有因素的影响,得出正确的评判结果,这便是模糊综合评判。

从单因素评判矩阵 $\underset{\sim}{R}$ 可以看出:R 的第 i 行,反映了第 i 个因素影响评判对象取各个备择元素的程度;R 的第 j 列,则反映了所有因素影响评判对象取第 j 个备择元素的程度。因此,可用每列元素之和

$$R_j = \sum_{i=1}^{m} r_{ij} \qquad (j = 1, 2, \cdots, n) \qquad (4.2.9)$$

来反映所有因素的综合影响。但是,这样做与前面介绍的总分法类似,并未考虑各因素的重要程度。如果在(4.2.11)式的各项作用以相应因素的权数 $a_i(i=1, 2, \cdots, m)$ 则便能合理地反映所有因素的综合影响。因此,模糊综合评判,可表示为

$$\underset{\sim}{B} = \underset{\sim}{A} \cdot \underset{\sim}{R} \qquad (4.2.10)$$

权重集 A 可视为一行 m 列的模糊矩阵,上式可按模糊矩阵乘法进行运算,即

$$\underset{\sim}{B} = (a_1, a_2, \cdots, a_m) \cdot \begin{bmatrix} r_{11} & r_{12} & \cdots & r_{1n} \\ r_{21} & r_{22} & \cdots & r_{2n} \\ \vdots & \vdots & & \vdots \\ r_{m1} & r_{m2} & \cdots & r_{mn} \end{bmatrix} \qquad (4.2.11)$$

$$= (b_1, b_2, \cdots, b_n)$$

式中:

$$b_j = \bigvee_{i=1}^{m} (a_i \wedge r_{ij}) \qquad (j = 1, 2, \cdots, n) \qquad (4.2.12)$$

$\underset{\sim}{B}$ 称为模糊综合评判集;$b_j(j=1,2,\cdots,n)$ 称为模糊综合评判指标,简称评判指标。b_j 的含义是:综合考虑所有因素的影响时,评判对象对备择集中第 j 个元素的隶属度。显然,模糊综合评判集 $\underset{\sim}{B}$ 也应是备择集 V 上的模糊子集。

（六）评判指标的处理

得到评判指标 $b_j(j=1,2,\cdots,n)$ 之后,便可根据以下几种方法确定评判对象的具体结果。

1. 最大隶属度法

取与最大的评判指标 $\max_j b_j$ 相对应的备择元素 v_L 为评判的结果,即

$$v = \{v_L \mid v_L \to \max_j b_j\} \qquad (4.2.13)$$

最大隶属度法仅考虑了最大评判指标的贡献,舍去了其他指标所提供的信息,这是很可惜的;另外,当最大的评判指标不止一个时,用最大隶属度法便很难决定具体的评判结果。因此,通常都采用加权平均法。

2. 加权平均法

取以 b_j 为权数,对各个备择元数 v_j 进行加权平均的值为评判的结果,即

$$v = \sum_{j=1}^{n} b_j v_j \bigg/ \sum_{j=1}^{n} b_j \qquad (4.2.14)$$

如评判指标 b_j 已归一化,则

$$v = \sum_{j=1}^{n} b_j v_j \qquad (4.2.15)$$

如果评判对象是数性量(如安全系数),则按式(4.2.13)或(4.2.14)计算的值,便是对该量模糊综合评判的结果。如果评判对象是非数性量,如评判某学生掌握知识的程度,则备择集将是

$$V = \{优,良,中,劣\}$$

此时,无法应用上述加权平均法,而只能用最大隶属度法。若仍要用加权平均法,则需将优、良、中、劣等非数性量数量化,即分别用一适当的数字来表示它们。

3. 模糊分布法

这种方法直接把评判指标作为评判结果;或将评判指标归一化,用归一化的评判指标作为评判结果。归一化的具体做法如下:

先求各评判指标之和,即

$$b = b_1 + b_2 + \cdots + b_n = \sum_{j=1}^{n} b_j$$

再用其和 b 遍除原来的各个评判指标:

$$\underset{\sim}{B}' = \left(\frac{b_1}{b}, \frac{b_2}{b}, \cdots, \frac{b_n}{b} \right)$$
$$= (b_1', b_2', \cdots, b_n')$$

$\underset{\sim}{B}'$ 即为归一化的模糊综合评判集;$b_j'(j=1,2,\cdots,n)$ 即为归一化的模糊综合评判指标,也即

$$\sum_{j=1}^{n} b_j' = 1$$

各个评判指标,具体反映了评判对象在所评判的特性方面的分布状态,使评判者对评判对象有更深入的了解,并能作各种灵活的处理。例如,评判某种商品受顾客的欢迎程度时,备择集将是

$$V = \{很欢迎,欢迎,一般,不欢迎\}$$

这时,评判指标将指出很欢迎,欢迎,一般、不欢迎的顾客各占的百分比。这对经商的人员来说,无疑是非常重要的市场信息。这里,就不宜采用最大隶属度法或加权平均法(仅仅得出该商品的一个欢迎等级),而应采用模糊分布法。如

果评判对象是某工程设计参数时,则评判指标将指出该参数合理的分布状态,设计者可据此得出有关的结论,这是采用模糊分布法的一大优点。

(七) 例题

某服装厂生产某种衣服,欲了解顾客对该种衣服的欢迎程度。顾客是否喜欢这种衣服,与这种衣服的花色、样式、价格、耐用度和舒适度等因素有关。现采用模糊综合评判来确定顾客的欢迎程度。

1. 建立因素集

影响对衣服评判的因素,主要有衣服的花色、样式、价格、耐用度和舒适度等,故因素集应为

$$U = \{花色、样式,价格,耐用度,舒适度\}$$

2. 建立权重集

对衣服的评判,男、女、老、幼各有爱好,观点不尽相同,对各因素的侧重肯定不会一样。因此,对不同的人群,权重集是不同的。现假设选定某类男顾客。经了解,他们比较侧重舒适度和耐用度,而不太讲究花色和样式,对各因素的权重可确定如下:

$$\underset{\sim}{A} = (0.10, 0.10, 0.15, 0.30, 0.35)$$

3. 建立备择集

因为综合评判的目的是弄清楚顾客对衣服的欢迎程度,故总评判的结果应是各个欢迎等级。因此,备择集应建为

$$V = \{很欢迎,欢迎,一般,不欢迎\}$$

4. 单因素模糊评判

单独从上述每个因素出发,对这种衣服进行评判,分别得单因素评判集为

$$R_1 = (0.2, 0.5, 0.3, 0)$$
$$R_2 = (0.1, 0.3, 0.5, 0.1)$$
$$R_3 = (0, 0.1, 0.6, 0.3)$$
$$R_4 = (0, 0.4, 0.5, 0.1)$$
$$R_5 = (0.5, 0.3, 0.2, 0)$$

由此得单因素评判矩阵为

$$\underset{\sim}{R} = \begin{bmatrix} 0.2 & 0.5 & 0.3 & 0 \\ 0.1 & 0.3 & 0.5 & 0.1 \\ 0 & 0.1 & 0.6 & 0.3 \\ 0 & 0.4 & 0.5 & 0.1 \\ 0.5 & 0.3 & 0.2 & 0 \end{bmatrix}$$

5. 模糊综合评判

$$B = A \cdot R = (0.10, 0.10, 0.15, 0.30, 0.35) \cdot \begin{bmatrix} 0.2 & 0.5 & 0.3 & 0 \\ 0.1 & 0.3 & 0.5 & 0.1 \\ 0 & 0.1 & 0.6 & 0.3 \\ 0 & 0.4 & 0.5 & 0.1 \\ 0.5 & 0.3 & 0.2 & 0 \end{bmatrix}$$

$$= (0.35, 0.30, 0.30, 0.15)$$

6. 评判指标的处理

采用模糊分布法。将上述评判指标归一化,即用各评判指标之和:

$$0.35 + 0.30 + 0.30 + 0.15 = 1.1$$

遍除每一指标,得归一化后的模糊综合评判集为

$$B = (0.32, 0.27, 0.27, 0.14)$$

这一评判结果表明:这种衣服在男顾客中,32%的人很欢迎,27%的人欢迎,27%的人态度一般,14%的人不欢迎。

如果评判者是女顾客,由于她们特别看重样式和花色,故对各因素的权重分配为

$$A = (0.30, 0.35, 0.10, 0.10, 0.05)$$

单因素评判结果与前面男顾客的一样,而综合评判的结果则为

$$B = (0.30, 0.30, 0.35, 0.10)$$

将上述评判指标归一化后,得

$$B = (0.21, 0.315, 0.37, 0.105)$$

这表明,这种衣服在女顾客中,21%的人很欢迎,31.5%的人欢迎,37%的人态度一般,10.5%的人不欢迎。

二、多层次模糊综合评判

以上介绍的,仅是一级模糊综合评判,是模糊综合评判的初始模型。对于比较简单的问题,通过它可得到比较合理的评判结果。但是,对于比较复杂的问题,或在比较复杂的环境中评判事物时,由于要考虑的因素很多,各个因素往往具有不同的层次,许多因素还具有比较强烈的模糊性,如果仍采用一级模糊综合评判,便难以适应上述情况,得不出合理的评判结果。这时,必须采用本节介绍的多级模糊综合评判法。

多级模糊综合评判,简单说来,就是在一级模糊综合评判的基础上再进行模糊综合评判,并可根据需要多次这样进行下去。这和人脑对复杂事物的处理过

程是十分相似的。下面针对几种常见的情况，介绍多层次模糊综合评判问题的提出、模型的建立和评判的基本方法步骤。

（一）因素很多的情况

由于对复杂事物的评判要涉及的因素往往很多，而每个因素都要赋予一定的权数，故当因素很多时，必然存在以下问题：①权数难以恰当分配。因为分配权数，主要靠人的主观判断，当因素太多时，很难判断准确。②得不到有意义的评判结果。因为各权数 $a_i(i=1,2,\cdots,m)$ 通常应具有归一性，故当因素很多时，权数 a_i 必然很小。而模糊矩阵的合成运算是先取小（∧）而后取大（∨），这样，在综合评判时，很小的权数，通过取小运算∧，便会泯没大量单因素评判的信息，使综合评判得不出任何有意义的结果。

为了克服上述问题，可采用如下的多级模糊综合评判。基本思想是：把众多的因素按其性质分为若干类（每类包含的因素较少），先按一类中的各个因素进行综合评判，然后再在类之间进行综合评判。如果每类因素还可再分类，则这样的评判还可多次进行下去。

（二）因素具有多个层次的情况

在复杂系统中，不仅需要考虑的因素很多，而且一个因素还往往有多个层次，也即一个因素往往又是由若干其他因素决定的。例如，高等学校之间评比，可以就校风校貌、教学、科研等几个方面进行考虑。而每个方面，又是由低一层次的多个因素决定的。如教学好坏，又是由师资质量、学生质量、教学设施等因素决定的。同样，低一层次的因素，如师资质量，还可由更低层次的因素决定。这时，如仅采用一级模糊综合评判，便不能考虑因素的各个层次。显然，仍需采用多级模糊综合评判。

方法的基本思想是：先按最低层次的各个因素进行综合评判，然后再按上一层次的各因素进行综合评判；这样一层一层依次往上评，一直评到最高层次，得出总的评判结果。

（三）因素具有模糊性的情况

影响评判对象的因素，严格说来大多具有不同程度的模糊性，特别是各种人文因素更具有强烈的模糊性。但是，进行单因素评判时，必须先对因素加以确定，然后才能进行评判。过去，为使评判得以进行，评判者通常是根据具体情况，对各个因素预先估计一种确定的状态。然而，由于因素的模糊性，往往难以估计准确。这势必对评判结果带来不良影响。为处理因素的模糊性，可采用二级模糊综合评判法或三级模糊综合评判法。下面仅从说明多级模糊综合评判的角度，介绍这种情况时的多级评判模型。

方法的基本思想是：先把每一因素，按其程度分为若干等级，如使用条件这一因素,可分为:好、较好、一般、较差、差五个等级。每一因素及其各个等级都是等级论域上的模糊子集。然后通过对一个因素的各个等级的综合评判来实现一个因素的单因素评判,从而处理了因素的模糊性。最后再按所有因素进行综合评判,得出所需的评判结果。

多层次模糊综合评判的具体步骤是:

1. 确定因素层次

设因素集为

$$U = \{u_1, u_2, \cdots, u_m\} \tag{4.2.16}$$

式中:$u_i(i=1,2,\cdots,m)$为第一层次(也即最高层次)中的第i个因素。它又由第二层次中的n个因素决定,即

$$u_i = \{u_{i1}, u_{i2}, \cdots, u_{in}\} \tag{4.2.17}$$
$$(i = 1, 2, \cdots, m)$$

而第二层次的因素$u_{ij} = (i=1,2,\cdots,m; j=1,2,\cdots,n)$,还可由第三层次的因素决定。显然,每个因素,决定它的下一层次因素的数目不一定相等,即不同的i,仍可能有不同的n。

因素层次是根据具体问题的性质和需要来确定的。不同性质的问题,有不同的因素层次;同一性质的问题,一般说来,层次划分越多,评判会越准确,但工作量也会越大,因此并不是层次分得越多越好。

2. 建立权重集

根据每一层次中各个因素的重要程度,分别给每一因素赋予相应的权数,于是得到各个因素层次的权重集如下:

第一层次的权重集:

$$\underset{\sim}{A} = (a_1, a_2, \cdots, a_m) \tag{4.2.18}$$

式中:$a_i(i=1,2,\cdots,m)$是第一层次中第i个因素u_i的权数。

第二层次的权重集:

$$\underset{\sim}{A_i} = (a_{i1}, a_{i2}, \cdots, a_{in}) \tag{4.2.19}$$
$$(i = 1, 2, \cdots, m)$$

式中:$a_{ij}(i=1,2,\cdots,m; j=1,2,\cdots,n)$是第二层次中,决定因素$u_i$的第$j$个因素$u_{ij}$的权数。

若还有更低层次的因素,则还应有相应的权数和权重集。

3. 建立备择集

不论因素层次有多少,备择集只有一个。和前面一样,备择集可一般地建立为

$$V = \{v_1, v_2, \cdots, v_p\} \tag{4.2.20}$$

式中:$v_k(k=1,2,\cdots,p)$为总评判的第 k 个可能的结果。

4. 一级模糊综合评判

由于每一因素都是由低一层次的若干因素决定的,所以每一因素的单因素评判,应是低一层次的多因素综合评判。因此,模糊综合评判应从最低层次开始,一级模糊综合评判应是最低一层因素的综合评判。为简明起见,下面仅以两个层次为例进行讨论,更多层次的模糊综合评判可仿此进行。

在仅考虑两个因素层次的情况下,一级模糊综合评判应按第二层次诸因素进行。设评判对象按第二层次中的因素 u_{ij} 评判,对备择集中第 k 个元素的隶属度为 $r_{ijk}(i=1,2,\cdots,m;j=1,2,\cdots,n;k=1,2,\cdots,p)$,则第二层次的单因素评判矩阵为

$$\underset{\sim}{R}_i = \begin{bmatrix} r_{i11} & r_{i12} & \cdots & r_{i1p} \\ r_{i21} & r_{i22} & \cdots & r_{i2p} \\ \vdots & \vdots & & \vdots \\ r_{in1} & r_{in2} & \cdots & r_{inp} \end{bmatrix} = (r_{ijk})_{n \times p} \tag{4.2.21}$$

$$(i=1,2,\cdots,m;j=1,2,\cdots,n;k=1,2,\cdots,p)$$

矩阵的第 j 行,表示按第二层次中第 j 个因素 u_{ij} 评判的结果。决定 u_i 的因素 u_{ij} 有多少个,$\underset{\sim}{R}_i$ 阵便有多少行;备择集有多少个元素,$\underset{\sim}{R}_i$ 阵便有多少列。

于是,第 i 类因素的模糊综合评判集为

$$\underset{\sim}{B}_i = \underset{\sim}{A}_i \cdot \underset{\sim}{R}_i = (a_{i1}, a_{i2}, \cdots, a_{in}) \begin{bmatrix} r_{i11} & r_{i12} & \cdots & r_{i1p} \\ r_{i21} & r_{i22} & \cdots & r_{i2p} \\ \vdots & \vdots & & \vdots \\ r_{in1} & r_{in2} & \cdots & r_{inp} \end{bmatrix} \tag{4.2.22}$$

$$= (b_{i1}, b_{i2}, \cdots, b_{ip})$$

式中:

$$b_{ik} = \bigvee_{j=1}^{n} (a_{ij} \wedge r_{ijk}) \tag{4.2.23}$$

$$(i=1,2,\cdots,m;k=1,2,\cdots,p)$$

它表示按第二层次中决定因素 u_i 的各因素 $u_{ij}(j=1,2,\cdots,n)$ 进行综合评判时,评判对象对备择集中第 k 个元素的隶属度。

5. 二级模糊综合评判

一级模糊综合评判仅是对最低一层因素进行综合,实际上仅是上一层次的单因素评判。为了综合考虑所有因素的影响,还必须进行二级模糊综合评判,即对上一层次中各因素的影响进行综合。在仅有两个因素层次的情况下,二级模

糊综合评判即是按第一层次的所有因素 $u_i(i=1,2,\cdots,m)$ 进行综合的。显然，二级模糊综合评判的单因素评判矩阵,应为一级模糊综合评判阵：

$$\underset{\sim}{R} = \begin{bmatrix} \underset{\sim}{B}_1 \\ \underset{\sim}{B}_2 \\ \vdots \\ \underset{\sim}{B}_m \end{bmatrix} = \begin{pmatrix} \underset{\sim}{A}_1 \cdot \underset{\sim}{R}_1 \\ \underset{\sim}{A}_2 \cdot \underset{\sim}{R}_2 \\ \vdots \\ \underset{\sim}{A}_m \cdot \underset{\sim}{R}_m \end{pmatrix} = \begin{bmatrix} r_{ik} \end{bmatrix}_{m \times p} \tag{4.2.24}$$

式中,$r_{ik} = b_{ik}(i = 1,2,\cdots,m; \; k = 1,2,\cdots,p)$。

于是,二级模糊综合评判集为

$$B = A \cdot R = A \cdot \begin{pmatrix} \underset{\sim}{A}_1 \cdot \underset{\sim}{R}_1 \\ \underset{\sim}{A}_2 \cdot \underset{\sim}{R}_2 \\ \vdots \\ \underset{\sim}{A}_m \cdot \underset{\sim}{R}_m \end{pmatrix} \tag{4.2.25}$$

$$= (b_1,b_2,\cdots,b_p)$$

式中：

$$b_k = \bigvee_{i=1}^{m} (a_i \wedge r_{ik}) \qquad (k = 1,2,\cdots,p) \tag{4.2.26}$$

b_k 表示评判对象按第一层次中所有因素评判时,对备择集中第 k 个元素的隶属度。

若有两个以上的因素层次,则可仿照上述步骤进行更多级的模糊综合评判。

三、多级模糊综合评判的一般模型

前面讨论了多级模糊综合评判模型的建立和评判的具体步骤。关键是影响因素。不论具体问题的背景如何,结合实际情况的处理都是通过对因素或分类、或分层,或分等来作出的。对因素作出不同的划分,便可具体构造出不同的多级模糊评判模型。但是,不管因素如何划分,问题的背景如何不同,多级模糊评判的数学模型都是一样的。下面给出多级模糊综合评判数学模型的一般形式。

对所有影响因素作划分：

$$U = \{u_1,u_2,\cdots,u_m\} \tag{4.2.27}$$

对其中的 $u_i(i=1,2,\cdots,m)$ 再作划分：

$$u_i = (u_{i1},u_{i2},\cdots,u_{in}) \tag{4.2.28}$$

对其中的 $u_{ij}(i=1,2,\cdots,m; j=1,2,\cdots,n)$ 再作划分：

$$u_{ij} = \{u_{ij1},u_{ij2},\cdots,u_{ijp}\} \tag{4.2.29}$$

可根据需要继续这样划分下去,如图 4.2 所示。

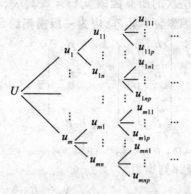

图 4.2　多级综合评判数学模型的一般形式

若将因素作了 k 次划分,则第 $k(1,2,\cdots,k-1)$ 次划分的单因素评判,应是 k +1 次划分的模糊综合评判。评判时,从最后第 k 次划分的诸因素开始,一级一级往上评,构成如下的多级模糊综合评判的一般模型。

为简明起见,下面仅给出三级模糊综合评判模型(见图 4.3),更多级的评判与此类似:

$$\mathop{B}_{\sim}=\mathop{A}_{\sim}\cdot\mathop{R}_{\sim}=\mathop{A}_{\sim}\cdot\begin{bmatrix}\mathop{A}_{\sim 1}\cdot\begin{bmatrix}\mathop{A}_{\sim 11}\cdot\mathop{R}_{\sim 11}\\\mathop{A}_{\sim 12}\cdot\mathop{R}_{\sim 12}\\\vdots\\\mathop{A}_{\sim 1n}\cdot\mathop{R}_{\sim 1n}\end{bmatrix}\\\mathop{A}_{\sim 2}\cdot\begin{bmatrix}\mathop{A}_{\sim 21}\cdot\mathop{R}_{\sim 21}\\\mathop{A}_{\sim 22}\cdot\mathop{R}_{\sim 22}\\\vdots\\\mathop{A}_{\sim 2n}\cdot\mathop{R}_{\sim 2n}\end{bmatrix}\\\vdots\\\mathop{A}_{\sim m}\cdot\begin{bmatrix}\mathop{A}_{\sim m1}\cdot\mathop{R}_{\sim m1}\\\mathop{A}_{\sim m2}\cdot\mathop{R}_{\sim m2}\\\vdots\\\mathop{A}_{\sim mn}\cdot\mathop{R}_{\sim mn}\end{bmatrix}\end{bmatrix} \quad (4.2.30)$$

图 4.3

第三节 模糊层次分析法

AHP 方法作为一种定性与定量相结合的决策工具,近 10 多年来得到了迅速的发展,但是由于客观事物的复杂性和人们对事物认识的模糊性,在经济、技术、社会、政治等系统中如何使 AHP 方法更客观、更确切地反映所研究的问题,一直是大家关注的课题。具体地讲,在两两重要性比较赋值时,把本来就是模糊的量明显化,或者说变成无一点弹性的硬指标是否合理,即使这种做法在个别情况下是可能的,也有一个灵敏度分析的问题。因此,人们引入模糊层次分析法来处理这类问题。

一、三角模糊数及其运算

(一) 三角模糊数

定义 4.3.1 设 R 为论域, R 上的一个模糊集 $M \in F(R)$ 称为模糊数,如果

(1) 存在 $x_0 \in R$ 使得 $\mu_M(x_0) = 1$;

(2) 对任意的 $\lambda \in (0,1)$, $A_\lambda = [x : \mu A_\lambda(x) \geq \lambda]$

定义 4.3.2 R 上的模糊数 M 称为三角模糊数,如果 M 的隶属函数 $\mu_M : R \to [0,1]$ 表示为

$$\mu_M(x) = \begin{cases} \dfrac{1}{m-l}x - \dfrac{1}{m-l}, & x \in [l,m] \\ \dfrac{1}{m-u}x - \dfrac{u}{m-u}, & x \in [m,u] \\ 0, & \text{其他} \end{cases}$$

式中: $l \leq m \leq u$, l 和 u 分别表示 M 支撑的下界和上界,而 m 为 M 的中值。一般地,三角模糊数 M 可记为 (l,m,u)。

图 4.4 表示的是一个三角模糊数。

若 μ_M, μ_N 分别表示两个三角模糊数 M, N 的隶属函数,则三角模糊数 $T = f(M,N)$ 的隶属函数由下式给出:

$$\mu_T(z) = \sup_{(x,y) \in R^2, z=f(x,y)} (\min(\mu_M(x), \mu_N(y))) \tag{4.3.1}$$

基于上式,给出三角模糊数的有关运算法则。

(二) 三角模糊数的运算

1. 加法运算

令 $M_1 = (l_1, m_1, u_1)$, $M_2 = (l_2, m_2, u_2)$ 为两个三角模糊数, $T = M_1 \oplus M_2$ 的隶属函数为

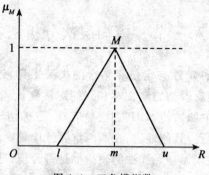

图 4.4　三角模糊数

$$\mu M_1 \oplus M_2(z) = \sup_{(x,y)\in R^2, z=x+y}(\min(\mu M_1(x), \mu M_2(y)))$$
$$= \sup_{x\in R}(\min(\mu M_1(x), \mu M_2(z-x)))$$

(4.3.2)

由于 $M_1 \oplus M_2$ 是连续的模糊数,其隶属函数是 R 到 $[0,1]$ 上的映射,可以按其增加与减少两部分构造隶属函数。

对于 $\mu_{M_1} \oplus \mu_{M_2}$ 的增加部分,固定 $\omega \in [0,1]$,存在 $x, y \in R$,使得

$$\omega = \mu_{M_1}(x) = \mu_{M_2}(y)$$

从而

$$z = x + y = \omega(m_1 - l_1) + l_1 + \omega(m_2 - l_2) + l_2$$
$$= \omega(m_1 + m_2 - l_1 - l_2) + l_1 + l_2$$

对于 $\mu_{M_1} \oplus \mu_{M_2}$ 的减少部分:

$$z = x + y = \omega(m_1 + m_2 - u_1 - u_2) + u_1 + u_2$$

由 $\omega = \mu_{M_1} \oplus \mu_{M_2}(z)$ 及上面两式,对于 $\mu_{M_1} \oplus \mu_{M_2}$ 的增加部分和减少部分得到:

(1)当 $m_1 - l_1 + m_2 - l_2 \le z \le m_1 + m_2$ 时,有

$$\mu_{M_1} \oplus \mu_{M_2}(z) = \frac{1}{m_1 - l_1 + m_2 - l_2}z - \frac{l_1 + l_2}{m_1 - l_2 + m_2 - l_2}$$

(2)当 $m_1 + m_2 \le z \le m_1 + m_2 + u_1 + u_2$ 时,有

$$\mu_{M_1} \oplus \mu_{M_2}(z) = \frac{1}{m_1 - u_1 + m_2 - u_2}z - \frac{u_1 + u_2}{m_1 - u_1 + m_2 - u_2}$$

由三角模糊数定义:

$$M_1 \oplus M_2 = (l_1, m_1, u_1) \oplus (l_2, m_2, u_2)$$
$$= (l_1 + l_2, m_1 + m_2, u_1 + u_2)$$

(4.3.3)

2. 乘法运算

$$\mu M_1 \oplus M_2(z) = \sup_{(x,y)\in R^2, z=xy}(\min(\mu M_1(x), \mu M_2(y)))$$

$$= \sup_{x \in R} \left(\min \left(\mu M_1(x), \mu M_2 \left(\frac{z}{x} \right) \right) \right) \tag{4.3.4}$$

两个三角模糊数乘积的隶属函数,对于其增加部分有

$$z = xy = F_1(\omega) = (l_1 + \omega(m_1 - l_1))(l_2 + \omega(m_2 - l_2))$$

$$= l_1 l_2 + \omega l_2(m_1 - l_1) + \omega l_1(m_2 - l_2) + \omega^2(m_1 - l_1)(m_2 - l_2)$$

对于减少部分有

$$z = xy = F_2(\omega) = (u_1 + \omega(m_1 - u_1))(u_2 + \omega(m_2 - u_2))$$

$$= u_1 u_2 + \omega u_2(m_1 - u_1) + \omega u_1(m_2 - u_2) + \omega^2(m_1 - u_1)(m_2 - u_2)$$

从而,当 $l_1 l_2 \leqslant z \leqslant m_1 m_2$ 时,有

$$\mu_{M_1 \odot M_2}(z) = F_1^{-1}(z) \tag{4.3.5}$$

当 $m_1 m_2 \leqslant z \leqslant u_1 u_2$ 时,有

$$\mu_{M_1 \odot M_2}(z) = F_2^{-1}(z) \tag{4.3.6}$$

由公式(4.3.5)及(4.3.6)可知,$M_1 \odot M_2$ 不再是三角模糊数,但可以得到近似公式:

$$\begin{aligned} M_1 \odot M_2 &= (l_1, m_1, u_1) \odot (l_2, m_2, u_2) \\ &\approx (l_1 l_2, m_1 m_2, u_1 u_2) \end{aligned} \tag{4.3.7}$$

还可以得到数乘运算公式。

若设 $\lambda \in R, \lambda > 0$,则

$$(\lambda, \lambda, \lambda) \odot (l, m, u) = (\lambda l, \lambda m, \lambda u) \tag{4.3.8}$$

3. 倒数运算

设 $M = (l, m, u)$,则

$$M^{-1} = (l, m, u)^{-1} \approx \left(\frac{1}{u}, \frac{1}{m}, \frac{1}{l} \right) \tag{4.3.9}$$

4. 对数运算

$$\mu_{\ln M}(x) = \begin{cases} \dfrac{1}{m-l} e^x - \dfrac{l}{m-l}, & x \in [\ln l, \ln m] \\[2mm] \dfrac{1}{m-u} e^x - \dfrac{u}{m-u}, & x \in [\ln m, \ln u] \\[2mm] 0, & \text{其他} \end{cases}$$

从而近似公式为

$$\ln(l, m, u) \approx (\ln l, \ln m, \ln u) \tag{4.3.10}$$

5. 指数运算

$$\mu_e^m(x) = \begin{cases} \dfrac{1}{m-l}\ln x - \dfrac{l}{m-l}, & x \in [e^l, e^m] \\[2ex] \dfrac{1}{m-u}\ln x - \dfrac{1}{m-u}, & x \in [e^m, e^u] \\[2ex] 0, & 其他 \end{cases}$$

从而有近似公式:

$$e^{(l,m,u)} \approx (e^l, e^m, e^u) \tag{4.3.11}$$

下面研究关于模糊数比较大小的问题。

定义 4.3.3　设 M_1, M_2 是两个模糊数,$M_1 \geq M_2$ 的可能性程度被定义为

$$V(M_1 \geq M_2) = \sup_{x \geq y}(\min(\mu_{M_1}(x), \mu_{M_2}(y))) \tag{4.3.12}$$

当存在数 (x,y) 使 $x \geq y$,并且 $\mu_{M_1}(x) = \mu_{M_2}(y) = 1$ 时,有 $V(M_1 \geq M_2) = 1$。因为 M_1 和 M_2 是凸模糊数,于是 $V(M_1 \geq M_2) = 1$,当且仅当 $m_1 \geq m_2$ 时,有

$$V(M_2 \geq M_1) = hgt(M_1 \cap M_2) = \mu_{M_1}(d) \tag{4.3.13}$$

这时 d 是 μ_{M_1} 和 μ_{M_2} 之间交点 D 的横坐标(见图 4.5)。

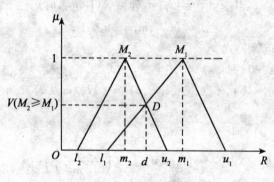

图 4.5　三角模糊数

设 $M_1 = (l_1, m_1, u_1), M_2 = (l_2, m_2, u_2)$,那么,$D$ 点纵坐标可用下面公式进行计算。

$$\begin{aligned} V(M_2 \geq M_1) &= hgt(M_1 \cap M_2) \\ &= \frac{l_1 - u_2}{(m_2 - u_2) - (m_1 - l_1)} \end{aligned} \tag{4.3.14}$$

为了比较 M_1 和 M_2,必须考虑 $V(M_1 \geq M_2)$ 和 $V(M_2 \geq M_1)$。

定义 4.3.4　三角模糊数 M 大于 k 个模糊数 $M_i(i = 1,2,\cdots,k)$ 的可行性程度被定义为

$$V(M \geq M_1, M_2, \cdots, M_k)$$

$$= V[(M \geqslant M_1),(M \geqslant M_2),\cdots,(M \geqslant M_k)]$$

$$= \min_{i=1,2,\cdots,k} V(M \geqslant M_i). \tag{4.3.15}$$

二、模糊层次分析法原理

实际上,人们在处理复杂的决策问题,进行选择和判断中,常常自觉不自觉地使用模糊判断。例如,两个方案相比,认为甲方案比乙方案明显重要,这本身就是模糊判断。基于这种认识,AHP 在模糊环境下的扩展是必要的,这一扩展称为模糊 AHP。

荷兰学者 P. Laarhoven 和 W. Pedrycg 曾利用三角模糊数的运算和对数最小二乘法,求得元素的排序向量。在这里,利用模糊数比较大小原理,给出确定元素排序权值的方法。

定义 4.3.5　设 $M_{E_i}^1,M_{E_i}^2,\cdots,M_{E_i}^m(i=1,2,\cdots,n)$ 是第 i 个方案关于 m 个目标的程度分析值,那么,权重和型的模糊综合程度值为

$$S_i = \sum_{j=1}^m M_{E_i}^j \cdot r_i^j \odot \Big[\sum_{i=1}^n \sum_{j=1}^m M_{E_i}^j \cdot r_i^j\Big]^{-1}, i=1,2,\cdots,n \tag{4.3.16}$$

式中:r 是权重,且 $\sum_{j=1}^m r_i^j = 1$ 对一切 i 皆成立,简称 S_i 为第 i 个方案的综合程度。

下面给出一个方案优于其他方案的纯量测度 $d(x_i)$,利用公式(4.3.15)得到:

$$d(x_i) = \min V(S_i \geqslant S_k) \tag{4.3.17}$$
$$k=1,2,\cdots,n,\ k \neq i$$

规定 $V(S_i \geqslant S_i)=1$。

定义 4.3.6　设 $d(x^*) = \max_{i=1,2,\cdots,n} d(x_i)$,则最优决策为方案 $x^*,x^* \in X$。

首先,对方案间两两比较判断,可以利用三角模糊数定量表示。例如,在给定的准则下,方案 i 比方案 j 明显重要,可以用三角模糊数 $a_{ij}=(l,5,u)$ 表示,其中左右扩展 l,u,表示判断的模糊程度。当 $u-l$ 越大时,则比较判断的模糊程度越高;当 $u-l=0$ 时,则判断是非模糊的,与一般意义下的判断标度 5 相同。方案 j 与方案 i 的重要性比较,用三角模糊数 a_{ij}^{-1} 表示。如 $a_{ij}^{-1}=\left(\frac{1}{u},\frac{1}{5},\frac{1}{l}\right)$。当给出 $\frac{n(n-1)}{2}$ 个模糊判断后,可得到由三角模糊数组成的模糊判断矩阵 $A=(a_{ij})_{n\times n}$。

一般地,设 $A=(a_{ij})_{n\times n}$ 是一个模糊判断矩阵,这里 $a_{ij}=(l_{ij},m_{ij},u_{ij})$,且满足:

$$l_{ij}=\frac{1}{l_{ji}},m_{ij}=\frac{1}{m_{ji}},u_{ij}=\frac{1}{u_{ji}}$$

其次,为了求出在给定准则下的方案排序向量,必须先利用公式(4.3.16),

求出在给定准则下,该层次每一个元素同所有元素相比较的综合重要程度值 S_i。

假设:

$$d'(A_i) = \min V(S_i \geqslant S_k)$$
$$k = 1, 2, \cdots, n, k \neq i$$

式中: A_i 表示方案或是元素。那么,可得到权重向量为

$$\omega' = (d'(A_1), d'(A_2), \cdots, d'(A_n))^{\mathrm{T}}$$

经过归一化处理,则 n 个元素 $A_i(i = 1, 2, \cdots, n)$ 的排序向量为

$$\omega = (d(A_1), d(A_2), \cdots, d(A_n))^{\mathrm{T}}$$

式中: ω 是一个非模糊值。

三、模糊层次分析法的求解过程

例题:从三个候选人 A,B,C 中选择一位最胜任的部门主管。假定选拔所依据的评价准则是: C_1 为业务能力; C_2 为学历水平; C_3 为领导艺术; C_4 为身体状况。现有三位决策者参与选择过程。

这一决策问题的递阶层次模型如图 4.6 所示。

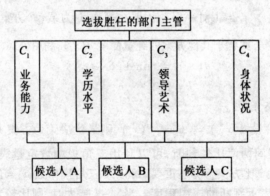

图 4.6　决策问题的递阶层次模型

第一步,根据总目标要求,通过两两比较得到评价准则 C_1,C_2,C_3,C_4 的模糊判断矩阵 R(见表 4.2),利用公式(4.3.3)计算出的平均值见表 4.3。接着利用公式(4.3.16)计算每个准则同所有其他准则相比较的综合重要程度值。

$$S_1 = (2.86, 3.56, 4.55) \odot \left(\frac{1}{23.18}, \frac{1}{18.88}, \frac{1}{15.59}\right)$$
$$= (0.12, 0.19, 0.29);$$
$$S_2 = (5.09, 6.18, 7.49) \odot \left(\frac{1}{23.18}, \frac{1}{18.88}, \frac{1}{15.59}\right)$$

$$= (0.22,0.32,0.48);$$

$$S_3 = (2.56,2.83,3.56)\odot\left(\frac{1}{23.18},\frac{1}{18.88},\frac{1}{15.59}\right)$$

$$= (0.11,0.15,0.23);$$

$$S_4 = (5.08,6.31,7.58)\odot\left(\frac{1}{23.18},\frac{1}{18.88},\frac{1}{15.59}\right)$$

$$= (0.21,0.33,0.49);$$

表 4.2   模糊判断矩阵 R

	C_1	C_2	C_3	C_4
C_1	$(1,1,1)$	$\left(\frac{2}{3},1,\frac{3}{2}\right)$ $\left(\frac{2}{5},\frac{1}{2},\frac{2}{3}\right)$ $\left(\frac{3}{2},2,\frac{5}{2}\right)$	$\left(\frac{2}{3},1,\frac{3}{2}\right)$	$\left(\frac{2}{7},\frac{1}{3},\frac{2}{5}\right)$ $\left(\frac{2}{7},\frac{1}{3},\frac{2}{5}\right)$ $\left(\frac{2}{5},\frac{1}{2},\frac{2}{3}\right)$
C_2	$\left(\frac{2}{3},1,\frac{3}{2}\right)$ $\left(\frac{3}{2},2,\frac{5}{2}\right)$ $\left(\frac{2}{5},\frac{1}{2},\frac{2}{3}\right)$	$(1,1,1)$	$\left(\frac{5}{2},3,\frac{7}{2}\right)$ $\left(\frac{5}{2},3,\frac{7}{2}\right)$	$\left(\frac{2}{5},1,\frac{3}{2}\right)$ $\left(\frac{2}{5},1,\frac{3}{2}\right)$ $\left(\frac{2}{3},2,\frac{5}{2}\right)$
C_3	$\left(\frac{2}{3},1,\frac{3}{2}\right)$	$\left(\frac{2}{7},\frac{1}{3},\frac{2}{5}\right)$ $\left(\frac{2}{7},\frac{1}{3},\frac{2}{5}\right)$	$(1,1,1)$	$\left(\frac{2}{5},\frac{1}{2},\frac{2}{3}\right)$
C_4	$\left(\frac{5}{2},3,\frac{7}{2}\right)$ $\left(\frac{5}{2},3,\frac{7}{2}\right)$ $\left(\frac{3}{2},2,\frac{5}{2}\right)$	$\left(\frac{2}{3},1,\frac{3}{2}\right)$ $\left(\frac{2}{3},1,\frac{3}{2}\right)$ $\left(\frac{2}{5},\frac{1}{2},\frac{2}{3}\right)^3$	$\left(\frac{3}{2},2,\frac{5}{2}\right)$	$(1,1,1)$

表4.3　　　　　　　　　　　　　计算出的平均值

	C_1	C_2
C_1	$(1,1,1)$	$(0.86,1.17,1.56)$
C_2	$(0.64,0.85,1.16)$	$(1,1,1)$
C_3	$(0.87,1,1.49)$	$(0.29,0.33,0.40)$
C_4	$(2.04,2.56,3.03)$	$(0.55,0.75,1.05)$

	C_3	C_4	W_c
C_1	$(0.67,1,1.5)$	$(0.33,0.39,0.49)$	0.13
C_2	$(2.5,3,3.5)$	$(0.95,1.33,1.83)$	0.41
C_3	$(1,1,1)$	$(0.4,0.5,0.67)$	0.03
C_4	$(1.49,2,2.5)$	$(1,1,1)$	0.43

利用公式(4.3.14)可得到:

$$V(S_1 \geqslant S_2) = \frac{0.22 - 0.29}{(0.19 - 0.29) - (0.32 - 0.22)} = 0.35$$

$$V(S_1 \geqslant S_3) = 1$$

$$V(S_1 \geqslant S_4) = 0.32$$

$$V(S_2 \geqslant S_1) = 1$$

$$V(S_2 \geqslant S_3) = 1$$

$$V(S_2 \geqslant S_4) = 0.96$$

$$V(S_3 \geqslant S_1) = 0.73$$

$$V(S_3 \geqslant S_2) = 0.06$$

$$V(S_3 \geqslant S_4) = 0.10$$

$$V(S_4 \geqslant S_1) = V(S_4 \geqslant S_2) = V(S_4 \geqslant S_3) = 1$$

最后,利用公式(4.3.17)得到:

$$d'(C_1) = V(S_1 \geqslant S_2, S_3, S_4) = \min(0.35, 1, 0.32) = 0.32$$

$$d'(C_2) = V(S_2 \geqslant S_1, S_3, S_4) = \min(1, 1, 0.96) = 0.96$$

$$d'(C_3) = V(S_3 \geqslant S_1, S_2, S_4) = \min(0.73, 0.06, 0.10) = 0.06$$

$$d'(C_4) = V(S_4 \geqslant S_1, S_2, S_3) = \min(1, 1, 1) = 1$$

于是,$W' = (0.32, 0.96, 0.06, 1)^{\mathrm{T}}$。经过归一化,得到四个评价指标相对于

选拔人才的总目标的权重安排为

$$W = (0.13, 0.41, 0.03, 0.43)^{\mathrm{T}}$$

第二步,分别求出三个候选人 A,B,C 相对于评价准则 C_1,C_2,C_3,C_4 两两比较判断矩阵及相应的排序权值。在此只写出结果,略去了计算过程(见表 4.4 至表 4.7)。

表 4.4

C_1	A	B	C	W_{c1}
A	$(1,1,1)$	$\left(\dfrac{2}{3},1,\dfrac{3}{2}\right)$ $\left(\dfrac{2}{3},1,\dfrac{3}{2}\right)$	$\left(\dfrac{2}{3},1,\dfrac{3}{2}\right)$ $\left(\dfrac{2}{5},\dfrac{1}{2},\dfrac{2}{3}\right)$	0.28
B	$\left(\dfrac{2}{3},1,\dfrac{3}{2}\right)$ $\left(\dfrac{2}{3},1,\dfrac{3}{2}\right)$	$(1,1,1)$	$\left(\dfrac{2}{5},\dfrac{1}{2},\dfrac{2}{3}\right)$	0.21
C	$\left(\dfrac{2}{3},1,\dfrac{3}{2}\right)$ $\left(\dfrac{3}{2},2,\dfrac{5}{2}\right)$	$\left(\dfrac{3}{2},2,\dfrac{5}{2}\right)$	$(1,1,1)$	0.51

表 4.5

C_2	A	B	C	W_{c2}
A	$(1,1,1)$	$\left(\dfrac{5}{2},3,\dfrac{7}{2}\right)$	$\left(\dfrac{3}{2},2,\dfrac{5}{2}\right)$	0.66
B	$\left(\dfrac{2}{7},\dfrac{1}{3},\dfrac{2}{5}\right)$	$(1,1,1)$	—	0.16
C	$\left(\dfrac{2}{5},\dfrac{1}{2},\dfrac{2}{3}\right)$	—	$(1,1,1)$	0.19

表 4.6

C_3	A	B	C	W_{c3}
A	$(1,1,1)$	$\left(\frac{5}{2},3,\frac{7}{2}\right)$ $\left(\frac{5}{2},3,\frac{7}{2}\right)$ $\left(\frac{3}{2},2,\frac{5}{2}\right)$	$\left(\frac{5}{2},3,\frac{7}{2}\right)$	0.35
B	$\left(\frac{2}{7},\frac{1}{3},\frac{2}{5}\right)$ $\left(\frac{2}{7},\frac{1}{3},\frac{2}{5}\right)$ $\left(\frac{2}{5},\frac{1}{2},\frac{2}{3}\right)$	$(1,1,1)$	$\left(\frac{2}{3},1,\frac{3}{2}\right)$	0.33
C	$\left(\frac{2}{7},\frac{1}{3},\frac{2}{5}\right)$	$\left(\frac{2}{3},1,\frac{3}{2}\right)$	$(1,1,1)$	0.32

表 4.7

C_4	A	B	C	W_{c4}
A	$(1,1,1)$		$\left(\frac{3}{2},3,\frac{5}{2}\right)$ $\left(\frac{2}{5},\frac{1}{2},\frac{2}{5}\right)$	0.22
B	—	$(1,1,1)$	$\left(\frac{3}{2},2,\frac{5}{2}\right)$	0.42
C	$\left(\frac{2}{5},\frac{1}{2},\frac{2}{3}\right)$ $\left(\frac{3}{2},2,\frac{5}{2}\right)$	$\left(\frac{2}{5},\frac{1}{2},\frac{2}{3}\right)$	$(1,1,1)$	0.36

第三步,层次总排序,现将前面几个表的结果综合成表 4.8。

表 4.8　　　　　　　　　　　　　　**层次总排序**

准则	A	B	C
C_1	0.28	0.21	0.51
C_2	0.66	0.16	0.19
$2C_3$	0.35	0.33	0.32
C_4	0.22	0.42	0.36

　　用表 4.3 中每个准则的权重与候选人 A 在相应的四个准则上的权重相乘求和,可以得到候选人 A 在总目标要求下的总得分,其余类推。从而得到表 4.9。

表 4.9　　　　　　　　　**候选人在总目标要求下的总得分**

	A	B	C
总得分	0.41	0.28	0.25

　　根据最后的得分,决策人决定候选人 A 被选中。

小　　结

　　对于由相互关联、相互制约的众多因素构成的复杂系统的决策问题,常常难以完全用定量的方法解决。层次分析法正是一种将定性与定量相结合的分析方法。它可以将复杂的问题分解成若干层次,在比原来简单得多的层次上逐步分析,并把人的主观判断用数量形式表达和处理。

　　模糊综合评判适合于解决具有模糊性的复杂系统决策问题。一级模糊综合评判通常用于解决因素集中元素个数较少的问题。多层次模糊综合评判用于解决比一级模糊综合评判系统更复杂的系统,这种复杂性可能由于因素很多,或是因素具有多个层次,或是因素具有模糊性,等等。

　　在解决多层次复杂性系统决策问题中,层次分析法具有将决策者的经验判断给予量化的优点,对目标结构复杂性缺乏必要的数据情况下很实用。但这种判断没有考虑人的判断的模糊性,采用模糊层次分析法可以克服这一缺点。

思考题

　　1. 简述层次分析法的原理和基本步骤,并指出模糊层次分析法在哪些方面做了改进？

2. 模糊综合评判是怎样对事物作出综合决策的？

3. 试从安全、舒适、快速、经济和游览五个方面评价轮船、火车、飞机三种交通工具。（分别用层次分析法和模糊层次分析法）

4. 请应用模糊综合评判模型评价教学质量。影响教师教学质量的因素可取为四个：u_1 = 清楚易懂，u_2 = 教材熟练，u_3 = 生动有趣，u_4 = 板书工整。

5. 请分析多层次模糊综合评判的各种模型，指出在构造多级评判模型中应注意哪些问题？

参考文献

1. ［美］T. L. 萨蒂著. 层次分析法——在资源分配、管理和冲突分析中的应用. 许树柏，等译. 煤炭工业出版社，1988

2. 李洪兴，汪群，段钦治，等编著. 工程模糊数学方法及应用. 天津科学技术出版社，1993

第五章　管理决策分析

本章开始介绍管理领域的另一个主要问题——管理决策问题。本章在介绍决策的基本理论和基本理念的基础上，介绍了几类重要的决策问题。首先介绍不确定性决策问题；其次介绍风险决策的基本方法；最后介绍多目标决策。

第一节　决策的基础理论

一、决策的概念与分类

（一）决策的概念

决策是人们为了达到某种目的而进行的有意识、有选择的活动。在一定的人力、设备、材料、技术、资金和时间因素的制约下，人们为了实现特定的目标，从多种可供选择的策略中作出决断以求得满意效果的过程就是决策的过程。决策是一种人们从不同观点进行研究的行为，它随着人类社会活动的发展而产生，并在日常生活中起着十分重要的作用。决策是管理者的基本职能，无论在政治生活、经济生活以及日常事务中，都面临着一系列决策。科学决策是保证政治、经济、文化、科技、教育和卫生等各项事业健康发展的必要条件。

（二）决策的分类

决策问题有多种，从不同的角度可以对决策作出不同的分类。

1. 按决策问题的重要性进行分类

按决策问题的重要性进行分类，可将其分为战略决策、策略决策和执行决策。

（1）战略决策，是指涉及某组织生存和发展，有关全局和重大问题的决策。如企业发展方向的确定、新产品开发方向、重大技术改造项目、新市场的开发、厂址的选择、原料供应地的选择等。

（2）策略决策，又称战术决策，是指为了实现战略决策所规定的目标而对一些局部问题的决策。对于企业来讲，如为了实现新市场的开发，如何整合企业内部的人力、物力和财力资源，如何与外部合作；产品规格的选择、工艺方案及设备的选择、车间内工艺路线的布置等。

（3）执行决策，又称作业决策，是指根据策略决策的要求而对一些经常性的任务安排和事务处理等。如每日生产的调度、产品合格规格的选择等。

2. 按决策问题的性质分类

按决策问题的性质分类，可将其分为结构化决策、半结构化决策和非结构化决策。

（1）结构化决策，是指相对比较简单、直接等问题的决策，其决策过程和决策方法有固定的规律可以遵循，能够用明确的语言和模型加以描述，并且可以依据一定的通用模型和决策规则实现决策过程的基本自动化。如用解析方法、运筹学方法等求解资源优化问题。

（2）非结构化决策，是指那些决策过程复杂等问题的决策，其决策过程和决策方法没有固定的规律可以遵循，没有固定的决策规则和通用模型可依，决策者的经验和直觉对各阶段的决策具有重要影响。

（3）半结构化决策，是指介于结构化决策和非结构化决策之间的决策，其决策过程和决策方法有一定规律可以遵循但又不能完全确定，即有所了解但又不全面，这样的决策问题一般可以建立模型，但无法确定最优方案。

3. 按决策环境进行分类

按决策环境进行分类，可将决策问题分为确定型决策和不确定型决策。

（1）确定型决策，是指决策环境是完全确定的决策。这种决策问题的结构可以用数学式表示，有明确定义的目标函数，有能求出最优解的数学表达式。

（2）不确定型决策，是指决策者对将发生结果的概率一无所知，只能凭决策者的主观倾向进行决策。这种决策所需要的客观状态不知道，出现的概率也不知道，先验概率或主观概率也不能确定。

有的学者将介于确定型与不确定型决策之间的决策称为风险型决策。风险型决策是指决策的环境不是完全确定的，但其发生的概率是已知的，决策方案的执行可能会存在一定的风险。

4. 按决策目标进行分类

按决策目标进行分类，可将决策问题分为单目标决策和多目标决策。

（1）单目标决策，是指决策所要达到的目标只有一个的决策，此类决策目标单一，容易掌握，但可能产生片面性。例如，企业只为了追求利润最大化而忽视社会利益。

（2）多目标决策，是指决策所要达到的目标有多个，且这些目标是相互联系又相互制约的。多目标决策要求用系统论的观点对希望达到的多个目标进行系统的分析。例如，企业既追求利润最大化又追求社会利益最大化；设计一个导弹既要求射程远，又要耗燃料少且命中率高等。

5. 按决策所用信息的性质分类

按决策所用信息的性质分类，分为定量决策、定性决策和模糊决策。描述决策对象的指标都可以量化时可用定量决策；描述决策对象的指标都无法量化时可用定性决策；模糊决策则是利用模糊数学的概念，把定性信息通过模糊集的量化转化为定量信息的决策。

二、决策的过程

（一）决策的一般过程

决策过程一般可分为五个阶段，即确定目标阶段、情报阶段、设计阶段、选择阶段和实现阶段。

1. 确定目标阶段

确定目标阶段要对存在的决策问题进行系统分析，通过对决策问题的本质进行概括与抽象得到决策目标。经过分析得到的决策目标应该达到以下要求：目标成果可以用决策目标的价值准则进行定性或定量的衡量；目标是可以达到的，即在内外各种约束条件下是现实合理的；达到目标应有明确的时间概念。

2. 情报阶段

情报阶段用于寻求要求决策的条件。该阶段要面对现实，对决策者所处的内部及外部的有关政治、经济、社会环境进行分析、考察，找出需要做出决策的情况。这时，决策者需要获取、处理、检查数据，确认存在的问题或发现机会，包括发现问题、问题分类、问题分解和问题归属。

3. 设计阶段

设计阶段根据情报阶段的分析结果，拟订各种可能的备选方案。设计阶段涉及建立、开发和分析各种可能的可行方案，其中包括分析问题、产生方案、测试方案的可行性等，要建立、测试、验证问题的数学模型。建立数学模型涉及问题的概念化处理并将其抽象为数学-数字模型或符号形式，要说明数学模型中各种独立的和非独立的变量并建立描述各变量之间关系的方程。

4. 选择阶段

选择阶段根据对当时情况和未来发展动态的预测，按照某种规则从各个备选方案选定一个满意的行动方案。对于不同的选择规则可能有不同的选择结果。选择阶段包括方案论证和决策形成，方案论证是对备选方案进行定性和定量的分析、比较和择优研究，为决策者最后选择进行初选，并把经过优化选择的可行方案提供给决策者。决策形成是决策者对经过论证的方案进行最后的选择。

5. 实现阶段

实现阶段是使一个推荐方案付诸实施的阶段。在实现阶段，决策者及时收集实现阶段中的情报，据此发现问题或采取预防措施消除可能出现的问题。有时根据新收集的情报对方案进行调整。

（二）决策模型的构成要素

任何决策问题都由以下因素构成决策模型：

（1）决策者，是决策问题中的决策主体。决策者可以是个人，也可以是组织，一般指领导者或领导集体。

（2）策略集，是可供选择的方案、行动或策略的集合。例如，对于房地产开发企业来说，它的策略集是开发或不开发，如果开发，开发1万平方米，5万平方米或10万平方米。

（3）状态集，包含可能的自然状态，它是不为决策者所控制的客观存在的、将发生的状态。例如，对于房地产开发企业来说，它可能面临市场需求高、一般和低三种自然状态。

（4）准则，是用来衡量选择方案，包括属性、目的、目标等的标准，在决策时有单一决策准则与多准则之分。

（5）后果，是指决策者采取的行动在某种自然状态下的结果，及所产生的收益或损失。

（6）偏好，是决策者的价值观，如决策者对货币额和不同风险程度的主观价值观念。偏好可以用效用函数来表示。效用函数是定义在策略集和状态集上的实值函数。

三、不确定型决策分析

（一）不确定型决策分析问题的基本特点

不确定型决策问题的基本特点是后果的不确定性和后果的效用。

1. 后果的不确定性

每个不确定型决策问题都包括两个方面，即决策者采取的行动（简称决策）和自然状态（简称状态）。在房地产开发问题中，决策者的决策是开发或不开发，如果开发，开发1万平方米、5万平方米或10万平方米，状态是市场需求高、一般和低。状态不能由决策者控制，而且事先不能由决策者准确预测。这个问题的决策有四种，而状态有三种，因而可能产生10种后果（不开发仅产生1种后果）。因为出现什么状态是不确定的，所以决策者作出某种决策以后出现什么后果也是不确定的。后果的这种不确定是不确定型决策问题的主要特征之一。

　2. 后果的效用

　不确定型决策问题的另一个特点是要确定各种后果的效用。效用是后果价值的来年规划。由于在不确定情况下，无论决策者采取什么决策，它都会遇到事先不能预料的后果，因此决策者需要承担一定的风险。各个决策者对承担风险的态度往往不相同，同样的结果对不同的决策者会产生不同的效用。即使在没有风险的情况下，不同的决策者对各种后果也有不同的偏好。在进行定量决策分析之前，必须确定所有后果的效用。只有这样，人们才能比较各种决策的优劣，并从中选择他们最喜爱的决策。

　以上两点，即后果对决策者的不确定性（由状态的不确定性引起的）和对所有后果赋予效用，是决策分析中的两个关键问题。在决策分析中，状态的不确定性主要用主观概率来表示，而研究后果的效用则采用效用理论。

　（二）先验信息和主观概率

　随机性决策问题的基本特点之一是后果的不确定性，它又是由状态的不确定性所引起的。状态的不确定性，往往不能通过在相同条件下的大量重复试验，去确定它的概率分布，只能由决策者做出主观估计，因此称为主观概率。

　决策者作出主观估计的依据，是他所获得的先验信息。所谓先验信息，是指进行贝叶斯分析时，在通过试验收集有关状态的新信息之前，决策者所掌握的信息，由状态的先验信息所确定的概率分布，称为先验分布，它是进行贝叶斯分析的基础。

　1. 主观概率的基本概念

　概率论是研究随机事件数量的规律性的理论。人们通常通过随机试验去观察随机事件。所谓随机试验，是指不能事先准确地预测它的结果，而且在相同的条件下可以重复进行的试验。有许多决策问题由于两个原因不允许人们去进行随机试验。首先，某些决策问题需要对尚未发生，又具有某种不确定性的事件进行预测。这些事件不允许人们在相同条件下重复进行试验。例如，房地产开发企业不可能事先在相同条件下重复试验，因此不能用随机试验去确定它们的概率。此外，有些决策问题虽然在理论上可以进行随机试验，但由于各种各样的原因而实际上无法进行。例如火箭发射的决策问题，由于发射火箭的费用非常昂贵，事实上不可能多次重复发射。

　既然许多决策问题的概率不能通过随机试验去确定，那就只能由决策者根据他们自己对事件的了解去设定。这样设定的概率反映了决策者对事件掌握的知识所建立起来的信念，称之为主观概率，以区别于通过随机试验所确定的客观概率。概率的客观性是指它独立于任何使用者的个性。

主观概率和客观概率在概率论发展过程中都各有其支持者，这些支持者的观点根本不同。客观概率论者认为概率如同重量、容积、硬度一样，是被研究对象的一种物理属性。而主观概率论者认为概率是人们对现象的知识的一种测度，而不是现象本身的测度，因此不是研究对象的一种物理属性，如对投掷硬币问题就有客观概率和主观概率两种解释。客观概率论者认为投掷硬币时某个面朝下是硬币的一种物理属性；而主观概率论者认为这个概率是建立在人们对投掷硬币这个物理现象的认识的基础上的。

主观概率论是进行决策分析的依据。这是因为客观概率论者要求在相同的条件下从现象的重复性去得到他们认为有异议的推论，而许多决策问题根本无法进行重复试验。主观概率论者在接收到任何分量的先验信息时都能对决策问题进行逻辑推理。当然，主观概率论者要能比较正确地设定主观概率，仍然依赖于通过周密的观察去获得先验信息，这种信息并不是主观臆造的，而且先验信息越丰富，设置的主观概率越准确。借助于先验信息所确定的概率分布称为先验分布。设定主观概率也就是设定离散性或连续型的先验分布。

主观概率和客观概率虽然有本质的区别，但在定义概率方面却有相同之处，它们都必须遵循若干公认的假设，然后从这些假设出发，利用逻辑推理的方法得出更复杂的不确定事件的规律。主观概率或客观概率的基本假设是：

(1) 设为 Q 为一非空集合，集合中的元素可以是某种试验或观察的结果，也可以是自然状态。我们把这些元素当做抽象的点 w，因而集合 $Q = \{w\}$。

(2) 设 F 是 Q 中的一些子集 A 所构成的集，F 满足以下条件：

① $Q \in F$；

② 若 $A \in F$，则 $\bar{A} \in F (\bar{A} = Q \backslash A)$；

③ 若可列多个 $A_m \in F, m = 1, 2, \cdots$，则它们的并集也属于 F，即

$$\bigcup_{m=1}^{\infty} A_m \in F \tag{5.1.1}$$

(3) 设 $P(A)(A \in F)$ 是定义在 F 上的一个实值集函数，如果它满足下列条件，就称为 F 上的(主观或客观)概率测度。这些条件是

① 对于每个 $A \in F$，有 $0 \leqslant P(A) \leqslant 1$；

② $P(Q) = 1$；

③ 如可列多个 $A_m \in F, A_i A_j = \phi, i \neq j$，则

$$P(\bigcup_{m=1}^{\infty} A_m) = \sum_{m=1}^{\infty} P(A_m) \tag{5.1.2}$$

式中：w 为基本事件；F 中的集 A 为事件；F 为全体事件的集；$P(A)$ 为事件 A 的(主观或客观)概率；三元主体 (Q, F, P) 为(主观或客观)概率空间。

2. 二元关系的一般性质

在设定主观概率时,我们需要选择一个时间作为比较的基准,这个基准是一个概率已知的事件,我们把它和概率待定的事件进行比较。设概率已知的事件的概率能进行调整,直到决策者认为两个事件是等可能发生的。这种比较方法涉及两个事件的二元关系。下面讨论二元关系的一般性质。事件 A 和事件 B 在似然性方面的关系可能是"事件 A 比事件 B 似更可能(发生)",或者"事件 B 比事件 A 似更可能",或者"事件 A 和事件 B 等可能"。我们把它们分别记作 "$A > B$","$B > A$"和"$A \sim B$"。如果我们说"事件 A 至少如事件 B 那样可能",则记 $A \geqslant B$"。我们认为这种二元关系将符合以下的假设:

假设1:连通性。事件 A 和事件 B 按照它们发生的似然性是可以比较的,即在以下三种关系中:

$$A > B, A \sim B, A < B \qquad (5.1.3)$$

必有一种也仅有一种成立。

假设2:传递性。如 A, B 和 C 是三个事件,设事件 B 至少如事件 A 那样可能($A \leqslant B$),而事件 C 有至少如事件 B 那样可能($B \leqslant C$),则事件 C 至少如事件 A 那样可能($A \leqslant C$)。

假设3:设事件 A 是事件 B 的一部分,即事件 A 包含在事件 B 之中,记作 $A \subset B$,则事件 B 的发生至少如事件 A 那样可能,即 $A \leqslant B$。

在假设1中,如果我们把事件 A 和事件 B 当做两个同学的成绩,把 $>$、$\sim$、$<$ 理解为好于、相同、差于,则假设1显然满足。在房地产开发决策问题中涉及房屋销售面积,我们比较两个事件,一个是"房屋销售面积超过1万平方米",另一个是"房屋销售面积等于或低于1万平方米",比较这两个事件发生的似然性显然是比较容易的。

假设2在成绩比较中显然是正确的。在似然性的范围之内,如认为房地产明年的销售面积超过10 000平方米没有8 000~10 000平方米那样可能,而8 000~10 000平方米的销售面积又没有低于8 000平方米的销售面积那么可能,则决策者应当承认房屋的销售面积超过10 000平方米的销售面积的可能性要比销售面积低于8 000平方米的可能性要小。

关于假设3,我们把事件 A 理解为房屋销售面积在8 000~10 000平方米,而把事件 B 理解为房屋销售面积在6 000~12 000平方米,显然事件 B 发生的可能性至少如事件 A 那么大。

(三)效用函数

决策问题的每种后果对于决策者都有一定的效用。效用是在有风险的情况下决策者对后果偏好的量化,可以用一数值表示。定义了后果的效用以后,就能比较各种后果的优劣。

1. 效用函数的定义和公理

（1）基数效用。下面研究的效用是在有风险的情况下决策者对后果偏好的量化，其中包含有决策者对一不确定事件可能冒的风险态度。这种效用称为基数效用。

在随机性决策问题中，由于状态的不确定性引起后果的发生也是不确定性的，所以在研究后果的效用时应把后果的不确定性考虑进去。设 $C_1, C_2, \cdots, C_n$ 表示决策者选择某一行动 a_i 时，决策问题的全部 n 个可能的后果；$p_1, p_2, \cdots, p_n$ 分别是后果 $C_1, C_2, \cdots, C_n$ 发生的概率，并且 $\sum_{i=1}^{n} p_i = 1$。我们用 P 表示所有后果的概率分布，并记为 $P = (p_1, C_1; p_2, C_2; \cdots; p_i, C_i; \cdots; p_n, C_n)$，它表示后果 C_i 以概率 p_i 出现。P 称为展望，所有展望的集记作集 D。集 D 具有以下性质：

① 在凸线性组合下 D 是闭的，即如果 $p_1, p_2 \in D$，当 $0 \le \lambda \le 1$ 时，$\lambda p_1 + (1 - \lambda)p_2 \in D$。

②所有退化的概率分布属于 D。

下面研究集 D 中各元素之间的优先关系，这种优先关系反映了决策者对决策问题的各种后果的偏好程度。

现在定义在 D 上的效用。

定义 5.1　在 D 上的效用函数是定义在 D 上的实值函数 μ：

（1）它和在 D 上的优先关系 $\ge$ 一致，如果对于所有 $p_1, p_2 \in D$，有 $p_1 \ge p_2$，当且仅当：

$$\mu(p_1) \ge \mu(p_2) \tag{5.1.4}$$

（2）它在 D 是线性的，即如果 $p_1, p_2 \in D$，而且 $0 \le \lambda \le 1$，则

$$\mu(\lambda p_1 + (1 - \lambda)p_2) = \lambda\mu(p_1) + (1 - \lambda)\mu(p_2) \tag{5.1.5}$$

把上述定义推广到一般情况，函数 μ 的线性可表示为：如果 $p_i \in D$，而且 $p_i \ge 0, i = 1, \cdots, m, \sum_{i=1}^{m} \lambda_i = 1$，则

$$\mu\left(\sum_{i=1}^{m} \lambda_i p_i\right) = \sum_{i=1}^{m} \lambda_i \mu(p_i) \tag{5.1.6}$$

不是在 D 上任何优先关系都有定义 5.1 所定义的效用。只有当在 D 上优先关系符合以下四条公理时才有和它一致的效用。因为这四条公理一般认为是符合人的理性行为的，故统称为理性行为公理。这四条公理是：

公理 1　在 D 上的优先关系是连通的，即如果 $P_1, P_2 \in D$，则或 $P_1 < P_2$，或者 $P_1 > P_2$，或者 $P_1 \sim P_2$。

公理 1 保证了 D 中的所有元素都可以成对比较,没有不可比较的元素。

公理 2　在 D 上的优先关系是传递的,即如果 $P_1, P_2, P_3 \in D$,而且 $P_1 > P_2, P_2 > P_3$,则必有 $P_1 > P_3$。

公理 2　保证了 D 中的各元素都可以按一定优先关系排列次序,如果有些元素无差异,则它们可以排列在同一位置上。符合以上两条公理的集称为全序集。

公理 3　如果 P_1, P_2 和 $Q \in D$,而且 $0 < \lambda < 1$,则

$P_1 > P_2$,当且仅当:

$$\lambda P_1 + (1 - \lambda) Q > \lambda P_2 + (1 - \lambda) Q \qquad (5.1.7)$$

公理 3 说明了两个具有相同概率分布的 $(\lambda, P_1; (1 - \lambda), Q)$ 和 $(\lambda, P_2; (1 - \lambda), Q)$ 的优先关系取决于它们的后果 P_1 和 P_2 的优先关系。

公理 4　如果 $P_1, P_2, P_3 \in D$,而且 $P_1 > P_2 > P_3$,则存在数 p 和 q,$0 < p < 1$ 和 $0 < q < 1$,使:

$$p P_1 + (1 - p) P_3 > P_2 > q P_1 + (1 - q) P_3 \qquad (5.1.8)$$

公理 4 说明没有一种后果比其他所有后果无限好,也没有一种后果比其他所有后果无限坏。因为,如果 P_1 是无限好的后果,P_3 是无限坏的后果,则式 (5.1.8) 不能成立。

定理 5.1　在 D 上的优先关系 $>$ 若满足公理 1~公理 4,则在 D 上存在一效用函数 μ,它与 $>$ 一致。μ 经过正线性变换仍然是与 $>$ 一致的效用。

定理中的正线性变换是指 $\hat{u}(P) = \alpha \mu(P) + \beta$,其中 $\alpha > 0$。[①]

定理 5.1 说明,如某决策者有一优先关系适合公理 1~公理 4 且适合一定的约束,则他对后果的偏好程度和他赋予集 **D** 的效用一致。

下面介绍有关抽奖问题。抽奖的确定当量是指以下两种情况等价:①决策者得到一确定的后果 C_1(假如是一定数量的货币);②决策者得到一抽奖的机会,例如一张奖券,它以概率 p 得到后果 C_2,以概率 $1 - p$ 得到后果 C_3。如果决策者认为这两种情况对他是等价的,则确定的后果 C_1 称为抽奖 $(p, C_2; (1 - p), C_3)$ 的确定当量。在公理 1~公理 4 的基础上增加公理 5,使抽奖具有特殊的性质——δ 性质,则效用函数将为线性或指数形式。

公理 5　一抽奖的所有奖金都增加一金额 δ,将使此抽奖的确定当量增加 δ。

定理 5.2　如果在抽奖集 D 上的优先关系 $>$ 适合公理 1~公理 4,且具有 δ 性质,在后果集 X 上的效用函数为线性函数或指数函数。[②]

(2)序数效用。下面研究的序数效用描述的是决策者对确定情况的各种后

---

①　定理的证明详见陈珽. 决策分析. 科学出版社,1987. 25~27。

②　定理的证明详见陈珽. 决策分析(p27). 科学出版社,1987. 27。

果的偏好程度。对于这类事件,决策者无需承担任何风险。下面定义序数效用并给其存在的公理。

定义 5.2　令 X 为所有确定事件的后果 x 的集,在 X 上的效用函数称为序数效用函数,它是定义在 X 上的实值函数 u,有

$$u(x_1) \geqslant u(x_2), \text{当且仅当 } x_1 \geqslant x_2 \qquad (5.1.9)$$

如在 X 上的优先关系 $\geqslant$ 满足以下三条公理,则在 X 上的序数效用存在:

公理 6　在 X 上的优先关系 $\geqslant$ 是连通的,即如果 $x_1, x_2 \in X$,则或者 $x_1 \geqslant x_2$,或者 $x_1 \leqslant x_2$,或者两者同时存在。

公理 7　在 X 上的优先关系 $\geqslant$ 是传递的,即如果 $x_1, x_2, x_3 \in X$,而且 $x_1 \geqslant x_2$,$x_2 \geqslant x_3$,则必有 $x_1 \geqslant x_3$。

符合以上两条公理的集为全序集。

公理 8 在 X 上的优先关系 $\geqslant$ 是连续的,即对于任何确定的后果 x,它的劣势集 $I(x)$ 和它的优势集 $S(x)$ 都是闭集。

这条公理的意义是:如果确定的后果序列 $y_1, y_2, \cdots$ 收敛于一给定的确定的后果 y_0,且设 $x \geqslant y_i, i = 1, 2, \cdots$,则有 $x \geqslant y_0$。同样,如确定后果序列 $z_1, z_2, \cdots$ 收敛于一给定的确定的后果 z_0,且设 $z_i \geqslant x, i = 1, 2, \cdots$,则有 $z_0 \geqslant x$。

定理 5.3　如在 X 上的优先关系 $\geqslant$ 满足公理 6 到公理 8,则在 X 上存在效用 u,它和 $\geqslant$ 一致。u 经过保序变换仍然和 $\geqslant$ 一致。

定理中的保序变换是指 $\hat{u}(x) = f(\mu(x))$ 对于所有 $x \in X, f$ 为一严格递增函数。

2. 效用函数的构成

设有有限个后果 $C_1, C_2, \cdots, C_n$,它们之间有一定的优先关系。设此优先关系满足公理 6 ~ 公理 8。按照定义 5.1,我们只要能在 D 上设定一线性实值函数 u,它在 D 上的优先关系一致,这个函数 u 就是在 D 上的效用函数。设定效用的值需要借助于确定当量。设确定的后果 C_1 是抽奖 $(p, C_2; (1-p), C_3)$ 的确定当量,则确定当量可表示为

$$C_1 \sim pC_2 + (1-p)C_3 \qquad (5.1.10)$$

借助于抽奖的确定当量,我们可以确定后果 C_3 的效用,C_3 可以是抽奖的某一个后果,也可以是抽奖的确定当量。

3. 风险和效用的关系

许多决策问题都涉及经济效益。对于这类问题,决策者的决策在后果不确定的情况下要承担一定的经济上的风险。不同的决策者对风险的态度常不相同,而这种对风险的态度又反映在效用函数上。决策者对冒风险一般可能抱三种态度:厌恶、中立和追求。

现在考虑一赌博问题。假设该赌博有两个可能的后果:以概率 p 获得后果

h_1,以概率$(1-p)$获得后果 h_2。如果 $ph_1 + (1-p)h_2 = 0$,则称该赌博是公平的。对于具有初始财富 w_0 的投资者来说,若他力求平稳不参与赌博,本分地消费已有的财产,则它的效用值为 $u(w_0)$;如果该投资者冒险参与赌博,结果将使他的财富发生变化,以概率 p 变为 $w_0 + h_1$,以概率$(1-p)$变为 $w_0 + h_2$,从而它的效用值为 $pu(w_0 + h_1) + (1-p)u(w_0 + h_2)$。

　　如果该投资者不喜欢参与任何公平的赌博,即 $u(w_0) \geqslant pu(w_0 + h_1) + (1-p)u(w_0 + h_2)$,称该投资者是风险厌恶型的,此时效用函数 u 是凹函数,更一般地表示为 $u(EW) \geqslant Eu(W)$,$\forall W$。如果该投资者喜欢参与任何公平的赌博,即 $u(w_0) \leqslant pu(w_0 + h_1) + (1-p)u(w_0 + h_2)$,称该投资者是风险爱好型的,此时效用函数 u 是凸函数,更一般地表示为 $u(EW) \leqslant Eu(W)$,$\forall W$。如果该投资者认为是否参与任何公平的赌博是无差异的,即 $u(w_0) = pu(w_0 + h_1) + (1-p)u(w_0 + h_2)$,称该投资者是风险中性型的,此时效用函数 u 是线性函数,更一般地表示为:$u(EW) = Eu(W)$,$\forall W$。投资者的三种类型如图 5.1 所示。

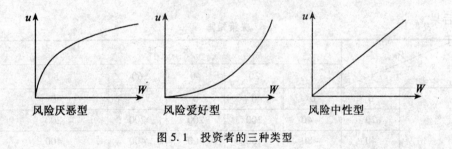

图 5.1　投资者的三种类型

第二节　不确定型决策分析方法

　　在管理过程中,有时会遇到一些极少发生或应急事件。例如,试制的新产品是否立即投产?某种新设备是否投资购买?由于外部环境的复杂和内部各种因素的限制,决策者不能进行起码的市场调查和分析,无法确定各种自然状态发生的概率。不确定型决策就是解决这类决策者对发生结果的概率一无所知的问题,这类问题只能凭决策者的主观倾向进行决策。根据决策者的主观态度的不同,不确定型决策可以分为四种准则:悲观主义准则、乐观主义准则、等可能性准则和最小机会损失准则。根据不同的准则,不确定型决策有乐观决策法、悲观决策法、折中决策法、等可能决策法和最小机会损失决策法等五种方法。下面将分别介绍这五种不确定型决策方法。

例 5.1 设某企业按批生产某产品并按批销售,每件产品成本为 60 元,批发价格为每件 70 元。若每月生产的产品当月销售不完,则每件损失 2 元。工厂每投产一批是 20 件,最大月生产能力是 80 件,决策者可选择的生产方案是 0,20,40,60,80 五种。假设决策者对产品需求情况一无所知,试问决策者应如何决策?

该决策问题可以用决策矩阵来加以描述。决策者可供选择的行动方案有五种,这是它的策略集合,记作 $\{s_i\}$,$i=1,2,\cdots,5$。经分析决策者断定将发生五种销售情况;即销量为 0,20,40,60,80,但不知发生的概率,这是事件集合,记作 $\{E_j\}$,$j=1,2,\cdots,5$。每个"策略-事件"对都可以计算出相应的收益值或损失值。如当选择月产量为 40 件时,销售量为 20 件,这时收益额为

$$20 \times (70-60) - (40-20) \times 2 = 160$$

可以一一计算出各"策略-事件"对应的收益值或损失值,记作 a_{ij},将这些数据汇总于决策矩阵中(见表 5.1),根据决策矩阵中元素含义的不同,可以称为收益矩阵,损失矩阵,风险矩阵,后悔值矩阵等。

表 5.1   决策矩阵

E_j \\ s_i		事 件				
		0	20	40	60	80
策 略	0	0	0	0	0	0
	20	−40	200	200	200	200
	40	−80	160	400	400	400
	60	−120	120	360	600	600
	80	−160	80	320	560	800

一、乐观决策法

(一) 基本原理

乐观决策法是基于大中取大(max max)准则的一种决策方法,它是决策者对客观自然状态抱最乐观的态度,从最好的自然状态出发,首先从各方案中把最大收益值挑选出来,然后再从这些最大的收益值中挑选出最大收益值的方案,把它作为决策问题的最优方案。

采用乐观决策法的决策者,通常为具有冒险精神的乐观主义者,当他面临情况不明的决策问题时,虽然他还不知道各种自然状态的发生概率,但他决不放弃任何一个可获得最好结果的机会,以争取好中取好的乐观态度来选择他的决策

策略。当乐观决策最优方案执行以后,若果真出现了最好的自然状态,则可获得最大的效益;如果出现了不好的自然状态,则可能导致严重的亏损。因此运用乐观决策法将冒很大的决策风险。为了减小决策的失误,运用乐观决策法应十分慎重,一般仅在没有损失、损失不大或者对最好自然状态的前景很有把握的情况下方可采用。

乐观决策法的解题步骤如下:

(1)列出求解问题的决策矩阵,通常决策矩阵如表5.1所示;(2)从各方案中选出最大值列成表;(3)应用大中取大的准则选择最优方案。

大中取大准则模型如下:

$$\max\{\max(a_{1j}),\max(a_{2j}),\cdots,\max(a_{ij})\},j=1,2,\cdots,J \qquad (5.2.1)$$

式中:a_{ij}为第i种方案、第j种自然状态下的收益值。

(二)应用举例

例 5.2　将例5.1应用乐观决策法进行分析决策如下:

(1)该问题的决策矩阵如表5.2所示。

(2)从各方案中选出最大值填如表5.2的最后一列最大值栏,其最大收益值分别为0,200,400,600,800。

(3)大中取大计算:$\max(0,200,400,600,800)=800$,它对应的策略为$s_5$。用公式表示为

$$s_k^* \rightarrow \max\ \max(a_{ij})$$

表5.2　　　　　　　　应用乐观决策法进行分析的决策矩阵

E_j / s_i	事　件					max
	0	20	40	60	80	
0	0	0	0	0	0	0
策 20	-40	200	200	200	200	200
40	-80	160	400	400	400	400
略 60	-120	120	360	600	600	600
80	-160	80	320	560	800	800

二、悲观决策法

(一)基本原理

悲观决策法是基于小中取大的原则(max min)准则的一种决策方法,它是决策者对客观自然状态抱最悲观态度,从最坏的自然状态出发,首先从各方案中

把最小的收益值挑选出来,然后再从这些最小的收益值中挑选出具有最大收益值的方案,把它作为决策问题的最优方案。

采用悲观决策法的决策者通常为办事谨慎小心、惟恐失误造成较大损失,当他面临各事件发生概率不清时,首先考虑的是要避免决策失误而造成重大经济损失,所以他在分析处理问题时特别谨慎,先分析各种最坏的可能结果,再从中选择最好者,以其对应的策略为最优决策。采用悲观决策法是比较保险的。当悲观决策法最优方案执行以后,如果真出现了最坏的自然状态,则他们可以获得最坏情况下的最大收益;如果出现了最好的自然状态,则只能获得较少的收益,可能丧失一次获大利的机会。

悲观决策法的解题步骤如下:

(1)列出求解问题的决策矩阵,通常决策矩阵如表5.3所示;

(2)从各方案中选出最小值列成表;

(3)应用小中取大的准则选择最优方案。

小中取大准则模型如下:

$$\max\{\min(a_{1j}),\min(a_{2j}),\cdots,\min(a_{ij})\}, j = 1,2,\cdots,J \qquad (5.2.2)$$

式中:a_{ij}为第i种方案、第j种自然状态下的收益值。

(二) 应用举例

例5.3 将例5.1应用悲观决策法进行分析决策如下:

(1)该问题的决策矩阵如表5.3所示。

(2)从各方案中选出最大值填如表5.3的最后一列最小值栏,其最小收益值分别为0,−40,−80,−120,−160。

(3)小中取大计算:$\max(0,-40,-80,-120,-160) = 0$,它对应的策略为$s_1$。用公式表示为

$$s_k^* \to \max \min(a_{ij})$$

表5.3   应用悲观决策法进行分析的决策矩阵

E_j \ s_i	事件					min
	0	20	40	60	80	
0	0	0	0	0	0	0
20	−40	200	200	200	200	−40
40	−80	160	400	400	400	−80
60	−120	120	360	600	600	−120
80	−160	80	320	560	800	−160

(注:左侧竖排标注"策""略"二字)

三、折中决策法

（一）基本原理

折中决策法是在大中取大准则和小中取大准则之间进行折中的一种决策方法。乐观决策法能获大利，但要冒很大的风险；悲观决策法比较稳妥，但显得过于保守。有的决策者认为这两种决策方法是按最好和最坏的可能性进行决策的，有点过于极端，于是提出将乐观决策法和悲观决策法进行综合。折中决策法就是决策者对未来自然状态的估计既不那么乐观，也不那么悲观，而是在乐观与悲观这两个极端之间。设 α 为乐观系数，且 $0 \leq \alpha \leq 1$。

折中决策法的解题步骤如下：

（1）列出求解问题的决策矩阵，通常决策矩阵如表 5.4 所示。

（2）决策者根据对决策问题的分析和过去的经验确定一个乐观系数 α，且 $0 \leq \alpha \leq 1$。α 代表了决策者对未来自然状态估计的乐观程度。

（3）将 α 代入下式计算 H_i 的值并记在表 5.4 的右端。

$$H_i = \alpha a_{imax} + (1 - \alpha) a_{imin} \tag{5.2.3}$$

式中：H_i 为第 i 个方案的折中收益值；a_{imax} 为第 i 个方案的可能得到的最大收益值；a_{imin} 为第 i 个方案的可能得到的最小收益值。

（4）选择 $s_k^* \rightarrow \max\limits_{i} \{H_i\}$。

（二）应用举例

例 5.4 应用折中决策法进行分析决策如下：

（1）该问题的决策矩阵如表 5.4 所示。

表 5.4　　　　　应用折中决策法进行分析的决策矩阵

s_i ＼ E_j	事件 0	20	40	60	80	H_i
策 0	0	0	0	0	0	0
20	-40	200	200	200	200	120
40	-80	160	400	400	400	240
略 60	-120	120	360	600	600	360
80	-160	80	320	560	800	480←max

（2）选取乐观系数 $\alpha = \dfrac{1}{3}$.

（3）将计算的 H_i 的值记在表 5.4 的右端。

（4）选择 $s_k^* \to \max_i \{H_i\}$。

本例的决策策略为

$$\max(0,120,240,360,480) = 480 \to s_5$$

四、等可能性决策法

（一）基本原理

等可能性决策法是基于等可能性原则,即认为各种自然状态出现的可能性是相等的一种决策方法。等可能性准则是 19 世纪数学家 Laplace 提出的。他认为:当一个人面临着某事件集合,在没有什么确切理由来说明这一事件比那一事件有更多机会发生时,只能认为各事件发生的机会是相等的,即每一事件发生的概率都是相等的(1/事件数)。

等可能性决策法的计算步骤如下:

（1）令每一自然状态出现的概率均为 $p = \dfrac{1}{J}$。

（2）计算各方案的损益期望值:$E(s_i) = \sum_j pa_{ij} = \dfrac{1}{J}\sum_i a_{ij}$。

（3）从各方案的损益期望值中挑选出其最大收益期望值的方案作为最优方案。

$$s_k^* \to \max_i \{H_i\}$$

（二）应用举例

例 5.5　例 5.1 应用等可能性决策法进行分析决策如下:

（1）该问题的决策矩阵如表 5.5 所示。

（2）令每一自然状态出现的概率均为 $p = \dfrac{1}{J} = \dfrac{1}{5}$。

（3）计算各方案的损益期望值记在表 5.5 的右端。

（4）计算最大的损益期望值。

本例的决策策略为

$$\max(0,152,256,312,320) = 320 \to s_5$$

表 5.5　　　　　　应用等可能性决策分析法进行分析的决策矩阵

E_j \ s_i	事件					$E(s_i) = \sum_j pa_{ij}$
	0	20	40	60	80	
0	0	0	0	0	0	0
20	−40	200	200	200	200	152
40	−80	160	400	400	400	256
60	−120	120	360	600	600	312
80	−160	80	320	560	800	320←max

（表左侧标注"策略"）

五、最小机会损失决策法

（一）基本原理

最小机会损失决策是基于最小机会损失决策准则,即当某一事件发生后,由于决策者没有选用收益最大的策略而形成损失时,使其损失值最小的决策。它又称为最小遗憾值决策准则或 savage 决策准则。由于机会损失值是指决策者失误所造成损失的价值,因此它是在某种自然状态下,方案的最大收益值与各方案的收益值之差。

最小机会损失决策法计算步骤如下:

（1）计算各方案在各种自然状态下的机会损失值,其计算公式为

$$a_{ik}' = \{\max_i(a_{ik}) - a_{ik}\} \qquad i = 1,2,\cdots,I \qquad (5.2.4)$$

（2）计算各方案的最大机会损失值,填在表的右端。

（3）从所有最大机会损失值中选出最小的一个值,则此最小机会损失值所对应的方案为最优方案,用公式表示为

$$s_k^* \rightarrow \min_i \max_j a_{ij}' \qquad (5.2.5)$$

（二）应用举例

例 5.6　例 5.1 应用最小机会损失决策法进行分析决策如下:

（1）计算各方案在各种自然状态下的机会损失值,填入决策矩阵表 5.6。

（2）计算各方案的最大机会损失值,填在表 5.6 右端。

（3）从所有最大机会损失值中选出最小的一个值。

本例的决策策略为

$$\min(800,600,400,200,120) = 120 \rightarrow s_5$$

表5.6 应用最小机会损失决策进行分析的决策矩阵

E_j / s_i	事 件					max
	0	20	40	60	80	
策	0	0	200	400	600	800	800
	20	40	0	200	400	600	600
	40	80	40	0	200	400	400
略	60	120	80	40	0	200	200
	80	160	120	80	40	0	120←min

第三节 风险决策分析方法

风险决策是指决策者虽然对客观情况不甚了解,但对将发生各事件的概率是已知的。决策者往往通过调查,根据过去的经验或主观估计等途径获得这些概率。在风险决策中一般采用期望值作为决策准则,常用的有最大期望收益决策准则和最小机会损失决策准则。风险型决策技术主要有:最大可能决策法、期望值决策法、决策树分析法、贝叶斯决策法等。下面介绍风险决策技术。

一、最大可能决策法

有些风险型决策问题可以基于某种假设,将其转变成确定型决策问题,从而简化决策过程。

(一) 基本原理

最大可能决策法的基本原理是:根据各备选方案在概率最大自然状态下损益值的比较结果来进行决策。其实质是在"大概率事件可看成必然事件(即出现概率为1),小概率事件可看成不可能事件(即出现概率为0)"的假设条件下,将风险型决策问题转变成确定型决策问题。最大可能决策法可应用于企业各方面的决策问题。但在实际应用中应该注意:只有在一组自然状态中,某一自然状态出现的概率比其他自然状态出现的概率大很多,而且它们相应的损益值差别不很大时,应用这种方法的效果较好;如果各自然状态发生的概率都很小,而且相差也小,则应用这种方法的效果不好,有时甚至会引起严重错误。

(二) 应用举例

例 5.7 某厂要确定下一计划年度的产品生产批量,根据以前的经验,并通过市场调查和预测,得知产品销路好、中等、不好三种情况的可能性,其概率分别为 0.2,0.7,0.1。产品生产可按大、中、小批量来组织,可能获得的利润可以计算出来,如表 5.7 所示。试决策该厂按何种批量制定计划为好。

表 5.7　　　　　　　　　　　　可获得利润　　　　　　　　　　　　万元

状态 概率 方案	销路好 $P_1 = 0.2$	销路中等 $P_2 = 0.7$	销路不好 $P_3 = 0.1$
大批量生产	20	12	8
中批量生产	16	16	10
小批量生产	11	11	11

解:从表 5.7 可知,销路中等这一自然状态出现的概率 $P_2 = 0.7$ 最大,且比其他自然状态出现的概率大很多,故可应用最大可能决策法,只考虑按销路中等这一自然状态进行决策。于是表 5.7 转化为表 5.8。

表 5.8　　　　　只考虑按销路中等这一自然状态进行决策的利润　　　　万元

状态 方案	销路中等
大批量生产	12
中批量生产	16
小批量生产	11

对表中三种方案的收益值进行比较,可得采取中批量生产时,获得最大利润 16 万元,因此,该工厂可决定按中批量生产方案制定计划。

二、期望值决策法

(一)基本原理

风险型决策的常用准则是期望值准则。方案的期望值代表方案在风险条件下的综合经济效益,是方案结果的集中表现。通常一个经济变量 x 的期望值,就是它在不同自然状态下的损益值(或机会损益值)与其相应的发生概率乘积的和。

$$E(x) = \sum_{j=1}^{n} b_j \times P(Q_j) \tag{5.3.1}$$

式中：$E(x)$ 为变量 x 的期望值；b_j 为变量 x 在自然状态 Q_j 下的损益值(或机会损益值)；$P(Q_j)$ 为自然状态 Q_j 的发生概率。

经济变量的期望值包括以下三类：①收益期望值，如利润期望值，产值期望值等；②损失期望值，如成本期望值，投资期望值等；③机会期望值，如机会收益期望值，机会损失期望值等。

在风险型决策中，通常把每个方案看成一个经济变量，其值就是每个方案在不同自然状态下的损益值。把每个方案的各项损益值与其相对应自然状态的发生概率相乘再加总，就得到各方案的损益期望值，然后选择收益期望值(或机会收益期望值)最大者，或者损失期望值(或机会损失期望值)最小者为最优方案。这种对每个方案的期望值进行比较选优的方法，就是期望值决策法。

应用期望值决策法求解最优方案时，不仅可用最大期望收益(EMV)作为决策的标准，而且还可同时应用最小期望机会损失(EOL)作为决策的标准。

(二) 应用举例

例 5.8　设某工厂是按批生产某产品并按批销售，每件产品的成本为 30 元，批发价格为每件 35 元。若每月生产的产品当月销售不完，则每件损失 1 元。工厂每投产一批是 10 件，最大月生产能力是 40 件，决策者可选择的生产方案为 0,10,20,30,40 五种。假设决策者知道其产品的需求情况概率，试问这时决策者应如何决策？

解：这个问题可用决策矩阵来描述。决策者可选的行动方案有五种，这是他的策略集合，记作 $\{S_i\}$，$i = 1,2,\cdots,5$，经分析他可断定将发生五种销售情况：即销量为 0,10,20,30,40，知道它们发生的概率，这就是事件集合，记作 $\{E_j\}$，$j = 1$，$2,\cdots,5$，每个"策略-事件"对都可以计算出相应的收益值，如表 5.9 所示。这时 $\max(0,44,76,84,80) = 84 \rightarrow S_4$，即选择策略 $S_4 = 30$。

本例也可以用最小机会损失决策准则，把矩阵的各元素代表每个"策略-事件"对相应的机会损失值，如表 5.10 所示。各事件发生的概率 p_j，先计算各策略的期望损失值。然后，从这些期望损失值中选取最小者，它对应的策略为决策者选择的策略。即

$$\min(100,56,24,16,20) = 16 \rightarrow S_4 \text{。}$$

表 5.9   **每个"策略-事件"对相应的收益值**

S_i \ E_j \ p_j	事件					EMV
	0	10	20	30	40	
	0.1	0.2	0.4	0.2	0.1	
策略 0	0	0	0	0	0	0
10	−10	50	50	50	50	44
20	−20	40	100	100	100	76
30	−30	30	90	150	150	84←max
40	−40	20	80	140	200	80

表 5.10   **每个"策略-事件"对相应的机会损失值**

S_i \ E_j \ p_j	事件					EOL
	0	10	20	30	40	
	0.1	0.2	0.4	0.2	0.1	
策略 0	0	50	100	150	200	100
10	10	0	50	100	150	56
20	20	10	0	50	100	24
30	30	20	10	0	50	16←min
40	40	30	20	10	0	20

三、决策树分析法

决策树分析法是以决策树为分析手段的一种决策方法。其主要特点是使用了决策树图,因而整个决策分析过程具有直观、简要、清晰等优点。决策树分析法既可用于单阶段的决策,也可用于多阶段的复杂决策。

（一）基本原理

1. 决策树图

决策树图是运用图论的方法,来表达决策过程的一种树形图。通常,它由决策点、方案分枝、状态结点、概率分枝和结果点等几部分组成,如图 5.2 所示。

（1）决策点和方案分枝。决策点以方形框表示,从决策点分出全部方案分枝,用线段表示。为了表明方案的差别,可在线段上注明方案号 A_i 和方案的内容。

（2）状态结点和概率分枝。状态结点以圆圈表示,圆圈中标注状态结点号,从状态结点分出全部状态分枝,用线段表示,为了表明各个自然状态的差别,通

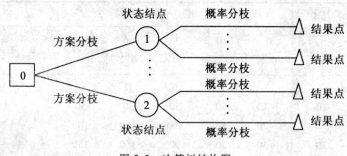

图 5.2 决策树结构图

常在线段上标注各个状态的发生概率,符号为 ⬚ ,故这些线段称为概率分枝, 又称状态分枝。概率分枝上还可注明状态符号 ⬚ 和状态内容。

(3)结果点。结果点以小三角表示,它画在概率分枝的末端,通常在结果点 要标注该方案在该自然状态下的损益值。

2. 分析步骤

运用决策树分析法进行决策,以计算各方案在各种自然状态下的损益期望 值为决策标准。决策分析时,首先,要按书写的逻辑顺序从左向右横向展开,画 出决策树图;其次,从右向左逐一计算各个方案的损益期望值;最后,再从左到右 分级比较各方案的损益期望值,并进行方案选优。所以,可得出决策树分析法的 计算步骤如下:

(1)绘制决策树图。由上述分析可知,决策树图是在图纸上的表示,人们对 某个决策问题未来可能发生的情况与方案可能的结果所作出的预测。因此,绘 图前必须预先确定有哪些方案可供决策时优选,以及实行各方案将会发生何种 自然状态,如遇多级决策,还要预先确定二级、三级等的决策点。然后,从左向 右,由决策点开始,逐级展开各方案分枝、状态结点、概率分枝和结果点等。

(2)计算损益期望值。损益期望值的计算要从右向左依次进行。首先根据 各自然状态的发生概率和相应的损益值,将它们相乘得到各自然状态的损益期 望值。当遇到状态结点时,计算其各个概率分枝的损益期望值之和,并将它标注 在状态结点上;当遇到决策点时,则将状态结点上的数值与方案分枝上的数值求 和,并把汇总数中的最大值标注在决策点上。

(3)剪枝选定方案。剪枝是方案的比较选优过程,它在前两步的基础上,从 左向右对各决策点的各个方案分枝逐一比较,凡是状态结点上的数值与方案分 枝上的数值求和后小于决策点上数值的方案分枝,一律剪掉。对于被剪掉的方案分枝,若其以后还有二、三级决策点,都不再考虑。最后,只剩下一条贯穿始终的方案分枝,它所表明的方案即为选定的最优方案。

由此可见,决策树分析法可以使各个方案的有关事件及其发生概率一目了然,可以明确地计算出各个方案的预期盈亏和比较优选各个方案,还可以简化多阶段决策问题。因此,决策树分析法在企业决策中得到广泛的应用。

决策树分析法按照它所利用的决策树的层次多少分成两种:一种是单级决策树分析法;另一种是多级决策树分析法。单级决策树是只包括一个决策点,即只包括一级决策的决策树。应用这种手段的分析法称为单级决策树分析法。它简单迅速,是解决单级决策问题的有效方法之一。多级决策树实际上是单级决策树的复合,即把第一阶段决策树(单级决策树)的每一个末梢,作为下一阶段决策树(下一个单级决策树)的根部;再下一阶段还可依次类推,从而形成多枝多叶的多阶段,即多级决策树。应用多级决策树分析法进行分析决策,也分为绘制决策树图、计算损益期望值和剪枝选定方案三个步骤。但是,不是在第一阶段走完三步之后再进行下一阶段,而是从左向右完成所有的第一步绘制决策树图之后,再从右向左完成所有损益望值的计算,最后才从左向右对各个决策点逐个剪枝。多级决策树分析法常被用来解决企业中多层次的复杂决策问题,比较有效。

（二）应用举例

例 5.9　某企业为生产一种新产品,设计了两个基建方案:一是建大厂,一是建小厂。建大厂需要投资 300 万元,建小厂需要投资 170 万元。大厂或小厂建成后的使用期都是 10 年。经过市场调查和预测,认为在此期间产品销路好的可能性是 0.7,产品销路不好的可能性是 0.3。两个方案的年度收益值如表 5.11 所示。试问决策企业应采取哪个方案。

表 5.11 两个方案的年度收益值

状态	概率	A_1 建大厂	A_2 建小厂
销路好 Q_1	0.7	100	45
销路不好 Q_2	0.3	−20	15

解:(1)绘制决策树图,从左向右,由决策点开始,逐级展开,得决策树图。如图 5.3 所示。

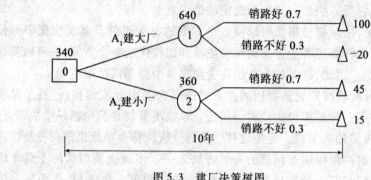

图 5.3　建厂决策树图

（2）计算收益期望值，从右向左计算期望收益值。

a. 状态结点①的收益期望值。

$$E_1 = 100 \times 0.7 \times 10 + (-20) \times 0.3 \times 10 = 640 （万元）$$

b. 状态结点②的收益期望值。

$$E_2 = 45 \times 0.7 \times 10 + 15 \times 0.3 \times 10 = 360 （万元）$$

c. 决策点的收益期望值。

$$\max\{(640-300),(360-170)\} = 340 （万元）$$

（3）剪枝选定方案，从左向右，由决策点开始剪枝。因为决策点上的收益期望值为 340 万元，即为建大厂方案的收益期望值，因此，剪掉建小厂这一方案分枝。余下只剩一个建大厂方案分枝，这即为最优方案。所以，企业决策采取建大厂方案。

例 5.10　某厂现有设备已经落后，需要更新。厂内有两种意见：一种认为应该立即更新设备，并扩大生产规模；另一种认为市场形势多变，不如先更新设备，三年后再根据形势考虑扩大生产规模问题。这样就有两个方案：一是更新设备，并扩大生产规模；二是更新设备，三年后再决定是否扩大生产规模。已知资料数据如下：

（1）现在更新设备，需投资 35 万元，三年后扩大生产规模，另需投资 40 万元；

（2）现在更新设备并同时扩大生产规模，则需总投资 60 万元；

（3）如果现在只更新设备，在销路好的情况下，每年可获利 6 万元，在销路不好的情况下，每年可获利 4.5 万元；

（4）如果现在更新设备和扩大生产规模同时进行，在销路好的情况下，前三年每年可获利 12 万元，后七年每年可获利 15 万元，在销路不好的情况下，每年只能获得 3 万元；

（5）各种自然状态发生的概率如表 5.12 所示。试决策该厂应采取哪个方案。

表 5.12　　　　　　　　　　　各种自然状态发生的概率

自然状态	前三年概率	自然状态	后七年概率
销路好	0.7	销路好	0.85
		销路不好	0.15
销路不好	0.3	销路好	0.10
		销路不好	0.90

解：（1）绘制决策树图，从左向右，逐项展开，得一多级决策树图如图 5.4 所示。

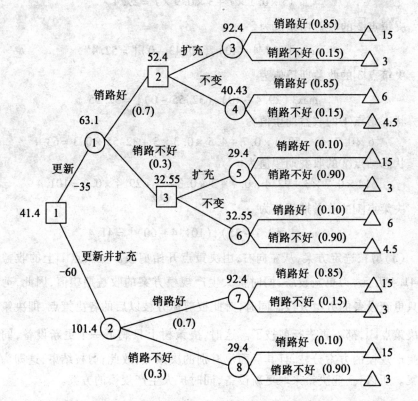

图 5.4　更新与扩大生产规模多级决策树图

（2）计算收益期望值，从右向左，计算各项收益期望值如下：

状态结点③的收益期望值为
$$15 \times 0.85 \times 7 + 3 \times 0.15 \times 7 = 92.4$$
状态结点④的收益期望值为
$$6 \times 0.85 \times 7 + 4.5 \times 0.15 \times 7 = 40.43$$
状态结点⑤的收益期望值为
$$15 \times 0.1 \times 7 + 3 \times 0.9 \times 7 = 29.4$$
状态结点⑥的收益期望值为
$$6 \times 0.1 \times 7 + 4.5 \times 0.9 \times 7 = 32.55$$
状态结点⑦的收益期望值为
$$15 \times 0.85 \times 7 + 3 \times 0.15 \times 7 = 92.4$$
状态结点⑧的收益期望值为
$$15 \times 0.1 \times 7 + 3 \times 0.9 \times 7 = 29.4$$
决策点 $\boxed{2}$ 的收益期望值为
$$\max\{(92.4 - 40),(40.43 - 0)\} = 52.4$$
决策点 $\boxed{3}$ 的收益期望值为
$$\max\{(29.4 - 40),(32.55 - 0)\} = 32.55$$
状态结点①的收益期望值为
$$6 \times 0.7 \times 3 + 52.4 \times 0.7 + 4.5 \times 0.3 \times 3 + 32.55 \times 0.3 = 63.1$$
状态结点②的收益期望值为
$$12 \times 0.7 \times 3 + 92.4 \times 0.7 + 3 \times 0.3 \times 3 + 29.4 \times 0.3 = 101.4$$
决策点 $\boxed{1}$ 的收益期望值为
$$\max\{(63.1 - 35),(101.4 - 60)\} = 41.4$$

(3)剪枝选定方案,从左向右,由决策点开始剪枝。决策点 $\boxed{1}$ 上的收益期望值41.4万元,为更新设备,同时扩大生产规模方案的收益期望值,因此,剪掉最初只更新设备的方案分枝。同时,对此被剪掉分枝以后的各决策点,即决策点 $\boxed{2}$ 和决策点 $\boxed{3}$,都不再进行剪枝了。这时,决策树上只剩下一个更新设备,同时扩大生产规模的方案分枝,且其后面没有别的决策点,故此,剪枝结束,这即为最优方案。所以,企业决策采取更新设备,同时扩大生产规模的方案。

四、贝叶斯(Bayes)决策法

通常情况下,决策者不愿冒很大的风险去选择获得收益期望值最大或损益期望值最小的方案,但也不愿轻易地放过获利或损失最小的机会,而总希望搜集更多的资料来改变对未来状态的认识,以便研究在获得新资料条件下,有无获得较大利润或较小损失的把握。因此,为了减小决策的风险,就要通过市场调查来收集资料,进一步弄清预测期间各自然状态的发生概率。但是这种调查结果是否准确,只能根据以往的经验,在取得市场调查结果之前加以分析。可见,这类决策问题涉及两组自然状态并且它们的发生概率是互为影响的。

贝叶斯决策法就是这种决策的一种有效方法。

(一)基本原理

前面曾提到决策者常常碰到的问题是没有掌握充分的信息,于是决策者通过调查及做试验等途径去获得更多、更确切的信息,以便掌握各事件发生的概率。这可以利用贝叶斯公式来实现,它体现了最大限度地利用现有信息,并加以连续观察和重新估计。其步骤为:

(1)先由过去的经验或专家估计获得将发生事件的事前(先验)概率;

(2)根据调查或试验计算得到条件概率,利用贝叶斯公式:

$$P(B_i \mid A) = \frac{P(B_i)P(A \mid B_i)}{\sum P(B_i)P(A \mid B_i)}, \qquad i = 1,2,\cdots,n \qquad (5.3.1)$$

计算出各事件的事后(后验)概率。

应用贝叶斯决策法对风险型决策问题的决策分析,可按下述计算步骤来进行:

(1)计算后验概率;

(2)运用后验概率进行决策树分析。

(二)应用举例

例 5.11 某企业拟继续生产销售某种产品,但对该产品投入市场后的销售情况不太了解。为此,该企业进行了初步调查和分析,预计到市场销售情况有销路好 B_1、销路中等 B_2 和销路不好 B_3 三种状态,并估算了相应的发生概率,即先验概率和损益值,数据如表 5.13 所示。

表 5.13 先验概率和损益值的数据

销售状态 B_i	先验概率 $P(B_i)$	损益值(百万元)
销路好 B_1	0.25	75
销路中等 B_2	0.30	5
销路不好 B_3	0.45	−30

　　由于该企业不知道此先验概率是否准确,因此想聘请专家做一次全面仔细的市场调查和预测分析,以得到更为可靠的后验概率。但是,聘请专家进行市场调查和预测分析,需付给酬金 3 万元,而且专家调查和预测的结果也有三种可能,即市场销路好 A_1、销路中等 A_2 和销路不好 A_3。试用贝叶斯决策法进行分析决策:

　　①企业有无必要聘请专家进行市场调查和预测分析;②企业是否继续生产销售该产品。

　　解:1. 计算后验概率

　　(1)确定先验概率 $P(B_i)$,如表 5.13 所示。

　　(2)确定条件概率 $P(A_j|B_i)$,由于该企业事先不知道聘请专家进行市场调查和预测分析的准确性如何,因此先要用历史资料进行分析。表 5.14 中的数据是根据过去的实际记录统计得到的,可作为分析的依据。

　　表 5.14 中的数据 $P(A_j|B_i)$ 表明了在实际销售状态为 B_i 的条件下,专家进行市场调查和预测分析得出结论为 A_j 的概率,称为条件概率,或称为追加信息。由此可得到下述条件概率:

　　在实际销路好的条件下,专家预测销路好的概率为 $P(A_1|B_1) = 0.65$;其他条件的概率见表 5.14。

表 5.14　　　　　　　　　　　专家预测各种条件的概率

条件概率　　　　　销售状态 　　$P(A_j\|B_i)$ 预测结论	销路好 B_1	销路中等 B_2	销路不好 B_3
销路好 A_1	0.65	0.25	0.10
销路中等 A_2	0.25	0.45	0.15
销路不好 A_3	0.10	0.30	0.75

　　(3)计算后验概率 $P(B_i|A_j)$,先计算专家进行市场调查和预测分析得出销路好、中等和不好的概率,即无条件概率(全概率) $P(A_j)$。

$$P(A_j) = \sum_{i=1}^{m} P(B_i)P(A_j \mid B_i) \tag{5.3.2}$$

进行计算,于是得到专家预测销路好的概率为

$$P(A_1) = \sum_{i=1}^{3} P(B_i)P(A_1 \mid B_i) = 0.25 \times 0.65 + 0.30 \times 0.25 + 0.45 \times 0.10$$

$$= 0.2825$$

$$P(A_2) = \sum_{i=1}^{3} P(B_i)P(A_2 \mid B_i) = 0.25 \times 0.25 + 0.30 \times 0.45 + 0.45 \times 0.65$$

$$= 0.2650$$

$$P(A_3) = \sum_{i=1}^{3} P(B_i)P(A_3 \mid B_i) = 0.25 \times 0.10 + 0.30 \times 0.30 + 0.45 \times 0.75$$

$$= 0.4525$$

再利用贝叶斯公式(5.3.1),计算出各事件的后验概率 $P(B_i \mid A_j)$。

在专家预测销路好 A_1 的条件下,实际销售状态将为销路好 B_1 的概率为

$$P(B_1 \mid A_1) = \frac{P(B_1)P(A_1 \mid B_1)}{P(A_1)} = \frac{0.25 \times 0.65}{0.2825} = 0.5752$$

在专家预测销路好 A_2 的条件下,实际销售状态将为销路好 B_1 的概率为

$$P(B_1 \mid A_2) = \frac{P(B_1)P(A_2 \mid B_1)}{P(A_2)} = \frac{0.25 \times 0.25}{0.2650} = 0.2358$$

在专家预测销路好 A_3 的条件下,实际销售状态将为销路好 B_1 的概率为

$$P(B_1 \mid A_3) = \frac{P(B_1)P(A_3 \mid B_1)}{P(A_3)} = \frac{0.25 \times 0.10}{0.4525} = 0.0552$$

其他后验概率见表 5.15。

表 5.15　　　　　　　　　　**专家预测各种条件的后验概率**

后验概率 $P(B_i \mid A_j)$　销售状态　预测结论	销路好 B_1	销路中等 B_2	销路不好 B_3
销路好 A_1	0.5752	0.2655	0.1593
销路中等 A_2	0.2358	0.5094	0.2547
销路不好 A_3	0.0552	0.1989	0.7459

至此完成了贝叶斯决策法的第一步:计算后验概率。下面进行第二步。

2. 决策树分析

下面运用全概率 $P(A_j)$ 和后验概率 $P(B_i \mid A_j)$ 数据,借助决策树来进行决策分析。按决策树分析法的要求,同样分三步进行。

(1)绘制决策树图,从左到右,逐项展开,得一多级决策树图,如图 5.5 所示。

(2)计算收益期望值。

①不调查和预测：用先验概率 $P(B_i)$ 进行计算；②调查和预测专家结论用全概率 $P(A_j)$ 进行计算；专家结论后用专家结论 A_j 下 B_i 的概率，即后验概率 $P(B_i|A_j)$ 进行计算。由此可计算收益期望值。计算结果见图 5.5 中注明的数据。

（3）剪枝选定方案，从左到右，由决策点①开始剪枝。决策点①上的收益期望值 14.51 百万元，剪去"不调查和预测"方案。后面还要对决策点③、④和⑤进行剪枝，如图 5.5 所示。

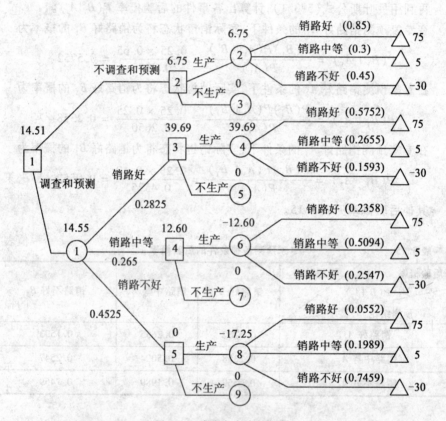

图 5.5　聘请专家决策树图

至此，企业可以作出如下决策：

（1）企业聘请专家进行市场调查和预测分析。

（2）若专家进行调查、预测后，得出该产品在市场上销路好或销路中等的结论，则应继续生产销售该产品；若得出该产品在市场上销路不好的结论，则不应再继续生产销售该产品。

第四节　多目标决策分析

一、多目标决策问题的基本概念

多目标决策是指在多个目标既互相矛盾又相互竞争的情况下所进行的决策。例如,人们购买一件商品,既要价廉又要物美,因此它包含了两个目标。如果把购买商品具体到购买一件衣服,人们一般将考虑以下五个目标:质量,颜色,式样,大小,价格,因此这是一个有五个目标的决策问题。

在工程系统和社会经济系统中,都有大量的多目标决策问题。例如,修建一个水库,水坝高度的选择是两个多目标决策问题。因为在地质条件许可时,如果把水坝建得很高,则它有比较大的库容能拦蓄洪水,还能产生较高的水头去发电。但是,如果坝高库大,则淹没的土地和迁移的人口必然很多,这又会造成很大的损失。因此在选择坝高时,至少有三个目标要考虑,即发电效益、防洪效益和淹没损失。

多目标决策问题是在单目标决策问题的基础上发展起来的,但多目标决策具有明显的特点,其中最显著的是以下两点:目标间的不可公度性和目标间的矛盾性。

多目标间的度量单位大多是不可公度的。一般经济目标的单位以货币值表示;环境质量的单位多以物理量、化学量和生物要求等指标来表示;社会福利因素复杂,更难用统一指标来度量;其他目标单位也因情况不同而异。

各目标间的权益是相互矛盾的。这一特点是构成多目标决策问题存在的根本特性。不管多目标的度量单位是否相同而目标间的权益冲突是普遍存在的。例如,规模一定的综合利用水库,假设仅有自上游取水的灌溉和发电两项用途,依照它们各自追求的目标,如若增加发电效益,势必就要减少灌溉收益,反之亦然,二者的利害冲突是显而易见的。所以,对于多目标问题,总是以牺牲一部分目标的利益来换取另一些目标利益的改善。

多目标决策问题的另一特点是多目标决策问题的解不是惟一的,且不可能同时获得各个目标的绝对最优解,它是由向量优化问题的"非劣性"所支配的。

(一)多目标决策的过程

制订多目标决策的过程是指采用一种规范的方法去求解一个多目标决策问题的全过程,它包括图 5.6 中的五个步骤:第一步,决策者了解到有一个他所关心的多目标决策问题需要解决,并着手剖析情况并提出需要达到的目标。第二步是构造问题,这一步的任务是:把关于整体目标的高度概括的但又相当模糊的陈述转变为更具体的目标,并且清楚地标明问题中的所有主要因素。第三步是构造一个适宜的模型,一个模型意味着包含若干的关键变量以及它们之间的逻辑(或物质的)关系,利用这些关系可以对问题进行分析。这些模型的作用之一是去产生各种行动方案。第四步是分析和评价,在这一步要对各种可行的方案作出比较。第五步为方案实施,如果决策者认为满意,决策过程就此结束,当得到的结果还不能令人满意时,可以使用由实施被选中的方案所得到的信息,再去重新构造多目标决策问题,这就形成一"闭环"过程。

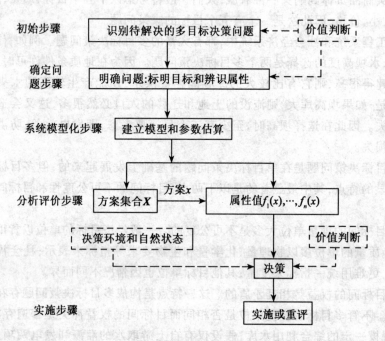

图 5.6   典型的多目标决策过程

对图 5.6 中的"价值判断",需要作简单的解释。在实际的决策过程中,考虑社会价值、决策者的偏好(即决策者对后果的爱好程度),以及价值判断的使用等几乎是复杂决策问题所固有的特征。对于这样的问题,学术界虽有所争论,但价值判断在决策过程中仍是必不可少的组成部分。例如在制订决策的过程中,需要作出价值判断的某些例子是:①构造模型时,关于思维模型,可能纯粹依靠主观判断在被选择的决策变量之间,及在决策变量与属性之间找出它们的逻辑关系。但在数学模型中,这种逻辑关系将依靠解析的和定量的分析,在其他形式的模型中,例如统计表,则可能是混合的。②在分析和评价步骤中,评价每个方案所产生的后果,即计算每个属性的值和估计属性之间的关系,是否依赖于主观判断,取决于模型的形式和使用的属性的性质。③在分析和评价步骤中,使用决策规则对方案作出最后的评价,是否依赖于主观判断,取决于所使用的决策规则的形式。

在多目标决策问题中,决策者的偏好形式就是判断的体现,或判断作用的结果,在评价步骤中,用一维效用理论、多属性效用理论以及其他旨在建立决策者偏好结构有关的课题时,都需要上述形式的判断。

(二) 多目标决策问题的关键要素

多目标决策问题的实现基本包含有五个要素:决策单元、目标、属性、决策态势和决策规则。现分述如下:

1. 决策单元和决策人

决策人是指制订决策的人,他们是一个人或者一群人,直接地或者间接地提供最终的价值判断。根据这种判断去排列可行的方案,从而能辨识最好的方案,因此方案的"好"或"坏"是按决策人的意见去判断的。

一决策单元包含决策人,还有其他的人(分析人)和机器,它们结合起来作为一信息处理器,起到以下的作用:①接收输入信息;②在它的内部产生信息;③把信息变换为知识;④作出决定。

最小的决策单元就是决策人本人。一个更大的决策单元可能包含有决策人、分析人、计算机和绘图仪器。把决策单元和决策人作了上述的区别,就比较有利于讨论决策情况的范围,它将有助于我们理解各种多目标决策方法的特点。

2. 目标和属性

要分析多目标决策问题,就要了解目标和属性的意义、结构和性质具有重要意义。现分述如下:

多目标决策问题必须首先定义它的目标,否则,问题就是空洞的,无的放矢的。本质上,目标是关于被研究问题的某种决策人所希望达到的状态的陈述。这样,在一多目标决策问题中,有若干个陈述去表达决策人希望达到的状态。既然目标是一种"要求"或"愿望",它就不一定能达到,但决策人总是力图达到它。从而它能作为衡量给定方案的质量的标准,并据此作出评价。

意义明确的目标通常可表示为一递阶结构,如图5.7所示。这个结构的最高层是总体目标,它是促使人们去研究这个决策问题的原动力。但是这个目标常常表达得比较模糊、笼统,不便于运算。在递阶结构中,下层的目标比上层的目标更加明确具体和便于运算,它们可作为达到上层目标的某种手段。

如果有一种实际的方法去估计这个目标被达到的程度,那么目标就是可以运算的。为此,对于最下层的每个目标设定一集属性。属性是可测的量,它反映

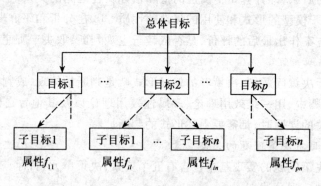

图 5.7   目标的递阶结构

了特定的目标(该属性所联系的目标)达到目的的程度。

在很多场合,属性的值能明显和直接地标明相应的目标被达到的程度。例如,"用元去计量纯利润"是达到最大利润这个目标的程度的直接测度。在某些问题中,所有的目标和相应的属性之间都有直接的关系,这正是我们希望达到的。把目标构成递阶的思想也是为了实现这个目的。对于最低层的每个目标都应当有一个或几个属性去直接测量该目标被达到的程度。

在某些场合,可能有的目标(特别联系到道德或价值)并没有一个或若干个明显的属性去直接测量它所达到的程度。但仍然可能存在一个或若干个属性既便于测量又能间接地反映目标达到的程度。这种属性称为代用属性。如目标用代用属性去测度,则在此目标和相应的代用属性之间隐匿地存在着某种间接关系。所谓间接关系是指还需要增加另外的价值判断,决策人才能根据代用属性的值去评价目标达到的程度。

每个目标的属性都必须满足两个性质:可理解性和可测性。若属性值能充分反映出相应目标可达到的程度,这样的属性就是可理解的,若对某个给定的方案,指定属性值(以某种尺度来度量)是合理而实际的,则这个属性就是可测度的。虽然这两个要求是非常直观的,但在某些领域内,人们对测度的尺度往往不容易接受。

3. 决策态势

决策态势就是决策问题的客观情况。它是对决策问题结构(客观事实)和决策环境的概括。为阐明决策态势,必须清楚地识别决策问题的界限和基本组成。特别是,决策态势的描述应详细说明这些问题:必要的和有用的输入形式与数量,决策变量集和属性集以及它们的测度尺度(或标度),决策变量与属性之间的关系,方案集,最后还有环境的状态等。

决策态势的清晰描述与识别,为后继的选择多目标决策技术提供了必要的基础。在求解实际的多目标决策问题时,首先要识别决策问题的态势或问题结构的实质,然后才可据此选择适宜的求解技术。决策态势反映问题的实质和类型有:决策变量或属性的类型是离散的,还是连续的;变量或属性的度量形式是公称(标称)的尺度、序数尺度、区间尺度,还是比率尺度;自然状态的性质是确定的、风险的,还是不确定的;方案集的描述是显性的,还是隐性的;变量间的因果关系是线性的、凸的,还是非线性的;决策目标是动态的,还是静态的等。下面,举例说明决策态势与选择求解决策技术的关系。

例如,选择住房的问题。假若有几套公寓任你选择,其态势表明,这种选择问题的方案集是显性的,且可选方案有限;考虑的属性可能有租金、距离工作地点的远近、各套公寓的环境等,它们是已知的。据此选择多目标决策技术,可集中调查决策人的偏好,采用多属性效用函数方法是公认有效的。换种情况,求解具有大量决策变量的问题和关系复杂的大型工程设计参数的选择,采用人-机交互的或对话式决策技术是更适宜的。需要指出,根据决策态势的特征选择问题的求解技术,并没有什么正规的指南可循,这主要取决于问题的特性、人的经验、创造性和全面合理的判断。

4. 决策规则

在作决策时,人们试图去选择一"最好的"可行方案。它意味着需要把所有可行的方案按照优劣排列先后次序。而方案的优劣是根据所有目标的属性值来衡量的。用于排列方案的优劣次序的规则称为决策规则。决策规则和目标有密切的关系,对于某些简单的问题可以用目标作为决策规则。例如,商行的古典理论只有单个目标——"谋取最大的利润",其相应的属性"用元去度量的纯利润"用于衡量一给定方案的优劣。这个决策问题的决策规则就是:选择一方案有最大可能的利润。对于另外一些决策问题,除目标以外,可能还要作补充的说明,才能形成决策规则。例如,一河水质量模型,其单个目标是:改进河水质量。相应的属性是:用毫克/升去测量 BOD 的值(BOD 是生物化学需氧量的缩写,其单位为毫克/升,它意味着 1 毫克溶解的氧被微生物利用去氧化在 1 升水中的有机物质。BOD 的值愈高,则水中的有机物质愈多,水质愈差)。在这种情况下,人们并不能直接根据属性(BOD 的值)去排列方案的优劣次序,还需要补充说明 BOD 和水质的关系。如上所述,BOD 的值愈低则水质愈好。作了这种说明以后,一决策规则可以是:选择任何方案其 BOD 的值低于 5 毫克/升。

在某些决策问题中,标定了目标的目的(或称为愿望值),就规定了决策规则。例如在上述水质的例子中,BOD 的值选择为 5 毫克/升是水质(目标)的目的,它被作为方案能否被接受的一个标准。根据这个标准,这集方案区分为可接受的(BOD 低于 5 毫克/升)和不可接受的(BOD 等于或高于 5 毫克/升)两个子集。因此目的(愿望值)起到了排列方案次序的作用,尽管这种划分是粗略的。

在多目标决策问题中,常常需要明确标定决策规则。例如在图 5.6 中,决策问题可能要使"每个属性 $f_j(j=1,2,\cdots,n)$ 达到极大"(n 是属性的数目,在多目标决策问题中它大于 1)。如果碰巧有一个方案使每个属性 $f_j(j=1,2,\cdots,n)$ 都达到了极大值,那么无需另外的决策规则,就能作出选择这个方案的决定。但是,这种情况是非常罕见的。一般地,我们得不到这种最优解,只能得到非劣解。简而言之,一方案相对于属性 $f_j(j=1,2,\cdots,n)$ 称为非劣的,如果没有另一方案能改进一个属性的值,而又不使其他属性的值变劣(非劣解的详细讨论见本节(四))。如果要从非劣方案的集中去选择"最好的"方案,则需要另外的决策规则。这个规则是:"选择一非劣方案,才能最好地满足决策人的要求。"在这种情况下,深入考虑决策人的偏好是求解多目标决策问题不可缺少的部分。

求解多目标决策问题的各种理论和方法的主要区别之一就是决策规则选择的不同。因此,对于一给定的多目标决策问题,要选择一适宜的求解方法,人们就必须了解这个方法中包含的决策规则是否适合被求解的问题,这是一项创造性的工作,决策人和分析人必须有智慧和经验才能作出正确的选择。实际上,决策规则包含两大类:一类是最优规则,另一类是满意规则。

(三)优先序和次序关系

在非劣解生成之后,如何从中选出最终解(或方案),这在很大程度上取决于决策者对某个方案的偏好(喜爱)、价值观和对风险的态度。测度这种偏好或价值的尺度,就是所谓的效用。它是能用实数表示决策者偏好程度的量化指标,或量化的度量。如果各方案的效用确定后,就可比较、评价各个方案的优劣,作出最终的抉择。

在任何决策过程中,都直接或间接地含有能够排列方案的序列关系。如果这种序列关系反映了决策者的偏好,便称这种关系为偏好序。对于单目标决策问题,偏好序与该目标(或属性)数量的大小是一致的。例如,采用人们认识一致的费用最小准则选择工程设计方案时,无须事先了解决策者的偏好序,只要应用适当的优化技术就可解决,这就是说,相应目标函数值最小的方案就是决策者偏好的方案,或偏好序中的最优方案。

然而,对于多目标决策问题,则需另外了解决策者的偏好和建立某种序列关系,并将其直接地显示出来。建立这种在可行集上的序列关系的形式,便称为偏好结构。它是两两元素(或方案)之间的比较关系,能使决策者对各个可行方案两两相比,选出他偏好的那个方案,或者两者无差(别),或者一个方案不劣于另一个方案等。显然,决策者的偏好结构,应能用实函数来表示,或者说,这种偏好序要与一个有序的实函数相对应,这个实函数便是效用函数。一旦建立了这种效用函数,最终方案的选择就相对地容易了。例如,对确定性决策问题,选取具有最大效用函数值的相应方案,便是决策者最满意的解,对于不确定性决策问题,具有最大期望效用值的相应方案,就是决策方案。研究决策者的偏好关系、偏好结构和构造效用函数的理论基础,就是效用理论。在效用理论中,偏好序是一个重要的概念和成分。若以符号 > 表示"优于"的严格偏好序,用符号 ~ 表示"等价"的无差序,用符号 ≥ 表示"不劣于"的序,则对任意两方案 A,B,有下列的关系:

若 A 不劣于 B 且 B 不劣于 A 则 A 与 B 等价,则 $A \sim B \Leftrightarrow A \geqslant B$ 且 $B \geqslant A$;

若 A 不劣于 B 且 B 劣于 A 则 A 严格优于 B,即 $A > B \Leftrightarrow A \geqslant B$ 非 $B \geqslant A$;

(四) 非劣解

在解决单目标优化问题时,采用了最优性这个概念。如果 x 在由约束条件所限制的决策空间的可行域 X 中,使目标函数 $f(x)$ 达到最优,则解 x 被称为最优的。在多目标优化问题中,最优性这个概念一般不适用,这是因为多个目标间有矛盾时,一个解使某一属性达到最优,并不能使其他所有属性也同时达到最优。在多目标优化问题中,对解引入了有更广泛意义的概念,这就是用非劣解去取代最优解。有人称之为 Paleto 最优解。

什么是非劣解呢? 我们用一个简单的例子来说明。在表 5.16 中列举了一个两目标问题的三个解,假设这个问题只有这三个可行解,它们分别记作 x_1,x_2 和 x_3。我们说解 x_3 劣于解 x_1 和 x_2,这是因为解 x_1 和 x_2 的属性,y_1 和 y_2,比解 x_3 的有更大的值(设属性的值愈大愈好)。解 x_3 劣于 x_1 和 x_2 称为劣解。解 x_1 和 x_2 不能彼此比较,统称为非劣解。

表 5.16　　　　　　　　　　　　　　非劣解的例子

解	属　　性		解的性质
	y_1	y_2	
x_1	10	11	非劣解
x_2	12	10	非劣解
x_3	9	8	劣解

设有 n 个目标 $f_1(x)$,$f_2(x)$,$\cdots$,$f_n(x)$,在 m 个约束条件下,要求 n 个目标函数值越大越好,即求:

$$\max\{f_1(x),f_2(x),\cdots,f_n(x)\} \tag{5.4.1}$$

满足约束:

$$g_k(x) \leq 0, k = 1, 2, \cdots, m \tag{5.4.2}$$

$$x_j \geq 0, j = 1, 2, \cdots, p \tag{5.4.3}$$

式中:$f_i(x)$为 n 维目标函数向量中第 i 维分量;$g_k(x)$为第 k 个约束条件;x 为决策变量组成的 p 维向量,即 $x = (x_1, x_2, \cdots, x_n)^T$,满足式(5.4.2)和(5.4.3)的决策变量称为决策空间或称为 x 的可行域,以 X 表示为

$$X = \{x \mid g_k(x) \leq 0, k = 1, \cdots, n, x_j \geq 0\} \tag{5.4.4}$$

非劣解的定义如下:

$x^*(x^* \in X)$ 称为非劣解,如果不存在其他的可行解 $x(x \in X)$ 使 $f(x) \geq f(x^*)$ 且 $f(x) \neq f(x^*)$,即对所有的 $i = 1, 2, \cdots, m$,至少有一分量 $f_i(x) \geq f_i(x^*)$ 是严格不等式。

二、非劣解的产生方法

在定义了多目标决策问题的非劣解以后,我们需要讨论采用什么方法去产生非劣解。本部分介绍两种最常用的方法。

(一)加权法

加权法是求非劣解的一种最早的方法,其基本思想是把式(5.4.5)的向量优化问题,通过对目标函数的加权,变换为一个目标的纯量优化问题,再通过改变各个目标的权重值,从而生成多目标优化问题的非劣解集。

$$\max_{x \in X} \sum_{k=1}^{n} \omega_k f_k(x) \tag{5.4.5}$$

仍然受约束于:

$$g_1(x) \leq 0$$
$$\vdots \tag{5.4.6}$$
$$g_m(x) \leq 0$$

这个纯量优化问题的 Kuhn-Tucker 条件是

$$x^* \in X \tag{5.4.7}$$

$$\mu_i g_i(x^*) = 0, i = 1, 2, \cdots, m \tag{5.4.8}$$

$$\nabla(\sum_{k=1}^{n} \omega_k f_k(x^*)) - \sum_{i=1}^{m} \mu_i \nabla g_i(x^*) = 0 \tag{5.4.9}$$

上式中的 X 是由约束条件所定义的 x 的可行域。由于:

$$\nabla(\sum_{k=1}^{n} \omega_k f_k(x^*)) = \sum_{k=1}^{n} \omega k \nabla f_k(x^*) \tag{5.4.10}$$

因此,由式(5.4.10)代入式(5.4.9)得到:

$$\sum_{k=1}^{n} \omega_k \nabla f_k(x^*) - \sum_{i=1}^{m} \mu_i \nabla g_i(x^*) = 0 \qquad (5.4.11)$$

由上所述,加权的纯量优化问题的最优解是原向量优化问题的非劣解的条件为

$$\omega_k > 0, k = 1, 2, \cdots, n$$

例 5.12 设向量优化问题为

$$\min\{f_1(x), f_2(x), f_3(x)\} \qquad (5.4.12)$$

$$f_1(x) = (x_1 - 1)^2 + (x_2 - 1)^2$$

$$f_2(x) = (x_1 - 2)^2 + (x_2 - 3)^2$$

$$f_3(x) = (x_1 - 4)^2 + (x_2 - 2)^2$$

满足约束条件:

$$g_1(x): x_1 + 2x_2 \leq 10 \qquad (5.4.13a)$$

$$g_2(x): x_2 \leq 4 \qquad (5.4.13b)$$

$$g_3(x): -x_1 \leq 0 \qquad (5.4.13c)$$

$$g_4(x): -x_2 \leq 10 \qquad (5.4.13d)$$

解:上述向量优化问题转化为纯量优化问题:

$$\min\{\omega_1 f_1(x) + \omega_2 f_2(x) + \omega_3 f_3(x)\}$$

式中:$\omega_i \geq 0, i = 1, 2, 3; \omega_1 + \omega_2 + \omega_3 = 1$。

它满足约束式(5.4.13)。

应用 Kuhn-Tucker 必要条件式(5.4.8)和(5.4.9),有

$$2x_1 - 2(\omega_1 + 2\omega_2 + 4\omega_3) + \mu_1 - \mu_3 = 0 \qquad (5.4.14a)$$

$$2x_2 - 2(\omega_1 + 3\omega_2 + 2\omega_3) + 2\mu_1 + \mu_2 - \mu_4 = 0 \qquad (5.4.14b)$$

$$\mu_1(x_1 + 2x_2 - 10) = 0 \qquad (5.4.14c)$$

$$\mu_2(x_2 - 4) = 0 \qquad (5.4.14d)$$

$$\mu_3 x_1 = 0 \qquad (5.4.14e)$$

$$\mu_4 x_2 = 0 \qquad (5.4.14f)$$

和 $x_1 + 2x_2 - 10 \leq 0, x_2 - 4 \leq 0, x_1 \geq 0, x_2 \geq 0$,其中 $\mu_j \geq 0, j = 1, 2, 3, 4$,为第 j 个 Kuhn-Tucker 乘子。

对这个特定的问题,约束条件式(5.4.13)中没有一个对最优点是有约束力的。对 ω_i 和 μ_j 及 $\omega_1 + \omega_2 + \omega_3 = 1$,求解式(5.4.14)满足所有非负要求的解是不存在的。例如,如果 $x_1 = x_2 = 0$,则从式(5.4.14c)和(5.4.14d)中得 $\mu_1 = \mu_2 = 0$。结果式(5.4.14a)和(5.4.14b)成为

$$-2(\omega_1 + 2\omega_2 + 4\omega_3) - \mu_3 = 0$$

$$-2(\omega_1 + 3\omega_2 + 2\omega_3) - \mu_4 = 0$$

当 $\omega_1 + \omega_2 + \omega_3 = 1$ 时,上式无非负解。当式(5.4.13a)和(5.4.13d)有约束力时,那就意味着 $x_2 = 0, x_1 = 10$,从式(5.4.14d)和(5.4.14e)得 $\mu_2 = \mu_3 = 0$,将这些值代入式(5.4.14a)和(5.4.14b)得

$$-20 - 2\omega_2 + 4\omega_3 - \mu_4 = 0$$

$$\omega_3 = \frac{1}{4}(20 + 2\omega_2 + \mu_4) \geqslant 5$$

显然,不符合要求,作同样的分析,可以得出:

$$\mu_j = 0, j = 1, 2, 3, 4$$

和

$$x_1^* = \omega_1 + 2\omega_2 + 4\omega_3 \qquad (5.4.15a)$$

$$x_2^* = \omega_1 + 3\omega_2 + 2\omega_3 \qquad (5.4.15b)$$

我们假定:

$$x^1 = \begin{pmatrix} 1 \\ 1 \end{pmatrix}, x^2 = \begin{pmatrix} 2 \\ 3 \end{pmatrix}, x^3 = \begin{pmatrix} 4 \\ 2 \end{pmatrix}$$

则

$$x^* = \begin{pmatrix} x_1^* \\ x_2^* \end{pmatrix} = \omega_1 x^1 + \omega_2 x^2 + \omega_3 x^3 \qquad (5.4.16)$$

由于每个目标函数 $f_i(x)$ 均是凸的,x 可由式(5.4.16)确定。它是 $P(\omega)$ 的惟一解,当给定 $\omega \in W$ 时,x 也是式(5.4.16)的非劣解。其非劣解集 x^* 为由式(5.4.17)所表示的凸包,即

$$x^* = \{x^* \mid x^* \in R^2, x = \omega_1 x^1 + \omega_2 x^2 + \omega_3 x^3,$$
$$\omega_i \geqslant 0, i = 1, 2, 3, \omega_1 + \omega_2 + \omega_3 = 1\} \qquad (5.4.17)$$

(二) 约束法

产生非劣解的另外一种最常用的方法是约束法,它和加权法一样有很强的直观意义,另外,它也可以从非劣解的 Kuhn-Tucker 条件直接推导出来。在多个目标中,选择其中一个目标作为基本目标,而将其余目标转化为不等式约束。

$$\max f(x) = \{f_1(x), f_2(x), \cdots, f_i(x), \cdots, f_n(x)\} \qquad (5.4.18)$$

受约束于:

$$x \in X \qquad (5.4.19)$$

上式中 x 为 p 维向量,则约束问题成为

$$\max f_h(x) \qquad (5.4.20)$$

它受约束于:

$$x \in X \qquad (5.4.21)$$

$$f_k(x) \geqslant \varepsilon_k, k = 1, 2, \cdots, n, k \neq h \qquad (5.4.22)$$

如果我们任意选择某个属性(例如第 h 个属性)求极大,它便形成一纯量优化问题,因此能用通常的线性或非线性规划的方法求解,这个问题的最优解在一定条件下是原来向量优化问题的非劣解,这可以由非劣解的 Kuhn-Kucker 条件去论证。

令 ε^0 ($\varepsilon^0 = [\varepsilon_1^0, \cdots, \varepsilon_{h-1}^0, \varepsilon_{h+1}^0, \cdots, \varepsilon_n^0]^T$) 为一向量,它使约束问题有解。设 x^0 是这个约束问题的最优解。我们说 x^0 是原来向量优化问题的一个非劣解,如果或者对于某个 $1 \leqslant h \leqslant n, x^0$ 是以 $f_h(x)$ 作为目标函数的约束问题的惟一解,或者对于每一个 $h = 1, \cdots, n, x^0$ 都是它们的约束问题的解。对于任何给定的非劣解 x^*,我们总能找到一个 ε,对于每一个 $h = 1, \cdots, n, x^*$ 是它们的约束问题的解。事实上,一个这样的 ε 是 $\varepsilon^* = [\varepsilon_1^*, \cdots, \varepsilon_{h-1}^*, \varepsilon_{h+1}^*, \cdots, \varepsilon_n^*]^T$,而 $\varepsilon_j^* = f_j(x^*)$ 对于所有 $j = 1, 2, \cdots, n, j \neq h$。

使用加权法是相当直接的,使用约束法要复杂一些,算法的一般步骤如下:

第一步,构造支付表(见表 5.17)。

(1)解 n 个纯量极大化(或极小化)问题,寻求 n 个属性中每个属性的最优解。令第 k 个属性的最优解为 $x^k = (x_1^k, \cdots, x_p^k)$。如果这个解不是惟一的,必须从其中找到非劣解;

(2)计算每个属性在 $x^k, k = 1, 2, \cdots, n$ 的值 $f_1(x^k), \cdots, f_n(x^k)$;

(3)把每个属性的 n 个值列入表中,其中各行为 $x^1, x^2, \cdots, x^n$,而各列记相应的属性值。

表 5.17　　　　　　　　　　　多目标问题的支付表

	f_1	f_2	$\cdots$	f_n
x^1	$f_1(x^1)$	$f_2(x^1)$	$\cdots$	$f_n(x^1)$
x^2	$f_1(x^2)$	$f_2(x^2)$	$\cdots$	$f_n(x^2)$
$\vdots$	$\vdots$	$\vdots$		$\vdots$
x^n	$f_1(x^n)$	$f_2(x^n)$	$\cdots$	$f_n(x^n)$

(4)寻找第 k 列中最大的数,记作 m_k,以及最小的数,记作 $n_k, k = 1, 2, \cdots, n$。

第二步,把多目标问题变换为相应的约束优化问题式(5.4.20) ~ (5.4.22)。

第三步,第一步中的 m_k 和 n_k,规定了第 k 个属性在非劣解的集中的变化范围:$n_k \leqslant y_k = f_k(x) \leqslant m_k$,它也是 ε_k 的变化范围。在这个范围中选择 r 个不同的 ε_k 的值去产生非劣解。

第四步,对于 ε_k 的每种组合 $k = 1, 2, \cdots, h-1, h+1, \cdots, n$,

$$\varepsilon_k = n_k + [t/(r-1)](m_k - n_k), t = 0, 1, \cdots, r-1 \qquad (5.4.23)$$

解约束问题。因为每个属性有 r 个值,所以 ε_k 共有 r^{n-1} 种组合。r^{n-1} 个约束问题中的每一个如果是可行的,而且解是惟一的,将产生一非劣解。

例 5.13 已知多目标优化问题为

$$\max\{f_1(x) = 5x_1 - 2x_2, f_2(x) = -x_1 + 4x_2\} \qquad (5.4.24)$$

满足约束:

$$\begin{cases} -x_1 + x_2 \leqslant 2 \\ x_1 + x_2 \leqslant 8 \\ x_1 \leqslant 6 \\ x_2 \leqslant 4 \\ x_1, x_2 \geqslant 0 \end{cases} \qquad (5.4.25)$$

其解题步骤如下:

第一步,构造支付表。分别对每个属性求最优。对 $f_1(x)$ 的优化得到惟一解,其中,$x^1 = (x_1^1, x_2^1) = (6,0)$,$f_1(x^1) = 30$,$f_2(x^2) = -6$。对 $f_2(x)$ 的优化得到惟一解,其中,$x^2 = (x_1^2, x_2^2) = (1,4)$,$f_1(x^2) = -3$,$f_2(x^2) = 15$。这个问题的支付表如表 5.18 所示。

表 5.18	问题的支付表	
	$f_1(x)$	$f_2(x)$
$x^1 = (6,0)$	30	-6
$x^2 = (1,4)$	-3	15

从表中看出:$m_1 = 30$,$n_1 = -3$,$m_2 = 15$,$n_2 = -6$。

第二步,建立约束问题。选择 f_1 求极大:

$$\max f_1(x) = 5x_1 - 2x_2 \qquad (5.4.26)$$

满足约束:$\begin{cases} -x_1 + x_2 \leqslant 2 \\ x_1 + x_2 \leqslant 8 \\ x_1 \leqslant 6 \\ x_2 \leqslant 4 \\ x_1, x_2 \geqslant 0 \end{cases}$

和
$$f_2(x) = -x_1 + 4x_2 \geqslant \varepsilon_2 \qquad (5.4.27)$$

第三步,(5.4.27)式右侧的 ε_2 的范围规定 $-6 \leqslant \varepsilon_2 \leqslant 15$,令产生非劣解的各种 ε_2 的值的数目 r 为 4。使用(5.4.23)式计算 ε_2 的值。

$$\varepsilon_2 = -6 + \frac{1}{3}t[15 - (-6)] = -6 + 7t, t = 0,1,2,3。 \qquad (5.4.28)$$

第四步,令 $\varepsilon_2 = -6,1,8,15$,求解约束问题。

原问题在决策空间和目标空间中的可行域如图 5.8 和图 5.9。约束问题有另外的约束式(5.4.27),它缩小了 x 和 y 的可行域。这两个空间中实际上各有四个可行域分别对应于 ε_2 的四个值。当 $\varepsilon_2 = -6$ 时,新的可行域恰好就是原来的 X,即 $f_2(x) = -6$ 切穿 X 于点 $(6,0)$;而 $f_1(x)$ 在新可行域的点 $(6,0)$ 达到极大值。ε_2 从 -6 增加到 1,对应于式(5.4.27)的线向“西北”方向移动。$\varepsilon_2 = 1$,可行域缩小到 X 中处在 $f_2(x) = 1$ 的上面那部分。$f_1(x)$ 在新的可行域中在点 $(6,1.75)$ 达到极大。其他的非劣解是:当 $\varepsilon_2 = 8$ 时非劣解为点 $(4.8,3.2)$;当 $\varepsilon_2 = 15$ 时,非劣解为点 $(1,4)$。

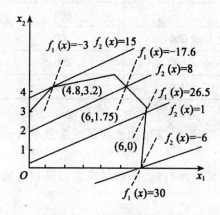

图 5.8　约束法决策空间

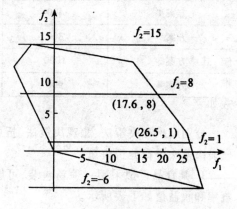

图 5.9　约束法的目标空间

在目标空间中,约束条件 $f_2(x) = \varepsilon_2$ 是一束水平线。这束水平线和可行域 y 的“东北”边界的交点确定了约束问题的 $f_1(x)$ 的极大值,它也就是原问题的一非劣解。例如,当约束条件为 $f_2(x) = 1$ 时,在图中水平线在点 $(26.5,1)$ 通过 y 的“东北”边界,因此这个问题的一非劣解的属性值为 $y_1 = 26.5, y_2 = 1$,它对应于决策空间中 $x = (6,1.75)$ 的那个解。

小　结

　　本章主要介绍了管理决策分析的基础理论和基本概念,以及管理决策的分类,其次阐述了不确定性决策问题的基本方法,然后介绍了风险决策问题的分析方法,最后介绍了多目标决策问题。

思考题

　　1. 决策的基本分类及决策模型的构成要素是什么?

　　2. 某企业为扩大生产有四种投资方案,三种自然状态,投资数量如下表所示:

万元

自然状态 投资方案	状态1	状态2	状态3
方案1	400	700	400
方案2	300	200	500
方案3	1000	600	800
方案4	900	100	300

　　分别用乐观决策法、悲观决策法、折中决策法、等可能性决策法和最小机会损失决策法进行分析决策。

　　3. 某食品厂拟采用一种新包装,可能采取的行动、顾客的反应以及相应的概率和收益值如下表所示。

万元

方案 状态　　概率	A_1 新包装	A_2 老包装	A_3 新老各半
喜爱新包装　　0.7	400	100	200
喜爱老包装　　0.2	40	350	150
无　偏　爱　　0.1	300	300	300

　　试用最大期望收益准则和最小期望机会损失准则两种方法分别确定最优方案,并进行比较。

　　4. 某公司拟生产一种新产品,有两个可行方案:一是建大厂,需投资 280 万元;二是建小厂,需投资 140 万元。该产品的市场寿命为 10 年,10 年内销售状态的离散分布状态如下:需求量高的可能性为 0.5;需求量中等的可能性为 0.3;需求量低的可能性为 0.2。

　　经过分析,在工厂规模和市场容量的组合下,它们的条件收益如下:(1)建大厂,需求高,每年获利 100 万元;(2)建大厂,需求中等,每年获利 60 万元;(3)建大厂,需求低,由于开工不足,引起每年亏损 20 万元;(4)建小厂,需求高,由于供不应求,销售损失较大,每年仅获利 25 万元;(5)建小厂,需求中等,销售损失降低,每年可获利 45 万元;(6)建小厂,需求低,工厂规模与市场容量配合得好,每年可获得 55 万元。试用决策树分析法决策选择最优方案。

　　5. 设有一个两目标的决策问题:
$$\min\{f_1(x) = x - 1, f_2(x) = (x - 3)^2 + 1\}$$
受约束于:
$$x \geq 0, x \in R$$
R 是一维欧几里得实空间,求其非劣解。

参考文献

　　1.《运筹学》教材编写组. 运筹学. 北京:清华大学出版社,1982

　　2. 李书涛. 决策支持系统原理与技术. 北京:北京理工大学出版社,1996

　　3. 翟立林,周士富. 管理决策理论与方法. 北京:建筑工业出版社,1987

　　4. 冯尚友. 多目标决策理论方法与应用. 武汉:华中理工大学出版社,1990

　　5. 陈珽:决策分析. 北京:科学出版社,1987

　　6. Zadeh L. A.. Optimality and Non-scalar-valued Performance Criteria. IEEE Trans, 1963 AC-8

第六章　管理中的博弈

上一章介绍了单一决策人的决策理论问题,本章介绍管理中的一类特殊决策问题。本章共分三节,第一节介绍博弈论及其与管理的关系、博弈的分类、博弈的基本要素;第二节介绍完全信息静态博弈和完全信息动态博弈;第三节介绍不完全信息静态博弈和不完全信息动态博弈。

第一节　博弈论概述

一、博弈论及其与管理的关系

(一) 博弈论

博弈论(game theory)是研究多个决策主体(参与人)的行为发生直接相互作用时的决策以及这种决策的均衡问题。这种理论隐含的基本假设是,参与人追求确定的外部目标(他们是理性的),并且考虑他们自身的知识和其他参与人行为的期望。

这里我们可以把博弈论与第五章谈到的决策问题进行比较。第五章谈到的决策是在给定某个参数和一定的约束的条件下,最大化决策者个人的效用;决策者个人的效用函数只依赖于他自己的选择,而不依赖于其他决策者的选择;个人的最优选择只是某个参数和一定的约束的函数而不是其他决策者选择的函数。这里决策者之间的选择是相互作用的,但是对单个决策者来讲,所有其他人的行为都被总结在某个参数里。这样,一个决策者作出决策时所面临的似乎是一个非人格化的东西,而不是另外一个决策者。他既不考虑自己的选择对其他决策者选择的影响,也不考虑其他决策者的选择对自己选择的影响。

与此相对照,在博弈论里,参与人的效用函数不仅依赖于他自己的选择,而且依赖于其他参与人的选择;某个参与人的最优选择是其他参与人选择的函数。从这个意义上讲,博弈论研究的是在存在相互外部条件下的个人选择问题。参与人之间决策行为相互影响的例子很多,几乎所有我们遇到的生活中的事情都是这样的。比如说同一城市的两个房地产开发企业选择房屋出售价格及房屋开发面积,税收监管部门与纳税企业之间,中央银行与商业银行之间,它们的行为都可以理解为一种博弈,所以博弈论的应用是非常广泛的。

（二）博弈论的发展历程

"博弈"的英文单词是 game,意为对策、游戏。在诸如下棋、打牌、划拳等游戏中,人们要解决的问题是如何才能获胜,这实际上是参与人面对一定的信息量寻求最佳行动和最优策略的问题,这反映了博弈论的思想。社会生活中的许多现象都带有相互竞争与合作的特征,可以说,一切都在博弈之中。在我国,博弈论的思想渊远流长,博弈的思想和实践活动可以追溯到 2000 多年前著名的"齐王与田忌赛马";在国外,博弈论的思想与实践活动也有较长的历史。虽然博弈论的思想与实践在中外都有很长的历史,但现代博弈论的建立及其理论体系的形成却是在 20 世纪 40 年代中期到 50 年代初期。博弈论的发展、完善及在经济管理方面的广泛应用,则是近二三十年的事。

1944 年以前是博弈论早期思想和基本概念形成的阶段。1944 年以前,博弈论没有形成完整的思想体系和方法论体系,人们主要集中于严格的竞争对策（二人零和博弈）的研究。

1944～1959 年是现代博弈论的建立与理论体系基本形成阶段。1944 年,美国普林斯顿大学的著名数学家冯·诺伊曼和经济学家摩根斯坦(Oskar Morgenstern)合著的《博弈论与经济行为》一书出版,意味着博弈论作为一种系统理论的开始,奠定了现代博弈论的基础,构建了博弈论这一学科的理论框架。1950～1953 年间,美国普林斯顿大学数学系的约翰·纳什(John Nash)发表了四篇具有划时代意义的论文。1950 年,A. W. 塔克(A. W. Tucker)在斯坦福大学的一份备忘录中揭示了"囚徒的困境"。M. 舒比克(Martin Shubik)(1959)出版了《策略与市场结构:竞争、垄断与博弈论》一书,标志着博弈论在经济学中应用的开始。20 世纪 50 年代末还出现了关于重复博弈的研究,提出了一些关于随机博弈和动态博弈的概念及模型。总之,在 50 年代已经形成以纳什非合作博弈理论为核心的现代博弈论体系。

1960～1969 年是博弈理论进一步完善和发展的阶段。20 世纪 60 年代,不完全信息博弈论的创立是博弈论研究的重大突破和发展。1966 年,奥曼和马希勒的研究中出现了具有不完全信息的无限重复博弈。海萨尼(1967～1968)在《管理科学》杂志上分三部分发表了其著名论文《由贝叶斯参与人进行的不完全信息博弈》,从而建立了不完全信息博弈论,为信息经济学的发展打下了理论基础。R. 泽尔腾于 1965 年引入了另一极为重要的概念——具有子博弈完备均衡概念的精炼纳什均衡。

1970～1989 年是博弈论的理论体系完全形成及广泛应用阶段。在 1970～

1989 年间,博弈论取得了空前的发展。一方面,博弈理论本身几乎在所有领域内都取得了重大突破,如重复博弈、随机博弈、策略均衡、谈判理论、信誉模型、多人博弈等,从而完善了博弈理论体系,也为博弈论的广泛应用奠定了理论基础;另一方面,博弈论已广泛应用到生物学、计算机科学、道德哲学、经济学等学科中,在实践中得到广泛传播,并为人们(尤其是经济学家)所普遍接受。这一时期博弈论的发展较为突出地表现在以下几个方面:在策略均衡概念的研究方面得到进一步深化和改进,海萨尼(1973)第一个否认了参与人利用随机化装置来决定其行动的传统观点,奥曼(1974)提出了相互关联的均衡的概念,R. 泽尔腾(1975)引入了"颤抖均衡"的概念;在不完全信息博弈和重复博弈方面的研究丰富了博弈论的研究内容及理论体系,奥曼(1981)发表了《重复博弈的一个考察》的论文,D. M. 克里普斯(David M. Kreps)和R. 威尔逊(Robert Wilson)(1982)把子博弈完备均衡的思想扩展到扩展形式子博弈中(称为"序列均衡"),尼曼(A. Neyman)(1985)和 A. 鲁宾斯坦(A. Rubinstern)(1986)系统阐述了重复博弈中的有限理性的思想, D. 弗坦伯格(Drew Fudenberg)和克里普斯(1988)最早研究了参与人如何利用学习过程了解均衡的问题;在生物进化论的应用研究方面取得重要突破,J. 斯密(John Maynard Smith)(1972)提出了稳定的进化策略;博弈论在经济学中得到广泛应用,经济学家们已经把博弈论视为经济分析的最合适的工具之一。

1990 年以后,博弈论融入主流经济学并对经济学产生了革命性的影响。进入 90 年代以来,博弈论已和现代经济学融为一体,成为主流经济学的一部分。短短几年时间,就出版了大量有关博弈论及其在经济学中应用的专著,各主要经济学和经济理论杂志中所刊登的有关博弈方面的文章随处可见。经济学家们已把博弈论当做最为合适的分析工具,人们谈论经济学时,自然会谈到和涉及博弈论,研究博弈论及其应用或者用博弈论方法分析经济问题在 90 年代成为一种时髦。1994 年 12 月,诺贝尔经济学奖授予了 J. 纳什、J. 海萨尼和 R. 泽尔腾三位博弈论专家及经济学家,表明了博弈论在主流经济学中的地位及其对现代经济学的影响与贡献。1995 年、1996 年,诺贝尔经济学奖分别授予了理性预期学派的卢卡斯(Robert Lucas)和研究信息经济学的莫里斯(James Mirrlees)及维克里(William Vickrey),被人们看成是博弈论在这两个领域的进一步应用。

(三)博弈论在管理中的应用

博弈论分析现在已经成为分析管理决策问题的一项重要工具。例如产业组织理论,研究市场结构、厂商行为及市场绩效的评价,产业组织理论中的大多数问题都可以用博弈论的概念和方法加以分析解释。人们普遍认为现实经济中普遍存在的是不完全竞争市场,较为典型的是寡头垄断市场。在寡头垄断市场条件下,厂商要对价格、产品定位、成本、生产能力、研究与开发等进行策略选择,因为厂商的行为是相互作用的,他的收益函数不仅取决于自己的选择,还依赖于对手的选择。博弈论为分析寡头垄断市场行为及策略冲突提供了标准工具和统一方法论。如在分析厂商的进入与进入阻挠、退出、定价、威胁与建立声誉、合谋等策略行动时,可以广泛使用非合作博弈、不完全信息博弈、重复博弈等理论与方法。

在管理决策中,在股东与经理、中央与地方、政府与国有企业之间等问题上都存在委托代理关系。博弈论研究了管理中委托代理人问题——激励与约束问题。博弈论把委托人与代理人视为博弈的参与人,研究不同激励机制下双方行为及其结果,回答诸如委托人在缺乏严格监督情况下,如何制定一套激励机制使代理人在为自己利益努力时自愿地为委托人的利益而努力工作,委托人如何以最少的成本支出获取最高的收益等问题。

管理决策中充满了"讨价还价"的情形,如厂商与工会之间的工资协议、买卖双方关于产品价格的确定等。这实际上是两个行为主体间的合作博弈问题,可以把讨价还价看做一个策略选择问题,即如何在参与人之间分配相互关联的收益问题。

另外,博弈论还研究了管理决策中的拍卖策略、社会选择、产权与制度、国际贸易政策、宏观经济政策分析等诸多问题。

二、博弈的分类

(一)合作博弈与非合作博弈

根据参与人之间的行为相互作用时,当事人之间是否达成一个具有约束力的协议,可将博弈分为合作博弈与非合作博弈。当参与人之间的行为相互作用时,如果当事人之间能达成一个具有约束力的协议,就是合作博弈;如果当事人之间不能达成一个具有约束力的协议,则是非合作博弈。对于同一座城市的两个房地产开发企业来说,如果它们之间能达成一个协议,联合起来得到最大化垄断利润,并且都按这个协议生产,就是合作博弈,它们面临的问题就是如何分享合作带来的剩余;如果它们之间的协议不具有约束力,没有任何一个房地产开发企业能够强制另一房地产开发企业遵守这个协议,每个房地产开发企业只能选择自己的最优方案,则是非合作博弈。合作博弈强调团体理性、效率、公正和公平;非合作博弈强调个人理性、个人最优决策,其结果可能是有效率的,也可能是无效率的。本章主要介绍非合作博弈理论。

(二)静态博弈和动态博弈

根据参与人行动的先后顺序,可将博弈分为静态博弈和动态博弈。静态博弈指的是参与人同时选择行动,或虽非同时行动但后行动者并不知道先行动者采取了什么具体行动;动态博弈指的是参与人的行动有先后顺序,且后行动者能够观察到先行动者所选择的行动。

（三）完全信息博弈和不完全信息博弈

根据参与人对有关其他参与人的特征、策略空间及支付函数的知识可将博弈分为完全信息博弈和不完全信息博弈。完全信息博弈指的是每一个参与人对所有其他参与人的特征、策略空间及支付函数有准确的知识;不完全信息博弈指的是每一个参与人对所有其他参与人的特征、策略空间及支付函数不具有准确的知识。本章第二节介绍完全信息博弈,第三节介绍不完全信息博弈。

如果同时考虑参与人行动的先后顺序及其知识,可将博弈分为完全信息静态博弈、完全信息动态博弈、不完全信息静态博弈、不完全信息动态博弈。其中,完全信息静态博弈、完全信息动态博弈将在本章第二节中介绍;不完全信息静态博弈、不完全信息动态博弈将在本章第三节中介绍。

三、博弈的基本要素

博弈论关心的是当人们知道其行动相互影响而且每个人都考虑这种影响时,理性的个体如何进行决策的问题。这里的理性是指当事人在有关局势既定的信念下能使自己的效用函数最大化,这是博弈论的一个极为重要的假设。一个博弈一般包括如下几个要素:参与人、行动、信息、策略、支付函数、结果和均衡。其中,参与人、策略和支付是描述一个博弈所需要的最少的要素,而行动和信息是其"积木"。参与人、行动和结果统称为"博弈规则"。博弈分析的目的是使用博弈规则预测均衡。下面给出这些概念的定义。

（一）参与人

参与人指的是博弈中选择行动以最大化自己效用的决策者,参与人可能是个人,也可能是团体,如国家、企业等。每个参与人必须有可供选择的行动和一个很好定义的偏好函数。在博弈中,"自然"是一个特殊的参与人,一般把它作为"虚拟参与人"来处理。参与人的集合记为

$$N = \{1,2,\cdots,n\}$$

（二）行动

行动是参与人在博弈的某个时点的决策变量。我们一般用 a_i 表示第 i 个参与人的一个特定行动, $A_i = \{a_i\}$ 表示第 i 个参与人的行动集合。参与人的行动可能是离散的,也可能是连续的。在 n 人博弈中, n 个参与人的行动的有序集 $a = (a_1,a_2,\cdots,a_n)$ 称为"行动组合",其中第 i 个元素 a_i 是第 i 个参与人的行动。与行动相关的一个重要问题是行动的顺序。行动顺序对于博弈的结果非常重

要。静态博弈与动态博弈的区分就是基于行动的顺序作出的。同样的参与人，同样的行动集合，行动顺序不同，每个参与人的最优选择就不同，博弈的结果就不同。在不完全信息博弈中，后行动者可以通过观察先行动者的行动来获得信息，从而使得博弈分析成为预测人的行为的一个强有力的工具。在博弈论中，一般假定参与人的行动空间和行动顺序是所有参与人的共同知识。

（三）信息

信息指的是参与人在博弈中的知识，特别是有关其他参与人特征和行动的知识。信息集用 I 表示，是博弈论中描述参与人信息特征的一个基本概念。博弈中参与人可利用的信息的多少是影响其策略行为的一个重要因素。在博弈论中，"完美信息"和"完全信息"是两个既有联系但又不完全相同的概念。完美信息是指每一个信息集只包含一个值，在完美信息博弈中，每个参与人在每个阶段都有关于上一阶段已进行的全部行动的信息；完全信息是指博弈的每一要素都是共同知识，在完全信息博弈中，所有参与人都有关于博弈的基本结构的完全信息，即没有事前的不确定性。"完美信息"和"完全信息"的区别是，前者是博弈的一种结构性质，后者是参与人的一种信息特征。"共同知识"是与信息有关的一个重要概念。共同知识指的是"所有参与人知道，所有参与人知道所有参与人知道，所有参与人知道所有参与人知道所有参与人知道……"的知识。共同知识是博弈论中一个非常强的假定。在现实的许多博弈中，即使所有参与人"共同"享有某种知识，每个参与人也许并不知道其他参与人知道这些知识，或者并不知道其他人知道自己拥有这些知识。

（四）策略

策略是参与人在给定信息集的情况下选择行动的规则。因为信息集包含了一个参与人有关其他参与人之前行动的知识，策略告诉该参与人如何对其他参与人的行动作出反应，因而策略是参与人的"相机行动方案"。一般地，我们用 s_i 表示第 i 个参与人的一个特定策略，$S_i = \{s_i\}$ 代表第 i 个参与人的所有可选择策略的集合。如果 n 个参与人每人选择一个策略，n 维向量 $s = (s_1, \cdots, s_i, \cdots, s_n)$ 称为一个策略组合，$S = s_1 \times \cdots \times s_i \times \cdots \times s_n$ 是博弈的策略空间。注意，策略与行动是两个不同的概念，策略是行动的规则而不是行动本身。策略作为参与人行动的规则，依赖于参与人获得的信息。在静态博弈中，所有参与人同时行动，没有任何人能获得他人行动的信息，策略选择就变成简单的行动选择，因此静态博弈中的策略和行动是相同的。策略作为一种行动规则必须是完备的，它要给出参与人在每一种可想像到的情况下的行动选择，即使参与人并不预期这种情况会实际发生。

（五）支付

支付是指在一个特定的策略组合下参与人得到的确定效用水平,或者是指参与人得到的期望效用水平。支付是博弈参与人真正关心的东西。我们假定每一个参与人的偏好都可以由一个 u-N-M 期望效用函数来代表,其目标是选择自己的策略以最大化期望效用函数。令 u_i 为第 i 个参与人的支付(效用水平),$u = (u_1, \cdots, u_i, \cdots, u_n)$ 为 n 个参与人的支付组合。博弈的一个基本特征是一个参与人的支付不仅取决于自己的策略选择,而且取决于所有其他参与人的策略选择,u_i 是所有参与人策略选择的函数:

$$u_i = u_i(s_1, \cdots, s_i, \cdots, s_n)$$

（六）结果和均衡

结果是指博弈中参与人的行动所产生的每一种可能情形,包括策略组合、行动组合及支付组合等。均衡是所有参与人的最优策略或行动的组合,一般记为

$$s^* = (s_1^*, \cdots, s_i^*, \cdots, s_n^*)$$

式中:s_i^* 是第 i 个参与人在均衡情况下的最优策略,它是 i 的所有可能策略中使 u_i 或 Eu_i 最大化的策略。一般来说,u_i 是所有参与人策略组合的函数,i 的最优策略通常依赖于其他参与人的策略选择。为了把一个特定的参与人与其他参与人相区别,我们用 $s_{-i} = (s_1, \cdots, s_{i-1}, s_{i+1}, \cdots, s_n)$ 表示由除 i 之外的所有参与人的策略组成的向量。策略组合 s 可表示成 $s = (s_i, s_{-i})$。则均衡点是满足以下条件的策略组合 $s^* \in S$:

$$u_i(s_i^*, s_{-i}^*) \geq u_i(s_i, s_{-i}^*), \forall i \in N, s_i \in S_i$$

在博弈论里,有各种各样的均衡概念,上述定义是所有均衡概念的共同特征。一个博弈可能有多个均衡存在。博弈论中的均衡概念与我们在一般均衡理论中讨论的均衡概念是不同的。在一般均衡理论里,均衡指的是由个人最优化行为导致的一组价格;在博弈论里,这样一组价格只是均衡的结果而不是均衡本身:均衡是指所有个人的买卖规则(策略)的组合,均衡价格是这种策略组合产生的结果。

第二节　完全信息博弈

一、完全信息静态博弈

在完全信息静态博弈中,"完全信息"指的是每个参与人对所有其他参与人的特征(包括策略空间、支付函数等)有完全的了解,"静态"指的是所有参与人同时选择行动且只选择一次。这里"同时行动"是一个信息概念而非日历上的

时间概念,只要每个参与人在选择自己的行动时不知道其他参与人的选择,我们就说他们在同时行动。完全信息静态博弈是一种最简单的博弈,在这种博弈中,每个人在不知其他参与人行动的情况下选择自己的行动,策略和行动实际上是一回事。博弈分析的目的是预测博弈的均衡结果,即给定每个参与人都是理性的,每个参与人都知道每个参与人都是理性的,什么是每个参与人的最优策略,什么是所有参与人的最优策略组合。纳什均衡是完全信息静态博弈解的一般概念,也是所有其他类型博弈解的基本要求。下面先给出博弈的策略式表述,然后讨论纳什均衡、混合策略均衡的特殊情况,最后给出完全信息静态博弈的案例分析。

(一) 博弈的策略式表述

在博弈论里,一个博弈可以用两种不同的方式来表述,一种是策略式表述,另一种是扩展式表述。从理论上讲,这两种表述形式几乎是完全等价的,但从分析的方便性的角度看,策略式表述更适合于静态博弈,而扩展式表述更适合于讨论动态博弈。这里先给出博弈的策略式表述。在策略式表述中,所有参与人同时选择各自的策略,所有参与人选择的策略一起决定每个参与人的支付。

博弈的策略式表述是

$$G = (N, (A_i), (u_i))$$

式中:N——参与人集合,$N = \{1, 2, \cdots, n\}$;

A_i——第 i 个参与人的策略空间;

$u_i : A \to G$——第 i 个参与人的效用函数。这里 A 表示每个参与人 i 从其策略空间 A_i 中选出一个策略时,各个参与人可能会选择的所有可能策略组合所组成的集,即 $A = \times_{i \in N} A_i$。

如果参与人的个数是有限的,每个参与人可选择的策略是有限的,则该博弈被称为有限博弈。两人有限博弈的策略式表述可以用图 6.1 的矩阵表来直观地给出。在图 6.1 的博弈中,参与人 1 的行动集合为 $\{T, B\}$,参与人 2 的行动集合是 $\{L, R\}$,并且从结果 (T, L) 来看,参与人 1 的支付为 w_1,参与人 2 的支付为 w_2。

参与人2

	L	R
T	w_1, w_2	x_1, x_2
B	y_1, y_2	z_1, z_2

参与人1（位于表格左侧）

图 6.1 矩阵博弈

（二）纳什均衡

1. 占优策略均衡

一般来说，由于每个参与人的效用（支付）是博弈中所有参与人的策略的函数，因此每个参与人的最优策略选择依赖于所有其他参与人的策略选择。在一些特殊的博弈中，一个参与人的最优策略可能并不依赖于其他参与人的策略选择，不论其他参与人选择什么策略，他的最优策略都是惟一的，这样的最优策略被称为"占优策略"。

考虑"囚徒困境"的例子。两名犯罪嫌疑人被分别关在两个不同的房间。如果两人都坦白，各判刑 3 年；如果两人都不坦白，则他们各判刑 1 年；如果只有一人坦白，则坦白者将被释放并作为对另一人的证人，另一人则判刑 4 年。我们用图 6.2 表示上述囚徒困境博弈。

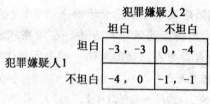

图 6.2   囚徒困境

在图 6.2 所示的囚徒困境博弈中，每个犯罪嫌疑人都有两种可选择的策略：坦白或不坦白。显然，不论同伙选择什么策略，每个犯罪嫌疑人的最优策略是"坦白"。例如，如果犯罪嫌疑人 2 选择坦白，犯罪嫌疑人 1 选择坦白时支付为 -3；选择不坦白时的支付为 -4，因而坦白比不坦白好。如果犯罪嫌疑人 2 选择不坦白，犯罪嫌疑人 1 选择坦白时的支付为 0；选择不坦白时的支付为 -1，因而坦白还是比不坦白好。就是说，"坦白"是犯罪嫌疑人 1 的占优策略。类似地，"坦白"也是犯罪嫌疑人 2 的占优策略。

一般地，a_i^* 称为参与人 i 的（严格）占优策略，如果对应所有的 a_{-i}，a_i^* 是 i 的严格最优选择，即：$u_i(a_i^*, a_{-i}) > u_i(a_i', a_{-i})$，$\forall a_{-i}$，$\forall a_i' \neq a_i^*$。对应地，所有的 $a_i' \neq a_i^*$ 成为参与人 i 的"劣策略"。这里 $a_{-i} = (a_1, \cdots, a_{i-1}, a_{i+1}, \cdots, a_n)$ 是除 i 之外所有参与人策略的组合。在博弈的策略式表述中，如果对于所有的 i，a_i^* 是 i 的占优策略，则策略组合 $a^* = (a_1^*, \cdots, a_n^*)$ 称为占优策略均衡。在一个博弈里，如果所有参与人都有占优策略存在，则占优策略均衡是可以预测到的惟一的均衡，因为没有一个理性的参与人会选择劣策略。在囚徒困境博弈里，（坦白，坦白）是占优策略均衡。占优策略均衡只要求每个参与人是理性的，因为不论其他参与人是否是理性的,占优策略总是一个理性参与人的最优选择,因而并不要求每个参与人知道其他参与人是理性的。

2. 重复剔除的占优均衡

在每个参与人都有占优策略的情况下,占优策略均衡是一个非常合理的预测。但在绝大多数博弈中,占优策略均衡是不存在的。考虑"智猪博弈"的例子:猪圈里圈着两头猪,一头大猪,一头小猪,猪圈的一头有一个猪食槽,另一头安装着一个按钮,控制着猪食的供应。按一下按钮,10个单位的猪食进槽,但需要支出2个单位的成本。若大猪先到,大猪吃到9个单位,小猪只能吃到1个单位;若小猪先到,大猪吃到6个单位,小猪吃到4个单位;若两猪同时到,大猪吃到7个单位,小猪吃到3个单位。图6.3描述了智猪博弈。

图 6.3　智猪博弈

显然这个博弈没有占优策略均衡。尽管小猪的占优策略是"等待",但大猪没有占优策略。大猪的最优策略依赖于小猪的策略:如果小猪选择"等待",大猪的最优策略是"按";如果小猪选择"按",大猪的最优策略是"等待"。因此,我们不能用占优策略找出均衡。那么这个博弈可能的均衡解是什么呢?由于小猪的占优策略是"等待",假定小猪是理性的,小猪肯定会选择"等待"。再假定大猪知道小猪是理性的,则大猪会正确地预测到小猪会选择"等待"。给定这个预测,大猪的最优选择只能是"按"。这样,(按,等待)是这个博弈惟一的均衡,即大猪选择"按",小猪选择"等待",各得4个单位。

在寻找上述智猪博弈均衡解的过程中实际上应用了"重复剔除严格劣策略"的思路,即首先找出某个参与人的劣策略(假定存在),把这个劣策略剔除掉,重新构造一个不包含已剔除策略的新的博弈;然后再剔除这个新的博弈中的某个参与人的劣策略;继续这个过程,直到只剩下一个惟一的策略组合为止。这个惟一剩下的策略组合就是这个博弈的均衡解,称为"重复剔除的占优均衡"。在上例中,我们首先剔除掉小猪的劣策略"按",在剔除掉这个策略后的新的博弈中,小猪只有一个策略"等待",大猪仍有两个策略,但此时,"等待"已成为大猪的劣策略,剔除这个策略,剩下的惟一策略组合是(按,等待)。

在应用重复剔除方法寻找均衡时,一个策略是占优策略或劣策略可能只是相对于另一个特定的策略而言的。令 a_i' 和 a_i'' 是参与人 i 可选择的两个策略(即 $a_i', a_i'' \in A_i$)。如果对于任意的其他参与人的策略组合 a_{-i},参与人 i 从选择 a_i' 得到的支付严格小于从选择 a_i'' 得到的支付,即:$u_i(a_i', a_{-i}) < u_i(a_i'', a_{-i})$,$\forall a_{-i}$,我们说策略 a_i' 严格劣于策略 a_i''。通常,a_i' 称为相对于 a_i'' 的劣策略,a_i'' 称为相对于 a_i' 的占优策略。占优策略均衡中的占优策略 a_i^* 是相对于所有 $a_i' \neq a_i^*$ 的占优策略。在博弈论中我们也使用"弱占优"、"弱劣"的概念。如果 $u_i(a_i', a_{-i}) \leq u_i(a_i'', a_{-i})$,$\forall a_{-i}$,我们称策略 a_i' 弱劣于策略 a_i'',a_i'' 称为相对于 a_i' 的弱占优策略。如果策略组合 $\boldsymbol{a}^* = (a_1^*, \cdots, a_n^*)$ 是重复剔除劣策略后剩下的惟一的策略组合,则称之为重复剔除的占优均衡。如果这种惟一的策略组合是存在的,我们说该博弈是重复剔除占优可解的;如果重复剔除后剩下的策略组合不惟一,我们说该博弈不是重复剔除占优可解的。

3. 纳什均衡

纳什均衡是完全信息静态博弈解的一般概念,构成纳什均衡的策略一定是重复剔除严格劣策略过程中不能被剔除的策略。纳什均衡的哲学含义是,我们设想 n 个参与人在博弈之前协商达成一个协议,规定每一个参与人选择一个特定的策略。令 $\boldsymbol{a}^* = (a_1^*, \cdots, a_i^*, \cdots, a_n^*)$ 代表这个协议,其中 a_i^* 是协议规定的第 i 个参与人的策略。只有当遵守协议带来的效用大于不遵守协议时的效用时,一个人才会遵守这个协议。如果没有任何参与人有积极性不遵守这个协议,我们说这个协议是可以自动实施的,这个协议就构成一个纳什均衡;否则,它就不是一个纳什均衡。

在有 n 个参与人的策略式表述博弈 $\boldsymbol{G} = (N, (A_i), (u_i))$ 中,策略组合 $\boldsymbol{a}^* = (a_1^*, \cdots, a_i^*, \cdots, a_n^*)$ 是一个纳什均衡,如果对于每一个参与人 i,a_i^* 是给定其他参与人选择 $a_{-i}^* = (a_1^*, \cdots, a_{i-1}^*, a_{i+1}^*, \cdots, a_n^*)$ 的情况下第 i 个参与人的最优策略,即:$u_i(a_i^*, a_{-i}^*) \geq u_i(a_i, a_{-i}^*)$,$\forall a_i \in A_i$,$\forall i$。或者是下述最大化问题的解:

$$a_i^* \in \arg \max u_i(a_i, a_{-i}^*), \forall i$$

纳什均衡有强弱之分。上述定义给出的是弱纳什均衡的概念。如果给定其他参与人的策略,每一个参与人的最优选择是惟一的,即 $u_i(a_i^*, a_{-i}^*) > u_i(a_i, a_{-i}^*)$,$\forall a_i \in A_i$,$\forall i$,那么这个纳什均衡是强的。如果一个纳什均衡是强的,则没有任何参与人在均衡策略与某些其他策略之间是无差异的;而在弱纳什均衡的情况下,有些参与人可能在均衡策略与非均衡策略之间是无差异的。

下面对纳什均衡与占优策略均衡及重复剔除的占优均衡之间的关系作一说明。每一个占优策略均衡、重复剔除的占优均衡一定是纳什均衡,但并非每一个纳什均衡都是占优策略均衡或重复剔除的占优均衡;纳什均衡一定是在重复剔除严格劣策略过程中没有被剔除掉的策略组合,但没有被剔除的策略组合不一定是纳什均衡,除非它是惟一的。如果一个策略在重复剔除过程的某个阶段严格劣于另一个策略从而被剔除,它不可能是对于其他参与人的均衡策略的最优选择。

纳什均衡是参与人将如何博弈的"一致性"预测:如果所有参与人预测一个特定的纳什均衡将会出现,那么,没有人有兴趣作不同的选择,从而有且仅有纳什均衡具有这样的特征:参与人预测到均衡,参与人预测到其他参与人预测到均衡等等。对比之下,预测一个非纳什均衡的策略组合将意味着至少有一个参与人会犯错误(有关对手选择的预测是错误的,或自己的选择是错误的),尽管这样的错误确实可能出现。

(三) 混合策略纳什均衡

前面我们将纳什均衡定义为一组满足所有参与人的效用最大化要求的策略组合,即:$a^* = (a_1^*, \cdots, a_i^*, \cdots, a_n^*)$ 是纳什均衡当且仅当 $a_i^* \in \arg \max u_i(a_i, a_{-i}^*), \forall i$。根据这一定义,有些博弈不存在纳什均衡,但可能存在如下面所定义的混合策略纳什均衡。

在本章第一节,我们将策略定义为参与人的一个特定的行动规则。现在我们将混合策略与纯策略区分开来。如果一个策略规定参与人在给定情况下只选择一种特定的行动,则将该策略称为纯策略;如果一个策略规定参与人在给定情况下以某种概率分布随机地选择不同的行动,则称该策略为混合策略。在博弈的策略式表述中,混合策略可以定义为在纯策略空间上的概率分布。在静态博弈里,纯策略等价于特定的行动,混合策略是不同行动之间的随机选择。

在策略博弈 $G = (N, (A_i), (u_i))$ 中,假定参与人 i 有 K 个纯策略:$A = \{a_{i1}, \cdots, a_{ik}\}$,则概率分布 $p_i = (p_{i1}, \cdots, p_{ik})$ 称为 i 的一个混合策略,其中,$p_{ik} = p(a_{ik})$ 是 i 选择 a_{ik} 的概率,对于所有的 $k, p_{ik} \geqslant 0, \sum_{k=1}^{K} p_{ik} = 1$。纯策略可以理解为混合策略的特例,纯策略 a_{i1} 等价于混合策略 $p_i = (1, 0, \cdots, 0)$ 即选择纯策略概率 a_{i1} 的概率为1,选择任何其他纯策略的概率为0。我们用 Σ_i 代表 i 的混合策略空间,$P = (p_1, \cdots, p_i, \cdots, p_n)$ 代表混合策略组合,其中 p_i 为 i 的一个混合策略,$\Sigma = \times_i \Sigma_i$ 代表混合策略组合空间($P \in \Sigma$)。

在纯策略情况下,参与人 i 的支付 u_i 是纯策略组合 $a = (a_1, \cdots, a_i, \cdots, a_n)$ 的函数,$u_i = u_i(a_1, \cdots, a_i, \cdots, a_n)$。给定策略组合 $a = (a_1, \cdots, a_i, \cdots, a_n)$,$u_i$ 取一个确定的值。由于混合策略的支付具有不确定性,因此参与人关心的是期望效用而不是其他参与人的实际策略选择。我们用 $u_i(p) = u_i(p_i, p_{-i})$ 表示参与人 i 的期望效用函数。其中,$p_{-i} = (p_1, \cdots, p_{i-1}, p_{i+1}, \cdots, p_n)$ 是除 i 之外所有其他参与人的

混合策略组合。

$$u_i(p_i, p_{-i}) = \sum_{a \in A} (u_j \in N p_j(a_j) \ u_i(a)$$

在策略博弈 $G = (N, (A_i), (u_i))$ 中, 混合策略组合 $p^* = (p_1^*, \cdots, p_i^*, \cdots, p_n^*)$ 是一个纳什均衡, 如果 $u_i(p_i^*, p_{-i}^*) \geq u_i(p_i, p_{-i}^*)$, $\forall p_i \in \Sigma_i$, 对于所有的 $i = 1, 2, \cdots, n$ 成立。

每个参与人的期望效用是自己的混合概率的线性函数。如果 $p_i = (p_{i1}, \cdots, p_{ik})$ 是相对于给定 p_{-i} 的一个最优混合策略, 那么, 对于所有的 $p_{ik} > 0$, $u_i(a_{ik}, p_{-i}) \geq u_i(a_{ik}', p_{-i})$, $\forall a_{ik}' \in A_i$。就是说, 如果 $p_i = (p_{i1}, \cdots, p_{ik})$ 是相对于给定的 p_{-i} 的一个最优混合策略, 如果这个混合策略规定 i 以严格正的概率选择纯策略 a_{ik}, 则 a_{ik} 本身一定是相对于 p_{-i} 的一个最优策略。因为所有以正的概率进入最优混合策略的纯策略都是最优策略, 所以参与人在所有这些纯策略之间一定是无差异的, 即如果 $p_{i1} > 0$, $\cdots$, $p_{ik} > 0$, 则 $u_i(a_{i1}, p_{-i}) = u_i(a_{i2}, p_{-i}) = \cdots = u_i(a_{ik}, p_{-i})$。若参与人有几个纯策略是最优的, 则任何以正的概率选择其中一些或所有这些纯策略的混合策略也是最优的。

既然参与人在构成混合策略的不同纯策略之间是无差异的, 他为什么不选择一个特定的纯策略而要以特定的概率随机地选择不同的纯策略呢? 对此可以作出的一个解释是, 一个参与人选择混合策略的目的是给其他参与人造成不确定性, 这样, 尽管其他参与人知道他选择某个特定纯策略的概率是多少, 但他们并不能猜透他实际上会选择哪个纯策略。正是因为他在几个(或全部)策略之间是无差异的, 他的行为才难以预测, 混合策略均衡才会存在。如果他严格偏好于某个特定的纯策略, 他的行为就会被其他参与人准确地猜透, 就不会有混合策略均衡出现。海萨尼(Harsanyi, 1973)对混合策略的解释是, 混合策略均衡等价于不完全信息下的纯策略均衡。尽管混合策略不像纯策略那样直观, 但确实是一些博弈中参与人的合理行为方式。扑克比赛、垒球比赛、划拳、猜谜、监督博弈就是这样的例子, 在这类博弈中, 参赛者总是随机行动以使自己的行为不被对手所预测。下面我们看一下监督博弈中参与人是如何选择混合策略的。

这里, 我们以金融监管为例。这个博弈的参与人中央银行和商业银行。中央银行的纯策略选择是监管或不监管, 商业银行的纯策略选择是违规或不违规。图 6.4 概括了对应不同纯策略组合的支付矩阵。这里, C 是中央银行的监管成本, A 表示商业银行的违规行为给社会造成的损失, R 表示商业银行的正常收入, R' 表示商业银行因违规而获得的额外收入, F 表示商业银行违规被查处后受到的罚款, R'' 表示商业银行因违规被查处情况下的收入(银行违规信誉下降, 其业务收入小于正常业务收入)。

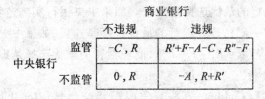

图 6.4 监督博弈

在图 6.4 所示的监督博弈中,中央银行的支付取决于自己的策略和商业银行选择的策略,商业银行的支付取决于自己的策略和中央银行选择的策略;只要中央银行实施监管,商业银行的选择违规比将被发现和查处。在中央银行实施监管、商业银行违规被查处的情况下,中央银行的支付 = -C(中央银行的监管成本) + (-A)(商业银行违规造成的社会公众利益损失) + R'(剥夺商业银行的违规收入) + F(罚款收入);商业银行的支付 = R''(违规后的收入) + (-F)(违规被查处的罚款)。

通过分析,该博弈不存在纯策略组合构成纳什均衡:给定中央银行监管,商业银行选择不违规;给定中央银行不监管,商业银行选择违规;给定商业银行不违规,中央银行选择不监管;给定商业银行违规,中央银行选择监管。

现在我们来求解混合策略纳什均衡。设中央银行实施监管的概率为 α,商业银行违规的概率为 β。给定 β,中央银行选择监管($\alpha = 1$)和不监管($\alpha = 0$)的期望收益分别为

$$u_g(1,\beta) = (-C)\beta + (R' + F - A - C)(1 - \beta);$$
$$u_g(0,\beta) = 0 \times \beta + (-A)(1 - \beta);$$

给定 α,商业银行选择违规($\beta = 1$)和不违规($\beta = 0$)的期望收益分别为

$$u_p(\alpha,1) = (R'' - F)\alpha + (R + R')(1 - \alpha);$$
$$u_p(\alpha,0) = R \times \alpha + R(1 - \alpha);$$

解 $u_g(1,\beta) = u_g(0,\beta)$ 和 $u_p(\alpha,1) = u_p(\alpha,0)$

解得该博弈的混合策略纳什均衡是

$$\alpha^* = R'/(R + R' + F - R''), \beta^* = C/(R' + F)$$

即中央银行以 $\alpha^* = R'/(R + R' + F - R'')$ 的概率实施监管,商业银行以 $\beta^* = C/(R' + F)$ 的概率选择违规。这个均衡的另一个可能的(或许更为合理的)解释是,经济中有多家商业银行,其中有 $C/(R' + F)$ 比例的商业银行选择违规,$1 - C/(R' + F)$ 比例的商业银行选择不违规;中央银行随机地检查 $R'/(R + R' + F - R'')$ 比例的商业银行的违规情况。如果商业银行违规的概率小于 $\beta^* = C/(R'$

$+F)$,中央银行的最优选择是不监管;如果商业银行违规的概率大于 $\beta^* = C/$ $(R' + F)$,中央银行的最优选择是监管。如果中央银行实施监管的概率小于 α^* $= R'/(R + R' + F - R'')$,商业银行的最优选择是违规;如果中央银行实施监管的概率大于 $\alpha^* = R'/(R + R' + F - R'')$,商业银行的最优选择是不违规。

（四）案例分析

下面以库诺特(Cournot)寡头竞争模型和豪泰林(Hotelling)价格竞争模型来说明纳什均衡在经济管理中的应用。这两个例子中的策略都是连续变量。

1. 库诺特(Cournot)寡头竞争模型

在库诺特模型里,有两个参与人,分别称为企业 1 和企业 2;每个企业的策略是选择产量;支付是利润,它是两个企业产量的函数。$q_i \in [0, \infty]$ 代表第 i 个企业的产量,$C_i(q_i)$ 代表成本函数,$P = P(q_1 + q_2)$ 代表逆需求函数(P 是价格;$Q(P)$ 是原需求函数)。第 i 个企业的利润函数为

$$u_i(q_1, q_2) = q_i P(q_1 + q_2) - C_i(q_i), i = 1, 2$$

(q_1^*, q_2^*) 是纳什均衡产量意味着:

$$q_1^* \in \arg\max u_1(q_1, q_2^*) = q_1 P(q_1 + q_2^*) - C_1(q_1)$$
$$q_1^* \in \arg\max u_2(q_1^*, q_2) = q_2 P(q_1^* + q_2) - C_2(q_2)$$

对每个企业的利润函数求一阶导数并令其等于零。

$$\frac{\partial u_1}{\partial q_1} = P(q_1 + q_2) + q_1 P'(q_1 + q_2) - C_1'(q_1) = 0$$

$$\frac{\partial u_2}{\partial q_2} = P(q_1 + q_2) + q_2 P'(q_1 + q_2) - C_2'(q_2) = 0$$

上述两个一阶条件定义了两个反应函数 $q_1^* = R_1(q_2)$ 和 $q_2^* = R_2(q_1)$。反应函数意味着每个企业的最优策略是另一个企业产量的函数,两个反应函数的交叉点就是纳什均衡 $q^* = (q_1^*, q_2^*)$。

为了得到具体的结果,我们假定每个企业具有相同的不变单位成本,即 $C_1(q_1) = q_1 c$, $C_2(q_2) = q_2 c$;需求函数为 $P = a - (q_1 + q_2)$。则最优化的一阶条件分别为

$$\frac{\partial u_1}{\partial q_1} = a - (q_1 + q_2) - q_1 - c = 0$$

$$\frac{\partial u_2}{\partial q_2} = a - (q_1 + q_2) - q_2 - c = 0$$

反应函数为 $q_1^* = R_1(q_2) = \frac{1}{2}(a - q_2 - c)$ 和 $q_2^* = R_2(q_1) = \frac{1}{2}(a - q_1 - c)$。就是说,某个企业每增加 1 个单位的产量,另一个企业将减少 1/2 单位的产量。

解两个反应函数,我们得纳什均衡为:$q_1^* = q_2^* = \frac{1}{3}(a-c)$。每个企业的纳什均衡利润分别为

$$u_1(q_1^*, q_2^*) = u_2(q_1^*, q_2^*) = \frac{1}{9}(a-c)^2。$$

2. 豪泰林(Hotelling)价格竞争模型

在库诺特模型中,产品是同质的。在这个假设下,如果企业的竞争策略是价格而不是产量,伯川德(Bertrand,1883)证明,即使只有两个企业,在均衡情况下,价格等于边际成本,企业的利润为零,与完全竞争市场均衡一样。这便是所谓的"伯川德悖论"。解开这个悖论的办法之一是引入产品的差异性。如果不同企业生产的产品是有差异的,替代弹性就不会是无限的,此时消费者对不同企业的产品有着不同的偏好,价格不是他们感兴趣的惟一变量。在存在产品差异的情况下,均衡价格不会等于边际成本。现在我们来看豪泰林(Hotelling,1929)模型。在豪泰林模型中,产品在物质性能上是相同的,但在空间位置上有差异。由于不同位置上的消费要支付不同的运输成本,他们关心的不单是价格而是价格与运输成本之和。假定有一个长度为 1 的线性城市,消费者均匀地分布在 [0,1] 区间里,分布密度为 1。

假定有两个企业,分别位于城市的两端,企业 1 在 $x=0$,企业 2 在 $x=1$,它们出售物质性能相同的产品,每个企业提供单位产品的成本为 c。消费者购买商品的旅行成本与离企业的距离成比例,单位距离的成本为 t。这样,位于 x 的消费者在企业 1 采购的旅行成本为 tx,在企业 2 采购的旅行成本为 $t(1-x)$。假定消费者具有单位需求,即或者消费 1 个单位或者消费 0 个单位。消费者从消费中得到的消费剩余为 $\bar{s}$。

现在考虑两企业之间价格竞争的纳什均衡。假定两个企业同时选择自己的销售价格,消费剩余 $\bar{s}$ 相对于购买总成本(价格加旅行费用)而言足够大,从而所有消费者都购买一个单位的产品。令 p_i 为企业 i 的价格,$D_i(p_1, p_2)$ 为需求函数,$i=1,2$。如果住在 x 的消费者在两个企业之间是无差异的,那么所有住在 x 左边的将都在企业 1 购买,而住在 x 右边的将在企业 2 购买,需求分别为 $D_1 = x$,$D_2 = 1-x$。这里 x 满足 $p_1 + tx = p_2 + t(1-x)$。

由上式得需求函数分别为

$$D_1(p_1, p_2) = x = (p_2 - p_1 + t)/2t$$
$$D_2(p_1, p_2) = 1 - x = (p_1 - p_2 + t)/2t$$

利润函数分别为

$$u_1(p_1, p_2) = (p_1 - c)D_1(p_1, p_2) = (p_1 - c)(p_2 - p_1 + t)/2t$$

$$u_2(p_1,p_2) = (p_2 - c)D_2(p_1,p_2) = (p_2 - c)(p_1 - p_2 + t)/2t$$

企业 1 选择自己的价格 p_i 最大化利润 u_i,给定 p_j,最优化的一阶条件分别为

$$\frac{\partial u_1}{\partial p_1} = p_2 + c + t - 2p_1 = 0$$

$$\frac{\partial u_2}{\partial p_2} = p_1 + c + t - 2p_2 = 0$$

解两个最优化一阶条件得纳什均衡解为

$$p_1^* = p_2^* = c + t$$

每个企业的均衡利润为

$$u_1 = u_2 = t/2$$

我们将消费者的位置差异解释为产品差异,这个差异进一步可解释为消费者购买产品的旅行成本。如果旅行成本越高,不同企业出售的产品之间的替代性下降,每个企业对附近消费者的垄断力加强,企业之间的竞争越来越弱,消费者对价格的敏感度下降,从而每个企业的最优价格更接近于垄断价格,从而导致均衡价格和均衡利润越高。如果旅行成本为零,不同企业的产品之间具有完全的替代性,没有任何一个企业可以把价格定得高于成本,我们将得到伯川德均衡结果。

如果两个企业位于同一个位置 x,则两个企业出售的是同质产品,消费者关心的只是价格,则伯川德均衡是惟一的均衡:$p_1 = p_2 = c$;$u_1 = u_2 = 0$。

如果企业 1 位于 $a \geq 0$,企业 2 位于 $1 - b(b \geq 0)$。假定 $1 - a - b \geq 0$(企业 1 位于企业 2 的左边;$a = b = 0$ 对应两个企业位于线性城市的两个极端;$a + b = 1$ 对应两个企业位于同一个位置)。为便于数学处理,假定旅行成本为二次式,即旅行成本为 td^2(d 是消费者到企业的距离),则需求函数分别为

$$D_1(p_1,p_2) = x = a + \frac{1-a-b}{2} + \frac{p_2 - p_1}{2t(1-a-b)}$$

$$D_2(p_1,p_2) = 1 - x = b + \frac{1-a-b}{2} + \frac{p_1 - p_2}{2t(1-a-b)}$$

在同一价格下,需求函数 $D_1(p_1,p_2)$ 的第一项表示企业 1 控制着它自己的领地(a),第二项表示企业 1 接待住在两个企业之间的消费者中靠近自己的半数消费者,第三项代表需求对价格差异的敏感度。价格的纳什均衡为

$$p_1^*(a,b) = c + t(1-a-b)\left(1 + \frac{a-b}{3}\right)$$

$$p_2^*(a,b) = c + t(1-a-b)\left(1 + \frac{b-a}{3}\right)$$

当 $a = b = 0$,企业 1 位于 0,企业 2 位于 1,有

$$p_1^*(0,1) = p_2^*(0,1) = c + t$$

当 $a = 1 - b$,两个企业位于同一位置,有

$$p_1^*(a,1-a) = p_2^*(a,1-a) = c$$

二、完全信息动态博弈

(一) 博弈的扩展式表达

在静态博弈中,所有参与人同时行动(或行动虽有先后,但没有人在自己行动之前观测到别人的行动);在动态博弈中,参与人的行动有先后顺序,且后行动者在自己行动之前能观测到先行动者的行动。人们习惯于用策略式表述描述和分析静态博弈,而用扩展式表述来描述和分析动态博弈。博弈的策略式表述包括三个要素:①参与人集合;②每个参与人的策略集合;③由策略组合决定的每个参与人的支付。博弈的扩展式表述所"扩展"的主要是参与人的策略空间。策略式表述简单地给出参与人有些什么策略可以选择,而扩展式表述要给出每个策略的动态描述:谁在什么时候行动,每次行动时有些什么具体行动可供选择,以及知道些什么。在扩展式表述中,策略对应于参与人的相机行动规则,而不是与环境无关的简单的行动选择。

博弈的扩展式表述包括以下要素:①参与人集合: $i = 1, \cdots, n$;②参与人的行动顺序:谁在什么时候行动;③参与人的行动空间:参与人在每次行动时有些什么选择;④参与人的信息集:参与人在每次行动时知道些什么;⑤参与人的支付函数(支付是所有行动的函数):每个参与人在行动结束之后得到些什么;⑥外生事件(即自然的选择)的概率分布。

n 个人有限策略博弈的扩展式表述可以用博弈树来表示。博弈树由结、枝和信息集构成。

1. 结

结包括决策结和终点结两类;决策结是参与人采取行动的时点,终点结是博弈行动路径的终点。一般地,我们用 X 表示所有结的集合, $x \in X$ 表示某个特定的结,用"<"表示定义在 X 上的顺序关系: $x < x''$ 意味着" x 在 x'' 之前"。这里假定"<"满足传递性和反对称性(传递性是指如果 $x < x^1$, $x^1 < x^2$,则 $x < x^2$,即如果 x 在 x^1 之前, x^1 在 x^2 之前,则 x 在 x^2 之前;反对称性是指如果 $x < x''$,则 $x'' < x$ 不成立,即如果 x 在 x'' 之前,则 x'' 不可能在 x 之前)。传递性和反对称性意味着顺序关系"<"是半序的,即有些结之间是不可比较的。定义 $P(x)$ 为在 x 之前的所有结的集合,简称为 x 的前列集;定义 $T(x)$ 为在 x 之后的所有结的集合,简称为 x 的后续集(the set of successors)。如果 $P(x) = \Phi$(即前列集为空集), x 称为初始结;如果 $T(x) = \Phi$(即后续集为空集), x 称为终点结。除终点结之外的所

有结都是决策结。为了保证博弈树的任何一个结都是所有之前发生的事件的一个完整描述(即从初始结到任何一个结只有惟一的路径),我们假定:如果 $x^1 < x$,$x^2 < x$,则或者 $x^1 < x^2$,或者 $x^2 < x^1$(即 x 的所有前列结必须是全排序的。除初始结○之外,对于所有的 $x \in X$,如果存在一个 $p(x) \in P(x)$,使得对于所有的 x'' $< x$,$x'' \neq p(x)$ 意味着 $x'' < p(x)$,则 $p(x)$ 称为 x 的直接前列结。前列结全排序假设意味着任何一个非初始结的直接前列结是惟一的(初始结没有前列结)。如果 x'' 是 x 的直接前列结,那么 x' 称为 x'' 的直接后续结。通常情况下,除终点结没有后续结外,一个结有多个直接后续结。直接后续结的集合用 $t(x)$ 表示。在博弈树中,"谁在什么时候行动"用在决策结旁边标注参与人的办法来表示。一般地,我们可以引入函数 $i: X \to \{N, 1, \cdots, n\}$,即 $i(x)$ 定义为从决策结集合到参与人集合(包括"自然")的函数,解释为在决策结 x,参与人 i 行动。参与人的支付向量标注在博弈树终点结下。一般地,因为在传递性、反对称性、前列集全序假设以及行动与后续结的对应关系下,每一个终点结 z 完全决定了博弈树的路径,我们可以用函数 $u_i(z)$ 表示对应的博弈路径所导致的第 i 个参与人的支付函数。

2. 枝

在博弈树上,枝是从一个决策结到它的直接后续结的连线(用箭头表述),每一个枝代表参与人的一个行动选择。一般地,对于一个给定的决策结 $x \in X$,存在一个有限行动集合 $A(x)$ 和一个一一对应的函数 $a: t(x) \to A(x)$。这里 $t(x)$ 是 x 的直接后续结集合。函数 $a(.)$ 意味着,对于任何给定的 $x \in X$(不包括终点结),在该结点可选择的行动集合 $A(x)$ 与该结点的直接后续结集合 $t(x)$ 之间存在一一对应关系:如果 $a \in A(x)$,$a'' \in A(x)$ 且 $a \neq a''$,那么,$t(x, a) \neq t(x, a'')$(即当且仅当参与人选择不同的行动时,从一个给定的结出发博弈才会到达不同的直接后续结)。博弈树的枝不仅完整地描述了每一个决策结参与人的行动空间,而且给出了从一个决策结到下一个决策结的路径。

3. 信息集

博弈树上的所有决策结分割成不同的信息集。每一个信息集是决策结集合的一个子集,该子集包括所有满足下列条件的决策结:每一个决策结都是同一参与人的决策结;该参与人知道博弈进入该集合的某个决策结,但不知道自己究竟处于哪一个决策结。引入信息集是为了描述当一个参与人要作出决策时他可能并不知道"之前"发生的所有事情的情况。一般地,我们用 H 代表信息集的集合,$h \in H$ 代表一个特定的信息集,用 $h(x)$ 表示包含决策结 x 的信息集,用 $A(h)$

表示给定信息集下的行动集合。① 从某种意义上讲,信息集的构造和三个假设反映了博弈模型的一个更为基本的假设——博弈的结构是所有参与人的共同知识,每个参与人都可以看到博弈树。一个信息集可能包含多个决策结,也可能只包含一个决策结。只包含一个决策结的信息集称为单结信息集。如果博弈树的所有信息集都是单结的,该博弈称为完美信息博弈。完美信息博弈意味着博弈中没有任何两个参与人同时行动,并且所有后行动者能确切地知道前行动者选择了什么行动。在博弈树上,完美信息意味着没有任何两个决策结是用虚线连起来的。不过,有一个涉及虚拟参与人"自然"的问题需要特别说明。在博弈论中,自然的信息集总是假定为单结的。因为自然是随机行动的,自然在参与人决策之后行动等价于自然在参与人决策之前行动,但参与人不能观测到自然的行动。由于这个原因,博弈树上是否出现连接不同决策结的虚线取决于我们如何划定决策结的顺序。不同的博弈树可能代表相同的博弈,但是一个参与人在决策之前知道的事情必须出现在该参与人的决策结之前。

有了信息集的概念,我们现在用扩展式表述来描述静态博弈。在静态博弈中,由于所有参与人同时行动,博弈树可以从任何一个参与人的决策结开始;同时由于参与人在决策时不知道其他参与人的选择,每个参与人都只有一个信息集。下面我们用扩展式表述来描述本章介绍的囚徒困境博弈,图 6.5(a)和图 6.5(b)分别是这个博弈的两个不同的扩展式表述。图 6.5(a)中犯罪嫌疑人 A 的决策结标在犯罪嫌疑人 B 的两个决策结之前,图 6.5(b)中犯罪嫌疑人 B 的决策结标在犯罪嫌疑人 A 的两个决策结之前;对任一种情况,我们使用一个信息集来表明"第二个"参与人在决策时不知道"第一个"参与人选择了什么的事实。终点结的支付向量的第一个数字是"第一个"参与人的支付,第二个数字是"第二个"参与人的支付。一般假定博弈满足"完美回忆"(即没有参与人忘记自己以前知道的事情,所有参与人都知道自己以前的选择)。

(二) 子博弈精炼纳什均衡

1. 子博弈精炼纳什均衡

纳什均衡概念有三个主要问题:一是一个博弈可能不止一个纳什均衡,不知道哪个纳什均衡将会实际发生;二是在纳什均衡中,参与人在选择自己的策略时把其他参与人的策略当做给定的,不考虑自己的选择如何影响其他参与人的策略;三是由于不考虑自己选择对其他参与人选择的影响,纳什均衡允许了不可置信威胁的存在。泽尔腾(Selten)通过对动态博弈的分析完善了纳什均衡的概

---

① 这里 *H* 应该满足三个假设,详见张维迎著:《博弈论与信息经济学》,上海人民出版社,1996,p. 144。

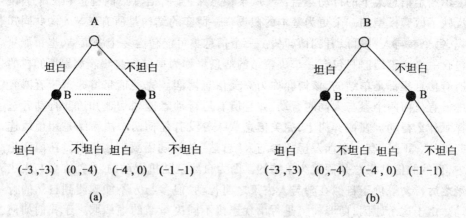

图6.5　囚徒困境博弈的扩展式表述

念,定义了"子博弈精炼纳什均衡",把动态博弈中的"合理纳什均衡"与"不合理纳什均衡"分开,剔除掉不可置信威胁,从而给出动态博弈结果的一个合理预测。子博弈精炼纳什均衡要求均衡策略的行为规则在每一个信息集上都是最优的。

　　下面我们首先了解"子博弈"的概念。子博弈是原博弈的一部分,它本身可以作为一个独立的博弈进行分析。一个扩展式博弈的子博弈 G 由一个决策结 x 和所有该决策结的后续结 $T(x)$（包括终点结）组成,它满足条件:①x 是一个单结信息集,即 $h(x)=\{x\}$;②对于所有 $x^{1}\in T(x)$,如果 $x''\in h(x^{1})$,那么 $x''\in T(x)$。其中条件①指的是一个子博弈必须从一个单结信息集开始,即当且仅当决策者在原博弈中确切地知道博弈进入一个特定的决策结时,该决策结才能作为一个子博弈的初始结;如果一个信息集包含两个以上决策结,没有任何一个决策结可以作为子博弈的初始结;条件②指的是子博弈的信息集和支付向量都直接继承原博弈,只有当 x^{1},x'' 在原博弈中属于同一信息集时,它们在子博弈中才属于同一信息集;子博弈的支付函数只是原博弈支付函数留存在子博弈上的部分。特别地,条件①和条件②意味着子博弈不能切割原博弈的信息集。

　　"子博弈精炼纳什均衡"的定义是:扩展式博弈的策略组合 $a^{*}=(a_{1}^{*},\cdots,a_{i}^{*},\cdots,a_{n}^{*})$ 是一个子博弈精炼纳什均衡,如果:①它是原博弈的纳什均衡;②它在每一个子博弈上给出纳什均衡。即当且仅当一个策略组合在每一个子博弈（包括原博弈）上都构成一个纳什均衡时,则该策略组合是子博弈精炼纳什均衡。如果整个博弈是惟一的子博弈,纳什均衡与子博弈精炼纳什均衡是相同的;如果有其他子博弈存在,有些纳什均衡可能不构成子博弈精炼纳什均衡。"在每一个子博弈上给出纳什均衡"意味着构成子博弈精炼纳什均衡的策略不仅在均衡路径的决策结上是最优的,而且在非均衡路径的决策结上也是最优的。策略是参与人行动规则的完备描述,它要告诉参与人在每一种可预见的情况下选择什么行动,即使这种情况实际上并没有发生,只有当一个策略规定的行动规则在所有可能的情况下都是最优的时,它才是一个合理的、可置信的策略。子博弈精炼纳什均衡就是要剔除掉那些只在特定情况下是合理的而在其他情况下并不合理的行动规则。子博弈精炼纳什均衡要求的正是参与人应该是序贯理性("序贯理性"指不论过去发生了什么,参与人应该在博弈的每一个时点上最优化自己的决策)。

2. 子博弈精炼纳什均衡的求解

对于有限完美信息博弈,每一个决策结都是一个单独的信息集,每一个决策结都开始一个子博弈,我们可以从最后一个子博弈开始用逆向归纳法来求解子博弈精炼纳什均衡。给定博弈到达最后一个决策结,该决策结上行动的参与人有一个最优选择,这个最优选择就是该决策结开始的子博弈的纳什均衡(如果该决策结上的最优行动不止一个,那么参与人可以选择其中任何一个;如果最后一个决策者有多个决策结,则每一个决策结开始的子博弈都有一个纳什均衡)。然后,我们回到倒数第二个决策结,找出倒数第二个决策者的最优选择,这个最优选择与在第一步找出的最后决策者的最优选择构成从倒数第二个决策结开始的子博弈的一个纳什均衡。如此不断进行下去直到初始结,每一步都得到对应子博弈的一个纳什均衡。根据定义,这个纳什均衡一定是该子博弈的所有子博弈的纳什均衡。在这个过程的最后一步我们得到整个博弈的纳什均衡,也就是这个博弈的子博弈精炼纳什均衡。

下面我们以两阶段博弈为例对上述逆向归纳法过程进行形式化。现假定第一阶段参与人 1 行动,第二阶段参与人 2 行动,并且参与人 2 在行动前观测到参与人 1 的选择。令 A_1 是参与人 1 的行动空间,A_2 是参与人 2 的行动空间。当博弈进入第二阶段,给定参与人 1 在第一阶段的选择 $a_1 \in A_1$,参与人 2 面临的问题是: $\max u_2(a_1, a_2)_{a_2 \in A_2}$。参与人 2 的最优选择 a_2^* 依赖于参与人 1 的选择 a_1,我们用 $a_2 \in R_2(a_1)$ 代表上述最优化问题的解(即参与人 2 的反应函数)。因为参与人 1 应该预测到参与人 2 在博弈的第二阶段将按 $a_2 \in R_2(a_1)$ 的规则行动,参与人 1 在第一阶段面临的问题是: $\max u_1(a_1, R_2(a_1))_{a_1 \in A_1}$。令该问题的最优解 a_1^*。则该博弈的子博弈精炼纳什均衡为 $(a_1^*, R_2(a_1))$,均衡结果为 $(a_1^*, R_2(a_1^*))$。

用逆向归纳法求解子博弈精炼纳什均衡的过程,实质是重复剔除劣策略过程在扩展式博弈上的扩展:从最后一个决策结开始依次剔除掉每个子博弈的劣策略,最后生存下来的策略构成精炼纳什均衡。用逆向归纳法求解均衡要求"所有参与人是理性的"是共同知识。逆向归纳法主要适用于完美信息博弈,对于有些非完美信息博弈也可以运用逆向归纳法的逻辑求解。如对于多阶段博弈,如果最后一个阶段所有参与人都有占优策略,则可以用占优策略替代最后阶段的策略,然后考虑倒数第二阶段,以此递推;如果博弈的最后阶段并没有占优策略,逆向归纳法的逻辑也有助于找出精炼纳什均衡。

3. 承诺行动与子博弈精炼纳什均衡

由于有些纳什均衡包含了不可置信的威胁策略,因而不是精炼均衡。如果参与人能在博弈之前采取某种措施("承诺行动")改变自己的行动空间或支付函数,原来不可置信的威胁就可能变得可置信,博弈的精炼纳什均衡就会相应改变。在许多情况下,承诺行动对当事人是很有价值的。在有些情况下,一个参与人可以通过减少自己的选择机会,保证自己不选择某些行动,达到改变对手的最优选择的目的,从而使自己受益。承诺行动的一个古典例子是,战争中将军过河后将桥炸掉以表示绝不撤退的决心。承诺有完全承诺(承诺使某个行动完全不可能)和不完全承诺(承诺仅增加某个行动的成本)之分。将承诺行动纳入模型的一个方法是将承诺行动作为初始阶段的"行动"包括在博弈中,从而得到一个新的博弈。考虑我们前面讨论过多次的房地产开发博弈的例子。

下面以要挟诉讼(这类指控胜诉的可能性很小,原告知道被告辩护的成本很大因而可能同意私了,指控的惟一目的是希望通过法庭外私了而从被告那里得到补偿)为例对承诺行动与精炼纳什均衡的关系进行说明。该博弈有两个参与人:原告和被告。行动顺序是:①原告决定是否对被告提出指控,指控的成本为 $c>0$;②如果决定指控,原告要求被告支付 $s>0$ 以了却诉讼;③被告决定接受还是拒绝原告的要求;④如果被告拒绝,原告决定是放弃指控还是向法庭起诉,原告的起诉成本为 p,被告的辩护成本为 d;⑤如果案子到了法庭,原告以 γ 的概率赢得 x 单位的支付。图 6.6 描述了要挟诉讼博弈。

原告指控的目的(希望通过法庭外私了而从被告那里得到补偿)意味着 $\gamma x < p$,则在博弈的最后阶段,原告的最优选择是放弃;由于被告知道如果自己拒绝原告将放弃,被告在倒数第二阶段的最优选择是拒绝;由于原告知道被告将拒绝,原告在第一阶段的最优选择是不指控。因此,子博弈精炼纳什均衡是:原告选择{不指控,要求,放弃},被告选择{拒绝};均衡结果为:原告不指控。

现在假定原告在指控前将诉讼费支付给律师,无论结果如何,律师所收费用不退还。在博弈最后阶段,假定胜诉概率大于 0,由于 $\gamma x - c - p > -c - p$,原告将选择起诉。原告选择起诉,如果 $s \leqslant \gamma x + d$,被告将会接受原告提出的赔偿要求。如果 $s \geqslant \gamma x$,原告将希望私了而不是上法庭解决争端,$s \in [\gamma x, \gamma x + d]$ 是私

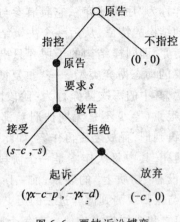

图 6.6　要挟诉讼博弈

了的赔偿区域。假定双方的讨价还价能力相同,纳什讨价还价解意味着原告要求的赔偿为 $s = \gamma x + \dfrac{d}{2}$。因为原告指控的总成本为 $c + p$,如果 $\gamma x + \dfrac{d}{2} > c + p$,原告将提出指控。即使 $\gamma x < c + p$(上法庭的期望收入小于诉讼成本),$\gamma x + \dfrac{d}{2} > c + p$ 的条件仍可能成立。假定 $\gamma x + \dfrac{d}{2} > c + p$,子博弈纳什均衡结果是:原告提出指控,要求被告赔偿 $s = \gamma x + \dfrac{d}{2}$,被告接受原告的要求;原告的支付为 $\gamma x + \dfrac{d}{2} - c - p$,被告的支付为 $-\gamma x - \dfrac{d}{2}$,案件私了。由于被告应诉的成本不仅包括法律费用,还包括"声誉"损失,所以被告越"大"(如大企业、大人物),d 越大,$\gamma x + \dfrac{d}{2} > c + p$ 越可能满足,被告(大企业、大人物)越易受到无端指控。

对于大企业、大人物来说,他们也可以采取如支付律师费用等承诺行动来使自己避免遭受无端指控。假定被告在被指控之前支付律师费用 f,则赔偿区域为 $s \in [\gamma x, \gamma x + d - f]$,纳什讨价还价解为 $s = \gamma x + \dfrac{d - f}{2}$。即使 $\gamma x + \dfrac{d}{2} > c + p$ 成立,由于 $\gamma x + \dfrac{d - f}{2} > c + p$ 的条件也可能不满足,从而原告将不会提出指控。这样的承诺行动使被告节省成本 $\gamma x + \dfrac{d}{2} - f$。只要 $f < \gamma x + \dfrac{d}{2}$ $(\gamma x + \dfrac{d}{2} - f > 0)$,承诺行动就是值得的。本例中参与人为承诺行动支付的成本称为"积淀成本"。

（三）重复博弈

前面讨论的动态博弈称为"序贯博弈"，它具有参与人在前一个阶段的行动选择决定随后的子博弈的结构的特征，从后一个决策结开始的子博弈不同于从前一个决策结开始的子博弈，即同样结构的子博弈只出现一次。现在我们讨论另一种特殊但是非常重要的动态博弈类型——"重复博弈"。"重复博弈"是指同样结构的博弈重复多次，其中的每次博弈称为"阶段博弈"。下面以囚徒困境为例，如果每次判刑不是很重（至少不是无期徒刑），那么两个犯罪嫌疑人在刑满之后再作案，作案之后再判刑，释放之后再作案，如此等等，则这两个犯罪嫌疑人之间进行的就是重复博弈，其中每次作案是一个阶段博弈。重复博弈具有3个基本特征：①阶段博弈没有"物质上"的联系，前一阶段的博弈不改变后一阶段博弈的结构；②所有参与人都观测到博弈过去的历史；③参与人的总支付是所有阶段博弈支付的贴现值之和或加权平均值。在每个阶段博弈，参与人可能同时行动（如囚徒困境），也可能不同时行动（每个阶段博弈本身就是一个动态博弈）。由于其他参与人过去行动的历史是观测得到的，一个参与人可以使自己在某个阶段博弈的选择依赖于其他参与人的选择。以囚徒困境为例，参与人可以采取"如果你这次选择了坦白，我下次将选择坦白；如果你这次选择了不坦白，我下次将选择不坦白"的措施。参与人在重复博弈中的策略空间要比每一个阶段博弈中的策略空间要大而且复杂得多。重复博弈可能带来一些在一次博弈中从来不会出现的"额外的"均衡结果。影响重复博弈均衡结果的主要因素是博弈重复的次数和信息的完备性。重复次数的重要性来自于参与人在短期利益和长远利益之间的权衡。当博弈只进行一次时，每个参与人只关心一次性的支付；如果博弈重复多次，参与人可能会为了长远利益而牺牲眼前利益，从而选择不同的均衡策略。重复博弈分析给出的这个强有力的结果，为现实中观测到的许多合作行为和社会规范提供了解释。除博弈次数外，影响均衡结果的另一个重要因素是信息的完备性。当一个参与人的支付函数（特征）不为其他参与人所知时，该参与人可能有积极性建立一个"好"声誉以换取长远利益。本节将讨论重复次数对均衡结果的影响，下一节将讨论有关信息的完备性的影响。

在囚徒困境的例子中，如果博弈重复的次数是有限的，最后阶段博弈的惟一纳什均衡是两个犯罪嫌疑人都选择坦白；逆向归纳法意味着，"总是坦白"是惟一的子博弈精炼纳什均衡。与单阶段博弈不同的是，在重复博弈中，"总是坦白"并不是对于任何给定的对手战略的最优选择，因而不是参与人的占优策略。最优选择的惟一性只在均衡路径上是如此，在非均衡路径上，因为"不坦白"实际上从来不会出现，参与人可以选择"不坦白"。我们用一个定理来描述上述结果：令 G 是阶段博弈，$G(T)$ 是 G 重复了 T 次的重复博弈（$T < \infty$）。那么，如果

G 有惟一的纳什均衡,重复博弈 $G(T)$ 的惟一子博弈精炼纳什均衡结果是阶段博弈 G 的纳什均衡重复 T 次(即每个阶段博弈出现的都是一次性博弈的均衡结果)。本定理表明,只要博弈的重复次数是有限的,重复本身并不改变囚徒困境的均衡结果。如果信息是不完全的,囚徒困境博弈的均衡结果也可能与一次博弈不同,这个问题将在下一节进行讨论。

当博弈重复无穷多次而不是有限次时,如果参与人有足够的耐心,(不坦白,不坦白)将是囚徒困境博弈的一个子博弈精炼纳什均衡结果。考虑下列所谓的"冷酷战略":①开始选择不坦白;②选择不坦白直到有一方选择了坦白,然后永远选择坦白。根据这个战略,一旦某个犯罪嫌疑人在某个阶段博弈中自己选择了坦白,之后他将永远选择坦白。

首先我们证明冷酷战略是一个纳什均衡:①假定犯罪嫌疑人 j 选择了冷酷战略,冷酷战略将是犯罪嫌疑人 i 的最优战略。由于博弈没有最后阶段,因而不能运用逆向归纳法求解。令 δ 为两人的贴现因子。如果 i 在博弈的某一阶段首先选择了坦白,他在该阶段得到 0 单位的支付,而不是 -1 单位的支付,因此他的当期净得是 1 单位。但 i 的这个行为将触发犯罪嫌疑人 j 的"永远坦白"的惩罚,因此 i 随后每个阶段的支付都是 -3。因此,如果条件 $0 + \delta(-3) + \delta^2(-3)$ $+ \cdots \leq -1 + \delta(-1) + \delta^2(-1)$(或 $-\dfrac{3\delta}{1-\delta} \leq -\dfrac{1}{1-\delta}$)满足,给定 j 没有选择坦白,i 将选择不会坦白。解该条件得 $\delta^* \geq \dfrac{1}{3}$,即如果 $\delta \geq \dfrac{1}{3}$,给定 j 坚持冷酷战略并且 j 没有选择坦白,i 将不会选择首先坦白。②假定 j 首先选择了坦白,那么 i 将坚持冷酷战略以惩罚 j 的不合作行为。给定 j 坚持冷酷战略,j 一旦坦白将永远坦白;如果 i 坚持冷酷战略,他随后每阶段的支付是 -3,如果他选择任何其他策略,他在任何单阶段的支付不会大于 -3(在任何阶段,如果选择坦白,他的支付是 -3;如果选择不坦白,他的支付是 -4),因此,不论 δ 为多少,i 将坚持冷酷战略。类似地,给定 j 坚持冷酷战略,即使 i 自己首先选择了坦白,坚持冷酷战略(惩罚自己)也是最优的。这样我们就证明了冷酷战略是一个纳什均衡。

下面我们来证明这个纳什均衡是子博弈精炼纳什均衡,即在每一个子博弈上构成纳什均衡。因为博弈重复无限次,从任何一个阶段开始的子博弈与这个博弈的结构相同。在冷酷战略纳什均衡下,子博弈可以划分为两类:在类型 A,没有任何参与人曾经坦白;在类型 B,至少有一个参与人曾经坦白。冷酷战略在 A 类型子博弈构成纳什均衡已经证明。根据冷酷战略,参与人在 B 类型子博弈中只是重复单阶段博弈的纳什均衡,它自然也是整个子博弈的纳什均衡。

由此我们证明,如果 $\delta \geq \dfrac{1}{3}$(即参与人有足够的耐心),冷酷战略是无限次囚徒困境博弈的一个子博弈精炼纳什均衡，帕累托最优（不坦白，不坦白）是每一个阶段的均衡结果，犯罪嫌疑人走出了一次性博弈时的困境。隐藏在这个结果背后的原因是，如果博弈重复无限次且每个参与人有足够的耐心，任何短期的机会主义的所得都是微不足道的，参与人有积极性为自己建立乐于合作的声誉，同时也有积极性惩罚对方的机会主义行为。

下面看一下无名氏定理：令 G 为一个 n 人阶段博弈，$G(\infty, \delta)$ 为以 G 为阶段博弈的无限次重复博弈，α^* 是 G 的一个纳什均衡（纯策略或混合策略），$e = (e_1, e_2, \cdots, e_n)$ 是 α^* 决定的支付向量，$v = (v_1, v_2, \cdots, v_n)$ 是一个任意可行的支付向量，V 是可行支付向量集合，则对于任何满足 $v_i > e_i$ 的 $v_i \in V (\forall i)$，存在一个贴现因子 $\delta^* < 1$ 使得对于所有的 $\delta \geqslant \delta^*$，$v = (v_1, v_2, \cdots, v_n)$ 是一个特定的子博弈精炼纳什均衡结果。无名氏定理说的是在无限次重复博弈中，如果参与人有足够的耐心（即 δ 足够大），则任何满足个人理性的可行的支付向量都可以通过一个特定的子博弈精炼纳什均衡得到。在无名氏定理中，阶段博弈的纳什均衡可能是混合策略均衡也可能是纯策略均衡；由 α^* 决定的支付向量 $e = (e_1, e_2, \cdots, e_n)$ 是达到任何精炼纳什均衡结果 v 的惩罚点（或称为纳什威胁点）。在囚徒困境博弈中，α^* 是（坦白，坦白），$e = (-3, -3)$；正是由于害怕触发阶段博弈纳什均衡，参与人才有积极性保持合作。

由于篇幅所限，关于参与人不固定时的重复博弈（包括迭代博弈、随机相遇博弈）、不确定环境下的重复博弈等将不在这里详细阐述，有兴趣的读者可参阅有关书籍。

（四）案例分析

1. 斯坦克尔伯格寡头竞争模型

在斯坦克尔伯格模型中，企业 1 首先选择产量 $q_1 \in Q_1$（$Q_1 = [0, \infty)$ 是企业 1 的产量空间），企业 2 观测到 q_1，然后选择自己的产量 $q_2 \in Q_2$（$Q_2 = [0, \infty)$ 是企业 2 的产量空间），这是一个完美信息动态博弈。由于企业 2 在选择 q_2 前观测到 q_1，它可以根据 q_1 来选择 q_2，而企业 1 首先行动，它不可能根据 q_2 来选择 q_1，因此，企业 2 的策略应该是从 Q_1 到 Q_2 的一个函数，即 $S_2: Q_1 \rightarrow Q_2$。而企业 1 的策略就是简单地选择 q_1；纯策略均衡结果是产出向量 $(q_1, s_2(q_1))$，支付函数为 $u_i(q_1, s_2(q_1))$。

假定逆需求函数为 $P(Q) = a - q_1 - q_2$，两个企业的不变单位成本均为 $c \geqslant 0$，则支付（利润）函数为

$$\pi_i(q_1, q_2) = q_i(P(Q) - c), i = 1, 2$$

下面我们可使用逆向归纳法求解这个博弈的子博弈精炼纳什均衡。首先假定给定 q_1，企业 2 的最优选择是

$$\max_{q_2 \geqslant 0} \pi_2(q_1, q_2) = q_2(a - q_1 - q_2 - c)$$

最优化的一阶条件意味着：$s_2(q_1) = \dfrac{1}{2}(a - q_1 - c)$。假定 $q_1 < a - c$，这实际上是库诺特模型中企业 2 的反应函数，它们的区别是，在库诺特模型中，$R_2(q_1)$ 是企业 2 对于假设的 q_1 的最优反应，这里 $s_2(q_1)$ 是当企业 1 选择 q_1 时企业 2 的实际选择。因为企业 1 预测到企业 2 将根据 $s_2(q_1)$ 选择 q_2，企业 1 在第一阶段的最优选择是

$$\max_{q_1 \geqslant 0} \pi_2(q_1, s_2(q_1)) = q_1(a - q_1 - s_2(q_1) - c)$$

解一阶条件得

$$q_1^* = \frac{1}{2}(a - c)$$

将 q_1^* 代入 $s_2(q_1)$，得

$$q_2^* = s_2(q_1^*) = \frac{1}{4}(a - c)$$

斯坦克尔伯格均衡结果（子博弈精炼纳什均衡结果）是 $(\dfrac{1}{2}(a - c), \dfrac{1}{4}(a - c))$，子博弈精炼纳什均衡是 $(q_1^*, s_2(q_1))$；库诺特模型的纳什均衡是 $(q_1^* = q_2^* = \dfrac{1}{3}(a - c))$。比较两个结果，斯坦克尔伯格均衡的总产量 $\dfrac{3}{4}(a - c)$ 大于库诺特均衡的总产量 $\dfrac{2}{3}(a - c)$。其中，企业 1 的斯坦克尔伯格均衡产量 $\dfrac{1}{2}(a - c)$ 大于库诺特均衡产量 $\dfrac{1}{3}(a - c)$，而企业 2 的斯坦克尔伯格均衡产量 $\dfrac{1}{4}(a - c)$ 小于库诺特均衡产量 $\dfrac{1}{3}(a - c)$。企业 1 在斯坦克尔伯格博弈中的利润大于库诺特博弈中的利润，于是企业 1 选择了斯坦克尔伯格均衡产量而没有选择库诺特均衡产量，但总产量上升意味着总利润下降，从而企业 2 的利润一定下降了，这就是所谓的"先动优势"。在这个例子的博弈中，拥有信息优势可能使参与人处于劣势，而这在单人决策中是不可能的。

与斯坦克尔伯格问题相关的一个问题是企业 1 先行动的承诺价值。企业 1 首先将产品生产出来，于是变成了一种积淀成本，企业 2 不得不认为它的威胁是可置信的，于是企业 1 将获得斯坦克尔伯格利润而不是库诺特利润。

2. 轮流出价的讨价还价模型

纳什讨价还价解是一个合作博弈模型，它是由包括效用测度的无关性、帕累托有效性、无关选择的独立性和对称性等公理导出的结果，讨价还价通常是一个

不断的"出价—还价"过程。罗宾斯泰英的轮流出价模型模型化了这样一个过程:两个参与人分割一块蛋糕,参与人 1 先出价,参与人 2 可以接受或拒绝。如果参与人 2 接受,博弈结束,蛋糕按参与人 1 的方案分配;如果参与人 2 拒绝,参与人 2 出价(还价),参与人 1 可以接受或拒绝;如果参与人 1 接受,博弈结束,蛋糕按参与人 2 的方案分配;如果参与人 1 拒绝,参与人 1 再出价;如此一直下去,直到一个参与人的出价被另一个参与人接受为止。这是一个无限期完美信息博弈,参与人 1 在时期 $1,3,5,\cdots$ 出价,参与人 2 在时期 $2,4,6,\cdots$ 出价。这个博弈有无穷多个纳什均衡,但罗宾斯泰英证明它的子博弈精炼纳什均衡是惟一的。

我们用 x 表示参与人 1 的份额,$(1-x)$ 表示参与人 2 的份额,x_1 和 $(1-x_1)$ 分别是参与人 1 出价时参与人 1 和参与人 2 的份额,x_2 和 $(1-x_2)$ 分别是参与人 2 出价时参与人 1 和参与人 2 的份额。假定参与人 1 和参与人 2 的贴现因子分别为 δ_1 和 δ_2。这样,如果博弈在时期 T 结束,T 是参与人 i 的出价阶段,参与人 1 的支付的贴现值是 $\pi_1 = \delta_1^{t-1} x_i$,参与人 2 的支付的贴现值是 $\pi_2 = \delta_2^{t-1}(1-x_i)$。

首先看一下有限期博弈的情况。如果博弈的期限是有限的,我们可以使用逆向纳归法求解子博弈精炼纳什均衡:①假定博弈只进行两个时期,在 $T=2$,参与人 2 出价,如果他提出 $x_2 = 0$,参与人 1 会接受,因为参与人 1 不再有出价的机会(一般地,如果参与人在接受和拒绝之间无差异时,我们假定他选择接受)。因为参与人 2 在 $T=2$ 时得到 1 单位等于于在 $T=1$ 时的 δ_2 单位,如果参与人 1 在 $t_1 = 1$ 时出价 $1-x_1 \geq \delta_2$ 单位,参与人 2 会接受;因为参与人 1 没有必要给参与人 2 多于他会接受的最低份额,子博弈精炼纳什均衡结果是参与人 1 得到 $x = x_1 = 1-\delta_2$,参与人 2 得到 $1-x = \delta_2$。②假定博弈进行三个时期即 $T=3$,在最后阶段,参与人 1 出价,他可以得到的最大份额是 $x_1 = 1$。参与人 1 在 $T=3$ 时 1 单位等于于 $t=2$ 时的 δ_1 单位,如果参与人 2 在 $t=2$ 时出价 $x_2 = \delta_1$ 参与人 1 将会接受;参与人 2 在 $t=2$ 时的 $(1-\delta_1)$ 单位等于于 $t=1$ 时的 $\delta_2(1-\delta_1)$ 单位,如果参与人出价 $1-x_1 = \delta_2(1-\delta_1)$,参与人 2 将会接受。因此,子博弈精炼纳什均衡结果是 $x = 1-\delta_2(1-\delta_1)$。③假定 $T=4$,参与人 2 最后出价。使用上述结果,参与人 2 在 $t=2$ 时最大可得 $(1-\delta_1(1-\delta_2))$,参与人 1 在 $t=1$ 时将出价 $1-x_1 = \delta_2(1-\delta_1(1-\delta_2))$,子博弈精炼纳什均衡结果是 $x = 1-\delta_2(1-\delta_1(1-\delta_2))$。④假定 $T=5$,参与人 1 最后出价。因为参与人 2 在 $t=2$ 时最大可得为 $1-\delta_1(1-\delta_2(1-\delta_1))$,子博弈精炼纳什均衡结果为 $x = 1-\delta_2(1-\delta_1(1-\delta_2(1-\delta_1)))$。我们可以使用该方法推导出任何给定的 $T < \infty$ 的子博弈精炼纳什均衡。

从上面的例子可以看出,在下面三种情况下,博弈时期 T 与贴现因子 δ 没有关系:如果 $\delta_1 = \delta_2 = 0$,不论 T 为多少,子博弈精炼纳什均衡结果均是 $x = 1$(即如果两个参与人都是绝对无耐心的,下阶段的任何支付等价于本阶段的 0,第一个出价的参与人得到整个蛋糕);如果 $\delta_2 = 0$,不论 δ_1 为多少,子博弈精炼纳什均衡结果仍然是 $x = 1$;如果 $\delta_1 = 0, \delta_2 > 0$,子博弈精炼纳什均衡结果是 $x = 1 - \delta_2$。

现在假定 $\delta_1 = \delta_2 = 1$(即双方都有无限的耐心),如果 $T = 1, 3, 5, \cdots$,均衡结果是 $x = 1$;如果 $T = 2, 4, 6, \cdots$,均衡结果是 $x = 0$。这里,给定 $\delta_i = 1$ 最后出价,他将拒绝任何自己不能得到整个蛋糕的出价,一直等到博弈的最后阶段得到整个蛋糕,于是我们得到"后动优势"。

如果 $0 < \delta_i < 1 (i = 1, 2)$,均衡结果与贴现因子的相对比率、博弈时期长度 T 和谁在最后阶段出价都有关系,其关系可用定理(Rubinstein, 1982)来说明:在无限期轮流出价博弈中,惟一的子博弈精炼纳什均衡结果是:$x^* = \dfrac{1 - \delta_2}{1 - \delta_1 \delta_2}$;如果 $\delta_1 = \delta_2 = \delta, x^* = \dfrac{1}{1 + \delta}$。①

罗宾斯泰英模型得到的一个重要结论是子博弈精炼纳什均衡结果是参与人贴现因子(耐心程度)的函数。特别地,给定 δ_2,当 $\delta_1 \to 1$ 时,$x^* = 1$,即参与人 1 得到整个蛋糕;给定 δ_1,当 $\delta_2 \to 1$ 时,$x^* = 0$,即参与人 2 得到整个蛋糕。这可以说是"耐心优势",即有绝对耐心的人总可以通过拖延时间使自己独吞蛋糕;在一般情况下给定其他情况(如出价次序),越有耐心的人得到的份额越大。贴现因子可以理解为讨价还价的一种成本,类似蛋糕随时间的推延而不断缩小,每一轮讨价还价的总成本与剩余的蛋糕成比例。

第三节　不完全信息博弈

一、不完全信息静态博弈

(一)不完全信息静态博弈的策略式表述

在本章第二节,我们讨论了完全信息博弈,支付函数是所有参与人的共同知识,博弈中的每个参与人对所有其他参与人的支付(偏好)函数有完全的了解,并且所有参与人知道所有参与人知道所有参与人的支付函数。现实中许多博弈并不满足完全信息的要求,其中至少有一个参与人不知道其他参与人的支付函数,这些不满足完全信息假设的博弈称为不完全信息博弈。在 1967 年以前,博弈论专家认为当一个参与人并不知道他在与谁博弈时,博弈的规则是没有定义

---

① 关于此定理的证明详见张维迎著:《博弈论与信息经济学》,上海人民出版社,1996. p. 203～205。

的,所以不完全信息博弈是没法分析的。海萨尼(Harsanyi,1967~1968)提出了一种所谓的"海萨尼转换"来处理不完全信息博弈,即引入一个虚拟的参与人——"自然"。自然首先行动决定参与人的特征,参与人知道自己的特征,其他参与人不知道。这样,不完全信息博弈就转换为完全但不完美信息博弈。

一般地,自然在博弈的开始选择包括参与人的策略空间、信息集、支付函数等。我们将一个参与人所拥有的所有个人信息(即所有不是共同知识的信息)称为他的类型。根据这个定义,我们允许一个参与人不知道其他参与人是否知道自己的类型。参与人的类型是其个人特征的一个完备描述。因为在绝大多数博弈中,参与人的特征由支付函数完全决定,我们一般将参与人的支付函数等同于他的类型。不完全信息意味着至少有一个参与人有多个类型。一般地,我们用 θ_i 表示参与人 i 的一个特定类型,Θ_i 表示参与人 i 所有可能类型的集合($\theta_i \in \Theta_i$)。假定 $\{\theta_i\}_{i=1}^n$ 取自某个客观的分布函数 $P(\theta_1, \cdots, \theta_n)$。我们假定只有参与人 i 观测到自己的类型 θ_i,除 i 之外的其他参与人都不能观测到 θ_i。根据海萨尼公理,我们假定分布函数 $P(\theta_1, \cdots, \theta_n)$ 是所有参与人的共同知识(即所有参与人知道,所有参与人知道所有参与人知道)。换言之,在博弈开始时,所有参与人有关自然行动的信念是相同的。我们将用 $\theta_{-i} = (\theta_1, \cdots, \theta_{i-1}, \theta_{i+1}, \cdots, \theta_n)$ 表示除 i 之外的所有参与人的类型组合,于是 $\theta = (\theta_1, \cdots, \theta_n) = (\theta_i, \theta_{-i})$。我们称 $p_i(\theta_{-i}|\theta_i)$ 为参与人 i 的条件概率,即给定参与人 i 属于类型 θ_i 的条件下,他有关其他参与人属于 θ_{-i} 的概率,即

$$p_i(\theta_{-i} \mid \theta_i) = \frac{p_i(\theta_{-i}, \theta_i)}{p(\theta_i)} = \frac{p(\theta_{-i}, \theta_i)}{\sum_{-i \in \Theta_{-i}} p(\theta_{-i}, \theta_i)}$$

式中:$p(\theta_i)$ 是边缘概率。

在完全信息静态博弈中,所有参与人同时行动,参与人 i 的策略空间 S_i 等同于他的行动空间 A_i。完全信息静态博弈与不完全信息静态博弈不同之处在于不完全信息静态博弈中参与人 i 的行动空间 A_i 可能依赖于他的类型 θ_i。我们用 $A_i(\theta_i)$ 表示参与人 i 的类型依存行动空间,$a_i(\theta_i)$ 表示 i 的一个特定行动,$u_i(a_i, a_{-i}, \theta_i)$ 表示参与人 i 的效用函数。

不完全信息静态博弈的策略式表述是

$$G = (N, (A_i), (\theta_i), (p_i), (u_i))$$

式中:N——参与人集合,$N = \{1, 2, \cdots, n\}$;

$A_i(\theta_i)$——参与人 i 的类型依存行动空间;

θ_i——参与人 i 的一个特定类型,Θ_i 表示参与人 i 所有可能类型的集合($\theta_i \in \Theta_i$);

$p_i(\theta_{-i}|\theta_i)$——参与人 i 的条件概率,即给定参与人 i 属于类型 θ_i 的条件下,他有关其他参与人属于 θ_{-i} 的概率;

$u_i(a_i,a_{-i},\theta_i)$——参与人 i 的效用函数。

静态贝叶斯博弈的时间顺序如下:①自然选择类型向量 $\boldsymbol{\theta}=(\theta_1,\cdots,\theta_n)$,其中 $\theta_i\in\Theta_i$,参与人 i 观测到 θ_i,但参与人 $j(\neq i)$ 观测不到 θ_i;②n 个参与人同时选择行动 $\boldsymbol{a}=(a_1,\cdots,a_n)$,其中 $a_i\in A_i(\theta_i)$;③参与人 i 得到 $u_i(a_1,\cdots,a_n;\theta_i)$。

给定参与人 i 只知道自己的类型 θ_i 而不知道其他参与人的类型 θ_{-i},参与人 i 将选择行动 $a_i(\theta_i)$ 最大化自己的期望效用。参与人 i 的期望效用函数定义为

$$u_i = \sum_{\theta_{-i}} p_i(\theta_{-i} \mid \theta_i) u_i(a_i(\theta_i), a_{-i}(\theta_{-i}); \theta_i, \theta_{-i})$$

(二) 贝叶斯纳什均衡

贝叶斯纳什均衡是完全信息静态博弈纳什均衡概念在不完全信息静态博弈上的扩展。贝叶斯纳什均衡定义如下:

不完全信息静态博弈 $G=(N,(A_i),(\theta_i),(p_i),(u_i))$ 的纯策略贝叶斯纳什均衡是一个类型依存策略组合 $\{a_i^*(\theta_i)\}_{i=1}^n$,其中每个参与人 i 在给定自己的类型 θ_i 和其他参与人类型依存策略 $a_{-i}^*(\theta_{-i})$ 的情况下最大化自己的期望效用函数 u_i,即如果对于所有的 i,有

$$a_i \in A_i(\theta_i)$$

$$a_i^*(\theta_i) \in \arg\max_{a_i} \sum p_i(\theta_{-i} \mid \theta_i) u_i(a_i(\theta_i), a_{-i}^*(\theta_{-i}); \theta_i, \theta_{-i})$$

策略组合 $a^* = (a_1^*(\theta_1),\cdots,a_n^*(\theta_n))$ 是一个贝叶斯纳什均衡。

在贝叶斯均衡中,参与人 i 只知道具有类型 θ_j 的参与人 j 将选择 $a_j(\theta_j)$ 但并不知道 θ_j,即使纯策略选择也必须取支付函数的期望值,这一点是与纳什均衡的不同之处。贝叶斯均衡在本质上是一个一致性预测,每个参与人 i 都能正确地预测到具有类型 θ_j 的参与人 j 将选择 $a_j^*(\theta_j)$,参与人 i 有关其他参与人的信念(条件概率)的信念并不进入均衡的定义(在后面讨论不完全信息动态博弈时,由于一个参与人可以通过观测其他参与人的行动来修正信念或推断后者的类型,因而参与人有关其他参与人信念的信念是重要的),贝叶斯均衡中惟一重要的是参与人 i 自己的信念 p_i 和其他参与人的类型依存策略 $a_{-i}(\theta_{-i})$。

(三) 案例分析

1. 不完全信息库诺特模型

在不完全信息库诺特模型里①,参与人的类型是成本函数。假定逆需求函

---

① 本例引自张维迎著:《博弈论与信息经济学》,上海人民出版社,1996,p. 252。

数是 $P = a - q_1 - q_2$，每个企业都有不变的单位成本。令 c_i 为企业 i 的单位成本，则企业 i 的利润函数为

$$\pi_i = q_i(a - q_1 - q_2 - c_i), i = 1,2$$

假定企业 1 的单位成本 c_1 是共同知识，企业 2 的单位成本可能是 c_2^l 也可能是 c_2^h，企业 2 知道自己的成本是 c_2^l 还是 c_2^h，但企业 1 只知道 $c_2 = c_2^l$ 的可能性为 u，$c_2 = c_2^h$ 的可能性为 $(1 - u)$，u 是共同知识。为具体起见，假定：$a = 2, c_1 = 1$，$c_2^l = \dfrac{3}{4}, c_2^h = \dfrac{5}{4}, u = \dfrac{1}{2}$。

假定企业 2 知道企业 1 的成本，企业 2 将选择 q_2 最大化利润函数：

$$\pi_2 = q_2(t - q_1^* - q_2), i = 1,2$$

这里 $t = a - \dfrac{3}{4} = \dfrac{5}{4}$ 或 $t = a - \dfrac{5}{4} = \dfrac{3}{4}$。从最优化的一阶条件可得企业 2 的反应函数为

$$q_2^*(q_1, t) = \frac{1}{2}(t - q_1)$$

从该反应函数可知，企业 2 的最优产量与企业 1 的产量和自己的成本均有关系。令 q_2^l 为 $t = \dfrac{5}{4}$ 时企业 2 的最优产量，q_2^h 为 $t = \dfrac{3}{4}$ 时企业 2 的最优产量，则有

$$q_2^l = \frac{1}{2}\left(\frac{5}{4} - q_1\right), \quad q_2^h = \frac{1}{2}\left(\frac{3}{4} - q_1\right)$$

企业 1 不知道企业 2 的真实成本从而不知道企业 2 的最优反应究竟是 q_2^l 还是 q_2^h，因此企业 1 将选择 q_1 最大化下列期望利润函数：

$$E\pi_1 = \frac{1}{2}q_1(2 - q_1 - q_2^l - 1) + \frac{1}{2}q_1(2 - q_1 - q_2^h - 1)$$

解最优化的一阶条件得企业 1 的反应函数为

$$q_1^* = \frac{1}{2}\left(1 - \frac{1}{2}q_2^l - \frac{1}{2}q_2^h\right) = \frac{1}{2}(1 - Eq_2)$$

式中：$Eq_2 = \dfrac{1}{2}(q_2^l + q_2^h)$ 为企业 1 关于企业 2 产量的期望值。

均衡意味着两个反应函数同时成立。解两个反应函数得贝叶斯均衡为

$$q_1^* = \frac{1}{3}, q_2^{l*} = \frac{11}{24}, q_2^{h*} = \frac{5}{24}$$

现在让我们将不完全信息下的贝叶斯均衡与完全信息下的纳什均衡作一下比较。

如果企业 2 的成本是 $c_2 = \dfrac{3}{4}$,企业 1 知道 $c_2 = \dfrac{3}{4}$,则反应函数分别为

$$q_1^* = \frac{1}{2}(1 - q_2), q_2^* = \frac{1}{2}\left(\frac{5}{4} - q_1\right)$$

纳什均衡产量为

$$q_{1l}^{\mathrm{NE}} = \frac{1}{4}, q_{2l}^{\mathrm{NE}} = \frac{1}{2}$$

式中:下标 l 表示当企业 2 为低成本的情况。

如果企业 2 的成本是 $c_2 = \dfrac{5}{4}$,企业 1 知道 $c_2 = \dfrac{5}{4}$,则纳什均衡产量为

$$q_{1h}^{\mathrm{NE}} = \frac{5}{12}, q_{2h}^{\mathrm{NE}} = \frac{1}{6}$$

式中:下标 h 表示当企业 2 为高成本的情况。

于是,$q_{1l}^{\mathrm{NE}} = \dfrac{1}{4} < q_1^* = \dfrac{1}{3}, q_{2l}^{\mathrm{NE}} = \dfrac{1}{2} > q_2^{l*} = \dfrac{11}{24}$。

$q_{1h}^{\mathrm{NE}} = \dfrac{5}{12} > q_1^* = \dfrac{1}{3}, q_{2h}^{\mathrm{NE}} = \dfrac{1}{6} < q_2^{h*} = \dfrac{5}{24}$。

与完全信息情况下的纳什均衡相比,在不完全信息情况下,当企业 1 不知道 c_2 时,只能生产预期的最优产量,高于完全信息下面对低成本竞争对手时的产量,低于完全信息下面对高成本竞争对手时的产量;企业 2 对此作出反应,于是低成本企业的产量相对较低,高成本企业的产量相对较高。

2. 拍卖

贝叶斯均衡的概念在对拍卖的分析中是很重要的。拍卖有两个基本功能:一是揭示信息,二是减少代理成本。当一件物品对买者的价值买者比卖者更清楚时,卖者一般不愿意首先提出价格,而常常采用拍卖的方式以获得可能的最高价格。当直接的卖者或买者以代理人身份出现时,拍卖也有助于减少买者和卖者之间的损害委托人的合谋行为。

下面考虑一个拍卖单个不可分物品的例子。其中的局中人是 n 个投标人,每个局中人私下都知道拍卖品对于他的价值。假设存在某个正数 M 和某个递增的可微函数 $F(\cdot)$,使每个局中人认为这个拍卖品对其余 $n-1$ 个局中人的价值是相互独立的随机变量,它们都是从区间 $[0, M]$ 抽取,且累积分布为 F,从而任一给定的局中人认为这个物品对他的价值小于 v 的概率为 $F(v)$。在这个拍卖中,每个局中人 i 都同时提交一个密封出价 $b_i(b_i$ 非负),出价最高的局中人在付出他的出价后将得到这个拍卖品。令 $\boldsymbol{b} = (b_1, \cdots, b_n)$ 表示出价组合,$\boldsymbol{v} = (v_1, \cdots, v_n)$ 表示拍卖品对 n 个局中人来说的价值组合,则局中人 i 的期望支付是

$$u_i(b,v) = \begin{cases} v_i - b_i, & \text{如果}\{i\} = \arg\max\limits_{j\in\{1,2,\cdots,n\}} b_j \\ 0, & \text{如果}\{i\} \neq \arg\max\limits_{j\in\{1,2,\cdots,n\}} b_j \end{cases}$$

这是一个贝叶斯博弈,每个局中人的类型是他对这个拍卖品所认定的价值。现在我们来求解这个博弈的贝叶斯均衡,在这个均衡中,每个局中人都按照某个可微的增函数 β 选择其出价。在均衡中,局中人 i 预期到其余局中人所选择的出价在 0 与 $\beta(M)$ 之间,故局中人 i 决不会提交高于 $\beta(M)$ 的出价。假设这件物品对 i 的价值实际上是 v_i 时,他所提交的出价为 $\beta(w_i)$。当且仅当拍卖品对 j 的价值 v_j 满足 $\beta(v_j) < \beta(w_i)$,由于 β 是增函数,当且仅当 $v_j < w_i$,另一局中人 j 才会提交小于 $\beta(w_i)$ 的出价。因为其余 $n-1$ 个局中人的类型是按照 F 独立分布的,所以出价将赢得这个拍卖的概率是 $F(w_i)^{n-1}$。因此,局中人 i 因拍卖品对他的价值为 v_i 而出价 $\beta(w_i)$ 所得到的期望支付是 $(v_i - \beta(w_i))F(w_i)^{n-1}$。

然而,根据均衡的定义,局中人 i 在认定拍卖品的价值为 v_i 时的最优出价应该是 $\beta(v_i)$,故这个期望支付对 w_i 的导数在 w_i 的等于 v_i 时应该为 0,即

$$(v_i - \beta(v_i))F'(v_i)(n-1)F(v_i)^{n-2} - \beta'(v_i)F(v_i)^{n-1} = 0$$

这个微分方程蕴含着,对 $[0,M]$ 中的任一 x,有

$$\beta(x)F(x)^{n-1} = \int_0^x y(n-1)F(y)^{n-2}F'(y)\,\mathrm{d}y$$

这个结果与其他有关的结果已经由维克瑞(Vickrey,1961)和奥特加-赖克特(Ortega-Reichert,1968)导出了。在类型都是均匀分布的情形下,由于对 $[0,M]$ 中任一 y 都有 $F(y) = y/M$,故上述公式意味着:

$$\beta(v_i) = \left(1 - \frac{1}{n}\right)v_i, \ \forall\, v_i \in [0,M]$$

由上式可知,每个局中人在他的出价中所容许自己得到的边际利润随着投标人数的增加而减少。

这个博弈是独立个人价值拍卖的一个例子,这种拍卖的意义是,每个投标人私下都知道拍卖品对自己的实际价值,并且认为其余投标人对拍卖品的个人价值是相互独立的随机变量。不过,在许多拍卖中,拍卖品的价值对所有投标人都是相同的,尽管可能因为他们对拍卖品的质量拥有不同私人信息而对这个价值可能有不同的估计,这样的拍卖被称为共同价值拍卖。①

---

① 由于篇幅所限,这里就不再对共同价值拍卖进行详细阐述,有兴趣的读者可参阅(美)迈尔森著:《博弈论》,于寅、费剑平译,中国经济出版社,2001,p. 104～106。

二、不完全信息动态博弈

（一）精炼贝叶斯纳什均衡

在不完全信息动态博弈中，"自然"首先选择参与人的类型，参与人自己知道，其他参与人不知道；在自然选择之后，参与人开始行动，参与人的行动有先有后，后行动者能观测到先行动者的行动，但不能观测到先行动者的类型。但是，由于参与人的行动是类型依存的，每个参与人的行动都传递着有关自己类型的某种信息，后行动者可以通过观察先行动者所选择的行动来推断其类型或修正对其类型的先验信念，然后选择自己的最优行动。先行动者预测到自己的行动将被后行动者所利用，就会设法选择传递对自己最有利的信息，避免传递对自己不利的信息。因此博弈过程不仅是参与人选择行动的过程，而且是参与人不断修正信念的过程。精炼贝叶斯均衡是泽尔腾的完全信息动态博弈子博弈精炼纳什均衡和海萨尼的不完全信息静态博弈贝叶斯均衡的结合，是不完全信息动态博弈均衡的基本均衡概念。精炼贝叶斯均衡要求给定有关其他参与人的类型的信念，参与人的策略在每一个信息集开始的"后续博弈"上构成贝叶斯均衡，并且在所有可能的情况下，参与人使用贝叶斯法则修正有关其他参与人的类型的信念。

假定有 n 个参与人，参与人 i 的类型是 $\theta_i \in \Theta_i$，θ_i 是私人信息，$p_i(\theta_{-i}|\theta_i)$ 是属于类型 θ_i 的参与人 θ_i 认为其他 $n-1$ 个参与人属于类型 $\theta_{-i}=(\theta_i,\cdots,\theta_{i-1},\theta_{i+1},\cdots,\theta_n)$ 的先验概率；令 S_i 是参与人 i 的策略空间，$s_i \in S_i$ 是一个依赖于类型 θ_i 特定的策略，$a_{-i}^h=(a_1^h,\cdots,a_{i-1}^h,a_{i+1}^h,\cdots,a_n^h)$ 是在第 h 个信息集上参与人 i 观测到的其他 $n-1$ 个参与人的行动组合，它是策略组合 $s_{-i}=(s_1,\cdots,s_{i-1},s_{i+1},\cdots,s_n)$ 的一部分，$\tilde{p}_i(\theta_{-i}|\theta_i)$ 是在观测到 a^h 的情况下参与人 i 认为其他 $n-1$ 个参与人属于类型 $\theta_{-i}=(\theta_1,\cdots,\theta_{i-1},\theta_{i+1},\cdots,\theta_n)$ 的后验概率，$\tilde{p}_i$ 是所有后验概率 $\tilde{p}_i(\theta_{-i}|a_{-i}^h)$ 的集合，$u_i(s_i,s_{-i},\theta_i)$ 是 i 的效用函数。精炼贝叶斯均衡是一个策略组合 $s^*(\theta)=(s_1^*(\theta_1),\cdots,s_n^*(\theta_n))$ 和一个后验概率组合 $\tilde{p}=(\tilde{p}_1,\cdots,\tilde{p}_n)$，满足：

（P）对于所有的参与人 i，在每一个信息集 h 中，有

$$s_i^*(s_{-i},\theta_i) \in \arg\max_{s_i} \sum_{\theta_{-i}} \tilde{p}_i(\theta_{-i}|a_{-i}^h) u_i(s_i,s_{-i},\theta_i)$$

（B）$\tilde{p}_i(\theta_{-i}|a_{-i}^h)$ 是使用贝叶斯法则从先验概率 $p_i(\theta_{-i}|\theta_i)$，观测到的 a_{-i}^h 和最优策略 s_{-i}^* 得到的（在可能的情况下）。

（P）是精炼条件，即所有参与人都是序贯理性的；（B）对应的是贝叶斯法则的运用。精炼贝叶斯均衡是均衡策略和均衡信念的结合：给定信念 $\tilde{p}=$

$(\tilde{p}_1,\cdots,\tilde{p}_n)$，策略 $s^* = (s_1^*,\cdots,s_n^*)$ 是最优的；给定策略 $s^* = (s_1^*,\cdots,s_n^*)$，信念 $\tilde{p} = (\tilde{p}_1,\cdots,\tilde{p}_n)$ 是使用贝叶斯法则从均衡策略和所观测到的行动得到的。

（二）信号传递博弈

信号传递博弈是不完全信息动态博弈。在信号传递博弈中，有两个参与人，$i = 1,2$；参与人 1 是信号发送者，参与人 2 是信号接收者；参与人 1 的类型是私人信息，参与人 2 的类型是公共信息。博弈的顺序是：①"自然"首先选择参与人 1 的类型 $\theta \in \Theta (\Theta = \{\theta^1,\cdots,\theta^K\}$ 是参与人 1 的类型空间)，参与人 1 知道参与人 2 知道参与人 1 属于 θ 的先验概率 $p = p(\theta)$，$\sum\limits_k p(\theta^K) = 1$，但不知道 θ；②参与人 1 在观测到类型 θ 后选择发出信号 $m \in M (M = \{m^1,\cdots,m^J\}$ 是信号空间)；③参与人 2 观测到参与人 1 发出的信号 $m \in M$，使用贝叶斯法则从先验概率 $p = p(\theta)$ 得到后验概率 $\tilde{p} = \tilde{p}(\theta \mid m)$，然后选择行动 $a \in A (A = \{a^1,\cdots,a^H\}$ 是参与人 2 的行动空间)；④参与人 1 和参与人 2 的支付函数分别为 $u_1(m,a,\theta)$ 和 $u_2(m,a,\theta)$。图 6.7 是一个信号传递博弈的扩展式表述，这里，支付向量未予列出

$$K = J = H = 2, \tilde{p} = \tilde{p}(\theta^1 \mid m^1), \tilde{q} = \tilde{q}(\theta^1 \mid m^2).$$

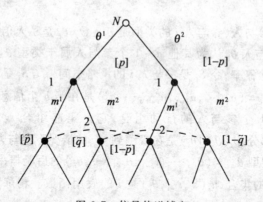

图 6.7　信号传递博弈

在如图 6.7 所示的信号传递博弈中，当参与人 1 发出信号时，他预测到参与人 2 将根据他发出的信号修正对自己类型的判断，因而选择一个最优的类型依存信号策略；参与人 2 知道参与人 1 选择的是给定类型和考虑信息效应情况下的最优策略，因此使用贝叶斯法则修正对参与人 1 的类型的判断而选择自己的最优行动。

令 $m(\theta)$ 是参与人 1 的类型依存信号策略，$a(m)$ 是参与人 2 的行动策略，则信号传递博弈的精炼贝叶斯均衡可以看做是策略组合 $(m^*(\theta), a^*(m))$ 和后验

概率 $\tilde{p}(\theta|m)$ 的结合,它满足:

(p_1) $\qquad$ $a^*(m) \in \arg\max\limits_{a} \sum\limits_{\theta} \tilde{p}(\theta|m) u_2(m,a,\theta);$

(p_2) $\qquad\qquad$ $m^*(\theta) \in \arg\max\limits_{m} u_1(m,a^*(\theta),\theta);$

(B) $\tilde{p}(\theta|m)$ 是参与人 2 使用贝叶斯法则从先验概率 $p(\theta)$、观测到的信号 m 和参与人 1 最优策略 $m^*(\theta)$ 得到的(在可能的情况下)。

(p_1) 的含义是给定后验概率 $\tilde{p}(\theta|m)$,参与人 2 对参与人 1 发出的信号作出最优反应;(p_2) 的含义是参与人 1 预测到参与人 2 的最优反应 $a^*(m)$ 选择自己的最优策略;(B)是贝叶斯法则的运用。

信号传递博弈的所有可能的精炼贝叶斯均衡可以划分成三类,即分离均衡、混同均衡和准分离均衡。

(1)分离均衡是指不同类型的发送者以 1 的概率选择不同的信号。在分离均衡下,信号准确地揭示出类型。假定 $K=J=2$(即两个类型、两个信号),则分离均衡意味着:如果 m^1 是类型 θ^1 的最优选择就不可能是类型 θ^2 的最优选择,m^2 一定是类型 θ^2 的最优选择,即

$$u_1(m^1,a^*(\theta),\theta^1) > u_1(m^2,a^*(\theta),\theta^1)$$
$$u_2(m^2,a^*(\theta),\theta^2) > u_2(m^1,a^*(\theta),\theta^2)$$

因此,后验概率是

$$\tilde{p}(\theta^1|m^1) = 1, \tilde{p}(\theta^1|m^2) = 0$$
$$\tilde{p}(\theta^2|m^1) = 0, \tilde{p}(\theta^2|m^2) = 1$$

(2)混同均衡是指不同类型的发送者选择相同的信号,接收者不修正先验概率。假定 m^j 是均衡策略,则

$$u_1(m^j,a^*(\theta),\theta^1) \geq u_1(m,a^*(m),\theta^1)$$
$$u_1(m^j,a^*(\theta),\theta^2) \geq u_1(m,a^*(m),\theta^2)$$
$$\tilde{p}(\theta^k|m^j) \equiv p(\theta^k)$$

(3)准分离均衡是指一些类型的发送者随机地选择信号,另一些类型的发送者选择特定的信号。假定类型 θ^1 的发送者随机地选择 m^1 或 m^2,类型 θ^2 的发送者以 1 的概率选择 m^2,如果这个策略组合是均衡策略组合,则

$$u_1(m^1,a^*(\theta),\theta^1) = u_1(m^2,a^*(m),\theta^1)$$
$$u_1(m^1,a^*(\theta),\theta^2) < u_1(m^2,a^*(m),\theta^2)$$
$$\tilde{p}(\theta^1|m^1) = \frac{\alpha \times p(\theta^1)}{\alpha \times p(\theta^1) + 0 \times p(\theta^2)} = 1$$
$$\tilde{p}(\theta^1|m^2) = \frac{(1-\alpha) \times p(\theta^1)}{(1-\alpha) \times p(\theta^1) + 1 \times p(\theta^2)} < p(\theta^1)$$

$$\bar{p}(\theta^2 \mid m^2) = \frac{1 \times p(\theta^2)}{(1-\alpha) \times p(\theta^1) + 1 \times p(\theta^2)} > p(\theta^2)$$

上面的式子意味着如果参与人 2 观测到参与人 1 选择了 m^1，就知道参与人 1 一定属于类型 θ^1；如果观测到参与人 1 选择了 m^2，参与人 2 不能准确地知道参与人 1 的类型，但他会推断参与人 1 属于类型 θ^1 的概率下降了，属于类型 θ^2 的概率上升了。

（三）其他均衡概念

1. 序贯均衡

"序贯均衡"由克瑞普斯-威尔逊（Kreps 和 Wilson(1982)）提出，与泽尔腾的颤抖手均衡概念类似，但它着重强调了非均衡路径上后验概率的形成，从而使均衡概念更具应用性。序贯均衡的基本思想是在子博弈精炼纳什均衡或贝叶斯均衡概念上增加一个新的要求：在博弈到达的每一个信息集上（不论该信息集是在均衡路径上还是在非均衡路径上），参与人的行动必须是在基于某种有关之前发生的事情的信念（概率）的基础上而"合理化"。在均衡路径上，后验信念由贝叶斯法则决定；在非均衡路径上，贝叶斯法则没有定义后验信念，但是在非均衡路径上的后验概率对于不完全信息（或不完美信息）博弈均衡是最为重要的。克瑞普斯和威尔逊对在非均衡路径上的后验概率是这样处理的：首先假定在每一个信息集上，参与人以严格正的概率选择每一个行动，从而博弈到达每一个信息集的概率严格为正，贝叶斯法则在每一个信息集上都有定义；然后将均衡作为严格混合策略组合和与此相联系的后验概率的序列的极限。这样，检查一个策略组合和后验概率是否是一个均衡就变成它是否是某个严格混合策略组合和与此相联系的后验概率的序列的极限。

我们回顾一下有关博弈树的基本概念：在 n 人有限博弈中，用 X 表示决策结的集合，$x \in X$ 表示一个特定的决策结，$h(x)$ 表示包含决策结 x 的信息集，$i(x)$ 表示在决策结 x 或信息集 h 上行动的参与人 i，$\sigma_i(\cdot \mid x)$ 或 $\sigma_i(\cdot \mid h(x))$ 表示参与人 i 在 x 上的混合策略（即行为策略），Σ 表示所有战略组合 $\sigma = (\sigma_1, \cdots, \sigma_n)$ 的集合。给定 σ，$p^{\sigma}(x)$ 和 $p^{\sigma}(h)$ 分别表示博弈进入决策结 x 和信息集 h 的概率，$u(x)$ 或 $u(h(x))$ 表示给定博弈到信息集 $h(x)$ 的情况下参与人 $i(h)$ 在 $h(x)$ 上的概率分布，u 表示所有 $u(h(x))$ 的集合，$u_{i(h)}(\sigma \mid h, u(h))$ 表示参与人 $i(h)$ 在 $h(x)$ 上的期望效用。Σ^0 表示所有严格混合策略组合的集合（参与人 $i(h)$ 选择每一个行动的概率严格为正），如果 $\sigma \in \Sigma^0$，则对于所有的决策结 x，$p^{\sigma}(x) > 0$（即博弈到达每一个决策结的概率严格为正），于是贝叶斯法则在每一个信息集上都有定义：$u(x) = p^{\sigma}(x)/p^{\sigma}(h(x))$。$(\sigma, u)$ 是一个"状态"，它由所有参与人的策略组合和所有信息集上的概率分布组成。Ψ 表示所有 (σ, u) 的集合，Ψ^0 表

示所有 σ 是严格混合策略的 (σ,u) 的集合。(σ,u) 是一个序贯均衡需要满足条件:

(S) (σ,u) 是序贯理性的:在所有的信息集 h 上,给定后验概率 $u(h)$,没有任何参与人 i 想偏离 $\sigma_{i(h)}$,即对于所有的可行策略 $\sigma'_{i(h)}$,有

$$u_{i(h)}(\sigma|h,u(h)) \geq u_{i(h)}(('\sigma_{i(h)},\sigma_{-i(h)})|h,u(h))$$

(C) (σ,u) 是一致的:存在一个严格混合战略组合序列 $\{\sigma^m\}$ 和贝叶斯法则决定的概率序列 u^m,使得 (σ,u) 是 (σ^m,u^m) 的极限,即

$$(\sigma,u) = \lim_{m \to +\infty}(\sigma^m,u^m)$$

序贯均衡与精炼贝叶斯均衡的主要区别在于,一致性条件(C)比贝叶斯法则(B)更强,满足一致性条件(C)的均衡一定满足贝叶斯法则(B),但满足贝叶斯法则(B)不一定满足一致性条件(C)的均衡,即每一个序贯均衡都是精炼贝叶斯均衡,但每一个精炼贝叶斯均衡并不都是序贯均衡。在多时期不完全信息博弈中,如果每个参与人最多只有两个类型(或博弈只有两个时期),则条件(B)等价于条件(C),于是精炼贝叶斯均衡与序贯均衡是重合的。

2. 颤抖手均衡

颤抖手均衡的概念是由泽尔腾(1975)使用策略式博弈引入的,其基本思想是在任何一个博弈中,每一个参与人都有一定的可能性犯错误;一个策略组合只有当它在允许所有参与人都可能犯错误时仍是每一个参与人的最优策略的组合时才是一个均衡。泽尔腾将非均衡事件的发生解释为"颤抖":当一个参与人突然发现博弈偏离均衡路径时,他把博弈偏离均衡路径归结为某一个其他参与人的非蓄意错误。通过引入"颤抖",博弈树上的每个决策结出现的概率都为正,从而每一个决策结上的最优反应都有定义,原博弈的均衡可以理解为被颤抖扰动后博弈的均衡的极限。

颤抖手均衡是满足下列条件混合策略组合 σ:存在一收敛到 σ 的完全混合策略组合序列 $(\sigma^k)_{k=0}^{\infty}$ 使得对每个参与人 i 的战略 σ_i 是对所有 k 值的 σ^k_{-i} 的最优反应。令 σ 是一颤抖手均衡,由于每个参与人的期望支付在别的参与人的混合策略向量中是连续的,对于每个参与人 i,战略 σ_i 是对 σ_{-i} 的一最优反应,所以每一个颤抖手均衡是一纳什均衡。在颤抖手均衡概念中,每个参与人的策略必须是对某个错误概率收敛到 0 的颤动策略组合序列的最优反应,所有参与人的策略必须是对同一个策略组合序列的最优反应,但不必是对所有这种序列的最优反应。

在颤抖手均衡概念的基础上,梅耶森(Myerson,1978)在颤抖手均衡概念上增加如下要求:如果一个策略比另一个策略代表更大的错误,则参与人选择前一个策略的可能性就应该小于选择后一个策略的可能性(即犯大错误的可能性较

小),从而提出了"适度均衡"的概念。

　　(四)案例分析——米尔格罗姆-罗伯茨垄断限制性定价模型

　　米尔格罗姆和罗伯茨(Milgrom and Roberts,1982)的垄断限制性定价(限价)模型是信号传递博弈在产业组织理论中的第一个应用,它试图解释现实中观测到的这样一个现象:垄断企业规定的产品价格一般低于微观经济学定义的最优垄断价格(即边际收益等于边际成本的价格)。米尔格罗姆和罗伯茨(1982)提出的解释是,垄断限价可能反映了其他企业不知道垄断者的生产成本,垄断者试图用低价格来告诉其他企业自己是低成本,进入是无利可图的这样一个事实。

　　假定有两个时期,两个企业。在第一个时期,企业1(在位者)是一个垄断生产者,选择价格 p_1;在第二个时期,企业2(进入者)选择是否进入。如果企业2进入,市场变成双寡头竞争;如果企业2不进入,企业1继续保持垄断地位。企业1有两个潜在类型:低成本(概率为 x)或高成本(概率为 $1-x$)。令 $M_1^\theta(p_1)$ 为企业1选择价格 p_1 时的垄断利润,其中 $\theta=L$(代表低成本)或 H(代表高成本)。p_m^L,M_1^L 分别代表在位者为低成本时所定的垄断价格和最大短期垄断利润;p_m^H,M_1^H 分别代表在位者为高成本时所定的垄断价格和最大短期垄断利润,$p_m^L < p_m^H$。假定 $M_1^\theta(p_1)$ 是严格凹函数。

　　在第一个时期,企业1知道自己的成本,企业2不知道企业1的成本。为了简单起见,假定在第二个时期,企业2一旦进入,就立即知道企业1的成本情况,因此第二个时期的寡头价格独立于第一个时期的价格 p_1。我们用 D_1^θ 和 D_2^θ 分别代表当企业1为类型 θ 时企业1和企业2在第二个时期的寡头利润(D_2^θ 是剔除进入成本后的净利润)。为了使分析有意义,我们假定 $D_2^H > 0 > D_2^L$,即在完全信息情况下,当且仅当企业1是高成本时,企业2才会选择进入。δ 代表两个企业共同的贴现因子。

　　由于企业1希望保持垄断地位($M_1^\theta > D_1^\theta$),想传递自己是低成本企业的信息,问题是没有办法直接达到这个目的,即使它真的是低成本。间接的办法就是制定一个较低的价格 p_1^L。由于第一个时期垄断利润的损失可能被第二个时期继续保持垄断地位的收益所弥补,即使企业1是高成本,也可能会选择 p_1^L。一个理性的进入者会知道现有企业以这种方式撒谎对自己是有利的,因而不一定据此推断企业1是低成本。反过来在位者也知道进入者有这种激励。在这个模型中,我们考虑两类可能的均衡:分离均衡和混同均衡。在分离均衡中,在位者是低成本时的第一个时期的定价与其是高成本时的定价是不同的,第一个时期的定价显示了充分的成本信息。在混同均衡中,第一个时期的定价是独立于成本水平的,进入者无法从中了解任何关于成本的信息,其的事后推断和事前推断完全一样。

1. 分离均衡

首先我们找出分离均衡的两个必要条件:低成本型的企业不想将价格定在高成本型企业的均衡价格上,高成本型的企业也不想将价格定在低成本型企业的均衡价格上。然后,我们描述进入者在非均衡路径上的后验概率使得没有任何类型的在位者有兴趣偏离均衡价格。就相应的价格是均衡价格这一点而言,分离均衡的必要条件同时也是充分条件。在分离均衡中,高成本型企业的定价会导致进入者进入,因而它把价格定为 p_m^H,它的总利润是 $M_1^H + \delta D_1^H$。假定低成本在位者选择 P_1^L,如果高成本的在位者也选择 P_1^L 从而阻止进入者进入,他的总利润是 $M_1^H(p_1^L) + \delta M_1^H$。因此,只有当下列条件满足时,高成本在位者才不会选择低成本在位者的均衡价格 P_1^L:

（A）
$$M_1^H - M_1^H(p_1^L) \geq \delta(M_1^H - D_1^H)$$

上式的含义是高成本在位者选择 P_1^L 导致的第一个时期的利润减少额大于从第二个时期保持垄断地位得到的利润增加额的贴现值。

当低成本在位者选择 P_1^L 从而能阻止进入者进入时,他的总利润是 $M_1^L(p_1^L) + \delta M_1^L$;另一方面,如果他选择 $p_1 \neq p_1^L$,他的总利润不会低于 $M_1^L + \delta D_1^L$(因为他总可以选择短期垄断价格 P_1^L,在最坏的情况下诱使进入者进入)。因此,只有当下列条件满足时,低成本在位者的均衡价格才是 P_1^L:

（B）
$$M_1^L - M_1^L(p_1^L) \leq \delta(M_1^L - D_1^L)$$

上式的含义是选择短期垄断价格 P_1^L 从而诱使进入者进入时的第一个时期利润增加额小于选择均衡价格 D_1^L 从而阻止进入者进入时的第二个时期利润增加额的贴现值。

为了使分析有意义,我们假定不存在 $p_1^L = p_m^L$ 的分离均衡,即如果 $p_1^L = p_m^L$,高成本的在位者也将选择 p_m^L,即

（C）
$$M_1^H - M_1^H(p_m^L) < \delta(M_1^H - D_1^H)$$

为了描述满足式（A）,（B）的 p_1^L 的特征,我们需要对需求和成本结构作出更具体的假定①。在合理的情况下,条件（A）,（B）定义了一个区间 $[\tilde{p}_1, \bar{p}_1]$,其中, $\bar{p}_1 < p_m^L$。要达到分离均衡,低成本型企业的定价必须足够地低于它的垄断价格,从而使高成本型企业同它混同的成本非常高昂。

---

① 参见[法]泰勒尔:《产业组织理论》,中国人民大学出版社,1997 年版。

关于分离均衡的详细分析过程①,这里仅给出分析的结论:存在一个惟一的"合理的"分离均衡,高成本企业制定垄断价格,从而导致进入者进入;低成本企业将价格定在 $\bar{p}_1$ 上,$\bar{p}_1$ 是所有使高成本型企业在第一个时期的损失略大于因进入者进入被阻止而获得收益的价格中的最高价格。由于信息不对称,企业1将价格由 p_m^L 降低到 $\bar{p}_1$。对于这一分离均衡,有下述结论成立:

(1)尽管在位者操纵价格,但进入者并未被愚弄,他完全了解到了在位者的成本类型。在对称信息情况下会发生的进入在这里一样会发生。

(2)虽然在位者并未愚弄进入者,但在位者需要进行限制性定价。如果低成本型企业不牺牲其短期利润来传递其成本类型的话,就会被认为是高成本型企业。

(3)社会福利比对称信息情况下要高。第一个时期由于低成本型企业通常降低了其的价格,社会福利增大;第二个时期由于进入者进入不受影响,社会福利也不受影响。

2. 混同均衡

混同均衡存在与否取决于下述条件是否成立:

(PE) $$xD_2^L + (1-x)D_2^H < 0$$

假定条件(PE)不成立,在混同价格下,进入者会选择进入,可以获得严格为正的期望利润;因为混同均衡不能阻止进入,在位者的最优选择是短期垄断价格(即高成本在位者选择 $p_1 = p_m^H$,低成本在位者选择 $p_1 = p_1^L$),因此没有混同均衡存在。

假定条件(PE)成立,因而混同价格 p_1 阻止了进入者进入。p_1 是混同价格的必要条件是没有哪种类型的企业愿意偏离 p_1,如果偏离的话,其最坏的结果是导致了进入者进入。因此 p_1 必须满足(B)(对于低成本企业)和(D)(对于高成本企业)

(B) $$M_1^L - M_1^L(p_1^L) \leqslant \delta(M_1^L - D_1^L)$$

(D) $$M_1^H - M_1^H(p_1^H) \leqslant \delta(M_1^H - D_1^H)$$

满足条件(B)和(D)的价格 p_1 的集合取决于成本和需求函数。根据条件

(C) $$M_1^H - M_1^H(p_m^H) < \delta(M_1^H - D_1^H)$$

在 p_m^L 附近一个价格区间 $[\bar{p}, p_+]$,所有的 $p_1 \in [\bar{p}, p_+]$ 将满足条件(B)和条件(D)。容易看出,任何 $p_1 \in [\bar{p}, p_+]$ 构成一个混同均衡。假定企业1制定了一个不同于 p_1 的价格(不在均衡路径上的价格),企业2将认为企业1是高成本而选择进入,企业1还不如制定垄断价格。根据条件(B)和条件(D),没有哪种类

---

① 参见[法]泰勒尔:《产业组织理论》,中国人民大学出版社,1997年版。

型企业会希望偏离p_1。这样,我们得到连续的混同均衡(无穷多个均衡)。特别地,$p_1 = p_m^L$是一个均衡(即两类企业都将价格定在低成本企业的短期垄断价格上,高成本在位者"限制"自己的价格以阻止进入者进入)。我们据此可以得出以下关于混同均衡的结论:

(1)在位者操纵价格,使之不显示成本信息,进入比对称信息情况下更少发生。

(2)低成本型企业制定垄断价格;高成本型企业进行限制性定价以阻止进入者进入。

(3)不对称信息对社会福利的影响不清楚。第一个时期由于高成本型企业通常降低了定价,社会福利增大;第二个时期由于进入者进入减少,社会福利通常降低。

小　结

本章主要研究对等理论(多人决策问题),首先在介绍了博弈论的基本概念的基础上,阐述了管理中的博弈问题以及博弈论的分类,然后具体分析完全信息博弈理论的基本模型及在管理领域中的应用,最后介绍不完全信息理论及在管理中的应用。

思考题

1. 博弈的分类及基本要素分别是什么?

2. 在习题图 1 所示的策略式表达博弈中,找出重复剔除的占优均衡。

	D	E	F
A	6,2	4,3	5,1
B	3,6	2,1	8,4
C	2,8	3,0	9,6

习题图 1

3. 下面是两个寡头企业开展的价格竞争博弈,p_1, p_2分别是企业 1 和企业 2 的价格,a, b, c是参数。

企业 1 的利润函数是

$$\pi_1 = -(p_1 - ap_2 + c)^2 + p_2$$

企业 2 的利润函数是

$$\pi_2 = -(p_2 - b)^2 + p_1$$

求解:(1)两个企业同时决策时的占优策略纳什均衡;

　　　 (2)企业 1 先决策时的子博弈精炼纳什均衡;

　　　 (3)企业 2 先决策时的子博弈精炼纳什均衡。

4. 在习题图 2 所示的贝叶斯博弈中:自然决定支付矩阵如图(a)或图(b),概率分别为 p 和 $1-p$;参与人 1 知道自然选择了(a)还是(b),但是参与人 2 不知道;参与人 1 和参与人 2 同时行动。给出这个博弈的扩展式表达并求解贝叶斯纳什均衡。

(a)	A	B
A	4,4	0,0
B	0,0	0,0

(b)	A	B
A	0,0	0,0
B	0,0	1,1

习题图 2

5. 求解下列银行和两个企业之间两阶段博弈的精炼纳什均衡:博弈开始时,银行向企业 1 和企业 2 都提供了贷款,贷款额为 a_i(i 代表企业 1 和企业 2);企业 1 的贷款在时期 $t=1$ 到期,企业 2 的贷款在 $t=2$ 到期;贷款到期后,企业有两种选择:按期还款或威胁违约——借口只有在银行追加投资 b_i(i 代表企业 1 和企业 2)后投资项目才能完成。如果企业按期还款,博弈结束;如果企业威胁违约,银行决定是否追加贷款。如果银行决定追加贷款,企业归还贷款的概率为 p_{i1}(i 代表企业 1 和企业 2);如果银行不追加贷款,企业归还贷款的概率为 p_{i2}(i 代表企业 1 和企业 2)。银行有硬银行和软银行两种类型,硬银行从来不对违约者提供贷款。硬银行的概率为 θ,软银行的概率为 $1-\theta$,但是软银行为了使企业不敢违约有积极性建立硬银行的形象。银行知道自己的类型而企业不知道。假定 $0 < p_{i2} < p_{i1} < 1, k > 0$。企业和银行的支付情况如习题图 3 所示(图中支付向

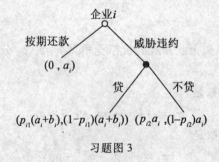

习题图 3

量的第一个数字代表企业的支付,第二个数字代表银行的支付)。

参考文献

1. 张维迎．博弈论与信息经济学．上海三联书店、上海人民出版社,1996

2.（法）J. J. 拉丰编．经济理论的进展(上、下)．王国成,等译．中国社会科学出版社,2001

3. 姚海鑫．经济政策的博弈论分析．经济管理出版社,2001

4.（美）纳什(Nash. J. F)著．纳什博弈论论文集．张良桥,王晓刚译．首都经济贸易大学出版社,2000

5. 王一鸣．数理金融经济学．北京大学出版社,2000

6.（法）泰勒尔．产业组织理论．经济科学出版社,1997

7.（加拿大）奥斯本(Osborne, M. J),（美）鲁宾斯坦(Rubinstein, A)著．博弈论教程．魏玉根译．中国社会科学出版社,2000

第七章 管理决策支持系统（DSS）

前面两章主要介绍的是决策理论方面的内容，本章着重介绍作为决策技术之一的决策支持系统（DSS）。DSS 是建立在数学模型的基础上，综合利用系统科学、管理科学、行为科学的理论及方法，以计算机为工具的人机交互系统。DSS 帮助决策者/用户充分利用系统的功能做出有效、实时的决策。

第一节 决策支持系统（DSS）概述

一、决策支持系统（DSS）的产生与发展

（一）DSS 的产生背景

1. 电子数据处理（EDP）的产生

电子计算机被应用于管理领域，一开始人们为实现办公室自动化用电子计算机进行数据处理和编制报表等，通常把这一类系统所涉及的技术称作电子数据处理（Electronic Data Processing，EDP）。EDP 把人们从烦琐的事务处理中解脱出来，大大地提高了工作效率。

2. 管理信息系统（MIS）的产生

EDP 的使用，虽然提高了工作效率，但是，人们发现一个企业或一个机关的数据处理都不是孤立的，它必须与其他工作进行信息交换，因此有必要对信息进行整体分析和系统设计，从而使整个工作协调一致，这样，管理信息系统（Management Information Systems，MIS）应运而生，使信息处理技术进入了一个新的阶段，并迅速获得发展。管理信息系统是一个由人、计算机等组成的、能进行管理信息的收集、传递、储存、加工、维护和使用的系统。MIS 能实测企业的各种运行情况，利用过去的数据预测未来，利用信息控制企业行为，帮助企业实现其规划目标。因此，MIS 能把孤立的、零碎的信息变成一个比较完整的、有组织的信息系统，不仅解决了信息存放的"冗余"问题，而且大大提高了信息的效能。但是，MIS 只能帮助管理者对信息作表面上的组织和管理，而不能把信息的内在规律更深刻地挖掘出来为决策服务。

3. 决策支持系统（DSS）的产生

20 世纪 70 年代末，由于 MIS 本身的局限，人们认识到完成例行的日常信息处理任务，只是计算机在管理中发挥了初步作用。学术界发现，应用系统分析、运筹学在解决现实世界问题（特别是比较复杂的问题）时遇到了不少困难。要想对管理工作做出更大贡献，必须直接面向决策，面向在不断变化的环境中出现的信息需求。系统分析人员与决策者（特别是高层决策者）之间必须有沟通。学术界的讨论还产生了另一个结论：系统分析人员和信息系统本身都不要企图取代决策者去做出决策，支持决策才是他们正确的做法。于是人们自然期望一种新的用于管理的信息系统，它在某种程度上可克服 MIS 的缺点，为决策者提供一些帮助。因此，20 世纪 70 年代中期"决策支持系统（DSS）"一词应运而生。

（二）DSS 的发展

DSS 作为一种新型信息系统，最早是 20 世纪 70 年代初期由 Scott Morton 首先提出，20 世纪 70 年代中期 Keen 和 Scott Morton 提出有关 DSS 的概念，DSS 一经发现就得到迅猛的发展，广泛应用于系统工程、管理科学和人工智能等领域。目前，国外 DSS 的研制工作经过 30 余年的发展，无论是理论还是应用都已取得了较大的进展，主要应用于企业的预算和分析、预测与计划，以及生产与销售等部门，也用于社会科学、宏观经济与市场分析及投资效益分析等方面。下面给出几个国外应用 DSS 的典型实例。①IFPS，由美国 EXECUCOM 系统公司研制的 IFPS（Interactive Financial Planning System）是一个会话式财务计划系统，用来辅助经理进行计划与决策。它由执行子系统、建模子系统、报表生成子系统、数据文件处理子系统、命令文件处理子系统及绘图子系统等六部分组成。它使用一种类似英语的对话式语言，能够回答"如果……则……"（What…if）之类的问题，可以很灵活地适应企业组织结构与管理方法的改变，它的输出形式可以是表格和图形，IFPS 已广泛应用于中高层管理决策，很受用户欢迎。②Portfolio Management System（T. P. Gerity，1971），这个系统的作用是支持投资者对顾客证券管理的日常决策，它具有股票分析、证券处理和分类等功能。其中一些工作纯属事务性的，如财会记录等，另一些有较强的技术性。美国几家主要的银行都配备了这套系统。③Brandaid（J. D. C. Little，1975），这个系统主要用于产品推销、定价和广告决策的混合市场模型。它规定了一种设计模型的准则，用户根据这种准则来优选模型或者把模型与其他信息资源连接起来。这种准则包括鲁棒性、易于控制、简单和有关细节上的完备性。这个系统提供了一种结构，把商品销售和利润与经理的行动联系在一起，使经理和管理人员能快速而方便地分析战略。④Geodata Analysis and Display System （GADS），这是由 IBM 研究部开发的一个试验系统，其作用是用计算机来构造和演示地图，它被用于辅助设计警察的巡逻路线、规划城市发展、安排学校的辖区范围等，特别适用于非技术用户。

国内对 DSS 的开发研究工作虽然起步较晚，但已引起了计算机学科及管理学科广大科技人员的重视和注意，已成为国内管理与计算机应用的热门课题。目前国内已开发了一些初步的项目，取得了可喜的成果，推出了"智能决策支持系统生成器"、"通用决策支持系统生成器"、"基于知识的计划决策支持系统"及各种专用的决策支持系统等软件。随着我国科学技术的发展，DSS 将在我国得到广泛的应用，促进科学与经济的更大繁荣和发展。

二、决策支持系统（DSS）的基本概念

（一）决策问题的结构化程度

西蒙（Herbert A. Simon）教授将决策问题分为三种类型：结构化决策问题、半结构化决策问题和非结构化决策问题。①结构化决策问题。它相对比较简单、直接，其决策过程和决策方法有固定的规律可以遵循，能用明确的语言和模型加以描述，并可依据一定的通用模型和决策规则实现其决策过程的基本自动化。多数管理信息系统，能求解这类问题。例如，应用解析方法、运筹学方法等求解优化问题。②非结构化决策问题。它是指那些决策过程复杂，其决策过程和决策方法没有固定的规律可以遵循，没有固定的决策规则和通用模型可依，决策者的主观行为（学识、经验、直觉、判断力、洞察力、个人偏好和决策风格等）对各阶段的决策效果有相当影响。往往是决策者根据掌握的情况和数据临时做出决定。③半结构化决策问题。它介于上述两者之间，其决策过程和决策方法有一定规律可以遵循，但又不能完全确定，即有所了解但不全面，有所分析但不确切，有所估计但不确定。这样的决策问题一般可适当建立模型，但无法确定最优方案。

需要说明的是，决策问题的结构化程度并不是一成不变的，当人们掌握了足够的信息和知识时，非结构化问题有可能转化为半结构化问题，半结构化问题也有可能向结构化问题方面转化，这是人们对客观事物不断提高认识的过程。

（二）决策支持的概念

在 DSS 的发展过程中，决策支持是一个先导的概念，当决策支持的概念形成若干年以后，才出现决策支持系统。直到现在，人们仍然认为决策支持是比 DSS 更基本的概念。可以说：决策支持是目标，DSS 是通向目标的工具。决策支持的基本含义是指用计算机来达到如下目的或者说具备如下特征：①帮助经理在半结构化或非结构化的任务中做出决策；②支持经理的决策，而不是

代替经理的判断力；③改进决策效能（Effectiveness），而不是提高它的效率（Efficiency）。要达到这三个目的并不是一件轻而易举的事情，但随着计算机技术的飞速发展，实现这些目标的可能性也在不断增加。现在，利用交互式的终端可以以很低的费用存取模型、进入系统、建立数据库。当这些设施变得更便宜、更灵活、更有力时，它们必然会给经理们在作关键决策时使用决策支持这一中心概念提供更多的机会和更大的可能性。

（三）DSS 的定义

时至今日，DSS 仍没有一个学术界公认的定义。许多学者对此做了大量的努力，试图给出 DSS 的定义，目前有不少文献对 DSS 的定义作了如下的论述。

R. H. Sprague 和 E. D. Carlson 对 DSS 的定义：决策支持系统具有交互式计算机系统的特征，帮助决策者利用数据和模型去解决半结构化问题。决策支持系统具有如下功能：①解决高层管理者常碰到的半结构化和非结构化问题；②把模型或分析技术与传统的数据存储和检索功能结合起来；③以对话方式使用决策支持系统；④能适应环境和用户要求的变化。

P. G. W. Keen 对 DSS 的定义：决策支持系统是"决策"（D）、"支持"（S）、"系统"（S）三者汇集成一体。即通过不断发展的计算机建立系统的技术（system），逐渐扩展支持能力（support），达到更好的辅助决策（decision）。传统的支持能力是指提供的工具能适用于当前的决策过程，而理想的支持能力是主动地给出被选方案甚至于决策被选方案。

S. S. Mittra 对 DSS 的定义：决策支持系统是从数据库中找出必要的数据，并利用数学模型的功能，为用户产生所需要的信息。决策支持系统具有如下功能：①为了做出决策，用户可以试探几种"如果，将如何"（What-if）的方案；②DSS 必须具备一个数据库管理系统、一组以优化和非优化模型为形式的数学工具和一个能为用户开发 DSS 资源的联机交互系统；③DSS 结构是由控制模块将数据存取模块、数据变换模块、模型建立模块等三个模块连接起来实现决策问题的回答。

对于一个迅速发展的领域只要把握住这个领域的基本特征和基本构成就可以了。这样做的好处是给该领域的扩充和改变方向提供了足够的灵活性，但是它也很可能导致人们陷入无休止的争论。因此读者也无须给 DSS 一个确定的定义，只是从不同角度阐述 DSS 的基本特征，让人们把握住 DSS 的基本特征和发展方向，以便摆脱目前对 DSS 的定义争论的混乱局面。那么，DSS 的基本特征是什么呢？在 Sprague 和 Carson1982 年提出的观点的基础上，可归纳为五个方面：①对准上层管理人员经常面临的结构化程度不高、说明不够充分的问题；②把模型或分析技术与传统的数据存取技术及检索技术结合起来；③易于为非计算机专业人员以交互会话的方式使用；④强调对环境及用户决策方法改变的灵活性及适应性；⑤支持但不是代替高层决策者制定决策。

用构成决策支持系统的部件来表述 DSS 的结构特征是把握什么是 DSS 的又一重要方法，这种提法在国内学术界比较流行，它也应该包括如下五个方面：①模型库及其管理系统；②交互式计算机硬件及软件；③数据库及其管理系统；④图形及其他高级显示装置；⑤对用户友好的建模语言。

（四）DSS 的功能

如上所述，DSS 的宗旨是辅助人们做好某一部分工作，因此，我们可以列举 DSS 所应该具有的功能如下：①整理并及时提供本系统与本决策有关的各种数据。②尽可能地收集、存储并及时提供系统之外的与本决策问题有关的数据。③及时收集提供有关各项活动的反馈信息，包括系统内与系统有关的数据。④能够用一定的方式存储与所研究的决策问题有关的各种模型。⑤能够存储及提供常用的数学与运筹学的方法。例如，统计检验方法等。⑥各种数据、模型、方法的管理都应该是易于改变、易于增添的。⑦能够灵活的运用模型与方法对数据进行加工、汇总、分析、预测，以便用户能随时得到所需要的综合信息与预测信息。⑧提供方便的人机对话接口和图形输出功能，不仅能够随机查询所要求的数据，而且能够回答"如果……，则……"之类的问题。⑨提供良好的数据传输功能，以保证及时收集所需要的信息，并把使用者所需要的加工结果提供给他们，因为 DSS 的使用者往往分散在各自的办公地点。⑩具有一定的加工速度与响应时间。

（五）DSS 的三个技术层次

DSS 有三个技术层次，它们面向的人员不同，所起的作用也不同。

1. 专用 DSS

专用 DSS（specific DSS）是能够实际完成决策支持任务的计算机硬件和软件系统。

2. DSS 生成器

DSS 生成器（DSS generator）是一种能用来研制专用 DSS 的硬件和软件系统，它包括数据管理、模型管理和对话管理所需要的技术以及能将它们有机地结合起来的接口。例如，Boeing 计算机服务公司提供的 EIS（Executive Information System）、Execucom 公司的 IFPS（交互式财务计划系统）、Tymshare 公司出售的 Express 以及哈尔滨工业大学管理学院研制的 GPCDSSG 等都是较好的 DSS 生成器，它们具有数据管理、图像显示、财务和统计分析、风险分析和优化计算等多种功能。过去，这些功能各自被单独使用，而现在则集中在一起，成为一种很容易使用的软件包。利用生成器，DSS 研制者可以根据决策者的要求、环境和任务，迅速构造一个专用的 DSS，从而大大缩短 DSS 的研制周期，并降低 DSS 的研制费用。

3. DSS 工具

DSS 工具是一些可用来构成专用 DSS 或 DSS 生成器的硬件或软件单元。DSS 是一个功能非常复杂的系统，如果我们从头到尾一点点地开展研制工作，很可能延误决策良机。因此，在策略上可采用各种 DSS 工具来帮助构造 DSS，缩短 DSS 研制周期和使 DSS 具有充分的扩充性能。DSS 工具的实例如：净现值计算程序、彩色图像工具、线性规划软件包、数据库查询软件和风险分析功能等。

三种技术层次间的相互关系，专用 DSS 属于最高层次，它可由 DSS 工具构成，也可以由 DSS 生成器产生。DSS 生成器可以被设想为一种由各种 DSS 工具组成的软件包。

三、决策支持系统（DSS）的发展趋势

（一）群决策支持系统（GDSS）

群决策支持系统（Group Decision Support System，GDSS）是一种基于计算机和通信的人机交互系统，它将计算机软硬件设备和群体成员融合为一体，通过对为了一个共同工作目标的决策群体提供决策支持，来求解半结构化和非结构化问题。群决策支持系统（GDSS）是在决策支持系统的基础上发展起来的，所谓群体决策是相对个人而言的，两人或多人召集在一起，讨论实质性问题，提出解决某一问题的若干方案（或称设计解决问题的策略），评价这些策略各自的优劣，最后做出决策，这样的决策过程可称为群决策。事实上，GDSS 将通信、计算机和决策技术结合起来，使问题的求解条理化、系统化。

而各种技术的进步，如电子会议、局域网、远距离电话会议以及决策支持软件的研究成果，推动了这一领域的发展。GDSS 技术发展得越成熟，它对自然决策（即非支持决策）的介入也就越多。GDSS 中用到通信技术（包括电子信息、局部或大区域网、电话会议、储存和交换设备）、计算机技术（包括多用户系统、第四代语言、数据库、数据分析、数据存储和修改能力等）、决策支持技术（包括议程设置、人工智能和自动推理技术）、决策模型方法（决策树、风险分析、预测方法）以及结构化的群决策方法（如德尔菲法）等。

GDSS 可提供三个级别的决策支持：

第一层次的 GDSS 旨在减少群决策中决策者之间的通信，沟通信息，消除交流的障碍，如及时显示各种意见的大屏幕，投票表决和汇总设备，无记名的意见和偏爱的输入，成员间电子信息的交流等。第一层次系统通过改进成员间

的信息交流来改进决策进程，通常所说的"计算机支持的会议室"（或称为"电子会议室"）就属于这一类。

第二层次的 GDSS 提供改善认识过程和系统动态的结构技术，及决策分析建模和分析判断方法的选择技术。这类系统常常使用便携式单用户计算机来支持一群决策者。决策者面对面地工作，在 GDSS 的支持下（有时还包括必要的工作人员）共享面临问题的知识和信息资源，制定出行动计划。

第三层次的 GDSS 的主要特征是将上述第一层次和第二层次的技术结合起来，用计算机来启发、指导群体的通信方式，包括专家咨询和会议中规则的智能安排，这样高水平的系统目前还处在预研制阶段。

GDSS 的目标是发现并向决策群体提供新的方法，它们通过有规则的信息交流逐步达到这些目标。首先，要克服信息交流的障碍，加速其进程，如第一层次的 GDSS；其次，可用一些较成熟的系统技术使决策过程结构化或准结构化，如第二层次的 GDSS；最后，应对群体决策的信息交流的内容和方式、议事的时间进程提供智能型指导，从根本上解决非结构化决策的支持问题，这是第三层次的 GDSS 的发展方向，也可以说是 GDSS 的发展方向。

（二）智能决策支持系统（IDSS）

人工智能技术引入 DSS 中可以有几种途径。首先，Simon 提出有限合理性模型是和人工智能技术紧密结合的，有限合理性要求建立一个紧密跟踪人的行为的系统，而专家系统正是这样一种系统。有的 DSS 已融进了启发式搜索技术，这就是人工智能方法在 DSS 中的初步实现。其次，人工智能因可以处理定性的、近似的或不精确的知识而引入 DSS 中，这方面正是专家系统的优势所在。最后，DSS 的一个共同特征是交互性强，这就要求使用更方便，并在接口水平和在进行的推理上更为"透明"。人工智能在接口水平，尤其是在对话功能上对此可以做出有益的贡献。自然语言的研究使用更接近于用户的语言使实现接口成为可能。

知识表示和它采用的方法，如分类法、递阶法、框架等也给 DSS 提供了新的思想，特别是可以把一个复杂的问题分解为递阶的子问题，使以前难以处理的问题得以解决。

对一个给定问题构造一个状态空间，用试验和检验错误的办法来逼近满意解，这是人工智能技术的另一贡献，有的 DSS 已采用了这种解决问题的过程，并取得了较好的效果。

IDSS 是 DSS 和 AI（人工智能）相结合的产物，其设计思想应着重研究把 AI 的知识推理技术和 DSS 的基本功能模块有机地结合起来。因此，IDSS 的总体结构设计思想应考虑以下两点：①从传统 DSS 的设计思想和 ES 的开发要求来看是有矛盾的。设计系统的三库及其管理系统旨在加强系统的通用性。然而，按决策者的应用要求，却希望 DSS 能起到 ES 的作用。若把这两者的功能简单地组合起来，势必增加系统结构的复杂性，此外，DSS 已有可资借鉴的基本理论和设计方法。因此，二者应有机地结合在一起，形成 IDSS 系统结构。②在决策问题的求解过程中，知识推理机和库管理模块既相对独立又相互依赖。为此我们借鉴数据字典的定义提出了库字典的概念，建立了四个库字典并以模型库为库信息的控制中心。库字典为上述功能模块的交互联系和各库间的协调管理起了信息桥梁作用。

（三）分布式决策支持系统（DDSS）

随着 DSS 的迅速发展，人们很自然地希望在更高的决策层次和更复杂的决策环境下得到计算机的支持。这种支持面向的对象已不仅仅限于单个的决策人，或代表同一机构的决策群，而是若干具有一定独立性又存在某种联系的决策组织。许多大规模管理决策活动已不可能或不便于用集中方式进行，这些活动涉及许多承担不同责任的决策人，决策过程必需的信息资源或某些重要的决策因素分散在较大的活动范围，显然，这些活动是一类组织决策或分布决策。分布式决策支持系统是为适合这类决策问题而建立的信息系统。DDSS 一词虽在 20 世纪 80 年代初已提出，但国内的研究还刚刚开始。

DDSS 是由多个物理上分离的信息处理系统构成的计算机网络，网络的每个结点至少含有一个决策支持系统或具有若干辅助决策的功能。DDSS 不只是一套软件，任一实用的 DDSS 都包括有机结合起来的软件、硬件两部分。

分布式决策支持系统具有区别于一般 DSS 的若干特征：①DDSS 是一类专门设计的系统，能支持处于不同结点的多层次的决策，提供个人支持、群体支持和组织支持；②不仅支持问题结构不良的决策过程，还能支持信息结构不良的决策过程；③能为结点间提供交流机制和手段，支持人机交互、机机交互和人与人交互；④不仅仅从一结点向其他结点提供决策结果，还能提供对结果的说明和解释，有良好的资源共享的特点；⑤具有处理结点间可能发生冲突的能力，能协调各结点的操作；⑥既有严格的内部协议，又是开放性的，允许系统或结点方便地扩展；⑦系统内的结点作为平等成员而不形成递阶结构，每个结点享有自治权。

DDSS 的研究涉及若干学科领域，范围相当广泛，它的研究与应用的内容相当丰富，可归纳成如下几项：①从理论上研究分布特征的决策过程的原理和结构，以及分布决策的策略和方法。②信息不集中是分布系统的主要特征，需要充分研究分布信息的表达、适于分布决策的信息结构以及不完全信息条件下的决策方法。③研究高效率、智能化的通信管理系统，设计适用于不同场合的多种通信方式。④研究、开发适合构成 DDSS 的结构模型和实用软件。研究适合于分布决策的分布式数据库、分布式模型库及分布式知识库的结构和管理。研究设计和分析网络拓扑结构的方法。⑤研究能接纳异质结点的 DDSS，研究能利用现有分散 DSS 装配 DDSS 的方法。进一步完善 DDSS 的概念，研究评价 DDSS 的指标体系和分析方法。分布系统是近年来许多学科研究发展的趋势，国内在分布式数据库、分布式知识库等方面也有不少研究文献，但对 DDSS 全面深入的研究还很欠缺。其原因一是 DSS 的研究开发在我国起步很晚；二是我国经济基础薄弱，形成大面积实用网络尚需时日。尽管如此，我们认为开展 DDSS 研究不仅有学术价值，也有现实意义。

（四）战略决策支持系统

用 DSS 支持战略管理是重要而有意义的领域，DSS 可望对公司的高层管理产生实质性的影响，实用的战略决策支持系统的研究是今后的重要课题。目前有关文献提出的系统构成如下：①数据库系统，它包括数据库、查询语言和数据输入与修改。②模型与方法库系统，它包括模型和方法库，该库存储和管理不同类型的模型和求解方法；还有模型与功能组合，可以将若干不同类型的模型和方法组合在一起解决实际问题；也包括模型建立与更新。③知识库系统，它有知识库、推理策略、知识获取等功能。可以应用和加工知识库中的知识；允许开发人员输入和调整知识库的启发性或相关性知识。④案例分析系统，它包括：案例资料库，动态存储已解决的问题与案例；类比判断分析，运用一组度量指标和关联性记忆搜索（神经网络模型），寻找已往案例中与当前问题类似的案例，以选择有效的同级问题解决方法；案例获取，将案例输入资料库，并可维护案例知识规则。⑤输入/输出系统，具有标准的图形生成器和问题求解报告生成系统，增加问题求解过程的透明度和用户对结果的认识。⑥控制与通信系统，存储元知识和控制启发式策略，对整个问题求解过程实施控制，负责子系统之间的交互和通信；可以针对具体问题确定求解程序。同时，为开发人员提供一种开发元过程的友好的命令语言。整体战略发展不是单个专家可以胜任的，通常需要一组专家合作完成，比如确定市场开发的平衡点和企业竞争能力。这里，我们将专家知识建立专家系统，用于战略发展规划。

第二节　DSS 的理论基础和结构框架

一、DSS 的理论基础

决策支持系统（DSS）的理论是开发和研究它的指南，在理论上有着相当大的意义。众所周知，DSS 的理论发展及其开发与很多学科有关，它涉及计算机软件和硬件、信息论、人工智能、信息经济学、管理科学、行为科学等，显然这些学科构成了它发展的理论框架，因此也称这些学科为它的理论基础。

（一）信息论

信息论的奠基人 R. E. Shannon 第一次把信息定义为一个可量化的名词，此后，在工程、通信以及控制理论中展现了一个新的领域。DSS 实质上是一类信息处理系统，所以在理论分析时 Shannon 引出的概念很重要。当人们开始接触 DSS 时，也许看不到信息论与它有什么关系，但实际上 DSS 的主要概念和基本理论只有靠信息论提供的分析方法才能得出结论，例如 DSS 在运行中的通信、控制、反馈等概念，离开信息论可能就难以阐述和理解了。

（二）计算机技术

DSS 作为一个很重要的计算机应用领域，需要计算机技术作为它的理论支持，计算机软件和硬件是 DSS 开发的制约因素。利用功能强一点的机器或者稍微完善一点的语言，能把一个在某个系统中被认为无法完成的工作变成可以实现的。这种例子在计算机的发展史上不胜枚举。例如，在计算机用于管理的初期，存储部件总是很紧张，不得不借用软件技术来解决这个问题，而现在由于集成技术的发展，计算机硬件水平有了很大的提高，甚至可以实现海量存储。可以说，计算机技术影响和制约着 DSS 实现的进度。

（三）管理科学和运筹学

管理科学比较强调应用，它通常用计算机解决一类特殊问题。一些管理科学家对模型很感兴趣，特别是对运筹学提供的一系列优化、仿真、决策等模型尤为重视。但是系统工作者则注意的是解决某领域管理问题的模型体系，这就是 DSS 中的模型库所要容纳的模型群，因此说，DSS 是系统工程所要研究和开发的重要领域。但是，DSS 的发展离不开管理科学和运筹学，这也是人们公认的事实。

（四）行为科学

大量的研究表明，系统模型所表现的缺陷甚至失败很少是因为技术上的原因，而多半是由于脱离实际，所以行为科学对于 MIS/DSS 的研究，存在这样一种看法：信息系统不是一个抽象的研究课题，而是有人来建立和运转的一个社会系统。行为科学指出，信息是人们对客观世界的反映，这种认知观为决策过程给出了概念上的说明，它强调应该使系统设计符合用户的个人要求、心理状态和他个人的能力。近几年的观点认为 DSS 是完成一个过程，所以一些学者和开发人员把它描述为对于社会变化的管理，强调过程的动态性、变化中所碰到的阻力和构造变化程序的需求。行为科学认为开发信息系统的过程中，不能仅仅依赖纯技术的因素。因此这几年，DSS 开发者已经提出了面向用户的观点。由此可见，我们可以通过行为科学的研究，抽象出管理者的共性，用它来指导 DSS 的研究和设计。

（五）人工智能

DSS 问世以来，经历了上升和徘徊的过程，而 20 世纪 80 年代人工智能技术的蓬勃发展，为它注入了新鲜血液，使它重新产生了活力。将人工智能技术用于管理决策是一项开拓性的工作。当前已开始研究知识库支持的决策支持系统，用领域专家知识来选择和组合模型，完成问题的推理和运行，并为用户提供智能的交互式接口，此外，决策正确性关系到经营效果和事业成败，决策理论、决策方法和决策工具的科学化和现代化是正确性的重要保证。人工智能将为 DSS 提供有效而严密的理论和方法。例如，知识的表示和建模，推理、演绎和问题求解以及各种搜索技术，再加上功能很强的人工智能语言等，都为 DSS 的发展走向更加实用的阶段提供强有力的理论与方法的支持。

尽管这些学科在它产生和形成的过程中起的作用不大，但它们对 DSS 未来发展给予极为重要的启迪。DSS 是一种开放的技术，它总是在不停地吸收其他学科的营养。一般说来，只要能面向计算机并且给决策人员提供帮助，DSS 都可以并且可能把它转化为自己的技术。

二、DSS 的两类基本结构

决策支持系统的体系结构（architecture）是指构成决策支持系统的各组成部分的排列、组织和相互结合的方式。对决策支持系统体系结构的研究不仅要考虑决策支持系统由哪些元件组成，更重要的是要探讨如何恰当地组织这些元件使它们协调工作。虽然体系结构本身并不能反映 DSS 元件的具体内容，但它却决定了 DSS 的某些本质属性，这是因为结构在一定程度上影响着系统的功能。

自 R. H. Sprague 于 1980 年提出一种基于两库（数据库和模型库）的决策支持系统体系结构以来，人们陆续提出了各种各样的 DSS 框架结构。概括起来这些 DSS 框架可以分为两大类：一类是 Sprague 型的基于 X 库的框架结构，另一类是 Bonczek 型的基于知识的框架结构。前者以各种库及其管理系统作为 DSS 的核心，后者则以问题处理子系统作为系统的主要部分。

（一）基于 X 库的体系结构

Sprague 提出的两库系统由三个部分组成，它们分别是数据库系统、模型库系统和对话系统（参见图 7.1）。其中，数据库系统负责存储和管理 DSS 使用的各种数据，并实现不同数据源间的相互转换；模型库存放预定的标准模型，支持模型的管理和各种分析与运算；对话系统负责接受用户的请求，并向用户提供决策结果。

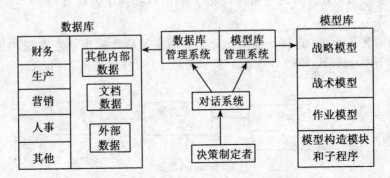

图 7.1　Sprague 提出的 DSS 框架结构

　　Sprague 的两库结构对后来的 DSS 结构产生了很大的影响，相继出现了基于三库、四库、五库、六库乃至七库的结构模式。

　　所谓三库结构模式是在二库的基础上增加了知识库，目的是提高系统的定性分析能力。四库结构模式是在三库的基础上增加了方法库，实现模型与方法的分立，为模型的生成与组合奠定了基础。方法库子系统由方法库和方法库管理系统组成。在 DSS 中，通常把决策过程中常用的方法（如优化方法、预测方法、蒙特卡洛法和矩阵方程求根法等）作为子程序存入方法库中。方法库管理系统对标准方法进行维护和调用。有的决策支持系统没有方法库子系统。五库结构模式在四库的基础上又增加了文本库，提供决策问题与环境的描述性信息。随着图形技术、多媒体技术和自然语言处理的发展，在五库的基础上又增加了图形、语言等属性，出现了六库或七库的结构模式。

　　基于 X 库的结构模式为 DSS 提供了支持内核，而且随着各库增加，使 DSS 的功能由定量计算扩大到定量计算与定性分析相结合，方便了对模型的管理，也使人机界面变得更友好，对 DSS 发展产生了很大的推动作用。然而 DSS 功能的发挥并不足体现在支撑库数目的增多上，而是体现在对决策者的支持上，因此很难得出库的数目与 DSS 效能之间的正比关系。这是因为库的增加使系统的知识表示变得十分复杂，很难实现各子系统之间的接口和知识的处理。如果不能实现一致的信息组织与处理模式，势必使 DSS 成为毫无特色的"杂烩"系统，从而导致 DSS 结构的松散和处理的低效率。此外，基于 X 库 DSS 结构模式并没有反映出 DSS 不同于其他计算机信息系统的特点，如决策者是 DSS 的主体，人机协同操作等，因此具有一定的局限性。

（二）基于知识的 DSS 体系结构

基于知识的体系结构是 Bonczek 于 1981 年提出的。这种 DSS 结构模式由语言子系统（LS）、知识子系统（KS）和问题处理子系统（PPS）三部分组成。见图 7.2（a）。

人们在 Bonczek 的 DSS 框架基础上，后来又陆续提出许多类似的框架结构，如 Holsapple 于 1989 年增加了表示系统（1S）（见图 7.2（b））。

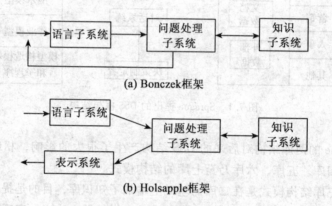

图 7.2　两种基于知识的框架结构

基于知识的框架结构将专家系统中的问题处理技术引入到 DSS 的体系结构中，克服了一些 DSS 缺乏知识的弱点，符合 DSS 智能化发展的趋势，对 DSS 的发展也起到了很大的促进作用，较好地解决了对决策问题求解过程的控制。但该框架仍然保留着专家系统的求解思路，未能充分体现出决策者在模型建造、模型选择等方面的作用和 DSS 模型驱动的特点。此外，基于该框架的 DSS 不具备学习能力，不能学习新知识或积累经验，因此也就无法改善自身的性能。

DSS 的各个子系统之间有着非常紧密的联系。良好的结构应使各组成部分有机地结合起来，否则会形成这样的局面：在变更数据时，要求修改模型；在追加模型时，又会影响数据和对话接口。

在实际建立 DSS 时，可以由上述两种基本结构通过分解或增加某些基本部件而演变出多种形式。

三、DSS 的数据库系统

数据库系统是由数据库管理系统、数据库、用户和计算机系统组成的具有高度组织的整体。数据库是以一定的组织方式存储在一起的数据集合，它能以最佳方式、最少数据重复为多种用户（或应用程序）服务，数据的存储方式独立于使用它的应用程序；数据库管理系统是管理和维护数据库的软件，其主要功能是维护数据库系统的正常活动，接受并回答用户提出的访问数据库的各种应用请求，如要求从数据库中检索信息，等等。也就是说，数据库管理系统处理用户对数据库的操作，负责数据库组织的逻辑细节和物理细节的处理，使用户可能不受这些细节的影响，从而可以从更加抽象的观点看待和使用数据库。计算机系统是指用于数据库管理的计算机硬件和基本软件。数据库需要容量大的主存储器以存放操作系统、数据库管理系统例行程序、应用程序（包括用户工作区）、数据库表、目录和系统缓冲区等。在辅助存储方面，需要大容量的直接存取存储设备。此外，还要求有较高的通道能力。

（一）DSS 数据库系统的组成及特点

DSS 数据库系统由以下几部分组成：①数据析取模块。数据析取为模型运行准备和组织数据，它实际上是各种源数据库与 DSS 数据库的接口，主要内容包括从源数据库集聚（aggregating）和形成子集（subseting），建立 DSS 数据库，供模型和对话部分使用。②DSS 数据库。它通过数据析取部分析取数据。源数据库的数据不全进 DSS 数据库，而是根据需要进行析取。③数据库管理系统。用来提供存取库中数据的功能。④数据字典。用来维护系统中的数据定义、类型描述和数据源的描述。⑤数据查询模块。用来解释来自其他子系统的数据请求，通过查阅数据字典确定如何满足这些请求，并详细阐述向数据库管理系统的数据请求，最后将结果返回对话子系统。

数据库系统是一个完整的可以组织和存取大量数据的计算机系统，它应具备以下几个特点：①面向决策支持过程组织和管理数据，DSS 中数据库的设置必须满足各种层次、各种类型、不同决策者的决策过程对数据的要求。DSS 中的数据库管理系统应能根据决策活动的需要，把有关的数据面向决策过程组织起来。因此，设计数据库系统时，系统的结构、数据库管理系统的功能选择，等等，都必须围绕着决策支持过程来进行。②面向模型、面向模型生成来使用数据。DSS 的一个特点是数据与模型的有机结合，模型也是 DSS 的重要组成部分。在制定决策过程中，总要用到各种模型，包括定量的、定性的，等等。模型必须和所需要的数据相匹配，才能被用于决策过程。所以，DSS 中数据结构的选择，必须考虑和有关模型的匹配问题，应最大限度地满足各种模型对数据结构的要求。③数据描述方式要面向不同的决策者。DSS 的用户由各层次的决策者和参与决策制定过程的有关人员构成，由于用户的背景不一致，使用计算机的能力往往也有很大差别，因此 DSS 中数据库的人机界面必须设计成用户所熟悉的形式。数据描述画面应对决策者是透明的，使用他们熟悉的语言和术语，一般 DSS 中使用数据的量都比较大，按用户习惯设计人机界面，并尽可能方便用户使用，这一点非常重要。

（二）数据模型的概念与设计

数据库的数据模型是描述数据结构的模式，是对客观事物及其联系的数据描述，即实体模型的数据化。数据库设计的核心问题之一是设计一个好的数据模型。

下面介绍与数据模型有关的概念：①记录与数据项。数据模型中，把描述对象的数据称为记录，而把描述属性的数据称为项。由于一个对象具有若干属性，故记录也由若干数据项组成。一般可采用属性名作为描述它的数据项名。但用作属性名时表示观念信息；用作项名时表示数据信息，它包含数据项的特征——数据类型（数字、字母、字符串等）与数据长度。②型与值。由于实体有总体和个体两个概念，所以表示它的数据也有"型"（表示总体）与"值"（表示个体）之分。上述记录和数据项都有型与值之分，数据项"年龄"的型就是"名称为年龄，数据特征为二位十进制整数"，而它的值为一岁、两岁，等等。应当指出，型与值是相对的，即一个数据项的值可以是另一个数据项的型；反之亦然。例如，数据项"车"的值"汽车"可以作为数据项"汽车"的型，而数据项"汽车"的值又是"公共汽车"、"吉普车"、"卡车"等。③记录与文件。由于记录是一种数据，因此也有型和值之别。记录型是数据项型的一个有序组，记录值是数据项值的对应有序组。记录型是一个框架，只有给它的每个数据项赋值后才得到记文件是记录型和值的总和，把根据值能惟一标识记录的一个或多个数据项称为记录类型（或文件）的关键字（key），把用于组织文件的关键字称为主关键字（primary key）。

设计数据模型应该考虑如下问题：①给数据模型命名，使不同模型得以区别；②给每个记录类型命名，以标识和说明同一模型中具有的记录类型；③给每个数据项命名，以说明和区分每个记录类型所具有的数据项，并确定作为记录类型主关键字的数据项；④说明各个记录类型之间的联系，必要时给这种联系命名；⑤必要时，提出各数据项的数据特征，即类型、长度、值域。数据模型的所有术语都用在型一级，整个模型就像一个框架，给它填上具体的数据就得到数据模型的一个实例。

下面介绍当前较流行的三种数据模型结构：

1. 层次结构数据模型

这种结构的数据模型又称为层次树结构。它由结点的分支组成，好像一个倒置的定向有序树。每一个结点表示一个片断，片断是描述该结点上实体数据属性的集合，层次树结构的最高结点为根，根结点对应着根片断。位于该树较低等级上的结点是从属结点，这些结点的等级取决于它们与根结点的距离。在层次树结构中，上级结点被称为下级结点的双亲，下级结点是上级结点的子女。没有双亲的片断 S 为根片断，其余的片断都是从属片断。同属一个双亲的结点称为兄弟，无子女的结点称为叶子。从根片断开始。按双亲子女联系依次链接的片断序列称为层次路径。按层次路径存取的数据原则是：由上向下，自左到右。这种顺序也是逻辑数据库向应用程序所递交的顺序。由于每个片断（根片断除外）只有一个双亲，所以在描述中只要指明片断的双亲名字就代表了片断的联系。层次树结构必须满足下列条件：①层次树结构数据模型总是起始于根结点。②每个结点都表示一个片断，或者说描述该结点对应于实体的一个或一个以上的属性。③从属结点有且仅有一个双亲，任意两个结点之间至多只能有一条弧相连，因此这些弧不需要任何标号。④从属结点能够继续继承等级，前一等级上的结点成为新从属结点的双亲。从属结点可以在水平方向和垂直方向无限增加。⑤双亲结点可以有一个或多个子女作为从属结点。如果没有任何结点作为它的从属结点，那么它就不能称为双亲，而称为叶子。⑥除根结点外，每个结点都必须通过它的双亲存取。在正确的层次树结构中，从属结点只能通过它的双亲检索，所以通向每个从属结点的存取通路是惟一的。层次结构数据模型是线性通路构成。⑦每一级上的每个结点都可以有若干具体值。从属结点上的值都必须与一个双亲值相连接，也就是说，根结点可以有多个值，每个值都开始一个逻辑记录。每个根结点值又可以有零个、一个或者多个二级结点的值。依此类推。

2. 网状数据模型

网状数据模型是以记录类型为结点的网状结构。网状数据模型同样也是基本层次联系的集合，但和层次结构数据模型不同的是：①可以有一个以上结点无双亲；②至少有一个结点有多于一个的双亲；③两个结点之间可以有两种或多种联系。

司机与汽车之间有两种联系：一是使用，二是保养。使用和保养分别为两个联系的名字。从使用来讲可能是甲司机使用 A、C 汽车，乙司机使用 B、D 汽车；从保养来讲可能是丙司机保养 A、C 汽车，丁司机保养 B、D 汽车，等等。

3. 关系数据模型

关系数据模型是把数据的逻辑结构归为满足一定条件的二维表的模型。每一个关系为一个二维表，相当于一个文件。个体及个体间的联系，均通过关系进行描述。是应用数学理论（关系代数和关系演算）处理数据库系统的方法。将一组数据列为二维表，一个 m 行 n 列的二维表为一个命名的具有 m 个 n 元组（n-tuple）的关系。每一行即一个 n 元组，相当于一个记录值，用以描述一个个体。每一列叫做域（domain）相当于数据项类型，用以描述属性，域是命名的。图 7.3 是命名为 DEP 的一个关系，表中每一行称为 n 元组，代表一个个体，表的每一列代表一个属性，关系中每个 n 元组可以通过一个或一组属性来标识，能惟一标识一个 n 元组的属性称为它的码，也就是它的关键字。在关系模型中，要求关系具有如下性质：①关系中每个数据项（元组中每个分量）必须是不可分的数据项，并没有重复元组；②列是同质的，各列指定相异的名字，列的次序任意；③各行（元组）相异，行的顺序也是无所谓的。

DEP

A	B	C	D	E	n 元组
a_1	b_1	c_1	d_1	e_1	
a_2	b_2	c_2	d_2	e_2	
a_3	b_3	c_3	d_3	e_3	
$\vdots$	$\vdots$	$\vdots$	$\vdots$	$\vdots$	
a_n	b_n	c_n	d_n	e_n	

图 7.3　关系数据模型的关系

（三）DSS 数据库系统的设计

1. 数据库的概念设计

数据库的概念模型表示实体及其相互关系。概念模型不是单独的应用程序员处理信息的方法，而是处理多种应用数据的若干方法的组合。单个程序员的视图称为外部模型。概念模型与单独的应用程序无关，与数据库管理系统无关，与用来存储数据的硬件无关，与存储介质中数据的物理模型无关。在设计概念模型时，把力量集中在构造数据及数据元之间的关系上。在概念设计阶段不必考虑数据库的实现与操作阶段。

收集有关的数据信息很费时间，并需要管理部门多方面的配合。数据库管理员应制定完成这项工作的计划。首先 DBA 应利用调查表格或类似的工具从各级管理部门得到所需的数据综合表。各级管理部门可以处理和存储数据。然后，数据库管理员应调查企业数据，主要为所有办公室使用，同时用于业务应用和数据处理应用的情况。

调查表应收集下述信息：数据实体名称、数据元名称、描述、特征、来源和敏感性（安全性）、数据的价值或重要性、元素及实体的关系。

在完成调查的同时，数据库管理员应该审查数据在企业中的归档、行政管理和数据处理的流程。不应把这种审查看成是为保证调查正确性的一种"控制"，而应把它看成是企业模型的附属部分。调查还应帮助 DBA 追踪企业的"文件"流，注意数据通信的路径和方法，它的用途和目标。

数据库管理员的下一步工作，也是至此最重要的工作，是分析根据调查表调查数据流而建立的数据资源库。说明本身是很容易的，但分析的过程却不是机械和简单的。DBA 要建立实体和元素的数据映像，以表示功能源和实体，以及接收或使用功能及其功能实体和元素。

数据库管理员最重要而又最困难的任务之一是收集有关数据库未来用途的信息。一旦数据库安装好，用户看到它在信息处理和决策方面的价值，他们就会进一步要求更好的响应、更多的功能、更多的用途或更多互相参照的企业数据。如果仅以关于数据当前用途的知识为基础设计数据库，就很难实现新的关系、新的实体和新的数据元素。为了把这种性质的问题减到最小，DBA 必须确定能够使用信息的其他办法，这无疑是一个难以完成的任务，然而不论功能如何，DBA 必须注意任何忽略掉的实体、实体关系和内在的数据关系，并与用户就这些问题进行讨论。

2. 数据库的逻辑设计

数据库逻辑设计的目的在于设计一个反映现实世界的概念模型。对此，国内外的数据专家们以及用户进行了大量的研究工作，以寻求一个比较通用和有效的方法，使数据的逻辑设计过程符合人们的一般思维，便于工程化，逐步进行设计。这里介绍"分步法"的设计方法，分步法把逻辑设计过程分为三个阶段、七个步骤。第一阶段，收集和分析用户要求，包括三个步骤：①分析用户要求；②确定系统边界；③分析系统内部结构。第二阶段，用 E-R 方法建立概念性的数据模型，包括两个步骤：④建立局部 E-R 模型；⑤将局部 E-R 模型综合成总体 E-R 模型。第三阶段，数据库模式设计，包括两个步骤：⑥将总体 E-R 模型转换成模式，⑦优化模式。

3. 数据库的物理设计

就是如何利用现有的物理存储设备有效地存储数据。它的任务是使数据库的逻辑结构在实际的物理设备上得以实现，建立一个性能好的存储数据库。在进行数据库的物理设计时，应考虑以下三方面问题：①存储空间分配。考虑这个问题时有两个原则：一是存取频率高的数据应存储在快速设备上；二是相互依赖性强的数据尽可能存储在同一台设备上，且尽量安排在邻近的存储空间。②数据的存储表示。数据分为数值数据和非数值数据两种。数值数据可以用十进制形式、字符形式或二进制形式表示和存储，它们各自占有的空间大小

（即字节数）是不同的，它们的运算能力也不相同。因此，应当根据数据应用的一般情况来选择存储形式。非数值数据一般用字符串表示和存储。为了节省空间，可以利用压缩技术，但必须有软件的支持。③存储结构的选择。这与数据应用有密切的关系，应当确定记录的存取是用顺序方法，还是用索引方法或直接方法。实现关系是用位置毗邻法，还是用指针链法，如果是后者，还应指出用什么样的指针或指针的组合。存储结构的选择原则是要尽量保证整个系统有较高的效率和较好的性能。

四、DSS 的模型库系统

DSS 中的模型库系统由模型库、模型库管理系统和模型字典三部分组成，其主要功能是通过使用人机交互语言，使决策者能方便地利用模型库中各种模型支持决策，引导决策者应用建模语言和自己熟悉的专业语言建立、修改和运行模型。

模型库系统在 DSS 中占有重要地位。管理者使用 DSS 不是直接依靠数据库中的数据进行决策，而是在很大程度上依靠模型库中的模型进行决策。因此，人们常认为，DSS 是由"模型驱动的"。应用模型获得的输出可以分别起以下三种作用：①直接用于制定决策；②对决策的制定提出建议；③用来估计决策实施后可能产生的后果。

实际上，可直接用于制定决策的模型对应于那些结构性比较好的问题，其处理算法是明确规定了的。表现在模型上，其参数值是已知的。对于非结构化的决策问题，有些参数值并不知道，需要使用数理统计等方法估计这些参数的值。由于受不确定因素、参数值估计的非真实性以及变量之间的制约关系的影响，用这些模型计算得到的输出一般只能辅助进行决策或对决策的制定提出建议。对于战略性决策，由于决策模型涉及的范围很广，其参数有高度的不确定性，所以模型的输出一般用于估计决策实施后可能产生的后果。

（一）模型库

模型库是提供模型存储和表示模式的计算机系统。模型库（model base）和模型软件包（model package）的重要区别在于：在模型库中模型的存储模式和求解过程并不相连，并不是为某一目的而建立的独立程序及其集合，而是以基本模块和基本要素为存储单元的集合。从理论上讲，利用这些基本单元，可以构造任意形式和无穷多个模型。

模型库是 DSS 的共享资源，它有一些具有支持不同层次的决策活动的基本模型，其中有一些为支持频繁操作的单一模型；还有一些用于生成新模型的基本模块和基本要素。这样模型库就是一个"产生"模型的基地，而不是预先建立的模型集合，通过模块的组合，可以使模型灵活地变更。因此，动态性是模型库的一个基本特征，也是研究模型库生成技术的前提。

在模型库系统中，首先要考虑模型在计算机中的表示方法和存储形式，使模型便于管理，能灵活地连接，并参加推理。为了增强管理的灵活性和减少存储的冗余，模型的表示趋向于将模型分解成基本单元，由基本单元组合成模型。对应于不同的管理模式，基本单元采用不同的存储方式，目前主要有以下三种：

1. 模型的程序表示

传统的模型表示方法都是用程序表示。包括输入、输出格式和算法在内的完整程序就表示一个模型。这种表示方法主要有两个缺点：一是解程序和模型联系在一起，使模型难以修改；二是存储和计算上的冗余，因而对每一种模型形式都有一套完整的计算程序，而不同形式的模型往往有许多计算是相同的，只有微小的差别，如线性规划模型的不同算法。模型的程序表示不能使这些共同的部分共享。在模型库意义下的程序表示方法是将模型和解程序相分离，并将程序表示的模型分解成基本模块，不同模型中的共同部分可以调用相同的模块，这样就可以减少冗余。基本模块可以以适当的方式进行组合，形成新的模型。这样模型的修改和更新都比较方便。

另一种程序表示方法是以语句的形式表示，用通用的高级语言设计出一套建模语言，模型中的不同方程、约束条件和目标函数都对应于相应的语句，进而对应一般程序或句子。这种表示方法适用于熟悉建模和算法的运筹学专家，他们可以用这种语言构造一个建模程序或运行模型的程序，而不涉及每个建模语句是如何实现的。这种方法进一步发展，就构成了模型定义语言。

模型的程序表示方法适用于描述结构化的计算模型，是自使用计算机运行模型以来一直采用的传统方法，但模型的使用发生了很大变化。最早的计算机仅作为一种计算工具，用户既是建模者也是程序设计员。20 世纪 60 年代出现了为完成建模或分析任务的子程序库，最典型的例子是 IBM 公司用 FORTRAN 写的科学计算子程序包（SSP），该子程序包提供了统计学和矩阵运算程序。程序员只需写一段驱动程序（即主程序），调用必要的子程序，引导用户输入必要的数据，以完成建模分析任务。

20 世纪 70 年代，集成软件系统在计算机辅助系统中得到广泛的应用。将与求解问题有关的模型程序集成到一个系统中，用户可通过菜单选择所需要的模型或一个求解系列。这样的操作方式为用户提供了方便，模型的使用效率有很大程度的提高，但存在着模型不易变更的缺点，用户只能选择模型而不能干预求解过程。到 80 年代，进一步提出模型库系统的概念，不是将模型对应于一个事先编好的程序，而是将模型的基本要素——基本计算单元对应于基本模块。模型的选择和运行都由计算机完成。从程序表示模型的三个发展阶段可以看出，模型的计算机表示总的趋势是用户越来越脱离计算机而注重问题的表述。从简单的计算到对问题的分析和信息的管理，计算机馈送给用户的信息和用户越来越接近。

2. 模型的数据表示

把模型看做是从输入集到输出集的映射，模型的参数集合确定了这种映射关系。有些学者从不同的角度研究了用数据表示模型的问题，例如，Blanning建立了关系式模型库技术的基本理论，Konsynski 的主要工作在于模型的实际求解技术。

模型的数据表示就是通过数据的转换来研究模型。其优点是可以引用发展得比较成熟的关系数据库管理技术实现模型的管理。模型可描述为由一组参数集合和表示模型结构特征的数据集合的框架。输入数据集在关系框架下进行若干关系运算，得出输出数据集。这样，模型运算就可转换为数据的关系转换。这种方法使模型单元易于与其他单元通信，并且模型便于更新。

Konsynski（1984）用数据表示模型的方法构造了一个广义模型管理系统（GMMS），他把模型描述为由方程、元素和解程序组成的数据抽象。对于经济学模型，元素类型包括时间序列集合、变量和参数，方程表示为递推的或并行的约束和目标函数，解程序则是由某些特殊的技巧和算法确定的关系框架。模型的每个单元都在数据库中维护且按全局指南进行特征化。

一般的数据抽象由三个数据库组成：参考数据库、用户数据库和模型数据库。其中，参考数据库存有一般性的参数和时间序列数据，而用户数据库是由方程组成的数据库，这些方程由操作在用户数据库中的时间序列的统计分析得到。例如，在用户数据库运行的回归方程的结果可以作为一个方程转移到模型数据库，然后由这些方程组成能被仿真的基本经济学模型。在模型数据库中存入优化问题的方程有些困难，即对方程类型的模式要有适当的说明（例如，目标函数、等式约束、不等式约束、梯度以及处理非线性的方程等）。适当的数学规划解程序可以用相应的接口命令加入系统，产生优化模型的特征。对于较复杂的非线性规划模型直接进行数据抽象比较困难。但有些可用经济学模型和线性规划模型的组合来表示，这样，模型的数据抽象就可表示范围比较宽的经济学模型和优化模型。

Blanning 在理论上提出了模型的关系理论。他的主要思想是将模型表示为由一组输入属性和一组输出属性组成的关系，记为 (α/β)。α 为输入集，β 为输出集；他对 Model Bank 下了精确的定义，并类似于关系数据库理论，定义了模型关系的范式，并规定了提取模型的操作。他还设计了模型定义语言 MDL 和模型操作语言 MML。

按照关系理论的观点，模型可看做一个对应于输入/输出属性领域集的笛卡儿积，就像在关系数据库中与属性（file）相应的关键字（keyword）和内容（content）的值域构成了笛卡儿积的子集一样。事实上，在模型关系中的元组不存在存储形式，而是按用户的要求设计的，并对用户是透明的。这个模型元组的虚拟特征奠定了 Model Bank 设计的基础。

3. 模型的逻辑表示

模型不仅表示了它的输入/输出之间的运算关系和数据转换关系，同时还确定了输入/输出之间的逻辑关系。逻辑关系既可以描述定量模型的输入/输出关系，也可以描述更广泛的模型（定性的、逻辑的和概念的模型）的对应关系。因此，模型的逻辑表示对于描述含有定性、定量、半结构化和非结构化的决策模型具有十分重要的意义。在把人工智能技术应用于模型管理方面，模型的逻辑表示是实现模型智能管理的基础。目前主要有谓词逻辑、语义网络、逻辑树和关系框架等几种方法。由于这几种方法都是表达知识的基本方法，所以又称模型的逻辑表示，是基于知识的表示方法。这里介绍用谓词逻辑建立的一个广义决策支持系统。在这个系统中，模型被分解成基本单元，每一个基本单元可用一个谓词表示，其参量即为模型的输入/输出变量。用谓词表示模型还可以减少模型存储的冗余和增强模型集成的灵活性。一般模型可分为四个基本要素：模型结构、约束集、参数集和变量集，每一部分可用相关的谓词表示。根据问题描述，将有关的谓词结合在一起，形成一个新的模型。模型的结构谓词以模型名为谓词名，其中参量为输入、输出变量和参数，该谓词与模型公式组成的子句描述了模型结构。

例如，一个生产函数模型的公式为

$$Y(X,t) = A(t) * X^c$$

定义其模型名为 PROD-MODEL，相应的谓词为

$$PROD\text{-}MODEL\ (Y,\ X,\ t):\ X$$

$$Y(X,t) = A(t) * X^c$$

参数谓词则表示为由模型名和参数表组成的事实，例如

$$PARAMETER\ (PROD\text{-}MODEL,\ PARA\text{-}LIST\ [\ ])$$

模型的各元素由模型名为关键字，组成模型的关系框架。模型的关系框架只是一个虚拟存储单元，事实上是一个逻辑关系。模型关系框架描述了模型名、模型的原子公式，公式间的运算关系和参数。仍以生产函数模型为例，构造模型的关系框架。

$$Y(X,t) = A(t) * X^c$$

式中：

$$A(t) = A_0(1 + b)^t; B(X) = X^c$$

相应的谓词表示为

FRAME(PRO-MODEL,TECH-PROG,INV-CHPTIC)

PROD-MODEL(Y,X,t)：—

$Y(X,t) = A(t) * B(X)$

TECH-PROG(A,t)：—

$A(t) = A0(1 + A1)t$

PARAMETER(TECH-PROG,A0,A1)。

INV-CAPTIC(B,t)：—

$B(X) = X^c$

PARAMETER(1NV-CAPTIC,C)。

对于较复杂的模型，谓词也可以调用一个模型求解程序。这种表示方法可以十分方便地解决定量计算与定性推理相结合的问题，适用于基于知识的模型管理技术。

（二）模型字典

模型字典用来存放有关模型的描述信息（如限制、约束、参数模型等）和模型的数据抽象。所谓模型的数据抽象是模型关于数据存取的说明。这部分信息是模型管理系统对数据库自动存取数据的需要。此外，模型字典中有关模型模块的详细说明，可供用户和系统人员查询模型库内容之用。

模型字典可包括以下一些内容：①模型的内容；②模型的功能和用途；③模型的编码；④模型在模型库中存放的位置；⑤模型来源、出处；⑥模型的变量数和维数；⑦模型使用的算法程序及其在方法库中的位置；⑧模型使用的数据名称、单位、精度及存放位置；⑨用户文件、使用说明；⑩模型框图、文字说明；⑪建立模型的作者、时间；⑫修改模型的作者、时间；⑬审核模型的作者、时间；⑭模型入库时间。

此外，模型字典中还可以存放主要用来辅助用户学习使用模型的信息，如模型结构、模型性能、模型应用场合、模型求解技术、模型输入输出的含义以及模型的可靠性等。

（三）模型库管理系统

为了对模型库进行集中控制和管理，模型库系统必须有一个强有力的模型库管理系统来进行以下各项管理。在模型库系统中，还包含一个以上以适当的存储模式进行模型提取、访问、更新和合成等操作的软件系统，这个软件系统称为模型管理系统。

1. 构模管理

为了便于用户建立模型，系统应具备一个能够构造或产生模型的灵活机构，主要是能够提供一种模型定义语言（model definition language），用户可利用它来完成以下功能：

（1）模型生成。如用户可在文本编辑状态下建立一个模型，又如利用矩阵生成器，只要给出一些数据，系统自动生成线性规划模型。

（2）模型的连接。进行子模型的连接。

（3）模型的重构。当模型的基本结构变化后，能够对模型重定义或重建。

在构模过程中，构模者可利用模型描述语言和模型操纵语言（都属于模型定义语言）来完成新模型的建立、子模型的连接以及模型与数据的连接等。

2. 模型的存取管理

模型的存取管理类似于一般数据库的数据存取管理功能，负责模型的装入、维护、修改，及删除、更新、查询等功能。在模型库管理系统的支持下，用户可以根据模型名称、建模方法或模型经济功能等多种分类路径，存取所需的模型。其中模型的更新指在不改变结构的条件下修改参数，如模型的约束条件或系数的改变等。模型的查询指用户可以查询模型文件，了解模型特性。通常可使用模型查询语言（也属于模型定义语言）选择和调出已有的模型。

3. 模型的运行管理

模型运行管理的内容包括：

（1）运行前的条件准备。主要是检验模型所需要的方法子程序和数据是否具备，否则提醒用户创造条件。

（2）与方法连接。通过接口，从方法库中取出方法与模型连接。

（3）与数据连接。一是模型与内部数据库的连接，存取运算结果和初始数据；二是通过接口启动数据析取系统和数据库管理系统，实现与外部数据库之间的连接。

（4）对模型进行组合。

（5）模型的运行控制。为了实现模型的运行控制，MBMS不仅要集中和控制各种图表显示或其他输出装置，而且应向用户提供执行的状态信息，借以跟踪模型的运行。在运行过程中，可设置检验点，用户可要求中断模型的执行过程，观察状态信息和中间结果，以便及时发现错误。

五、DSS 的对话系统

（一）人机对话系统的设计目标

人机对话部分是 DSS 中用户和计算机的接口，起着在操作者、模型库、数据库和方法库之间传送（包括转换）命令和数据的重要作用。在实际中，由于系统经常是由那些从系统输出中得到益处，且又由对系统内部了解甚少的人直接使用，所以用户接口设计的好坏对系统的成败举足轻重。如果系统需要使用者懂得很多计算机技术，或者花费大量时间去编程序，那么这种系统实际上将无人使用，更谈不上发挥作用。即使对 DSS 的维护人员来说，结果数据库模式的任何一点变动都要自己动手一点一点地去做，工作也是十分繁重的。因此，对使用人员来说，需要有一个良好的对话接口，对维护人员需要有一个方便的软件工作环境。可以说，人机对话系统是 DSS 的一个窗口，它的好坏标志着该系统的水平。

下面从使用和系统维护两个角度讨论对话接口的设计目标问题。当然对于不同的系统，功能不尽相同，这里给出的是总的概念模式。

为了满足使用人员的要求，系统目标首先应是为用户提供如下功能：①使用户了解系统中现有模型的情况，包括数据、功能、运行要求；②使用户了解系统中现有数据的情况，包括模式、完整程度、数值及某些统计情况；③使用户了解系统中现有加工方法的情况，包括类型、应用条件等；④通过运行模型使用户取得某种分析结果或预测结果（当可用模型或方法有多种时，应允许使用者自行选择，系统可提示或帮助）；⑤通过"如果……则……"（what…if）方式的提问，得到按系统中现有模型提供的参考意见；⑥在决策过程结束之后，能把反馈结果送入系统，对现有模型提出评价及修改意见；⑦当需要的时候，可以按使用者要求的方式，很方便地输出图形及表格。

面对维护人员，系统的设计目标应从检验评价和建立修改两方面去考虑。

在检验评价方面，系统提供的接口应能帮助维护人员了解系统运行的状况，分析存在的问题，找出改进的方法。系统应尽可能为维护人员提供下列帮助：①报告模型的使用情况（次数、结果、使用者的评价及改进要求）；②利用统计分析工具分析偏差的规律及趋势，为找出症结提供参考；③临时性地、局部性地修改模型，运行模型，并将结果与实际情况对比发现问题；④在模型与方法之间，安排不同的使用方式与组合方式，进行比较分析。这些都是"智能型"的探索。一旦毛病找到，改善的方案就易于制定了。因此检验评价工作最需要的是灵感。

在建立修改系统方面，需要的是顺手的软件工具和良好的软件环境而可靠地完成修改任务。为了实现这方面的功能，应强调：①能通过对话方式接受系统修改的要求。②检查有关修改的要求，提醒维护人员纠正不一致的问题；补充遗漏细节，对可能出现的问题提出警告。③根据要求，自动迅速地修改系统。这包括：在模型库中登记新模型，建立各种必要的联系，修改数据库。

可以说，到目前为止，如此完善的 DSS 人机对话接口还没有，随着软件工具及软件环境的不断完善，上述目标是可以逐步实现的。

（二）对话设计中的技术问题

国内外 DSS 技术资料表明，一个好的用户接口应是"用户友好和易于使用"的。基于此，系统形成特有的设计原则，即系统要灵活、可靠，并能接受用户的控制。

（1）一致性问题。人机对话设计的主要特点是关于计算机系统概念的一致性。开发者可以通过编制用户接口设计的组织原则和标准来确定用户接口的一致性。这样即使用户面对一组含糊不清的选择，也可以借助于其他有类似接口的计算机系统的经验做出"合理猜测"，而不至于不知所措。

（2）对话协定问题。在对话设计过程中有必要建立一种对话协定，用它来引导对话的设计，在没有充分理由否定这个协定时，这些协定应成为对话应当遵守的准则。例如，规定在 DSS 中只使用一种对话形式；关于出错信息的格式；限制输入格式；在输出格式中把出错信息限制在某个位置等。

（3）屏幕设计问题。一个好的屏幕设计应该清楚、整洁，没有任何不相关的信息。屏幕上只提供那些对进行决策和执行某一行动所必需的信息。在每个屏幕显示上要提供某项工作所需的全部有关信息。用户最好不必去记忆从这一屏幕到下一屏幕的数据，屏幕上数据和文字安排的位置应不影响用户对问题的回答。

（4）反馈与辅助问题。对话系统应以某种方法通知已收到用户的请求，最常见的通知方式是给出该请求的结果。然而，如果用户的请求需要较长时间处理，那么，比较合适的做法是通知该请求已被收到。例如，如果用户向大型数据库提出一个复杂问题，而且预计处理时间会较长，则系统可以显示"正在处理你的问题，请稍候片刻"等，这样，用户需要得到反馈信息的心理得到了满足。信息的反馈还可以通过对系统状态的查问、系统提示等来实现。

另外，系统在接到请求时应能提供额外的辅助。这通常以求助提示形式出现，求助内容可以包括提供详细的联机文件或文件参照目录。常用的联机辅助是 HELP 功能。一般的求助方法有：辅助命令、一般性辅助、出错说明、联机辅导和联机的文件资料等。理想的情况是不需要外部文档（如用户指南、手册），初学者就能有效地工作。这就要充分利用 HELP 信息以及清晰的有意义的出错提示信息。也应看到，提示信息对于熟练用户可能是一种干扰，因此有必要提供可供选择的要求。最好备有两种用户级别的支持：一种适用于初学者，另一种适用于专家。

（5）出错控制问题。一个好的对话系统应将人机对话中可能出现的人为错误减至最小并具有令人满意的出错控制功能。一般说来，对话系统应具有以下四个功能：①预防错误。只要有可能，系统应提供特定的指令（如提示、辅助工具），使用户清楚地知道要做什么，如何避免出错。②出错检验。如果出现了错误，系统应能清楚明确地提示。但任何错误都不应使系统出现异常中断。为此，应当设计一个恰当的控制响应以防止这种现象的出现。③出错的修正。出错的修正应直截了当，而且只需重新输入数据中出错的部分即可。关于系统是否应该具有自我修正功能，目前尚有争议。例如，如果系统只有 50 条命令，用户键入的命令拼写错了，系统能够通过模式匹配找出相应的命令，然后在修正之前由用户确认。④出错的恢复。一旦接受某个命令，系统仍可能处在错误控制状态，从而引起不正确的操作。在设计完好的系统中，一个重要的特点就是能够恢复已经做过的事情。

（6）响应时间问题。交互式系统的响应时间是指从用户键入命令到系统开始显示响应所用的时间，响应时间受系统容量、用户的数目及用户所提问题的复杂程度等影响。对一个特定类型的自事务处理工作，系统设计通常规定一个最小或平均响应时间。响应时间不必都要求特别快，通常更为重要的是：应针对用户完成某一任务的熟练程度，规定一个统一的响应时间。

（三）人机对话的方式问题

人机对话可以采用多种方式，如问答式、命令语言、菜单方式、表格、图形、输入方式/输出方式、组合方式和自然语言等。下面对前三种方式予以论述。

（1）问答式。一般由系统驱动，适用于不很复杂的系统。系统提的问题可能很复杂，而用户的回答应尽量简单。这种顺序是事前编好的，由于问答的效率较低，一般适用于对要解决的问题不太熟悉、而又缺乏经验的用户。

（2）命令语言。命令语言是由用户驱动的。命令语言的每一项命令通常都有其预先规定的格式，常用的格式包括一个动词、名词对。命令语言方式要求系统有很好的解释命令语言的程序，要接受系统的词法、语法检查方能被系统接受。使用命令语言，需要较多的使用技巧，对用户的水平要求高。但命令语言效率较高，能在较短的时间内满足用户的要求。为了避免使用过多的词汇，应规定符合逻辑的，且前后一致的省略形式，应尽量减少命令的种类。

（3）菜单方式。这是介于上述两种方式之间的一种对话方式。使用菜单方式时，用户看到的是一组任选项的目录，通常有编号，并希望用户将光标置于相应的位置或键入相应的数字以便进行正确的选择，通过一系列菜单的显示可使用户逐级进入到各个具体层次中。菜单方式往往比对话方式更简单，国外用得比较多。菜单对话适用于缺乏经验，而又不经常使用系统的用户。

设计完好的菜单对话应能给用户提供熟悉的格式和一组清楚且完全可以理解的选择项。因此使用菜单形式和命令语言形式所需要的培训量少。菜单结构的一个重要特点就是能够退回到更高一层或返至最高层，然后再从头开始；另一个特点是可以使用数字代表命令。

菜单选择的主要缺点之一是：当熟练的用户想要直接进入到某一指定的命令时，菜单形式的效率就很低。理想的菜单结构应具有捷径，如使用菜单名的菜单，这样用户可以直接指定某一低层次的菜单，或者允许用户直接键入复杂命令以绕过菜单。

设计 DSS 对话系统，应该把以上几种方式的组合作为目标。理想的是：总控部分用菜单；某一功能用问答式，而另一功能则可用命令式。系统最好能提供两种方式。当用户刚开始接触系统，对系统还不够熟悉时，采用菜单方式，而成为熟练用户以后，可以改用命令语言。

第三节　DSS 的设计与开发

一、开发决策支持系统的步骤与方法

（一）开发决策支持系统的步骤

开发 DSS 需要经过以下几个步骤：①制定行动计划；②系统分析；③反复进行系统设计；④系统实施。行动计划有三种基本方案，它们各有自己的机能、优点和缺点：①快速实现 DSS 的方案，该方案适应于建立专用 DSS。②分阶段实现 DSS 的方案，该方案主要用于利用 DSS 生成器开发一系列专用 DSS。③建立完整 DSS 的方案，这是一种长远的、完整的、成熟的技术方案，它把重点放在建立 DSS 生成器和 DSS 工具上，以此为基础来降低开发许多专用DSS 的费用。

（二）研制决策支持系统的一般方法

研制、开发一个计算机应用系统，总是从系统的分析与设计入手的，DSS的研制也不例外。这一工作的好坏，直接影响着整个系统的质量和效益。当今，已有许多研制 DSS 的方法问世，如适应设计、发展设计、启发式设计和中间出发等。实践证明，尽管这些方法各有侧重，但它们都是行之有效的，本质上都有许多共同的特征。它们的基本思想是：决策者和研制者先在一个小而重要的子问题上取得一致意见，在此基础上，开发、设计一个原始的系统以支持所需要的决策。使用一个短时期（如几周）后，对系统进行评价、修改，并增加、扩展，这样循环几次，直至发展成为一个能对一组任务的决策起支持作用的、相对稳定的系统。

二、决策支持系统的系统分析

以计算机为基础的各种信息系统的开发过程，无论采用哪种开发方法，都是从系统分析开始的。分析原系统的工作流程及其相互关系，分析现有系统的各种信息类型、信息量及处理要求，从而导出对新系统的性能要求。

由于 DSS 的特殊性，对 DSS 的系统分析通常采用一种称之为 ROMC 的方法。

（一）ROMC 方法

ROMC 是一种基于分解决策过程基本活动的方法，是决策者进行表达（R）、操作（O）、存储（M）和控制（C）的方法，其基本思想是建立起 DSS 的要求与 DSS 的能力之间的关系，并力求减小它们之间的差异。

从用户的立场来看，DSS 的能力在于以下四个方面：①提供表达式以帮助决策者将问题概念化，以便于处理和交流；②提供对这些表达式进行分析和运算的某些操作方法；③提供辅助存储手段；④提供处理和使用整个系统的控制机构。

ROMC 方法正是建立在这四个方面的基础之上的，它主要从以下几点进行分析：①表达（representation），使问题概念化；②操作（operation），对表达进行加工；③存储（memory aid），表达与加工的存储支持；④控制机制（control mechanism），控制、协调整个系统。

ROMC 方法首先是由 Carison 提出的，其基本原理是：根据 Simon 的决策过程模型，尽管决策过程是非常复杂的，但决策过程中，决策者从事的三个基本活动——情报、设计和选择，都是能够识别的。当然，这些活动并非是顺序的，而是交错的、反复关联的。既然能够识别决策过程的基本活动，就可以通过观察决策者在这些活动中的行动来确定支持的要求。

（二）ROMC 方法的步骤

ROMC 方法的基本步骤如图 7.4 所示。

图中，首先识别决策过程的基本活动，其次分析每一基本活动的组成部分：R（表达式）、O（操作）、M（存储）和 C（控制），然后集成这些部分建立一个专用的 DSS。在交付使用时，研制者继续沿着这四个方面追踪系统和

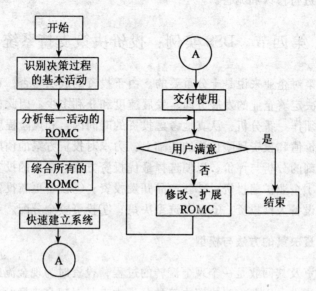

图 7.4　ROMC 方法步骤

用户，不断地扩展和修改基本部件，直至用户最终满意。

三、决策支持系统的系统设计

迄今为止，人们已探索出许多用于 DSS 的系统设计方法。例如，日本 UNIVAC 公司的 NUPS 法，美国 IBM 公司的 BSP 法，马萨诸塞理工大学 Rockart 的 CSF 法，King 和 Cleland 的信息分析法，Lucas 的进化探索法等。尽管这些方法各有侧重，如适应式设计、发展式设计、交互式设计及中间开始设计等，但都可总称为"进化的设计法"，都是采用一种反复循环试探的方法，以求得设计成能支持一组任务决策的系统，这与自顶向下设计的 MIS 的 SDLC 方法是完全不同的。下面介绍 DSS 的系统设计的原型设计法，原型设计法又称为交互式设计法，它把设计开发 DSS 的过程划分成搭架和发展两个主要的阶段。其中，前者的任务是尽快地为系统搭起一个架子——原型，提供给决策者试用，以检验决策思路是否合理，决策方法和模型是否正确；后者的任务是改进、完善和扩展系统功能，通常是一个通过设计者与决策者对系统的反复使用、修改和完善的过程，这一阶段时间较长。采用 ROMC 分析方法和原型设计法研制一个专用 DSS 的过程和步骤：①用 ROMC 方法对决策问题进行分析，确定决策的方法、模型、存储及控制等要求；②开发设计专用 DSS 的初始原型；③提供初始原型及使用数据；④决策者评价原型的功能与使用方便性；⑤

对 DSS 原型进行修改和完善。

第四节　DSS 实例：投资决策支持系统

投资决策对企业来说是十分重要的。由于投资的成功与否，直接关系到企业的未来，决定着企业的发展方向、发展速度和获利多少。因此在决定是否投资之前，必须作一番分析，认真地考虑投资的时间因素和风险程度，在正确计量货币时间价值和投资风险价值的基础上，力求对投资方案的预期经济效益做出全面而深刻的分析与评价，以便选择最优投资方案。常见的投资决策问题有以下几类：①企业扩建投资；②新产品开发投资；③设备更新投资；④技术引进投资；⑤设备大修投资；⑥设备选型决策；⑦投资资金分配。

一、投资决策的方法与模型

整个投资及其回收是一个现金流转的过程，投资时为现金流出，当投资回收时为现金流入。因此，对投资决策的分析重点是对现金流量的分析。计算投资效果要以现金实际收支为基础，而投资效果的好坏，往往又与银行利息密切相关，因此正确认识货币的时间价值，才能对投资项目进行正确的经济评价。即要把不同时期的价值换算为相同时间的价值，然后在相同时间价值基础上进行对比，可以把将来值收入换算为现值收入，然后在现值基础上，进行现值收入和现值支出的对比；也可以把现值投资支出换算成将来值支出，然后在将来值的基础上，把将来值支出和将来值收入对比，前者为现值计算，后者称将来值或终值计算。考虑货币的时间价值，是用动态法计算投资效益的核心问题。对各项投资的项目都必须进行保本分析、风险分析和敏感性分析。常用的方法有回收期法、投资平均报酬率法、净现值法、现值指数法、内含报酬率法等。下面分别介绍各种算法模型。

1. 回收期法

投资回收期法是用投资回收的速度来判断投资方案是否可行的方法。其中，回收期是指收回全部原始投资所需的年数，即从投入某项固定资产的资金起，到该固定资产在每年所提供的盈利和折旧费中得到完全补偿所需要的时间。

在每年现金净流量相等的情况下，回收期的算法为

$$n = P_0/F \qquad\qquad (7.4.1)$$

式中：n 为回收期（年）；P_0 为原始投资金额；F 为每年现金净流量，是现金流入量与现金流出量之差。一般情况下，现金流出量就是全过程项目的投资

额，现金流入量包括每年的利润、每年提取的固定资产折旧基金及项目终止时固定资产与流动资产的残值收入之和。即

$$项目全过程现金净流量 = 各年利润 + 各年提取折旧 + 固定资产残值收入 +$$
$$流动资产投资回收 - 全过程投资额$$

计算正在经营的某一年现金净流量为

$$当年现金净流量 = 当年利润 + 折旧 - 当年增加的流动资金 - 当年发生的投$$
$$资费用$$

式中：

$$当年利润 = 当年收入 - 销售费用 - 税金 - 经营费用$$

如果每年的现金净流量不等时，可采用现值累计法，算式如下：

$$P_0 = \sum_{t=1}^{n} F_t \qquad (7.4.2)$$

式中：F_t 为第 t 期现金净流量。

回收期计算如果不考虑货币的时间价值，只要判断期望的回收期是否小于要求的回收期，若是，方案可采纳；否则，方案不能采纳。

如果考虑货币的时间价值，当每年净收入相同，投资报酬率为一定时，回收期算法为

$$n = \frac{-\log(1 - P_0 i/F)}{\log(1 + i)} \qquad (7.4.3)$$

式中：i 为年利率。

2. 投资平均报酬率法

投资平均报酬率是指项目年平均盈利与原始投资总额的比率，它表示每投入一元资金可获得的年盈利率。算法模型为

$$\text{ROI} = (S/P_0) \times 100\% \qquad (7.4.4)$$

式中：ROI 为投资平均报酬率（return on investment ratio）；S 为年平均盈利（税后净利）；P_0 为原始投资总额。根据计算结果，若期望的平均报酬率大于要求的平均报酬率，则方案可取；否则，方案不可取。若有多个方案，则选用平均报酬率最高者。这里未考虑货币的时间价值，只适用于资金少，回收快的情况。

3. 净现值法

净现值是指投资方案未来现金净流量现值与其原始投资现值之间的差额。

$$\text{NPV} = \sum_{t=1}^{n} R_t/(1 + i)^t \qquad (7.4.5)$$

式中：NPV 为净现值（net present value）；P_0 为原投资金额（现金流出量的现

值）；i 为贴现率；n 为投资项目寿命周期；R_t 为第 t 期的现金流入量。

　　计算结果，如果 NPV 是正数，说明现金流入现值总数超过现金流出现值总数，表示投资回收报酬率高于银行利率；NPV 如果是零，表示投资回收报酬率等于银行利率；如果是负数，表示投资回收报酬率低于银行利率，即按银行利率贴现计算的收入抵不上支出，是亏本的投资。因此应选取净现值为正数的方案。若有多个方案，应选取净现值最大的方案。

　　如果投资项目为分期投资，即每年都有现金流出量和流入量时，净现值算法为

$$\text{NPV} = \sum_{i=1}^{n} F_t / (1 + i)^t$$

式中：F_t 为第 i 期的现金净流量。

　　若各年度的贴现率不同时，则

$$\text{NPV} = \sum_{t=1}^{n} \frac{F_t}{\prod_{j=1}^{t} (1 + i_j)}$$

式中：i_j 为第 j 期的贴现率。

　　净现值法的优点是考虑了货币的时间价值，但求出的净现值是绝对值。当投资方案的投资金额不等时，净现值的大小比较就失去可比的基础。为弥补不足，可采用现值指数法。

　　4. 现值指数法

　　现值指数是指投资方案现金净流量现值与投资总额现值的比率。现值指数亦称贴现后效益成本比率，其算法如下：

$$\text{PVI} = \frac{\sum_{t=11}^{n} R_t / (1 + i)^t - P_0}{P_0}$$

式中：PVI（present value index）为现值指数。

　　如果投资项目为分期投资时，现值指数算法为：

　　现值指数法评选标准是：现值指数大于 1，则方案可取，其值越大，方案效益越高；若现值指数小于 1，则方案不可取。此法以相对值表示各投资方案的经济效益，便于在不同方案中选优。

　　5. 内含报酬率法

　　内含报酬率是指用这种回收报酬率对投资项目的现金净流量与投资总额进行贴现，使现金净流量现值与投资总额现值相等时的投资回收报酬率，也就是指能使得投资项目净现值等于零的报酬率。内含报酬率亦称内部收益率。其算

法为

$$\sum_{t=1}^{n} F_t (1+i)^{-t} = 0 \text{ 时,计算 } i \text{ 值}$$

式中：$i = \text{IRR}$，IRR（internal rate of return）为内含报酬率。

在求 i 值时，若年现金净流量相等，则可一次计算求得；若年现金净流量不等，则只能逐次测试，逐次逼近，可用计算机编制搜索程序来求解。

内含报酬率法的判断标准是：如果投资报酬率大于目标报酬率，则方案可取；否则，方案不可取。目标报酬率根据投资的资金来源，一般应该大于或等于银行贷款的利率。

6. 保本分析法

保本销售量算法为

$$X_0 = F/ (\omega - b) \text{ 或 } X_0 = F/m$$

保本销售额算法为

$$S_0 = F/M'$$

式中：X_0 为保本销售量；F 为固定成本总额；ω 为单位售价；b 为单位变动成本；m 为单位边际贡献；M' 为边际贡献率；S_0 为保本销售额。

企业经营安全率与经营危险率的算法为

$$D = ((X - X_0)/X) \times 100\%$$

$$D' = (X_0/X) \times 100\%$$

式中：D 为经营安全率；D' 为经营危险率；X 为企业实现的产销量；X_0 为企业保本产销量。

7. 固定资产折旧法

在一定时期内现金净流入量的确定，与各个期间的折旧额有直接联系。常用的几种折旧计算方法如下：

（1）直线折旧法。其算法为

$$D_t = (C - S) /n$$

式中：$D_t = (C-S)/n$ 为使用期间第 t 年的折旧额，$t = 1, 2, \cdots, n$；C 为固定资产的原始成本；S 为固定资产的残值；n 为固定资产的使用年限。

（2）余额递减法。其折旧率算法为

$$r = 1 - \sqrt[n]{\frac{B_t}{C}}$$

式中：r 为固定折旧率；B_t 为使用期间第 t 年末资产净值；C 为原始成本；n 为使用年限，$t = 1, 2, \cdots, n$。

在对投资项目方案的经济效果评价中，应选用相同的方法进行折旧计算，以避免因折旧方法不同而引起净现值的不同。

8. 决策树分析法

决策树分析法是以决策树为手段来辅助决策的一种决策方法。其主要特点是运用图论的方法，画出用来表达决策过程的一种树形图——决策树图，整个决策分析过程具有直观、简要、清晰等优点。它可以对拟定的多种方案进行定量分析计算，最后根据期望值选择确定一个最优方案。

决策树分析法的分析步骤如下：

（1）绘制决策树图。

（2）计算损益期望值，一个经济变量 x 的期望值，就是它在不同自然状态下的损益值（或机会损益值）与其相应发生概率乘积的和。即

$$E(x) = \sum_{j=1}^{n} b_j \times P(Q_j)$$

式中：$E(x)$ 为经济变量的期望值；b_j 为经济变量 x 在自然状态 Q_j 下的损益值（或机会损益值）；$P(Q_j)$ 为自然状态 Q_j 的发生概率。

（3）剪枝选定方案，比较各方案的损益期望值，对损益期望值不理想的方案剪掉，最后在决策点留下一条树枝作为最优方案。

9. 投资风险分析

投资风险是指投资者对投资面临的盈亏结果没有完全把握，只掌握某种可能性，因此投资回收具有较大的不确定性，不确定性越大，则所冒的风险越大。

衡量投资风险大小的方法是风险程度，而投资风险程度的大小是用投资收益标准离差和投资收益标准离差率来表示。首先要把投资活动中的不确定因素转化为净现值、现值比及报酬率等数值的概率分布的期望值。

期望值算法为

$$E(x) = \sum_{j=1}^{n} b_j \times P(Q_j)$$

标准离差算法为

$$\delta = \sqrt{\sum_{j=1}^{n} P(Q_j) \times (b_j - E(x))^2}$$

式中：δ 为标准离差；$P(Q_j)$ 为自然状态 Q_j 的发生概率；b_j 为经济变量 x 在自然状态 Q_j 下的损益值；$E(x)$ 为经济变量的期望值，

标准离差率算法为

$$V = \delta / E(x)$$

式中：V 为标准离差率。

以上三种算式的含义是：期望值是随机变量用概率作为权数计算的一种均值，表示最大可能的集中值。标准离差是实际结果偏离期望值的数值，反映离散程度。离散程度越大，实现期望值的偏差或风险程度就越大，但标准离差只作为判断风险程度的绝对值，不能完全反映不同方案风险程度的大小。标准离差率是计算风险程度的相对值。对不同投资方案风险程度的比较宜用标准离差率。

当投资方案既要考虑时间价值又要考虑风险价值时，应从方案各年期望值中扣除风险价值，再按贴现率贴现为现值。算法为

$$风险价值 = 损益期望值 \times （1 - 1/（1 + 风险率））$$
$$风险率 = 风险价值系数 \times 标准离差率$$

而风险价值系数一般由国家主管部门按投资行业的不同来统一确定。

10. 灵敏度分析

投资灵敏度分析又称敏感性分析，它是指投资决策有关因素的变动对决策方案的影响程度。若某个因素在很小幅度内变动都会影响方案的可取性，则称这个因素敏感性强；反之，若某个因素在较大幅度变动时才影响方案的可取性，则称这个因素敏感性弱。通常，投资方案的选择,应该选敏感性较弱的方案。

在投资决策中敏感性分析的主要内容有：①现金净流量的变化对方案净现值的影响程度；②使用年限的变化对方案净现值的影响程度；③内含报酬率的变化对年现金净流量的影响程度；④内含报酬率的变化对投资期的影响；⑤其他因素变化，或几个因素同时变化对方案净现值的影响程度。

根据分析确定允许的变化范围，比较各因素变化对各投资方案的敏感程度，从中选取敏感性较弱的、比较稳定可靠的、能适应外界条件变化的投资方案，作为优选方案。

为了对投资方案作出比较正确和全面的评价，可以选择和结合各种评价指标，进行分析比较，最后为决策者提供综合的评价信息，支持、辅助决策者作出正确的决策。

二、投资 DSS 的软件结构

（一）投资 DSS 的功能结构

投资 DSS 的主要功能为辅助决策者对各种类型的长期投资项目进行决策。

常见的投资决策包括：企业新建和扩建方案决策；经济联合方案决策；产品开发方案决策；设备更新方案决策；设备大修方案决策；技术引进方案决策以及投资资金的分配方案决策等。

用功能层次结构图描述投资 DSS 的功能，如图 7.5 所示。

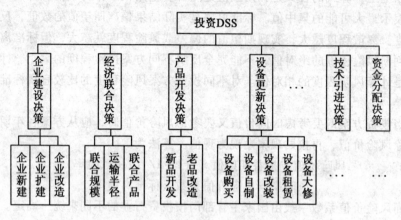

图 7.5　投资 DSS 功能结构图

（二）投资 DSS 的逻辑结构

根据 DSS 的基本结构形式，投资 DSS 由三个主要部件：数据库系统、模型库系统与人机会话系统所组成，它们之间的关系如图 7.6 所示。

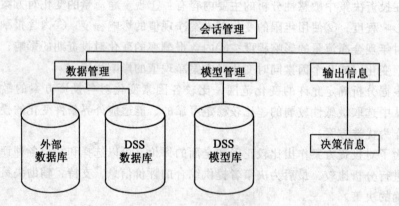

图 7.6　投资 DSS 逻辑结构图

图中，投资 DSS 数据库装载有关投资决策的数据；模型库装载投资决策有关的方法和模型。整个决策过程都由人机会话系统控制实现：通过人机会话确定要求解决的决策问题；通过人机会话获取该决策问题所需的基础数据，并保存在决策数据库中；通过人机会话选择计算模型，并进行模型运算；通过人机会话评价和分析模型的运行结果，回答系统的各种提问，要求解决多个"如果……怎么样……"，"如果……则……"等问题；最后通过人机会话输出决策者要求的各种决策信息。

投资 DSS 的会话方式有菜单选择式、输入填表式、评价分析提问回答式以及图表输出式等多种形式。

（三）投资 DSS 的模块结构

投资决策过程是典型的会计决策模式。决策者根据企业发展规划及企业的经营状态，进行比较分析，找出企业在生产经营中存在的问题；再考虑各方面的需要与可能，提出投资的方向和实现的目标；采用调查研究及预测技术相结合的方法，确定具体的投资项目；运用智囊技术拟定多种投资方案；然后通过数学模型对备选方案进行评价分析，对多种方案进行比较分析、灵敏度分析及风险分析，权衡利弊，选出最优投资方案；若经过分析比较评价，认为被选方案并不理想，可以根据需要再修改方案、修改目标，再次评价分析，重复决策全过程的操作，直到选出最优方案为止。

投资 DSS 辅助决策者确定决策问题，通过一系列的预测技术，进行目标分解排队，通过各种数字模型和模拟方法对决策方案进行定量定性分析，并通过人机会话帮助判断和选择最优方案。

根据上述投资决策模式，设计出投资 DSS 的模块结构图如图 7.7 所示。

三、投资 DSS 的模型库设计

投资 DSS 模型库不仅仅是投资模型的集合，而且还要求能根据决策需要随着环境条件的变化，具有修改模型以及生成新模型的能力。

模型库的设计，重点要考虑如下几个问题：①选用哪些数学模型和定性分析模型来求解投资决策问题；②如何表示与存储这些模型；③如何组合生成求解问题的复合模型；④模型库管理系统的选择。

（一）投资决策模型的确定

根据前面的介绍和分析，这里选择了本节投资决策的方法与模型中所归纳的十种类型的单元模型，将它们存入投资 DSS 模型库。在实际运行过程中，根据决策的需要，还可以生成新的单元模型。

（二）模型表示方法的确定

目前用得较多的模型在计算机中的表示方法有三种：子程序表示法、数据表示法和逻辑表示法。

（1）模型的子程序表示法。每个模型对应于一个子程序，复杂的模型也可以分解为几个子程序，然后再组合生成模型。模型的调用和组合都可以通过人机对话实现。这种方法适用于描述结构化的数学计算模型。

（2）模型的数据表示法。把模型看做是输入集到输出集的映射，模型的

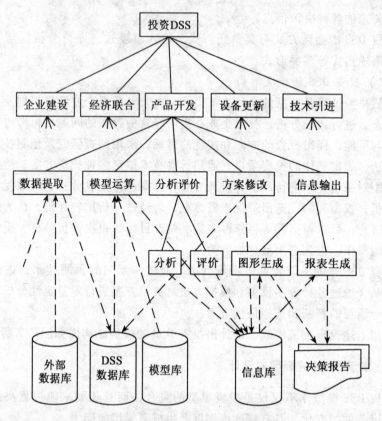

图 7.7　投资 DSS 的模块结构图

参数集合就确定了这种映射关系。例如模型的关系表示形式，就是将模型看成一个虚关系，这个虚关系就是输入项与输出项的笛卡儿乘积的子集，建立模型就像建立关系数据库的关系一样。这种方法可以引用比较成熟的关系数据库理论、方法及管理技术实现对模型的操作管理。输入数据集在关系框架下进行若干关系运算得到输出数据集，这样，可将模型的运算转换为数据的关系运算。这种表示法，模型修改方便，也便于与其他单元通信。

（3）模型的逻辑表示法。这是一种基于知识的表示方法，模型逻辑表示目前有谓词逻辑、语义网、逻辑树和关系框架等几种方法。逻辑表示法既可以描述定量模型的输入/输出关系，也可以描述定性的、逻辑的和概念的模型对应关系。这种方法对半结构化和非结构化的决策模型具有重要的意义，适用于知识的模型管理技术。这种表示法对用户要求较高，使用较为困难。

模型表示方法的选择要视决策环境和决策对象的具体情况而定：当决策过程不复杂，模型域比较狭窄时，常用子程序库来存储模型；当模型比较复杂，决策领域比较狭窄时，可用框架模式表示，或用框架嵌入谓词演算的形式逻辑来表示；当应用于关系数据库时，可用关系数据表示形式，等等。

　　投资 DSS 因决策过程不太复杂，故选用了子程序表示法和关系数据表示法作为模型表示方案。

　　模型的运行就是指定一组输入项的值，或从数据库中提取一组输入项的值，通过模型查询获得相应的输出项的值；或指定模型输入项的变化区间，获得某输出项的变化范围，对模型的操作，实质上就是模型的联结运算和查询操作。

　　（三）　模型的组合

　　当一个问题的解可能要选用几类单元模型时，需要进行模型组合，其方法是在人机交互方式下，根据特定的问题，采用模块装配的方式，把选出的单元模型及基本的操作模块，按一定的控制流程形成一个模块结构的组合模型。

　　组合模型生成过程是：决策者通过人机会话确定决策问题之后，通过会话控制模块，查阅单元模型字典，确定需要选用的单元模型，再通过模型连接模块，对单元模型进行调度操作，逐个连接所选用的单元模型，并逐个进行运行操作。运行过程中，通过数据检索模块实现单元模型与数据库之间的数据交换。模型运行结束，自动保存运行结果，并可由决策者通过输出控制模块，选择报表输出方式或者图形输出方式，在屏幕或者打印机上输出运行结果。模型组合的模块结构图如图 7.8 所示。

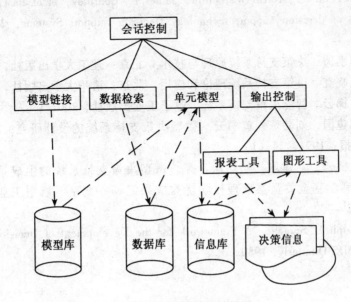

图 7.8　模型组合模块结构图

小　结

　　本章论述了作为决策领域较前沿的技术决策支持系统，首先介绍了决策支持系统的基本概念；其次，在分析组成结构的基础上对决策支持系统的体系结构作了详细的介绍；然后，分析了决策支持系统的设计方法；最后，通过投资决策支持系统的完整设计，实例分析了决策支持系统在管理领域的应用。

思考题

　　1. 试述决策支持系统（DSS）的特征及功能。
　　2. 试述决策支持系统（DSS）的两类基本结构及各部分的功能。
　　3. 试述开发决策支持系统的步骤与方法。
　　4. 开发企业管理决策支持系统。

参考文献

　　1. G. A. Gorry, M. S. Scott Morton. A framework for management information systems. Sloan Management Review, 1971, 13 (1)：50-70

　　2. P. Keen, M. Scott Morton. Decision Support Systems：An Organizational Perspective. Addison-Wesley Publishing, Reading, MA, 1978. (1995)，141-158.

　　3. J. P. Shim, Merrill Warkentin, James F. Courtney, et al. Past, present, and future of decision support technology. Decision Support Systems, 2002, 33：111-126

　　4. 李书涛. 决策支持系统原理与技术. 北京：理工大学出版社，1996

　　5. 陈晓红. 决策支持系统理论和应用. 北京：清华大学出版社，2000.5

　　6. 黄梯云. 智能决策支持系统. 电子工业出版社，2001.1

　　7. 刘建国，刘晶珠，黄梯云. 微型决策支持系统的设计研究，哈尔滨工业大学学报，1991，24 (1)

　　8. 黄梯云，刘建国，刘晶珠，等. 微型决策支持系统的生成系统研究，国家自然科学基金委员会管理科学优秀成果汇编. 北京：航空工业出版社，1993：292 ~302

　　9. Ralph H. Sprague. A Framework for the Development of Decision Support Systems. MIS Quarterly, 1980, 3

第八章 企业能力与企业核心能力

企业能力理论是当代管理学和经济学相互交融的最新成果。在这一交融过程中，经济学为其提供了丰富的最新成果，而战略管理研究更突出强调发展一种揭示企业内部本质的、更加实用的理论，二者的完美结合提供了一种全新的企业分析理论。本章将从系统论的观点出发，着重介绍应用企业能力理论分析的一般方法。

第一节 企业能力理论概述

一、企业能力理论的兴起与发展

企业能力理论是当今世界管理学和经济学交互融合的最新理论成果之一。长期以来理论界和工商实践一直在寻求企业持续竞争优势的奥秘，企业能力理论则揭示了在企业表象及所处环境之外的能使企业获得优势的内在特质。

自 1990 年普拉哈拉德（C. K. Prahalad）和哈默（Gary Hamel）在《哈佛商业评论》上发表《公司的核心能力》（"The Core Competence of the Corporation"）一文以来，一场关于企业核心能力理论的研究热潮得以掀起。该文的主要观点"企业核心能力是持续竞争力之源"被广泛接受和传播。该文也成为《哈佛商业评论》历史上所有论文中被引用最多的文章。

在过去的一段时间中，企业理论得到了长足发展。1991 年诺贝尔经济学奖授予罗纳德·科斯（Ronald H. Coase）就是重要的标志。现代企业理论打开了企业这个黑匣子，提出了产权理论、交易成本理论和委托代理理论等，成为当今理论经济学、信息经济学、不确定决策学、经济法学和产业组织理论等相关理论发展的重要工具。现代企业理论的诸多分支已经渗透到了上述研究领域。在现代企业理论中，企业是一个有效率的契约组织，是各种要素投入者为了各自的目的联合起来达成的一种具有法人资格和地位，叫做企业的契约关系网络。它强调企业内部交易相对于企业外部行为活动的重要意义。也就是说，这一理论对企业的兴趣在于企业不是一个知识产品库，更重要的是在本质上是契约组织。它强调的是交易过程中的各种规则，而忽略了作为社会经济组织的企业所具备的独特生产特性。依据这一理论作指导，企业决策机制、供应机制和销售机制等的区分都不再考虑生产成本，而仅关注交易成本，而这显然是背离了现实。另外，现代企业理论也很难深入全面解释现实企业界的一系列重要现象。例如将企业从事过度负债经营活动简单地归结为企业边界的确定，即企业负债的多少取决于市场交易的边际成本等于企业内部行政协调的边际成本的均衡点。但如果企业急需这一外部资源，这一均衡点也就会被置之不顾了。这时，这种企业理论就会使企业陷入被动和停滞状态。在它看来企业负债经营可以看做是企业选择最佳范围活动，以确定哪些活动应当留给市场，哪些活动应当在企业内部完成。

因此，传统企业战略理论的缺憾和现代企业理论的局限性，促使人们去寻找一种新的理论去解释和指导企业的发展。在这种情况下，企业核心理论迅速兴起，逐渐成为主流的企业战略理论。企业能力理论的思想可以追溯到 200 年前的亚当·斯密（Adam Smith）。斯密的生产分工理论极大地提高了企业的生产效率，对企业管理产生了深远影响。20 世纪 20 年代，阿尔弗雷德·马歇尔（Alfred Marshall）把职能工作连续分解为新的职能单元，不同的次级职能单元产生出一系列不同的专门技能和知识。专业化分工的增加导致了新的协调问题，这又需要产生全新的内部专门职能来进行各原有的和新的各专业职能的协调与整合。和马歇尔相比，安蒂思·潘罗斯（Edith Penrose）几乎将全部注意力都集中于单个企业的成长过程研究，并于 1959 年发表了《企业成长论》。潘罗斯主要集中于研究企业新知识促进机制和接下来的企业积累机制。1982年理查德·尼尔森（Richard Nelson）和西蒂尼·温特（Sidney Winter）合作出版了《经济变革成长论》，该书明确肯定了企业与企业经营战略中能力观的重要意义，书中不再依据规模对企业进行分类，而是赋予拥有不同智力资本的企业以不同的类别名称。两年后，伯格·沃纳菲尔特（Birger Wernerfelt）发表的《企业资源基础论》一文，成为 20 世纪 80 年代最具影响力的有关企业资源的学术论文。从此，更多的有关企业能力理论的学术研究被统一特指为企业资源基础论。与企业资源基础论息息相关，更加接近于工商实践的研究就是始于 1990 年普拉哈拉德和哈默著名的论文《公司核心能力》。其后，理论工作者围绕公司核心能力掀起了理论研究新高潮，一系列具有划时代意义的论文相继发表；全面质量管理、再造工程、基于时间的竞争和学习型组织等概念，每一个都对企业的发展战略做出了贡献，但它们中哪一个建立于或驳斥于当前被接受的思想则仍然不清楚。结果是这种战略的混乱使管理人员烦恼不已。企业核心能力理论的框架具有冲破混乱从战略领域浮现出来的潜力。它解释了一个公司的资源驱使着它在动态竞争中的行为。基本资源的观点合并考虑了公司内现象的内部分析和产业及竞争环境的外部分析。它能解释为什么一些竞争者比其他的更具竞争力，如何把核心能力的概念付诸实践以及如何发展多样化战略。

许多事例都表明，管理实践开始转向高度重视企业的核心力量。在产品和市场战略被看做是企业中生命相对短暂的现象的同时，企业核心力量则被认为是企业持久的特殊本质。这一新颖的企业理论随着产品生命周期日渐缩短和企业经营日益国际化而迅速崛起。在今天，竞争成功不再被看做是转瞬即逝的产品开发或战略经营的结果，而被看做是企业深层的物质——一种以企业能力形式存在的，能促使企业生产大批量消费者难以想像的新产品的智力资本的结果。在企业取得和维持竞争优势的过程中，企业内部能力的培养和各种能力的综合运用是最关键性因素，而经营战略不过是企业发挥智力资本的潜能并充分应用到新的开发领域的活动与行为。

二、企业能力理论的核心内容

(一) 企业本质上是一个能力集合体

这一理论认为，应当以最本质的东西来规定企业的内涵，这种本质的东西就是能力 (competence)。哈默认为："能力是组织中的积累性学识，特别是关于如何协调不同生产技能和有机结合各种技术流的学识。"[①] 表面看来，企业的基本构成要素包括：①有形的物质资源。如企业占用的生产场地、企业拥有的建筑物、企业生产经营活动使用的设备与各种工具器具、企业的存货、企业的库存货币资金、有价证券、企业对外投资形成的资产、企业的在图商品、企业雇佣的各类人员等。②无形的规则资源。物质资源的堆砌并不能形成有序而有效运作的企业，必须用一些规则来规范企业各投入要素结合的方式，这些规则既包括有关法律、法规、企业内部成文的规章制度，也包括参与企业行为活动的各当事人之间达成的约定俗成的默契，还包括企业的伦理、道德、文化等。有形的物质资源和无形的规则资源，对企业来说都只是表面的和载体性质的构成要素。惟有蕴藏在这些要素之后的能力，才是企业活的本质，对企业而言，物质资源和规则资源存在的意义在于它们各自背后的能力。企业的能力是企业长期积累和学习的结果，与企业的初始要素投入、追加要素投入和企业的经历等密切相关，具有突出的路径依赖性 (path-dependence)。企业能力存在

---

① C. K. Prahalad, Gary Hamel. The core competence of the corporation [J]. Harvard Business Review, 1990, 68 (3): 71-91.

于员工的身体、战略规划、组织规则和文化氛围之中，由于路径依赖的作用和能力对企业整体的依托，企业的任何一部分脱离企业之后都不再具有完全意义上的原有"能力"，企业是一个特殊能力系统。

（二）能力是对企业进行分析的基本单元

首先，对企业进行分析的最小单元，既不是单个的人，也不是由两个或两个以上的人为了一定的目的按照特定的规则组成的组织单元（或称团队），更不是其他的物的因素或具有社会性质的规则因素，而是反映企业本质的能力。能力的区分虽有一定的抽象性，不过并不妨碍对企业的深入分析。企业拥有的能力总是可以区分为不同的类别，如可以区分为一般能力和特殊能力、组织能力和社会能力、技术能力、市场开拓能力和管理能力，且每一种能力还可以细分。其次，企业的核心能力是企业拥有的最主要的资源或资产，企业能力可以从本质上把企业能够承担和进行内部处理的各种活动界定清楚。企业核心能力的储备状况决定企业的经营范围，特别是决定企业多角经营的广度和深度。再次，企业核心能力的差异决定企业的效率差异，效率差异决定企业的收益差别。各企业的员工组成及其能力、组织结构、经历、内部各组成要素的相互作用方式等在各不相同的生产经营活动中具有了不同的能力，显示出不同的效率，表现在企业的技术水平、生产成本、产品特色、服务质量和市场位势等方面，并最终体现在获利的多寡上。企业获取租金的量由持有的核心能力的状况决定，企业获取"租金"的长期性由企业拥有的核心能力和积累的新的核心能力的维持时间决定。

（三）企业拥有的核心能力是企业长期竞争优势的源泉

一种特殊的看不见摸不着的知识和能力在企业的成长过程中发挥着关键性作用，在产品生命周期日渐缩短和企业经营日益国际化的今天，竞争成功不再被看做是转瞬即逝的产品开发或市场战略的结果，而是企业具有不断开发新产品和开拓市场的特殊能力的体现。企业的长期竞争优势是单个企业拥有的比竞争对手能够更加卓有成效地从事生产经营活动和解决各种难题的能力，现实的经营战略、组织结构、技术水平优势只不过是企业发挥智力资本潜能的产物。作为企业长期竞争优势基础的核心能力必须有如下特征：①价值优越性。核心能力应当有利企业效率的提高，能够使企业在创造价值和降低成本方面比竞争对手更优秀。②异质性。一个企业拥有的核心能力应该是该企业独一无二的，核心能力的异质性和效率差异是企业成功的关键因素。③不可仿制性。核心能力在企业长期的生产经营活动过程中积累形成，深深地印上了企业特殊组成、特殊经历的烙印，其他企业难以复制。④不可交易性。核心能力与特定的企业相伴生，虽然可以为人们感受到，但无法像其他生产要素一样通过市场交易进行买卖。⑤难于替代性。和其他企业资源相比，核心能力受到替代品的威胁相对较小。

（四）培育、维护和运用核心能力是企业长期根本性战略

企业的战略可分为市场战略、产品战略和技术战略等，这些职能战略是企业外在的和显性化的战略，在信息日渐爆炸的时代，任何企业单是依靠一项或某几项职能战略，最多只能获得短暂的一时的优势，惟有追求核心能力才是企业长期立于不败之地的根本战略。例如，精确的数据存储和分析是菲利普公司在光学器材生产方面的核心能力；结构紧凑和方便操作是索尼公司在微型发动机和微型工艺机生产上的特殊控制力；IBM 公司在 system/360 问世之前，产品设计故意强调和其他公司的计算机不兼容，是典型的产品战略，时至今日常盛不衰；微软公司的成功在于不断开发新的操作系统的能力；Intel 不断推出新的 CPU 的能力非其他公司可以比拟。因此，具有活的动态性质的核心能力是企业追求的长期战略目标，核心能力积累的关键在于创建学习型组织，在不断修炼中增加企业的专用性资产、隐性的不可模仿性知识等。

三、企业能力理论的应用

20 世纪 90 年代以来，应用企业能力理论来构建企业经营战略成为最普遍的范式，在企业长期竞争优势的建立与维护、企业战略联盟、多角化经营与专业化经营以及企业兼并、收购等问题的讨论中更是离不开企业能力理论的应用。

（一）企业战略联盟问题

在战略联盟中通过内部化学习建立竞争优势是战略联盟取得成功的关键。核心能力在各企业间并不平均分布，而战略联盟会影响合作者之间这种技能的再分配。对合作者而言，战略联盟不仅是交换互相技术接入——准内部化（quasi-internalization），而且是实际获得其他合作者技能的一种机制——实际内部化（defacto internalization）。企业最初是否视合作为学习机会、合作者间透明度、合作者的接受能力都会对企业能否通过战略联盟实现实际内部化产生影响。成功的联盟必须经过一系列转换。联盟的初始条件设定对扶持或阻碍以后的学习起关键作用。一旦合作者进入联盟，他们就开始学习并监测联盟的效率、公平性和适应性。根据这三个标准对联盟做出评价，从而调整联盟关系，进入新的状态。在成功的联盟中，初始状态的作用会由于学习循环的积累而很快削弱。

（二）多角化经营与专业化经营问题

在现代市场经济中，任何一个企业要想生存与发展，就必须不断地适应市

场变化，选择恰当的企业发展战略和路径，积累、保持和运用自己的核心竞争能力。一般企业发展的路径有两类：一是专业化发展路径，一是多元化发展路径。前者是指企业通过从事符合自身资源条件与能力的某一领域的生产经营业务，来谋求企业的不断发展；后者是指企业从事多个产品或行业领域的生产经营业务，实现企业的不断扩张。

专业化发展路径通常被认为可以拥有规模效益、分工效益及技术优势，但很难适应市场需求的广泛变化。多元化发展战略通常被认为是克服专业发展路径问题的最佳手段，因为多元化发展，第一可以分散风险；第二因为是多领域发展，由产业的关联性或不关联性而形成范围经济，产生协同效应。然而，实践证明多元化发展也可能适得其反，加大风险因素。例如，多元化发展导致公司资源分散，运作跨度和费用加大，产业选择失误增多，结果导致公司顾此失彼，陷入困境。许多企业目前已开始反思多元化发展给公司带来的困境。20世纪 90 年代中期以来，一些公司纷纷改弦易辙，开始调整自己的发展路径。

因此，企业在多角化经营和专业化经营的决策中，必须结合自身的实际情况，运用企业能力理论来进行分析。这也是企业能力理论的应用中很重要的一个方面。

（三）企业兼并、收购问题

在不同时期和不同市场条件下，企业兼并、收购的具体动机是不同的，但有些内在的、本质的因素却是一样的，即获得资源和能力。一方面，企业通过兼并、收购可获得被兼并、收购企业一整套的资源与能力，从而提高本企业的战略资源储备水平；另一方面，企业对这种由兼并、收购而获得的资源与能力有较高的控制力，便于这些新流入资源与企业内部原有的资源与能力的整合。

企业兼并、收购一般要经过这些程序：确定并构意向，选择目标企业，制定并构计划，实施并构，整合并构后的新企业等。而这些步骤的实施，无不与企业能力理论紧密相关，需要运用企业能力理论进行分析并做出决策。企业兼并、收购问题本质上是以企业能力为核心的资本运营问题。

第二节　企业能力系统

一、企业能力系统及其构成

企业本质上是一个能力集合体，企业能力存在于员工的身体、战略规划、组织规则、文化氛围之中，由于路径依赖的作用和能力对企业整体的依托，企业的任何一部分脱离企业之后都不再具有完全意义上的原有能力。企业是一个特殊能力系统，因此可以通过企业能力系统分析来研究企业能力。

企业能力系统是企业拥有和控制（企业可以在完全竞争的市场中获得这种能力或者企业不需付出高额成本就可得到）的所有能力的有机组合。传统的企业研究将企业作为黑箱处理，而能力系统则注重于黑箱内部的研究，能力系统是复杂的社会性惯例体系，决定企业将投入变为产出的效率和效果。正如人一样，企业也有其素质，素质是一个综合性的概念，是各个组成部分的有机整合。能力系统能综合反映企业的素质，是企业赖以生存和发展的基石。对能力的分类是从不同的角度及其本质区别来人为地划分的，其实各能力间错综复杂，甚至浑然一体，如组织文化遍布于企业各种能力中。每一种能力都不是孤立的，要受到其他能力的制约（互补、增强和削弱）。因此，能力系统注重研究各能力之间的关系，强调从整个企业的角度来探讨问题。在竞争中，企业要获得胜利，在不同的时间、地点及环境等中需要和依靠的能力是不同的，今天能赖以取胜的能力不同于明天获胜的能力，甚至可能制约明天能力的发展。因此，能力系统注重于能力的不断变迁，从而不断地获得竞争优势。

企业能力系统的定义表明，企业拥有和控制的所有能力均是其组成因素。这里拥有的是针对企业内部能力而言，控制则针对企业外部能力而言。所以，以下能力应属于企业内部能力：①从交易、模仿及替代的角度来看，那些不可交易，不可模仿、不可替代的能力应属企业内部能力，而可交易、可模仿及可替代的能力主要根据其交易成本、交换成本以及这些能力与企业内部能力的关系来判断。②从能力本质的角度来看，企业文化、流程能力显然属于企业内部能力，而对于职能能力，则可从企业自身的实力、竞争需要、能力大小及能力的未来价值等角度来进行判断。总之，企业能力系统的内部能力是其目前和未来竞争优势的来源。

企业能力系统构成是指企业各能力相互联系、相互作用的方式和秩序，即各能力在时间、空间上排列组合的具体形式。能力富有企业特色，每一家企业的能力结构都与众不同。因此，在此只是从抽象的、本质的、简化的角度来进行探索。根据能力的本质特征，能力可分为三类：①职能能力，是指企业完成某一活动的能力；②流程能力，是指企业目前实践和学习的模式，它是职能能力的本质体现，包括协调、整合能力、学习能力、重组和改造能力；③企业文化，是指企业员工或团队拥有的价值观、信念和行为规范。这三类能力一类比一类更稳定、更抽象，其形成时间更长，更不易模仿，更能反映企业的本质特征。

图8.1给出了一个普通企业的企业能力系统结构。图中，最外两层是能力系统的外壳层，里面两层组成系统的内核层。价值链基本涵盖了企业所有的职

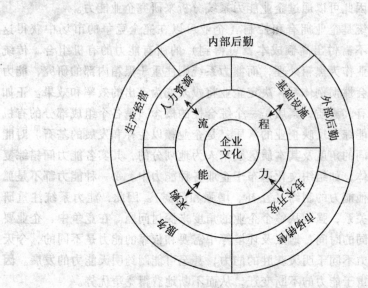

图 8.1　能力系统"原子"状结构图

能活动，能力系统中的最外层是其基本活动的能力，第三层为其支持活动的能
力，第二层为流程能力，最里层为企业文化。

　　1. 内核层和外壳层之间的关系

　　内核层不是凭空产生的，它是在企业成长过程中，随着外壳层的发展而成
长起来的，它出自外壳层，而又高于外壳层，它将拓宽外壳层的能力范围和应
用范围，渗透到外壳层中的各项能力中，有意或无意地影响着它们的发展。如
果外壳层所要求的价值观念、惯例及模式符合内核层的要求，就会促进外壳层
的发展；如果存在差异，则会制约和妨碍它们的发展。因此，外壳层侧重立足
于现有内核层进行发展，从而产生能力的近视，仅注重那些企业现有的、符合
内核层要求的能力，而忽视了那些未来可能需要的能力的发展。

　　外壳层是内核层的来源，影响内核层的发展，外壳层中那些经过实践检验
或组织认同的行动，不断沉淀、积累下来，提升到理念的高度或成为一种制
度，从而成为内核层能力。外壳层为内核层提供信息和养料，引发内核层的发
展和变革。外壳层活性较强，易于变异和接受新鲜事物，而内核层是相对稳定
的。以相对稳定的内核层影响和指导复杂、动荡环境中的外壳层，必然产生矛
盾，故需大力充实内核层中适应变化的能力，如提倡创新、变革的观念，增强
学习、重组、变革的能力等。

　　2. 支持层和基本层的关系

基本层向支持层提出要求和提供信息，支持层向基本层提供所需的能力和资源。

3. 企业文化和流程能力的关系

企业文化和流程能力很难截然分开，企业文化着重于观念，流程能力则侧重于流程间的黏合性、协调性和互补性。

4. 组合

各层内或各层间的一些能力相互组合，又可形成一种新的能力。如职能能力和核心能力都属于这种。组合内的能力之间黏合性更高，牵一发而动全身，而且以良性关系为主，组合的方式（这本身也是一种能力）更富有企业特色，这令模仿更加困难，仅学会部分能力毫无意义，即 $99 + 1 = 0$。

5. 各层内和各层间的能力相互作用的方式

可以归结为以下四类：①不相关。能力之间基本上不发生联系或即使有，也是很牵强和间接的，这种关系主要存在于外壳层中。如品牌管理与会计核算的能力就没有什么联系。②补偿。一种能力的变化可以被另一种能力的变化所弥补，这种补偿既可以是对称的，也可以是不对称的。③强化。一种能力可强化另一种能力的影响，这种强化的影响既可以是双向的（互补），也可以是单向的。如在师徒之间，师傅能增强徒弟的能力，而徒弟并不一定增强师傅的能力。④弱化。一种能力可以削弱另一种能力的影响。如果引进的新产品、新技术所要求的流程能力不同于原有的，那么，原有流程能力就会制约这种新产品、新技术的各项功能能力。

当然，不同的企业在各层次的具体内容上会有各自的特色，但分析方法是一致的。

二、企业能力系统分析

（一）功能分析

企业有各种各样的目标，如成长、股东财富最大化、利润最大化等，要实现这些目标，最根本的一点是必须为社会创造价值。因此，能力系统的首要功能和根本功能就是为今天和明天的客户创造价值。

在价值工程中，价值（V）是功能（F）和成本（C）的函数，其公式为 $V = F/C$。能力系统可通过两种途径来创造价值：①增加功能 F，包括从无到有（创新），从好到优（精益求精）。此处 F 指客户所感受得到的价值。②降低成本 C，提高能力系统运行的效率，改造能力系统的结构，减少客户所需付出的成本。

除了根本功能，还有两项辅助功能：

（1）预测。在最终目标中，能力系统不仅要满足今天顾客的需求，而且要满足明天顾客的需求。而明日顾客的需求今天还未明确，这就需要能力系统做出预测。此外，满足这些需求需要增添新的能力，而能力的培养又要花费一定的时间。因此，必须提前培养能力，为未来的竞争做好准备。能力系统能否实现预测功能，主要取决于企业领导的洞察力。

（2）反应。环境的不确定性、多变性及复杂性，使人们难以做出准确的预测，故在意外出现之后，如何做出反应，关系到能力系统的生存。反应的功能取决于系统本身的柔性和系统的战略反应能力，即：①感知变化的能力；②设计应变方案的能力；③迅速采取行动的能力，如流程能力中的重组、改造的能力。

（二）能力系统的评价

能力系统最简单的评价方法就是判断其是否发挥了其功能，以及其发挥功能的优劣程度。如顾客是否认可其产品或服务，市场占有率是否逐年增长等，这些都是对能力系统的结果进行评价的指标。这种评价方法的不足在于其为一种事后评价，虽然管理强调结果，但等到获得结果时，一切皆已定型；如果是损失，则已经不可挽回。而且，作为一个系统，功能是由结构来决定的。因此，从过程、结构角度对能力系统进行评价，是更加有效的方法。

1. 战略能力

战略能力指能为企业创造竞争优势的能力。一般来说，它具有以下特点：①要在企业所在的行业取得成功，战略能力是至关重要的，即它与行业关键的成功要素相交错。②它的交易程度、可模仿性和可替代性都较低（能力具有鲜明的企业特色）。③它的专用程度、持续时间和稀缺程度都较高。④战略能力之间表现出一种互补关系，且这种战略能力不局限于个别的资源。企业所拥有的战略能力数量的多寡、质量的高低，是评价能力系统的一个关键指标。

2. 协调一致性

在能力系统结构中，各层内、各层间的能力是否相互协调，如基本层中各项活动能否很好地配合，是否有功能片面化的现象；支持层是否能提供基本层所需的能力；内核层中的能力是否深入渗透到外壳层的每一能力中，内核层是否不断促进、支持外壳层的发展；外壳层是否与内核层相冲突，是否不断为内核层提供新的养分等。能力之间的关系有三类：良性（补偿、强化），恶性（弱化）和中性（不相关）。在评价能力系统的协调性时，可检查其表现出的良性、恶性和中性关系的强弱或程度，是否充分发挥了良性关系，抑制和避免了恶性影响等。

3. 应变性

应变性表现为在环境变化时如何做出反应。根据环境变化的程度，应变性可分为两类：①渐进式的变革，企业的应变性表现为坚固性的强弱，即能力系统以不变应万变的程度。其次，评估它们在能力系统中是否存在缓冲机制，其强度如何。从外壳层到内核层，坚固性逐渐增强。如某些著名公司的核心价值观，从成立至今未曾有过大的变动。②革命式的变革，企业的应变性表现为：能否准确预测到这种变革，并提前做好准备；能否灵活变革内核层的能力，配置企业的资源，迅速适应这种转变。

4. 创新和学习

创新和学习是企业生存和发展的先决条件，通过对创新和学习能力的评估，可深入了解企业能力系统的状况。首先，评估它们在能力系统中的分布状况，是仅仅分布于个别能力，还是遍布于整个能力系统；是仅仅依赖于员工，还是存在于所有的载体之中；是仅仅停留在观念上，还是深入分布于观念、结构、流程、行动中。其次，评估它们在能力系统中是否协调分布，协调的程度如何，如不但在价值观中认同和遵循创新、学习的观念，而且在组织的正式和非正式的结构、制度和惯例中都有相应的东西来支持、保障，同时各个团队、每个员工都能自觉贯彻到日常行为中。

第三节　企业核心能力

一、企业核心能力及其管理

从本质上看，企业是一个为了实现特定的目标而组建的特殊的能力系统。企业能力系统功能的实现，关键在于其核心能力。什么是企业核心能力？不同的学者对此有不同的见解。普拉哈拉德和哈默在《公司的核心能力》一文中将核心能力明确为"组织对企业拥有的资源能力、知识的整合能力，即组织的学习能力"①。利奥纳多·巴顿（Leonard Barton）则认为，核心能力是企业内部的知识集合，包括员工的知识和技能、技术系统、理念系统和价值规范四个方面，主要发挥协调各种生产技能和整合不同技术的作用。柯利斯（Collis）称核心能力是企业资产投资的简短总结（short hand summary）。费欧（Fiol）则认识到核心能力有无形的一面，进而指出核心能力不仅仅包括企业有形资产存量，还包括对这种有形资产的认识过程，以及如何将其转化为行动的理解。

① C. K. Prahalad, Gary Hamel. The core competence of the corporation [J]. Harvard Business Review, 1990, 68 (3): 71-91

提斯（Teece）则将企业内部带来竞争优势的一系列不同技能、互补性资产和惯例统称为核心能力。可见，企业核心能力是指企业能力中那些最基本的、能使整个企业保持长期稳定的竞争优势及获得稳定超额利润的能力，如企业发展独特技术、开发独特产品和创造独特营销手段的能力。

如同诸多无形资产一样，核心竞争能力也存在管理问题，它包括核心竞争能力的识别、造就、应用以及保护和巩固等方面。

1. 识别

企业有效管理核心竞争能力的前提是企业经理首先要对现有核心竞争能力有清晰的认识。首先要明确企业是否存在核心竞争能力，进而决定下一步努力的方向。其实，对于已经获得竞争优势的企业，识别核心竞争能力的过程实际上就是全面深入理解企业获得当前成功的技巧的过程，是拨开当前服务市场的迷雾、发现新业务的过程。核心竞争能力的成功识别，为主动管理企业共同拥有的这种最有价值的资源奠定了基础。此过程主要通过一系列由高层领导参加并主持的研讨会或恳谈会来完成。

从识别标准上看，核心竞争能力至少要满足三方面的测试：①它是否是竞争差异化的有效来源？它是否使企业具有独特的竞争性质而难以为竞争对手模仿？②是否存在顾客可感知的价值？如索尼公司的微型化或苹果公司的用户友好设计。核心竞争能力应能使顾客感受到末端产品对其利益的买点或卖点。以上两者是对竞争能力的判断根据。③它是否实现了范围经济？表现在是否覆盖了多个部门或产品？是否提供了潜在的进入市场的多种方法？④核心与否。这是最关键的。

2. 形成

核心竞争能力如何形成，如何造就？以人为例，人的某项杰出才能的形成可归因于先天基础加后天刻苦锻炼而成。对于企业而言，则应包括：①开发或获得核心能力的技巧和技术，以组成特定的竞争能力——物质基础；②整合这些技巧和技术以形成竞争能力——发挥主观能动性。前者通过物质和精神的投入一般可以获得，后者是发挥主观能动性的问题，是关键所在。企业竞争力的根本体现就是如何协调整合所有这些多种多样的技术和技巧，而这往往是一个漫长而需要始终如一地努力的过程。这首先要求对于应该构建和支持何种竞争能力有一致的看法，其次就是负责竞争能力形成的管理队伍的稳定。而这些没有高层经理的一致认可是不可能的。当然，核心竞争能力的形成过程是一个最复杂、也是最关键的过程，本节将在第 3 部分进行详细分析。

3. 应用

企业有很多核心竞争能力，意味着许多开发新产品或开发新市场的潜力的存在，如果只是在某个部门应用，则意味着范围经济的未曾实现，造成资源的极大浪费。为使核心竞争能力的作用得到发挥，就需要在公司内部乃至外部不断地运用核心竞争能力，从一个部门到另一个部门或者是从一个区域到另一个区域。这是核心竞争能力作用得以充分发挥和体现的途径，也是实现最佳范围经济的途径。企业据此可以获得最大收益。核心竞争能力具体应用的最大问题其实也是资源的配置问题，不过这种资源的载体往往体现为人力资源。也就是说，核心竞争能力的配置很大程度上是人力资源的配置问题。不同资产平衡表中资源的配置，人力资源的配置虽然日益得到重视，至少人力资源经理常常骄傲地宣称，人是最重要的资产，但其实这种人力资本的配置或分配机制亟待加强。哈默和普拉哈拉德总结日本公司的经验认为，其中最关键的是要设置机制，保证把最优秀的人才配置到最具潜力的竞争岗位上。另外，竞争能力的载体——雇员经常的思想和经验交流也有利于竞争能力的转移，具体可定期或不定期地举行正式或非正式的研讨班或讨论会等。

4. 巩固

企业经过长期努力所形成的核心竞争能力也会丧失，这需要公司高层管理者对其保护和加强，并始终给以高度警惕。这种需要源于两方面原因：一是客观上随着时间的推移，竞争能力往往会演化成一般的能力，如苹果公司用户界面友好在20世纪80年代堪称竞争能力而获得了巨大的竞争优势，但随着软件产业和技术的发展，如今用户界面友好已经成为所有软件竞争的基本前提条件，参与竞争的软件厂商都必须具有用户界面友好的能力。二是由于公司主观方面的原因，如没有专门的经理全面负责竞争能力的管理、部门之间的沟通或交流的障碍、进一步资助的缺乏等。

客观上竞争能力的演变过程是必然的。面对这种不可逆转的过程，企业为保持企业核心竞争能力的领先进而获得竞争优势，就必须从其主观方面努力。企业主观的努力是获得核心竞争能力的必要条件，主观上的不努力则是企业丧失核心竞争能力的充分条件。主观上的努力首先要求高级经理关注核心竞争能力的健康发展，至少应有专门的经理全面负责；其次部门经理也应被赋予负责跨部门的特定竞争能力的角色，以有利于部门之间信息的沟通等；最后就是资助的提供等措施的同步。这其中，定期的竞争能力评价会很关键，其中心议题应集中于投资、构成技巧和技术的加强、内部应用的模式以及对外联盟的作用等。不同于实物资产的管理，核心竞争能力这种无形资产的管理只能是软方式的管理，这意味着如何使此概念渗透于每个经理和雇员的内心深处，意味着上述四个环节的融会贯通。首先要建立识别核心竞争能力的深层次参与过程；其次要确定公司增长新业务开发明确目标进而培育和形成核心竞争能力；再次要设定明确的关键核心竞争能力资源的分配机制；最后要在设置与竞争对手核心竞争能力比较标准的基础上，定期评价现存和新出现的核心竞争能力的状态等，以构成一个不断反馈的动态闭环系统。

二、企业核心能力的识别

随着企业能力理论研究的不断深入，人们对核心能力的识别与测度问题日益关注。该问题的解决，有助于企业清楚地了解哪项或哪些竞争能力是企业的核心能力，更好地运用和发挥已有核心能力的优势，并在此基础上，规划和建立未来的核心能力。

（一）定性识别

非定量描述法就是采用文字或图表等对核心能力进行描述。这类方法中主要有文字描述法和图示法两种。文字描述法就是用文字来描述核心能力，图示法就是用图来表示出核心能力。

1. 文字描述法

普拉哈拉德和哈默（1990）认为，核心能力是组织中的群体学习，特别是如何协调各种不同生产技能以及整合不同技术流。在此基础上，他们提出判断核心能力的三条准则：①扩展性，即核心能力使企业具有进入广泛市场的潜力；②贡献价值性，即核心能力可以提供用户从最终产品感知到的价值；③难以模仿性，即核心能力难以被竞争对手模仿。他们如此描述一些企业的核心能力，NEC：数字技术，特别是 VLSI 和系统集成能力；本田：引擎，为它在轿车、摩托车、剪草机和发电机等领域带来独特优势；佳能：光学、成像和微处理器控制方面，这使它进入甚至主导一些看起来很分散的业务领域，如复印机、激光打印机、照相机和图像扫描仪，等等。

2. 图示法

该方法认为核心能力可以用一个技能网络来表示，即核心能力是技能网络。在识别出公司的技能图的基础上，通过聚类分析，找到各技能之间的关系，可以得出公司的技能网络，从而表示出公司的核心能力。其过程为：

$$技能图 \longrightarrow 技能网 \longrightarrow 核心能力$$

一个一般的核心能力技能网如图 8.2 所示。技能之间联系的紧密程度可以用连线的粗细来表示。即连线越粗，表示联系越紧密。

（二）定量识别

鉴于核心能力具有模糊性的特征，可应用模糊数学方法与层次分析法相结合的模糊综合评判法建立企业核心能力的定量识别模型。

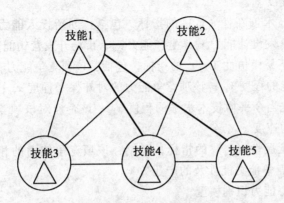

图 8.2 核心能力是技能网络

1. 企业核心能力识别指标体系的设计

（1）设计指标体系的原则。

（a）目的性。企业核心能力识别的目的在于真实准确地反映核心能力的本质与水平，以评促建，发展壮大企业的核心能力与竞争优势。

（b）层次性与系统性。核心能力是具有特定层次结构的系统，因此，其测度采用的指标体系也要具有与之相适应的层次结构与系统性。

（c）全面性。指标体系要力求反映核心能力的所有方面，反映各个层次与维度（科学技术维、企业管理维、企业文化维、企业组织形式维）方面的属性。做到既能反映其定性属性、也能反映其定量属性；既能反映其可以明言的成分，也能反映其缄默的成分。

（d）通用性。指标体系要能普遍适用于各种不同性质的企业。

（e）细分性。指标体系要细分到适当程度，太粗难以反映企业核心能力的全貌，太细则综合困难，丧失了可测度性。

（f）数据可获性。指标体系所包括的指标如果是定量的，就要能找到真实可靠的数据，如果是定性的，就要力求有等级分明的评价标准，并能找到合适的人员进行客观的评价。

（2）企业核心能力识别指标体系。

根据上述设计原则，结合企业核心能力所具有的特性，建立企业核心能力识别的指标体系如下：

（a）体现市场价值性（y_1）的指标，包括：该项竞争能力的相关最终产品的市场占有率 x_1；该项竞争能力的相关最终产品的利润贡献率 x_2；该项竞争能力的相关最终产品的知名度 x_3；用户对该项竞争能力的相关最终产品质量

的评价及满意程度 x_4。

（b）体现技术创新性（y_2）的指标，包括：创新投入能力 x_5；创新管理能力 x_6；研究开发设计能力 x_7；生产能力 x_8；市场开发营销能力 x_9。

（c）体现不易模仿性（y_3）的指标，包括：该项竞争能力有机融合各种技术流和生产技能的程度 x_{10}；该项竞争能力的对外保密程度 x_{11}；该项竞争能力所含技术流领先当今平均技术水平的程度 x_{12}；该企业对该项竞争能力所含技术流进行创新的速度 x_{13}。

（d）体现延展性（y_4）的指标，包括：该项竞争能力的相关最终产品的族数 x_{14}；该项竞争能力能涉及的产业数 x_{15}。

2. 企业核心能力识别模型

上述企业核心能力的判别指标除个别几个可以获得确切的数据以外，大都是模糊的，为减少判断的随意性，提高评价结果的可信度，可采用将模糊数学集合论与层次分析法结合的模糊综合评判法。模糊综合评判按因素集的划分层次可分为单级模糊综合评判和多级模糊综合评判。具体步骤如下：

（1）确定模糊集合。

（a）评价对象集合。

$$Z = \{z_1,\ z_2,\ z_3,\ \cdots,\ z_i\}$$

式中：Z_i 表示某企业参与核心能力识别评价的某项竞争能力之一。

（b）评价因素集合。

$$X = \{x_1,\ x_2,\ x_3,\ \cdots,\ x_{15}\}$$

前述 4 个方面的核心能力识别指标这里即表现为 x_1，x_2，$\cdots$，x_{15}。

（c）评价评语集。

在此，将各个指标的评语分为 4 个等级，以衡量被评价竞争能力在该指标上的表现情况。设评价所确立的等级集合的评语集 V 为

$$V = \{v_1,\ v_2,\ v_3,\ v_4\}$$

式中：v_1，v_2，v_3，v_4 分别表示指标的评语为"强"、"较强"、"一般"、"弱"。

（2）采用层次分析法确定各指标的权重。

首先画出多因素递阶层次结构图（见图 8.3），运用专家咨询法构造两两比较判断矩阵，进而用方根法或和积法求矩阵的特征向量和特征根，并进行一致性检验。具有满意一致性的判断矩阵对应的特征向量的各分量即为各个指标对上层的权重。

（3）确定评价隶属矩阵。

以上各指标虽然可得到确定的评语，但其"边界"大都有较强的模糊性。

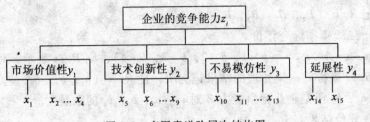

图 8.3　多因素递阶层次结构图

因此,在确定各指标对评语集 V 的隶属度时,要对各指标制定详细的评级标准,并通过专家咨询和调查分析对每一因素为该项竞争能力确定等级,于是得到因素 X 中 x_j 对评语集 V 的隶属向量 R_j 为

$$R_j = (r_{j1}, r_{j2}, r_{j3}, r_{j4}), j = 1, 2, \cdots, 15$$

$r_{jn}(n = 1, 2, 3, 4)$ 的取值方法为:集评价组成员的评价意见,得到对于指标 x_j 的评语 v_1 有 v_{j1} 个,评语 v_2 有 v_{j2} 个,评语 v_3 有 v_{j3} 个,则

$$r_{j1} = v_{j1} \Big/ \sum v_{jn}$$

$$r_{j2} = v_{j2} \Big/ \sum v_{jn}$$

$$r_{j3} = v_{j3} \Big/ \sum v_{jn}$$

$$r_{j4} = v_{j4} \Big/ \sum v_{jn}$$

$$\sum v_{jn} = v_{j1} + v_{j2} + v_{j3} + v_{j4}$$

于是,影响 y_1, y_2, y_3, y_4 的隶属向量构成的 4 个隶属矩阵分别为

$$R_{y1} = (R_1, R_2, R_3, R_4)^{\mathrm{T}} (\text{其中 T 表示矩阵的转置,以下同})$$

$$R_{y2} = (R_5, R_6, R_7, R_8, R_9)^{\mathrm{T}}$$

$$R_{y3} = (R_{10}, R_{11}, R_{12}, R_{13})^{\mathrm{T}}$$

$$R_{y4} = (R_{14}, R_{14})^{\mathrm{T}}$$

(4) 多因素层次模糊综合评价。

把企业核心能力识别指标体系分为两个层次,由于已经确定了第二层次指标对评语集 V 中的隶属度矩阵,所以可通过模糊矩阵合成对第一层次目标进行单因素模糊评价,即确定 y_1, y_2, y_3, y_4 对 V 的隶属度矩阵,进而就可以确定 z 对评语集 V 的隶属度向量。

(a) 一级模糊综合评价。

记 $B \sim i = A_i \odot R_{y1}$ (这里的运算 "$\odot$" 是一个算子符号。在进行模糊矩阵运算时采用该算子的计算方法进行,计算方法可参见第四章)。则 $B \sim i$ 表示 y_i

对 V 的隶属向量，对 $B \sim i$ 进行归一化处理的结果记为用 B_i（$i = 1$，2，$\cdots$，4），并记 $R_z = (B_1, B_2, B_3, B_4)^{\mathrm{T}}$。

（b）二级模糊综合评价。

记 $R \sim z = A \odot R_z = (b \sim 1, b \sim 2, b \sim 3, b \sim 4)$，则 $R \sim z$ 表示 z 对 V 的隶属，对 $R \sim z$ 进行归一化处理的结果记为 R，且 $R = (b_1, b_2, b_3, b_4)$，式中 b_1，b_2，b_3，b_4 便是企业竞争能力 Z 对 v_1，v_2，v_3，v_4 的隶属度。

（c）评价结果。

将 R 中的 b_1 和 b_2 相加，若二者之和大于 0.5，则说明该项竞争能力有较强的市场价值性、技术创新性、不易模仿性和延展性，基本可断定它属于企业的核心能力。b_1 和 b_2 相加之和越接近于 1，说明该项竞争能力是核心能力的可能性越高。

三、企业核心能力的培育、维护和开发

（一）企业核心能力的培育

在识别出某项能力是企业的核心能力之后，紧接着要进行的工作是核心能力的培育和创建。

为创建核心能力，企业既要重视从无到有的核心能力的创造和培育，又要采取措施整合已有的部分核心能力；既要重视内部核心能力的积累，又要采取措施从外部获得核心能力。企业既可以通过创新和整合来进行内部核心能力的积累，也可以通过战略联盟和兼并收购从外部获得核心能力。

1. 技术创新

培育企业核心能力的创新包括技术创新和制度创新，但是考虑到企业的核心能力是技能、技术的综合体，明显带有技术的特征，因此这里强调的是技术创新。

（1）技术创新的特征。作为培育企业核心能力主要活动的技术创新具有下述特征，认识这些特征是进行技术创新的必要准备。①不确定性。技术创新涉及探索、发现、开发有形产品及其生产工艺的未知领域。探索的结果在研究与实验活动开展以前几乎不可能准确知道。因此，创新努力带来的技术及其商业化的结果具有不确定性。②时滞性。所谓时滞性是指一项产品从最初的设计思想或发明专利到最终作为实用化商品进入市场为消费者所接受有一个过程，这个过程就是创新时滞。例如，电视的创新时滞是 9 年，半导体的创新时滞是 2 年，柯达胶卷的创新时滞是 14 年。③复杂性。技术创新是一个极其复杂的系统工程。对于创新企业来说，技术成果的筛选、实用化和商业化都是十分复杂的。④积累性。技术创新是一种积累性的活动。在任何时点上，技术创新都

是以以前的技术创新成果为基础，所产生的新技术成果又构成了下一轮技术创新的起点。⑤不连续性。技术创新的累积性并不表明新技术完全是从旧技术发展而来。尼龙不可能通过人造纤维厂或棉纺厂改进生产工艺而生产出来；对电子管怎样的创新都不会产生晶体管。技术创新的过程往往带有不连续性或跳跃性的特征，这就要求企业把握好技术创新的时机。

（2）技术创新的方式。从创建企业核心能力的角度看，技术创新可以分为组合创新与同步创新。①组合创新。企业进行技术创新时，存在着三种可供选择的创新途径：一是工艺创新能力先导型，二是产品创新能力先导型，三是产品创新能力和工艺创新能力协调型。企业技术创新是企业产品创新能力和工艺创新能力的耦合。不能只强调产品创新或只强调工艺创新。②同步创新型。任何技术创新都是在现有的技术基础上进行的。要取得突破性的技术创新，必须存在相应的基础技术。创新是两种或几种作为基础的技术碰撞的结果。只有这些同步技术的相互碰撞，才有利于技术创新或解决技术上的难题。不管是何种类型的技术创新都要具备一定的条件，如有助于技术创新的企业文化、资金、支持机制、更有创意的队伍。

2. 核心能力的整合

技术创新是取得核心能力的基础，但一般情况下技术创新的风险较高，周期较长，投入也较大。而通过对已有的核心能力进行有机整合的方式来培育新的核心能力则是一项投入少、风险小、见效快的活动。对于已有核心能力进行整合所需的不是大规模的技术创新，而是如何识别和寻找整合的机会，并从组织上加以保证。

（1）核心能力整合的基本方式。对核心能力的整合有三种基本方式：①技术复合。技术复合是指将两种以上的技术结合在一个系统里，但不影响其原有技术的特性。技术复合的基本点是没有创造出一种新技术。如全功能家用视听系统结合了音响、录放像机、电视、个人电脑以及电话，构建了一个新系统。②技术融合。技术融合是指结合两种或两种以上新技术而开创出另一项崭新的技术，其基本点是技术融合后，原先的技术失去了其特性。③功能性组合。企业的核心能力不完全限于技术领域，在其他功能领域仍然存在核心能力，比如有的企业有较强的财务能力，有的企业有较强的分销能力。因此，在核心能力整合过程中，还必须考虑到功能性组合，将技术功能方面的核心能力与其他方面的核心能力进行有机结合，从而发挥整体核心能力的优势。

（2）核心能力整合的要求。通过整合已有核心能力是获取新的核心能力的重要环节。有效地进行核心能力的整合，要求做到：①认识已有的核心能力。认识已有的核心能力是进行核心能力整合的先决条件。企业应该对其特定的核心能力作出明确的界定，尽量把核心能力与包含核心能力的产品或服务划清界线，把核心能力与非核心能力区分清楚，把技术与技能作出有意义的汇集与整合，然后确定核心能力所在，这属于核心能力识别的范畴。②突破战略经营单位（SBU）的限制。企业现有的核心能力往往分布于其下属的 SBU 中，由 SBU 的主管控制着。SBU 的主管要么看不到自己所控制的核心能力与其他 SBU 中所保持的核心能力存在整合的可能性，要么出于部门本位主义的考虑，本能地抗拒出让自己所控制的核心能力以与外部进行整合。而同一个 SBU 内部的核心能力整合所产生的价值又是十分有限的。因此，要突破 SBU 的限制，从整体角度统一配置企业各 SBU 的核心能力，特别是核心能力的创造者和携带者。

3. 知识联盟

一旦企业无法拥有和控制它的核心能力，则这家企业的处境就非常危险，同时，仅仅依靠自己的力量发展所需要的知识和能力，也是一件花费昂贵并且困难重重的事情。为此，许多企业创建了知识联盟，使自己能够获得其他组织的技能和能力，并且是可以与其组织合作创造新的核心能力。如日本电气公司通过与休斯公司、英特尔公司和霍尼韦尔公司以及其他数十家公司建立战略联盟关系，从中受益匪浅。

（1）知识联盟的特点。与产品联盟相比较，知识联盟有四个显著特征：①学习和创造知识是联盟的中心目标。知识联盟有助于一个企业学习另一个企业的专业能力；有助于一个企业和其他企业的专业能力相结合创造新的交叉知识；能使一个企业帮助另一个企业建立能力和技能，这种能力和技能以后会有益于这两个公司。②知识联盟比产品联盟更紧密。两个企业要学习、创造和加强专业能力，每个企业的员工必须在一起密切工作。③知识联盟的参与者的范围极其广泛。产品联盟通常是与竞争者或潜在的竞争者形成的。而知识联盟的各方可以是买者和卖者，大学实验室与企业，企业、员工和工会等。④知识联盟比产品联盟具有更大的战略潜能。产品联盟可以帮助企业抓住机会，保护自身，还可以通过其合作伙伴快速、大量地卖掉产品，收回投资。知识联盟可以帮助一个企业扩展和改善它的基本能力，从战略上更新核心能力或创建新的核心能力。

（2）知识联盟与企业核心能力的建立。知识联盟是从外部获取核心能力的重要途径。①通过知识联盟来扩展核心能力。当传统的独立经营无法满足企业的需求时，知识联盟会有助于公司获得其他组织的核心能力或者与其他公司共同创立新的核心能力。日本自动控制与机器人公司（Fanuc Robotics Corporation）与通用汽车公司（GM）建立知识联盟，创建 GMF，进行工厂自动化机器人的设计、市场开发、服务和开发应用，就显示了知识联盟可以将交叉知识的挑战转化为每个企业扩展核心能力的机会。②通过知识联盟可以转换核心能力。IBM 使用大量的知识联盟，改变了传统制造和销售计算机的核心能力。通用汽车公司与它的供应商、工人和工会以及交易商组成知识联盟，大大改变了设计与制造轿车的核心能力。

4. 收购兼并

购并是企业通过外部获得关键资源、核心能力的又一条重要途径。如美国波音公司兼并麦道公司，完全是为了在企业核心能力竞争上大大超过欧洲空中客车，成为飞机制造业的全球霸主。从营造企业核心能力的角度看，企业对外购并必须做到以下两点。

(1) 明确购并的目的是为了获取关键资源和核心能力。不少企业在其购并行为中，更多地关注短期的财务收益，较少地考虑获取对方所包含的竞争力要素。财务利益固然重要，但核心能力对企业长远发展更有意义。只具有良好短期财务收益的购并对象，由于不能对培养核心能力做出显著贡献，自然也难以得到企业核心能力的支持，所以从长远发展来看，并没有多少战略价值。而短期内不具备明显赢利能力的对象却完全有可能包含某些建立核心能力所需的重要因素。如果企业在购并中不能明确地将获取重要的竞争力要素作为战略目标，而是过度地追求短期的财务收益，就可能在购并企业的短期财务收益消失后反而为其所累，同时也会错过一些可以获取关键竞争力要素的机会。所以，企业购并应把战略目标定位于尽快获取对核心能力的培养，而不要被短期的利益所蒙蔽。

(2) 购并后要对从外部获得的核心能力进行整合。企业通过购并从外部获得建立核心能力的要素后，还必须对这些竞争力要素进行技术、管理和市场等方面的重新整合，这样才能真正实现"优势互补、资源共享"，达到企业在核心能力方面质的飞跃。如果企业购并后在技术、管理和市场等方面缺乏有效的整合，这不仅创造不出新的竞争优势，反而使企业结构复杂化并引发出各种大企业病，不如各企业单独经营更有效率和效果。

(二) 企业核心能力的部署

为了使一项核心能力在多种业务或者新市场上发挥作用，常常需要在企业内部重新部署这项能力——从一个部门或战略性单位转移到另一个部门或单位。企业必须发展一种自觉部署其核心能力的机制和能力，使核心能力能及时、有效地延伸到最需要和最能发挥作用的地方去。企业关键性人才要集中应对真正有挑战性的项目，捕捉最有效的商机。有些企业比较善于此道，就能够更有效的运用自己的能力，但许多企业拥有大量一流技能的员工，其核心能力的转移速度，即调动这些员工捕捉新商机的能力，却几乎为零。因此，企业应形成一种机制，可以保证各部门经理会想方设法使关键性人才总是忙于真正有挑战性的项目。同时，也可以保证最优秀的人才最终能够去捕捉最具潜力的商机。构成企业某项能力的人员经常聚会，交换想法和经验，也有助于能力的交流。为在同一能力领域工作的人员开办各种讲习班、研讨会也十分重要，可以培养一种团队精神。而随之产生的思想、技术的相互交流、相互促进，又可以加速能力的建立。

（三）企业核心能力的维护

核心能力不同于有形资产，它并不因为使用而老化。相反，在应用中还可得到发展和增强。如果要将核心能力归类的话，核心能力应属于无形资产。尽管如此，核心能力并不代表永恒，仍需要培养和保护。只有主动地加以培养和保护，摈陈纳新，核心能力才能够保持先进性。如果消极地任其发展，不加以保护，就很可能为竞争对手所窃取、超越，核心能力也就丧失了。

一般说来，以下原因可能导致核心能力的丧失：

（1）核心能力携带者就是体现和掌握核心能力技术的公司员工，核心能力携带者的流失，可能导致关键技术的外泄或核心能力作用无法发挥。

（2）与其他企业的合作。日本一些企业通过联盟从西方合作伙伴中获得大量的技术能力，从而使得西方企业的核心技术能力不再独享，核心能力也就不复存在了。

（3）放弃某些经营业务。通用、摩托罗拉等公司从1970年至1980年间先后退出彩电行业，从而失去了各自在影视像技术方面的优势。核心能力是通过长期的发展和强化建立起来的，核心能力的丧失所带来的损失无法估量。因此企业必须通过持续、稳定的支持、资助和保护，避免核心能力的丧失。

保护核心能力通常注意如下几个方面：

（1）加强对核心能力携带者的管理和控制。公司高层管理人员必须清楚地识别公司内部哪些人员是核心能力的携带者。核心能力携带者是公司的宝贵财富，不可轻易流失。另外培养他们对公司的忠诚度对于保护核心能力也至关重要。核心能力携带者可能分布于企业内部不同的业务单位，为了充分发挥核心能力的整体功能，必须消除各业务单位主管人员的本位主义，使其明白核心能力携带者是公司整体的资源，可以在公司内部重新分配。

（2）自行设计生产核心产品。核心产品是一种或几种核心能力的物质体现。通过自行设计生产核心产品，可以将核心能力保持在公司内部，避免技术秘密的扩散。可口可乐公司自行配制糖浆就是一例。

（3）不要草率处理某些经营不善的业务。在这些业务中，可能含有某些具有潜在价值的核心能力、核心能力的组成部分或核心能力的携带者。因此，在处理这些业务时务必谨慎。前面提及的通用、摩托罗拉等公司在这方面的教训不可不吸取。

（4）促进组织学习。提倡研究开发和创新精神，加速知识转移和共享，加速发展企业的核心能力，以保持其核心能力的领先，获得持久的竞争优势。

小　结

1990 年，普拉哈拉德和哈默在《哈佛商业评论》上发表了划时代文章《企业的核心能力》，其后，围绕企业核心能力掀起了研究的高潮，企业能力理论成为企业战略管理的主流理论。

企业本质上是一个能力集合体，是一个特殊能力系统。企业能力系统是企业拥有和控制（企业可以在完全竞争的市场中获得这种能力或者企业不需付出高额成本就可得到）的所有能力的有机组合。企业核心能力是其子系统。企业核心能力是企业长期竞争优势的源泉，是企业能力系统实现其功能的关键。对企业核心能力的管理是企业战略管理最根本的内容。企业核心能力管理包括核心竞争能力的识别、造就、应用以及保护和巩固等方面。

思考题

1. 简述企业能力理论的主要内容。

2. 简述企业核心能力对于企业自身的意义。怎样理解企业核心能力是企业长期竞争优势的源泉？

3. 怎样应用企业能力理论对企业进行分析？

4. 试描述一个企业能力系统的实例，并加以分析。

5. 培育核心能力的方法有哪些？分别在什么样的情况下适用？

6. 企业核心能力管理应注意哪些问题？

参考文献

1. C. K. 普拉哈拉德，加里·哈默著. 竞争大未来. 王振西主译. 北京：昆仑出版社，1998

2. 尼古莱·福斯，等著. 企业万能. 李东红译. 大连：东北财经大学出版社，1998

第九章　虚拟管理理论

20 世纪末兴起的虚拟管理理论，主要包括虚拟管理、企业流程再造以及供应链管理理论。其中，虚拟管理理论是建立在虚拟企业组织理论的基础上的；企业流程再造理论与虚拟企业的发展密切联系；供应链管理理论与建立虚拟企业战略联盟、改造和集成企业流程的活动密不可分，而这一切都是计算机网络信息技术不断发展和广泛应用的结果。

第一节　虚　拟　管　理

一、虚拟管理概述

（一）虚拟管理的内涵

20 世纪 90 年代以来，随着科学技术的迅猛发展，特别是计算机技术和网络技术的广泛运用，企业只有敏锐掌握市场供求，建立高度灵活、富有弹性的动态组织形式，才能适应目前日新月异的形势，在激烈的市场竞争中立于不败之地。随着虚拟企业的出现，传统的企业经营模式已经逐渐不适应时代的要求了，一种高效创新的管理理论即虚拟管理理论也在逐渐形成。

1991 年，美国的肯尼思、普瑞斯等人在向国会提交的一份报告中首次使用虚拟企业一词。1993 年，美国《商业周刊》在其封面上做的关于虚拟组织的广告把对虚拟企业的研究和实践推向了高潮。美国管理学家彼得·F. 德鲁克（P. F. Drucker）认为，现在的企业必须进行管理创新，才能适应未来的市场竞争和客观经济环境，即不创新，就死亡。创新学派的代表人物熊彼特认为，企业必须进行创造性毁灭，即摒弃传统的管理模式，针对外部环境的变化实现战略性的转移，实行有高度弹性和适应性的经营管理模式。随着全球一体化进程的加快和知识经济的发展，企业逐渐信息化、网络化、敏捷化及虚拟化，社会进入虚拟经济时代，企业在组织管理上应不断创新，建立虚拟管理模式已刻不容缓。

什么是虚拟管理呢？所谓虚拟管理（Virtual Management），就是企业在资源稀缺性的条件下，面对日益激烈的市场竞争，为了提高竞争力，充分利用现代信息技术，通过组织结构柔性化、扁平化、动态化的管理，实施以自主管理为特征的管理方式，以利益激励为驱动力，开展纵向和横向的广泛合作，对资源进行有效整合，实现企业内外资源的最优化配置和合理化利用，以实现企业超常规的高速发展，最终获得规模经济效益的管理方式。

（二）虚拟管理的特点

虚拟管理与传统的等级制的管理体制相比，具有以下特征：

1. 人格化的协调管理

当企业是由若干个以工作为中心的团队组成时，这些团队之间需要相互协调。由于一个团队的工作重心在很大程度上依赖于对其工作背景的理解，而团队的职责在于帮助拓展企业的知识背景，因此这个团队的知识就成为其他团队的有价值的资源，只有按照严格的纪律、预定模式和项目管理技巧，才能按时完成任务。因此，企业为了提高竞争力，获得最大的竞争优势，必须加强企业内部各个任务型团队的协调和合作。

2. 强化知识权威的管理

在传统的等级管理体制中，职位和权威被具体划定，二者往往合二为一。这种职位权威在处理精心组织的日常工作中可能会有效，但它不适合新的虚拟管理模式。虚拟管理理论要求企业利用其职能部门，模糊企业的界限来发展新的整体响应策略。由于知识权威意味着拥有知识有可能获得相应职务并获得权威，因此，知识权威作为以工作为重心的团队的关键，对企业取得市场战略的成功具有越来越重要的意义。

3. 以横向交流方式为主导

企业一方面越来越多地借助于外部的人才资源来弥补内部知识资源的不足，实行功能虚拟化，即借用外部力量来改善内部较弱部门的功能，使之与企业其他的优势功能相结合以提高竞争力；另一方面，通过与其他相关企业的横向交流，发挥各自的优势，合作开发新产品推向市场。这样，由于突破了企业内部等级体制的桎梏，虚拟企业的横向交流变得更加自由、流畅。因此，尽管虚拟管理中纵向交流仍然存在，但是在以工作为中心的核心团队组成的虚拟企业中，居于主导地位的仍是横向交流方式。

另外，由于虚拟管理实现了动态化的管理，因此以网络管理为主要手段，这也是虚拟管理的特点之一。

（三）实施虚拟管理的步骤

企业利用虚拟企业形式或战略联盟来建立虚拟关系，进行虚拟管理，需要以下几步（如图 9.1 所示）：

图 9.1 实施虚拟管理的步骤

1. 建立虚拟关系的特征或标准

定义存在潜在虚拟关联企业领域的特征是进行虚拟管理的第一步。当虚拟双方在不同时间、不同地区进行生产并具有不同文化时，就迫切需要一种复杂的虚拟管理取向，因此建立虚拟关系至关重要。

2. 确定可选择的关联企业

当企业之间的关系领域比较宽泛时，企业可以将战略重点专注于一系列可能的市场机会上。中心企业必须确定潜在的关联企业的最明显特征。只要在虚拟关系中能够找到特征组合，建立的虚拟企业就能使企业超过竞争对手并最终决定形成虚拟管理战略。

3. 潜在关联企业的相对评价

在确定可选择的关联企业的基础上，对关联企业作直接评价。其主要任务是对潜在关联企业进行差别分析，并决定潜在关联企业之间存在明显差别的时机。

4. 启动虚拟战略

其主要目标是确定形成虚拟关系的动机。中心企业形成一条虚拟战略以求得在合作中提高效益和效率，并保持对竞争对手的相对优势。

5. 虚拟关系的柔性管理

建立虚拟管理再评价机制，以对虚拟关系在不同的时间做出再评价。再评价机制包括以下几步：①评价最初的虚拟目标以及虚拟关系形成过程中所作的承诺；②分析能影响虚拟关系的价值或利益的外部环境改变；③评价虚拟关系有关未来竞争地位和市场机会的结构优势；④确定保持虚拟关系的成本；⑤确定一系列合适的撤退战略。

6. 对其他潜在关联企业或竞争者做出反应

对潜在虚拟关系的评价必须建立在其竞争性价值能被明确预测的基础上，特别是在现存虚拟关系所欠缺的方面。相应地，竞争者对形成新的虚拟关系的反应也将影响到中心企业确定自己的战略反应。

7. 撤退战略

实施撤退战略，解除虚拟关系的原因有：①虚拟关系未达到预期目标而失败；②虚拟关系双方的差异不断增长造成目标变动；③在形式上或实质上违反了虚拟关系协议使得关系不协调；④消费者或竞争者的改变使得形成另一虚拟关系更有利，即现存虚拟关系具有很大的机会成本；⑤中心企业的内部问题使得虚拟关系必须解除，如战略、产权的变动和财务问题等；⑥虚拟关系的预期目标已达到即意味着虚拟关系的胜利完成。

二、虚拟企业组织理论

(一) 虚拟企业的内涵

步入知识经济时代，由于资本、技术、知识的流动与扩散，企业界限逐渐趋向模糊。具体表现为：一是由于市场竞争的深化，企业的报酬率逐渐趋向于平均利润率，而同时出现中层的橄榄式管理结构；二是由于企业获得信息技术能力的发展，企业可以通过 Internet/Intranet，利用管理信息系统（Management Information System，MIS）、计算机辅助设计（computer aided design，CAD）等技术获取信息优势；三是由于市场产品品种的丰富，以及顾客需求层次的多样化，使企业不再单纯依靠规模化和标准化的发展，其产品生产不得不进行项目创意以满足个性化要求；四是由于雇佣关系的弹性化，使传统的单一就业模式即将被补丁模式（Patch – work Pattern）所取代。这就是虚拟企业产生的必要条件。

什么是虚拟企业呢？所谓虚拟企业，是指企业为了实现特定的企业目标，以计算机网络为支撑，以各种核心能力为基础，仅保留企业中最关键的功能（如生产、行销、设计、财务等功能）和职能部门，而将其他的功能虚拟化，虚设或省略其他职能部门，利用较低的构建成本，实现资源的最优配置和企业高弹性的竞争优势而建立的动态联合体。

(二) 虚拟企业的类型

1. 根据虚拟企业组建的基础，可以将虚拟企业划分为：

(1) 基于项目的虚拟企业。这种虚拟企业一般建在大型建设投资项目中，由于企业人力、物力、财力方面的资源有限，必须进行横向联合，以网络组织的形式结合成虚拟企业。参加虚拟企业的成员可以是传统企业，也可以是虚拟企业。这种任务导向的合作组织结构，可以充分发挥其成员企业各自的资源优势，能够共同承担高额投资，分散风险并降低可变成本。例如，1994 年生产的新型宽体客机波音 777，就是由美、英、法、加、日等国大公司的 34 个工作小组共同完成的。整个过程完全在网络上进行，依靠网络信息的充分交流和计算机仿真技术的应用，各零部件组装没有出现一次返工，既大大提高了生产效率，又增加了经济效益。

（2）基于产品的虚拟企业。核心企业根据市场预测，提出产品方案并对外承担生产任务，按照产品研发、生产、投放市场的任务分工以及资源利用最优化原则，由不同区域的企业协作完成。由于在产品生产过程中实行并行管理，通过信息网络共享信息资源，因此，这种分布式企业集成和作业协同工作方式在高科技全球制造企业中更具优势。

从业务流程的角度看，基于产品的虚拟企业具有以下三种虚拟形式：

（a）虚拟开发，是指若干掌握不同核心技术的独立企业，通过网络联合开发产品，共同分担风险和分享收益，通过对市场需求的快速响应来实现共同发展的形式。

（b）虚拟生产，是指企业将其直接生产功能弱化，通过外包加工转移给其他擅长加工的企业完成，而只留下创造价值高的开发和销售功能，从而节省投资、降低成本，充分发挥自身资源的优势。

（c）虚拟销售，是指利用不同企业现有的营销网络及配套设施联合销售本企业产品的虚拟形式。如美国微波通信公司、数字设备公司和微软公司结成的销售联盟在各自的营销网络上联合销售三家公司的产品。

综合运用以上三种虚拟形式，可以最大限度地发挥临时性网络合作组织的优势。

（3）基于服务的虚拟企业。在服务产业中，可以通过动态联合建立虚拟企业，如联合订票系统、联合导游系统、网络就诊系统等服务性组织。通过网络联合，可以发挥远程通讯设施的功能，为社会提供各种信息产品或虚拟信息服务产品。这种虚拟企业，将会提高社会整体服务功能，降低社会服务的机会成本。

2. 根据虚拟企业的性质可以将虚拟企业划分为：

（1）网络虚拟企业。网络虚拟企业是指利用 Internet 和信息技术、电子货币等先进技术手段，提供商品和服务的企业形式。如网上购物、网上银行和网上书店等网上服务功能，改变了传统企业的面对面购物、支付等部门职能，并虚设相应的功能部门。如雅虎、搜狐、新浪、网易和亚马逊书店等虚拟企业均属于网络虚拟企业。

（2）品牌虚拟企业。品牌虚拟企业是指以商品品牌和服务品牌资源为核心，省略掉生产等部分职能而组建的虚拟企业。如耐克公司依靠先进的运动鞋科研开发机构和发达的营销网络，通过委托指定的厂商完成运动系列产品的生产任务，却没有自己的运动鞋生产企业。而可口可乐公司将储运、宣传广告、策划等职能委托给专业公司经营。这些都是品牌虚拟企业的组织形式。

（3）联盟型虚拟企业，又称战略联盟公司，是指由若干具有资源互补优势的企业，为实现共同的战略目标，通过各种协议或契约结成的利益与风险共享、经营权与所有权分离的松散型联合体。一般是专业公司或项目公司为实现共同的战略目标而建立的虚拟企业组织形式。

（4）管理型虚拟企业，是指为管理由多个有资产关系的企业组成的企业集团而专门建立的虚拟企业组织形式。管理型虚拟企业主要通过对这些企业集团实行人员管理、财务监督、资产重组和资本运营来实现企业的规模优势和整体效益。如新加坡淡马锡（TEMASEK）控股公司，直接持有 44 家公司的股权，共拥有 6 个层次 500 多家企业，涉及若干行业和领域，而由于企业内部仅保留关键性的功能，将其他功能虚拟化，公司总部只有 42 名职员，从而精简了人员和机构，提高了虚拟企业的经济效益。

（5）职能型虚拟企业。这种企业有两种不同的类型：一种是为抢注知名商品和服务商标、域名、企业名称、产品名称等无形资产和资源而建立的虚拟企业。这种虚拟企业的特点是善于钻营，获取合法不合理的不当得利。比如网上抢注域名或抢注商标，或者从企业经营中渔利，或者向被抢注域名或商标的企业"转让"以牟取暴利。另一种是专门钻法律条文的空子，以签订合同、邮购商品为名，实际上以欺诈为目的，从事非法活动的虚拟企业。这种皮包公司虽然在成立时披上了合法的外衣，但是在经营中通过对购货合同质量标准的曲解迫使对方违约，从而往往因为诉讼获胜而得到对方的赔款。这种不以诚实经营为目的的虚拟企业对经济发展实际上起着负效应。

虚拟企业的分类如图 9.2 所示。

三、虚拟企业理论模型

（一）虚拟企业组织结构模型
虚拟企业的组织结构主要有两种：

1. 以机遇为中心的组织结构

从组织体系的整体角度来讲，虚拟企业是通过信息交互的方式将具体的成员企业联系起来，进而构成虚拟经营的统一实体。当市场出现新的机遇时，将

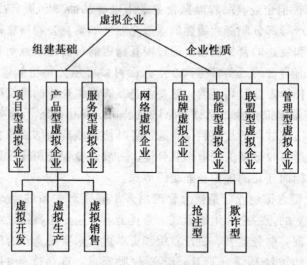

图 9.2　虚拟企业的类型

具有开发某种新产品所需要的不同知识和技术的某些成员组织或企业组成一个临时的企业，以共同应付市场的挑战，联合参与国际竞争。这一联盟是参与者围绕特定产品建立起来的拥有共同利益的组织，将随着市场和产品的变化进行调整，当项目完成以后，该联盟随即解散。其组织模式如图 9.3 所示。

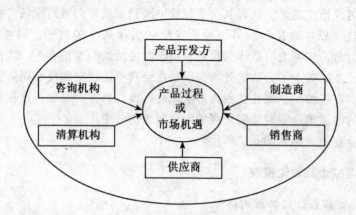

图 9.3　虚拟企业组织结构模式（一）

2. 以组织者（盟主）为中心的组织形式

根据虚拟企业成员在虚拟企业中的地位和作用，可以分为虚拟企业的组织者（或称联盟的盟主）和虚拟企业的参与者。对组成虚拟群体的每一个具体的企业来讲，虚拟企业指组织者（盟主）借用企业外部力量，对企业外部的资源优势进行整合、优化，创造出超常的竞争优势。采用这种策略模式，企业可以获得诸如设计、生产、销售、服务等具体功能，但不一定拥有与上述功能相对应的实体组织，它是通过外部资源力量来实现上述功能的。由于虚拟企业的组织者不止一个，因此其组织模式有两种，分别如图9.4和图9.5所示。

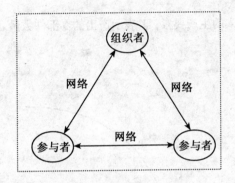

图9.4　虚拟企业组织结构模式（二）

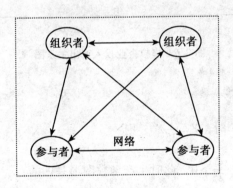

图9.5　虚拟企业组织结构模式（三）

（二）虚拟企业的合作模型

虚拟企业可以看成是拥有不同核心能力的企业间的横向交流与合作。现在，我们构建一个虚拟企业的合作模型，它是基于外包所带来的成本节约。

假设企业 A 为组装企业，企业 B 为零部件企业，二者结成企业联盟，组建新的虚拟企业。企业 A 与企业 B 的核心能力不同，前者的核心能力是设计与集成，后者的核心能力是零部件的生产。

　　假设组装企业 A 和零部件企业 B 都能够生产零部件，且二者的技术水平相同，生产函数均为

$$Y = \begin{cases} 5X^{\frac{1}{2}} & X, Y > 25 \\ \dfrac{1}{25}X^2 & 0 \leqslant X, Y \leqslant 25 \end{cases} \qquad (9.1.1)$$

式中：X 表示需要投入的生产要素；Y 表示产出的零部件数量。如图 9.6 所示。

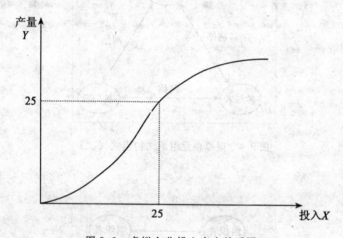

图 9.6　虚拟企业投入产出关系图

将式（9.1.1）变换：

　　当 $0 \leqslant X$，$Y \leqslant 25$ 时，$Y = \dfrac{1}{25}X^2$，则

$$\frac{dY}{dX} = \frac{2}{25}X; \quad \frac{d^2Y}{dX^2} = \frac{2}{25} > 0, \text{ 此时生产函数图形是凹的;}$$

　　当 X，$Y > 25$ 时，$Y = 5X^{\frac{1}{2}}$，则

$$\frac{dY}{dX} = \frac{5}{2}X^{-\frac{1}{2}}; \quad \frac{d^2Y}{dX^2} = -\frac{5}{4}X^{-\frac{3}{2}} < 0, \text{ 此时生产函数图形是凸的。}$$

　　这说明，当产量 Y 低于某个临界点（式中为 25）时，对于投入要素 X 而言，产量 Y 为规模效益递增。而当产量 Y 超过这个临界点（即 25）时，对于投入要素 X 而言，产量 Y 为规模效益递减。

如果企业 A 需要的零部件数量为 16，投入要素的价格为 1，我们可以通过分析传统企业与虚拟企业的投入-产出比来比较二者的优劣。

由于在传统的组装企业中，所有的零部件都采用自制的方式进行生产，因此企业 A 生产零部件的投入-产出比为

$$\frac{生产所需的总投入}{零部件的总产量} = \frac{1 \times \sqrt{16 \times 25}}{16} = 1.25$$

如果企业 A 采用虚拟企业的生产方式进行生产。假设企业 A 支付 18 个单位的资金给企业 B，并将其所需零部件的生产转交给企业 B 去完成。这时企业 A 生产零部件的投入-产出比为

$$\frac{生产所需的总投入}{零部件的总产量} = \frac{18}{16} = 1.125$$

显然，在这种情况下，企业 A 的总成本得到了降低，在零部件生产上虚拟企业成本要低于传统企业。反之，考虑企业 B 的情况，假设企业 B 作为零部件的专业化生产商不止接受了企业 A 一家企业的转包业务，而是一共承包了 4 家与企业 A 同类型的组装企业，这 4 家组装企业提交相同的订单（即均为 16 个单位的零部件需求量）。由于合并了大量小额外包业务，企业 B 可以充分利用规模收益以降低平均成本，从而提高了生产效率与总利润。因此，企业 B 生产零部件的投入-产出比为

$$\frac{生产所需的总投入}{零部件的总产量} = \frac{1 \times \sqrt{25 \times 4 \times 16}}{16 \times 4} = 0.625$$

此时，企业 B 的净利润为

$$总收益 - 总成本 = 18 \times 4 - 16 \times 4 \times 1 = 8$$

因此，由于采用虚拟企业的生产方式可以增加企业 A 和企业 B 的利润，使得双方都有动力采取合作的方式获得共同利益。

由此可见，由于受到外包能够降低成本的利益方面的驱动，企业有组建虚拟企业的利益要求。不过需要说明的是，虚拟企业的合作模型主要考虑的是生产成本的比较，即只有当其外包零部件的成本小于其自制成本时，企业才会选择外包。另外，该模型没有考虑交易费用这一变量，它对企业交易方式的选择至关重要。但在交易费用比较小甚至忽略不计时，交易费用的存在不影响虚拟企业合作模型的有效性。

第二节　企业流程再造

一、企业流程再造概述

（一）企业流程再造产生的背景

企业流程再造（Business Process Reengineering，① BPR）理论的产生有其深刻的时代背景。20世纪六七十年代以来，信息技术革命使企业的经营环境和运作方式发生了很大的变化，而西方国家经济的长期低增长又使得市场竞争日益激烈，企业面临着严峻挑战。有些管理专家用3C理论阐述了这种全新的挑战：

顾客（customer）——买卖双方关系中的主导权转到了顾客一方。竞争使顾客对商品有了更大的选择余地，而随着生活水平的不断提高，顾客对各种产品和服务也有了更高的要求。

竞争（competition）——技术进步使竞争的方式和手段不断发展，并发生了根本性的变化。越来越多的跨国公司在逐渐一体化的全球市场上展开各种形式的竞争，美国企业面临着日本、欧洲企业的竞争威胁。

变化（change）——市场需求日趋多变，产品寿命周期的单位已由"年"趋于"月"，技术进步使企业的生产、服务系统经常变化，而且这种变化将会持续下去。因此，在大量生产、大量消费的环境下发展起来的企业经营管理模式已无法适应快速变化的市场形势。

在这种背景下，结合美国企业为挑战来自日本、欧洲的威胁而展开的实际探索，1993年哈默（M. Hammer）和钱皮（J. Champy）出版了《再造企业》（Reengineering the Corporation）一书。书中认为，近20年来，诸如目标管理、多样化、Z理论、零基础预算、价值分析、分权、质量圈、追求卓越、结构重整、文件管理、走动管理、矩阵管理、内部创新及一分钟决策等，没有一个管理思潮能将美国的竞争力倒转过来。1995年，钱皮又出版了《再造管理》。哈默与钱皮提出，企业应在新的运行空间条件下，改造原来的工作流程，使其更适应未来的生存发展空间。这一全新的思想奠定了企业流程再造的理论基础。

---

① 关于BPR的译法："business"可译作"企业"、"业务"，"process"可译作"过程"、"流程"，"reengineering"可译作"再造"、"再工程"，也译作"重构"、"重组"。本书采用"企业流程再造"的译法。

（二）企业流程再造的内涵

作为一种基于信息技术的、为更好地满足顾客需要服务的、系统化的、对企业组织的工作流程的根本性重新思考和彻底改革，企业流程再造突破了传统的劳动分工理论的思想体系，强调以"流程导向"替代原有的"职能导向"的企业组织形式，为企业经营管理提出了一个全新的思路。围绕这一核心思想，对于企业流程再造的含义众说纷纭，现在介绍以下几种定义：

Davenport & Short：BPR 是对组织内及组织之间的工作流程与程序进行的分析和再设计。

Alter：BPR 是运用信息技术，从根本上改变企业流程以达成企业目标的方法性程序。

Venkatraman：BPR 就是要摆脱现有的组织运作程序，重新设计信息技术的基础架构并以此为企业确立新的运作程序，从而最大限度地将信息技术的开发能力发挥至极大。

Senn：BPR 就是要彻底检修限制组织竞争效率及效能的企业流程与组织架构。

Hammer：BPR 是在对企业流程进行分析的基础上，重新设计以获得绩效重大改善的活动。

综合以上各种观点可知，作为一种管理技术和优化方法，企业流程再造是企业出于长期可持续发展的战略需要，根据未来发展的战略规划，对企业各项运作活动及其细节进行重构、设定与阐述的系统工程，其核心是面向顾客满意度业务流程，将技术和人这两个关键要素有效运作在业务流程的再设计与重构活动之中。作为一种管理活动和管理理论，企业流程再造的基本内涵是以企业长期发展战略需要为出发点，以价值增值流程即顾客满意流程的再设计为中心，强调打破传统职能部门的界限，提倡组织改进、员工授权、顾客导向及正确地运用信息技术，建立合理的业务流程，以达到动态地适应竞争加剧和环境变化目的的一系列管理活动。

（三）企业流程再造的意义

企业流程再造对企业组织所起的积极作用可以概括为：

1. 提高效率。企业针对特定的业务流程与工作流程进行改善，注重通过降低成本、工作项目与内容的简化、工作流程的流畅化来改善企业内部各项管理职能与例行作业的运作效率，从而达到所设定的改进目标。

2. 发挥整体功能。企业以信息技术及各类最新科技的应用为工具，注重从技术应用的角度，充分发挥出新技术的应有功效，从而创造出传统业务模式无法拟合的整体性业务流程。

3. 推进企业团队建设。企业实施内部跨部门的团队工作方式可以不断加强和改进运作绩效,并在最高管理层的支持下,最大可能地发挥出潜力与创造力,以达成顾客对产品与服务品质的高满意度。

4. 实现对企业整体业务流程的战略性改进及优化。通常,以企业的长远发展或战略远景为出发点,勾勒出整个企业基于最新IT及其他技术成果的组织构架,进而以各种仿真建模技术来完成企业核心业务流程的重设计与再造,最终推动企业整体业务流程的全面持续性改进与优化。

二、企业流程再造的原则及其程序

(一)企业流程再造的基本思想

1. 以作业流程为中心

企业流程再造全面关注业务流程的系统优化,这就意味着要遵循以下原则:

(1)重流程原则。企业流程再造不重组织、重部门;强调组织为流程而定,而不是流程为组织而定;主张企业业务以流程为中心,而不是以某个专业职能部门为中心进行。一个流程是一系列相关职能部门配合完成的,体现于为顾客的服务,这就打破了在严密的劳动分工体系下,作业流程被分割成各种简单的任务,并根据任务组织各个职能管理部门,经理们将精力集中于本部门个别任务效率的提高上,而忽视了企业整体目标的局面。

(2)价值增值最大化原则。企业流程再造按照绩效度量和整体最优原则,注重整体流程的系统优化,强调整体全局最优而不是单个环节或作业任务的最优。这种优化的衡量标准是要理顺业务流程,强调流程中每一个环节上的活动尽可能实现最大化增值,尽可能减少无效的活动,并按照整体流程全局最优化的目标,设计和优化流程中的各项活动。因此,对企业进行业务流程再造实际上是系统思想在重组企业业务流程中的具体实施。

例如,在海尔集团的企业再造过程中,海尔集团根据国际化发展思路对机构进行战略性调整。首先,将原来分属于每个事业部的财务、采购、销售业务全部分离出来,整合形成独立经营的商流推进本部、物流本部、资金流推进本部,实行全集团范围内统一营销、统一采购、统一结算。其次,把集团原来的职能管理资源进行整合,如人力资源开发、技术质量管理、信息管理、设备管理等职能管理部门全部从各个事业本部分离出来,成立独立经营的服务公司。最后,将这些专业化的流程体系通过索酬、索赔、跳闸标准等"市场链"连接起来。这样,经过对原有的职能结构和事业部进行重新设计,把原来的职能型结构转变成流程型网络结构,形成一个水平的、首尾相接的完整连贯的作业流程。

2. 以顾客满意为导向

企业流程再造按照以顾客为中心的目标原则，这就意味着要遵循以下原则：

（1）3C 原则。企业流程再造强调以适应"顾客、竞争和变化"为原则，建立能以最快的速度响应和满足顾客不断变化的需求的顾客—企业的单点联系的运营机制及相关的业务流程，在业务流程中建立控制程序，从而降低了企业各部门的管理成本，减少了无效劳动和提高对顾客的反应速度，即强调顾客满意，而不是上司满意的原则。

（2）内外部顾客满意相统一的原则。企业流程再造认为内外顾客满意一致，即顾客可以是外部的，如零售商业企业的营业员面对的是外部顾客；也可以是内部的，如商场的理货员面对的顾客是卖场的柜台小姐。

（3）供应商满意原则。企业流程再造强调把供应商纳入"顾客满意"流程体系的原则，要求企业在进行业务流程再造时不仅要考虑企业内部的业务处理流程，还应对客户、企业自身与供应商组成的整个供应链中的全部业务流程进行重新设计，这样才能有效地安排企业的产供销活动，进一步提高企业生产效率和在市场上获得竞争优势。

例如，AT&T 一卡通公司在其流程再造中采用全方位考评体系，用于衡量公司内外各个层次的绩效。这一体系包括：找出有问题的过程；迅速解决发现的问题；经常性地评估顾客受到的服务状况；奖励杰出的表现。由于该公司从一开始就将质量作为立业之本，将顾客满意作为评价工作的最终标准，推动了整个公司的迅猛发展，最终于 1993 年荣膺马尔科姆·鲍德里奇国家质量奖。同样，正是这种着眼于顾客满意的一系列再造活动使得 Taco Bell 公司获得了大而快的发展，从一家不起眼的地区性企业一跃成为全国性大企业和潮流的引导者。

3. 以组织扁平化为特征

企业实施再造工程必然从传统的以职能为中心、以控制为导向、层次重叠的机械式组织结构转变为以过程为中心、以顾客为导向、层次扁平的组织结构形态。这样会使控制幅度增大，中间管理层次减少，管理成本大为降低，继而组织的个性也发生变化，向自主管理的组织迈进：一方面增强了组织的应变能力，以适应顾客需求的变化；另一方面使员工的责任感、积极性增强，从中获得更高的满足感和成就感。

Taco Bell 公司的再造过程体现了组织扁平化的特征。在变革之前，公司主要设立了地区经理和餐馆经理两个管理层次。实施组织变革后，原来的餐馆经理改称为餐馆总经理，其职位内涵被大大扩大了，除了营运职责外，还必须懂得各方面的职能要求，能够做出经营决策，懂得如何采取行动来解决困难并且同顾客交流。与此相应，原来的地区经理的作用也改变了，其管理跨度从原来的 6 个餐馆扩大到 20 个，整个管理方式都发生了本质的改变。这种新的组织结构大大增强了公司中层管理人员的主动性、创造性和适应性，增强了公司的活力和市场竞争力。

4. 以信息技术为手段

企业再造的实现和完成离不开信息技术的完善和发展。新的业务流程、新的管理思想和新的组织形式都是在信息技术应用的基础上得以实现的。企业流程再造借助最新信息技术成果，最大限度地实现信息实时共享基础上的集成管理。这意味着，企业可以在设计和优化企业的业务流程时，利用最新的 IT 成果来实现信息的一次处理与共享使用机制，将串行工作流程改造为并行工作流程，并动态地实现对子作业成果的有效平行整合。这些都是创造性地运用信息技术、以集成化管理来全面优化企业的整体业务流程并进行管理革新的必然结果。

例如，在 Taco Bell 公司的再造过程中实施了公司运营全自动化项目，建立了一个将各个餐馆和总部连接起来的计算机网络。正是这种网络的应用，使得餐馆总经理能够及时获得有关食品和劳动力成本、易腐食品及库存等方面的信息，拥有使餐馆运转顺利所必需的各种信息。这就为餐馆总经理职责内涵的扩大提供了保障，为新的组织形式和工作方法奠定了基础。

（二）企业"再造工程"的主要程序

在具体实施过程中，可以按以下程序进行：

1. 全面分析原有流程的功能和效率，发现其存在的问题

现行作业流程的问题表现在以下几个方面：

（1）功能障碍。随着技术的发展，技术上具有不可分性的团队工作（TNE）以及个人可完成的工作额度就会发生变化，这就会使原来的作业流程或者支离破碎增加管理成本、或者核算单位太大造成权责利脱节，并会造成组织机构设计的不合理，形成企业发展的瓶颈。

（2）重要性。不同的作业流程环节对企业的影响是不同的。随着市场的发展，顾客对产品、服务需求的变化，作业流程中的关键环节以及各环节的重要性也在变化。

（3）可行性。根据市场、技术变化的特点及企业的现实情况，分清问题的轻重缓急，找出流程再造的切入点。为了对上述问题的认识更具有针对性，还必须深入现场，具体观测、分析现存作业流程的功能、制约因素以及表现等

关键问题。

2. 设计新的流程改进方案并对其进行评估

为了设计更加科学、合理的作业流程，必须群策群力、集思广益、鼓励创新。在设计新的流程改进方案时，可以考虑以下几个方面：

（1）将现在的数项业务或工作合并为一；

（2）工作流程的各个步骤按其自然顺序进行；

（3）赋予职工参与决策的权利；

（4）为同一种工作流程设置若干种实施方式；

（5）工作应当超越组织的界限，在最适当的场所进行；

（6）尽量减少不必要的检查、控制、调整等管理工作；

（7）设置项目负责人。

对于提出的多个流程改进方案，还要从成本、效益、技术条件和风险程度等方面进行评估，选取可行性强的方案。

3. 改进规划形成再造方案

制定与流程改进方案相配套的组织结构、人力资源配置和业务规范等方面的改进规划，形成系统的企业再造方案。

企业业务流程的实施是以相应组织结构、人力资源配置方式、业务规范、沟通渠道甚至企业文化作为保证的。所以，只有以流程改进为核心形成系统的企业再造方案，才能达到预期的目的。

4. 组织实施与持续改善

实施企业再造方案，必然会触及原有的利益格局。因此，必须精心组织，谨慎推进。既要态度坚定、克服阻力，又要积极宣传、形成共识，以保证企业再造的顺利进行。

以上的企业流程再造程序可以归结如图 9.7 所示。

企业流程再造方案的实施并不意味着其终结。在社会发展日益加快的时代，企业总是不断面临新的挑战，这就需要对企业流程再造方案不断地加以改进，以适应新形势的需要。

三、企业流程再造的模式及其实施

（一）企业流程再造的模式

一个在特定条件下，不可再分解出其他活动的活动被称作基本活动，这种活动具有以下几个特征：

（1）活动结果具有确定性。一项基本活动产生某些清晰的可明确确认的结果，其目的就是产生这样的结果，这意味着，能够用一个简单方式来说明此

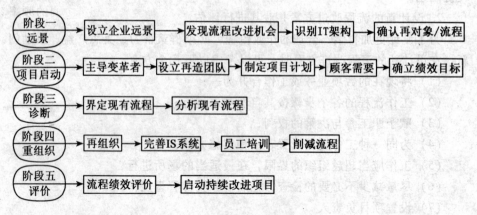

图9.7　企业流程再造程序示意图

项活动的目的或结果；

（2）活动分工明确。作为一个执行单位，一项基本活动有着清楚的边界，任何时刻都能清楚地指出谁在这项活动中工作，它也可以由一个人或一个明确规定的工作小组去共同产生结果；

（3）活动具有独立性和交叉性。一项基本活动的执行在很大程度上独立于其他活动；同时，它可以与那些彼此间需要频繁往来的活动和相互作用的基本活动构成一个规模更大的活动。

由各种不同的基础活动组成的企业业务活动按其性质可以分为两大类：营运活动（managerial activity）和管理活动（operational activity）。营运活动是企业运作过程中管理人员进行管理工作时所从事的活动，基本与企业的计划、组织、领导、控制、激励等管理职能有关。管理活动指的是企业运作过程中非管理人员从事的各种活动，如日常的生产活动、维修活动、营销活动、财务活动，等等。组成流程的各种活动的类型差异与相互之间的复杂关系，决定了该流程的性质。

按照活动联结的二维尺度——合作程度和中介程度的不同，可以将企业流程归入四种不同的模式，间接-隔绝、间接-合作、直接-隔绝以及直接-合作。

一个特定流程中，各个参与活动的输入与输出间的有序流动的程度构成了流程的中介程度。一个中介程度高的流程往往由不同的活动执行者介入，并共同间接地促成流程的结果。而中介程度低的流程的参与者都直接并同时作用于该流程的最终结果，整个流程的中间活动非常少。

企业中流程的参与者，为了实现流程的结果，而互相交换信息且做出共同调整的程度，称为流程的合作程度（The Degree of Collaboration Dimension of a Business Process）。合作程度的高低与流程参与者之间信息交换和协调的频率高低成正比。

相应地，流程的四种模式分别如表 9.1 所示：

表 9.1　　　　　　　　　　　企业流程再造的四种模式

模式类型	联结方式	环　境	例　子
间接-隔绝（高中介/低合作）	各个活动依次参与流程，活动间没有信息交流	前后活动间无信息交流，活动间输入/输出的不确定性很低	企业销售活动或部门 A 将顾客订单送到库存活动或部门 B，安排发货
间接-合作（高中介/高合作）	各个活动依次地参与流程，活动间有信息交流	前后活动间存在顺序依赖关系，活动间输入/输出的不确定性高	工程设计活动或部门 A 向制造活动或部门 B 提供详细设计说明书，两活动的部门之间频繁协商与合作
直接-隔绝（低中介/低合作）	各个参与活动都能直接促成流程结果实现，活动间无信息交流	各个活动相互独立，活动间输入/输出的不确定性很低	员工招聘部门 A 与设备采购部门 B 同时直接参与新工厂的筹建，两个部门之间没有协作关系
直接-合作（低中介/低合作）	各个参与活动都能直接促成流程结果实现，活动间有信息交流	各个活动相互独立，活动间输入/输出的不确定性很高	广告部门 A 和生产部门 B 同时直接参与将某个新产品推向市场的工作，两个部门之间频繁协商与合作

（二）企业流程再造实施的思路

实施 BPR 的企业应该坚决地秉承以下思路：

（1）注重在"突破性"再造与连续性改进中寻找均衡。

（2）注重将 BPR 项目规划中的战略性和执行运作中的战术性统一起来。

（3）注重将 IT、人这两大基础性的组织因素和业务流程优化这一根本性再造目标有机结合起来。

以企业流程再造层次为例，各层次内部相应的具体实施思路如图 9.8 所示：

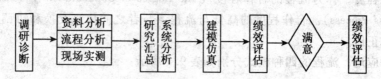

图 9.8　企业流程再造实施思路

第三节　供应链管理

一、供应链管理概述

（一）供应链与供应链管理的内涵

1. 供应链管理产生的背景

随着全球化市场竞争日益激烈，产品寿命周期逐渐缩短，品种趋向于多样化，顾客对于产品交货期及其服务的要求也越来越高。如何满足顾客的要求、提高市场占有率、降低成本以提高整体物流效率是企业需要解决的重要难题。在这一背景下，供应链管理应运而生。供应链管理利用现代信息技术，通过改造和集成业务流程，与供应商以及顾客建立战略合作伙伴联盟，能够使渠道安排从一个松散地联结着的独立企业的群体，变为一种致力于提高效率和增加竞争力的合作力量，从而大大提高企业的竞争力，使企业在纷繁复杂的市场竞争中立于不败之地。

2. 供应链的定义

所谓供应链，是指围绕核心企业，通过对信息流、物流、资金流的控制，将产品生产和流通中涉及的原材料供应商、生产商、分销商、零售商以及最终用户连成一体的功能网链结构模式。在这个网络中，每个贸易伙伴既是其客户的供应商，又是其供应商的客户。他们既向其上游的贸易伙伴订购产品，又向其下游的贸易伙伴供应产品。

供应链虽没有形成统一的定义，但可以肯定的是供应链不仅是一条连接供应商到用户的物料链，而且是条增值链，物料在供应链上因加工、运输等过程而增加其价值。而且这样的一条链在始于 1990 年的全球制造、全球竞争加剧的环境下，它应该是一个团结核心企业的网链，而不仅仅是一条简单的从供应商到用户的链。它由所有加盟的节点企业组成，一般有一个核心企业。节点企业在需求信息的驱动下，通过供应链的职能分工与合作，如制造、装配、分销、零售等，以物流、信息流和资金流为媒介实现整个供应链的不断增值。如图 9.9 所示。

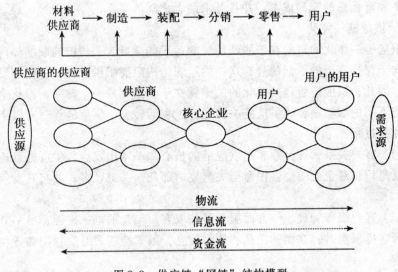

图 9.9　供应链"网链"结构模型

3. 供应链管理的定义

美国生产和库存控制协会将供应链管理定义为："供应链管理是计划、组织和控制从最初原材料到最终产品及其消费的整个业务流程，这些流程连接了从供应商到顾客的所有企业。供应链包含了由企业内部和外部为顾客制造产品和提供服务的各职能部门所形成的价值链。"

这一定义比较完整，它主要分成两部分。前半部分说明了供应链管理所涉及的理论源于产品的分销和运输管理。但是它与后勤管理的定义还是有严格的区分，供应链管理更着重于从原材料供应商到最终用户所有关键业务流程的集成，许多非后勤管理的流程也必须集成到整个供应链中。供应链管理定义的后半部分说明价值增值是供应链的基本特征，有效的供应链必定是一个增值链。也就是说，在供应链中的各个实体，无论从事什么样的活动，其对产品转换流程的增值必须大于成本。因此，供应链管理作为一种集成管理思想和方法，可以看做是对供应链中的物流、信息流、资金流、增值流、业务流以及贸易伙伴关系等进行的计划、组织、协调和控制一体化管理过程。

（二）供应链管理的内容

供应链管理覆盖了从供应商的供应商到客户的客户的全部过程，主要涉及四个领域：供应、生产计划、物流和需求。供应链管理是以同步化、集成化生产计划为指导，以各种技术为支持，尤其以 Internet/Intranet 为依托，围绕供应、生产作业、物流和满足需求来实施的。供应链管理的目标在于提高用户服务水平和降低总的交易成本，并且寻求两者之间的平衡。

1. 供应链一体化

供应链一体化的目的在于协调传统的各职能领域，而传统的职能部门一般都倾向于保持自己的职能优势，这样的组织结构阻碍了供应链一体化的发展与成功。因此，供应链管理一体化的关键就在于：要完成一个转变，即从个别职能到把不同的活动整合成供应链关键业务过程的转变。供应链管理有以下七大关键业务过程：

（1）客户关系管理。顾客是供应链的核心和基本出发点。供应链管理的第一步就是识别对企业的经营使命至关重要的那几个关键顾客，并与其发展合作关系。

（2）客户服务管理。一方面服务是获取客户信息的惟一来源；另一方面服务为顾客提供实时、在线的产品和价格信息，以支持客户对交货期和货物状态的查询。

（3）需求管理。一个好的需求管理系统利用 POS 系统和关键客户数据来提高供应链效率和减少不确定性，并平衡客户需求和企业供应能力。

（4）完成订单。要高效地完成顾客订单，需要将企业的制造、分销和运输计划综合在一起。

（5）生产流管理。供应链中的生产是"拉动式"按需生产，企业要进行柔性生产以适应频繁变化的市场需求。生产流的管理的改进可以缩短生产周期、提高客户响应速度。

（6）采购。与供应商发展长期合作关系，以支持企业生产和新产品开发工作。

（7）产品开发与商品化。一定要让顾客和供应商参与到新产品开发过程中，以便在更短的时间内，以更低的成本，开发出客户需要的成功产品。

在某些类型的供应链中，还包括第八个关键业务过程，即回收（物流）过程。

上述七个关键业务过程从最初供应商延伸到最终用户，贯穿整个供应链。

2. 供应链计划系统

一般来说，企业运营的链条由资源接收、生产制造和产品交付三部分组成，而企业对这些环节的计划和管理则贯穿始终，这就是供应链管理。多数供应链都是由许多企业运营环节组合而成，构成了一个网络或者链中之链。

根据供应链管理的内容开发出来的供应链计划系统如表 9.2 所示。

表 9.2　　　　　　　　　　　供应链管理内容

活动	近 期 计 划	远 期 计 划
采购	应该从供应商处购买什么规格和质量的原材料，何时到货？	谁应该成为策略供应商？应该与几个供应商建立特殊的关系还是与多数供应商合作？
制造	为了更好地利用企业资源，应该如何安排生产？是否应该安排换班？	为了在全球范围内向客户提供快速反应，应该在哪里建设工厂？它们应该生产所有产品还是只生产特定产品？
运输	如何安排车辆才能取得最佳的运输路线？	应该如何建立全球的运输网络？是否应该将此项业务外包？
存储	如何制定订单履行计划？	如何设计营销网络？如何存储物品？
销售	按照什么顺序履行对客户的承诺？优先销售对我们是最有价值的吗？	一个计划期间的销售预测如何？如果进行特别的促销活动，生产和分销网络能够应付销售高峰吗？

（三）供应链管理的原则

供应链管理遵循的基本原则具体包括以下几个方面：

1. 根据客户所需的服务特性来划分客户群

传统意义上的市场划分基于企业自己的状况，如行业、产品和分销渠道等，企业随后对同一区域的客户提供相同水平的服务；而供应链管理则强调根据客户的状况和需求来决定服务方式和水平。

2. 设计企业的后勤网络

例如，根据客户需求和企业可获利情况，一家快餐店发现两个客户群存在截然不同的服务需求：大型食品企业允许较长的提前期，而小型地方食品企业则要求在 24 小时内供货，于是它建立的是 3 个大型分销中心和 46 个紧缺物品快速反应中心。

3. 倾听市场的需求信息

销售和营运计划必须监测整个供应链，以便及时发现需求变化的早期警报，并据此安排和调整计划。

4. 时间延迟

由于市场需求的剧烈波动，距离客户接受最终产品和服务的时间越早，需求预测就越不准确，而且企业还不得不维持比较大的中间库存。例如，在实施大批量客户化生产的过程中，一家礼品店生产企业首先在企业内将产品加工结束，然后才在零售店完成最终的包装。

5. 与供应商建立双赢的合作策略

虽然迫使供应商相互压价，可能会使企业在价格上有所收益，但相互协作可以在根本上降低整个供应链的成本。

6. 在整个供应链领域建立信息系统

企业的信息系统首先应该处理日常事务和电子商务；然后支持多层次的决策信息，如需求计划和资源规划等；最后应该根据大部分来自企业之外的信息，进行前瞻性策略分析。

7. 建立绩效考核准则

企业应该在整个供应链的范围内建立绩效考核准则，而不应该仅仅依据个别企业建立局部、孤立的标准，供应链的最终验收标准是客户的满意程度。

（四）供应链管理的行动步骤

供应链管理的行动步骤主要包括两个部分：战略和运作目标的确立；供应链管理变革的设计实施。

1. 战略和运作目标的确定

确立合理的战略和运作目标是实施供应链管理的第一步。企业必须将其业务目标同现有能力及业绩进行比较，发现现有供应链的显著弱点，经过改善，迅速提高企业的竞争力。除此之外，企业还应该同关键客户和供应商一起探讨、评估全球化、新技术和竞争局势，建立供应链的远景目标。战略和运作目标具体包括以下几个方面：

（1）改进决策，属于战略目标范畴。可以通过以下措施加以改进：

① 提供更精确和更为及时的信息；

② 进行更全面的数据分析；

③ 更加完整地评价各种可供选择的方案。

（2）提高市场地位，属于战略目标范畴。可以通过以下措施加以改进：

① 提高新产品引入市场的频率；

② 减少浪费并提供降价的可能；

③ 改进质量和产品设计。

（3）控制成本，属于运作目标范畴。可以通过以下措施加以改进：

① 由供应商承担质量问题产生的成本；

② 提高库存周转率；

③ 降低报废成本。

（4）控制质量，属于运作目标范畴。可以通过以下措施加以改进：

① 提高合格标准；

② 要求供应商应用统计过程控制；

③ 开展部门乃至全公司的质量认证。

（5）改善交货情况，属于运作目标范畴。可以通过以下措施加以改进：

① 缩短交货期；

② 要求小批量、高频率的交货；

③ 具体规定原材料运输和包装方法。

2. 供应链管理变革的设计实施

为了实现合理的供应链，如何改变供应链各成员的关系是实施供应链管理变革的关键。它具体包括以下几个阶段：

（1）内部承诺和团队组建。

团队应该包括利益相关者、技术专家、组织专家、高层管理者和强有力的领导以及 8～10 人的适当规模。

（2）合作伙伴的选择。

对于发展长期合作关系来说，提供最低价格的不一定是最合适的。识别合适的伙伴需要对其能力进行更加广泛的考察。

（3）供应链成员间的承诺和联合团队的组建。

这个阶段的重点是得到供应链各个成员间建立长期合作伙伴关系的正式承诺，签订合作伙伴协议，定下合作的基调，巩固各成员的关系。

（4）绩效衡量以及改进计划。

绩效的衡量主要考虑供应链管理中各个环节是否达到预期的效果。

（5）行动实施和过程回顾。

供应链管理的各个成员在行动实施阶段，最重要的是通过合作达到互利和将竞争优势的整个观念贯彻到该阶段。

二、供应链管理模型

（一）供应链的体系结构模型

供应链体系结构的研究是近几年来才开始的，来自不同领域的研究人员研究出了一系列企业供应链体系结构模型，包括：供应链作业参考模型（SCOR），Rockford 咨询公司的供应链管理开发三维模型（SCDM），Lummas 等的七步供应链战略结构以及 Toronto 大学的供应链管理功能结构。这里，我们将要介绍的是供应链作业参考模型。

SCOR（Supply-Chain Operations Reference-model）是由供应链协会（Supply-Chain Council，SCC）开发支持的，它是一种适合于不同工业领域的供应链运作参考模型。

SCOR 是第一个标准的供应链流程参考模型，是供应链的诊断工具，涵盖所有行业。SCOR 使企业间能够准确地交流供应链问题，客观地评测其性能，确定性能改进的目标，并影响今后供应链管理软件的开发。流程参考模型通常包括一整套流程定义、测量指标和比较基准以帮助企业开发流程改进的策略。SCOR 不是第一个流程参考模型，但却是第一个标准的供应链参考模型。SCOR 模型主要由四个部分组成：供应链管理流程的一般定义，对应于这些流程的性能指标基准，供应链"最佳实施"（best practices）的描述以及选择供应链软件产品的信息。

SCOR 模型按流程定义可分为三个层次，每一层都可用于分析企业供应链的运作。在第三层以下还可以有第四、第五、第六等更详细的属于各企业所特有流程描述层次，但这些层次中的流程定义不包括在 SCOR 模型中。

SCOR 模型的第一层描述了 5 个基本流程（如图 9.10）：计划（plan），采购（source），生产（make），发运（deliver）和退货（return）。它定义了供应链运作参考模型的范围和内容，并确定了企业竞争性能目标的基础。

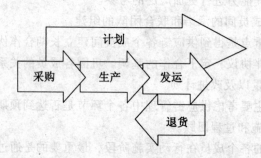

图 9.10　SCOR 模型的第一层流程

SCOR 模型的第二层是配置层，由 26 种核心流程类型组成。企业可选用该层中定义的标准流程单元构建它们的供应链。每一种产品或产品型号都可以有其自身的供应链。SCOR 模型中第二层的 19 个标准流程元素如图 9.11 所示。

SCOR 模型的第三层为企业提供了在改善供应链时成功地规划和确定目标所需要的信息。规划的内容包括过程的定义、目标的评验、最佳实施和为达到性能最佳所需要的系统软件能力。企业主要在这一层上调节作业战略。

用 SCOR 模型的一组通用的标准业务流程元素建立模块，可以描述各种复杂程度不同的供应链。这样，不同行业就可以连接起来，从实际的广度和深度

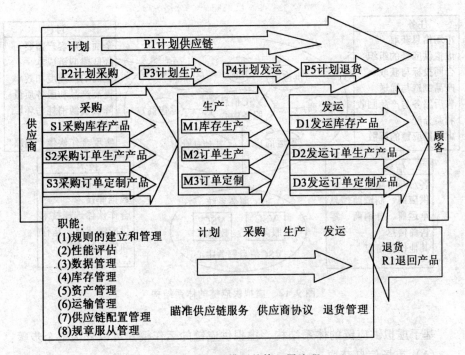

图 9.11 SCOR 模型的第二层流程

上描述任何供应链。SCOR 模型已能成功地为全球性企业以及各地特定企业描述并提供供应链改进的基础。

（二）虚拟供应链

1. 虚拟供应链的体系结构

虚拟供应链的概念最早在 1998 年由英国桑德兰大学（Sunderland University）大学电子商务中心在一个名为"供应点"（supply point）的研究项目中提出。该项目旨在开发一个电子获取系统，以使最后客户能够直接从中小企业组成的供应链虚拟联盟中订货，并称之为虚拟供应链（Virtual Supply Chain, VSC）。它可以看做是合作伙伴基于专门的信息服务中心提供的技术支持和服务而组建的动态供应链。

虚拟供应链一般是一种网状结构，因此它的体系结构是以 VSC 信息服务中心的服务系统作为支撑，包括客户、供应商、制造商、承运商、分销商、零售商和其他合作伙伴等参与者。它可以从目标、任务、信息和技术等方面来描述（见图 9.12）。

2. 虚拟供应链的运作模式

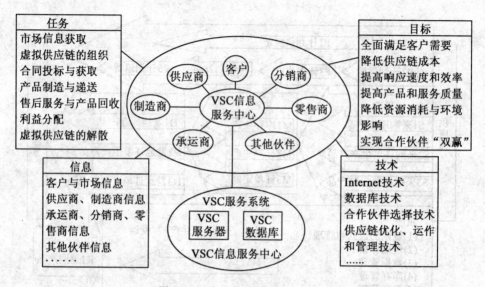

图 9.12　虚拟供应链的体系结构

基于虚拟供应链的体系结构，虚拟供应链的运作模式可以分为七个步骤：

（1）市场信息获取；

（2）虚拟供应链发起与组织；

（3）合同投标与获取；

（4）产品制造与递送；

（5）售后服务与产品回收；

（6）利益分配；

（7）虚拟供应链的解散。

整个运作模式如图 9.13 所示。

虚拟供应链作为一种现代企业合作模式，对于降低供应链成本、提高响应速度和效率、提高产品和服务质量，进而高质量、快速和廉价地满足客户需求有着重要的意义。

（三）敏捷供应链

1. 敏捷供应链支持功能

敏捷供应链区别于一般供应链系统的特点在于其可以根据需要进行快速的重构和调整。敏捷供应链要求能通过供应链管理促进企业间的联合结盟，进而提高企业敏捷性。敏捷供应链支持的功能包括：

（1）支持迅速结盟、结盟后动态联盟的优化运行和平稳解体；

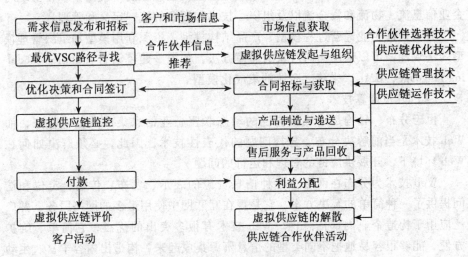

图 9.13　虚拟供应链的运作模式

（2）支持动态联盟企业间敏捷供应链管理系统的功能；

（3）结盟企业能根据要求方便地进行组织、管理和生产计划的调整；

（4）可以集成其他的供应链系统和管理信息系统。

敏捷供应链的实施，有助于促进企业间的合作和企业生产模式的转变，可以提高大型企业集团的综合管理水平和经济效益。

2. 敏捷供应链管理技术

在供应链管理系统中，最为核心的研究内容之一是，随着动态联盟的组成和解散，如何快速地完成系统的重组。这不可避免地要求各联盟企业的信息系统也能进行重组，而供应链管理系统要重点解决的问题是：如何采用有效的方法和技术，实现对现有企业信息系统的集成和重组，保证它们和联盟企业的其他信息系统之间的信息畅通。供应链管理系统的另一项核心研究内容是多种异构资源的优化利用。

敏捷供应链管理的研究与实施，是一项复杂的系统工程，它牵涉一些关键技术，包括：统一的动态联盟企业建模和管理技术、分布计算技术以及互联网环境下动态联盟企业信息的安全保证等。

（1）统一的动态联盟企业建模和管理技术。

为了使敏捷供应链系统支持动态联盟的优化运行，支持对动态联盟企业重组过程进行验证和仿真，必须建立一个能描述企业经营过程和产品结构、资源领域和组织管理相互关系，并能通过对产品结构、资源领域和组织管理的控制和评价，来实现对企业经营管理的集成化企业模型。在这个模型中，将实现对企业信息流、物流和资金流以及组织、技术和资源的统一定义和管理。

为了保证企业经营过程模型、产品结构模型、资源利用模型和组织管理模型的一致性，可以采用面向对象的建模方法，如统一建模语言（unified modeling language，UML）来建立企业的集成化模型。

（2）分布计算技术。

由于分布、异构是结成供应链的动态联盟企业信息集成的基本特点，而Web技术是当前解决分布、异构问题的代表性技术，因此，必须解决如何在Web环境下，开展供应链的管理和运行的问题。

Web技术为分布在网络上各种信息资源的表示、发布、传输、定位和访问提供了一种简单的解决方案，它是现在互联网中使用最多的网络服务，并广泛应用于构造企业内部信息网。Web技术有很多突出的优点，它简单、维护方便、能够很容易地把不同类型的信息资源集成起来，构造出内容丰富、生动的用户界面。

（3）互联网环境下动态联盟企业信息的安全保证。

动态联盟中结盟的成员企业是不断变化的，为了保证联盟的平稳结合和解体，动态联盟企业网络安全技术框架要符合现有的主流标准，遵循这些标准，保证系统的开放性与互操作性。企业面临着保护信息安全的巨大的压力，这种保护主要体现在如下五个方面：身份验证（authentication）、访问控制（access control）、信息保密（privacy）、信息完整性（integrity）以及不可抵赖（non-repudiation，即电子数据的有效性）。

三、供应链管理信息技术

（一）供应链管理的基本 IT 支持技术

供应链管理的支持技术就是为了优化业务流程、降低运行成本和费用而产生的信息技术。这些技术包括条形码技术、EDI、射频技术、GIS 技术、GPS技术等。

1. 条形码技术与 POS 系统

条形码就是一种用光电扫描阅读设备识读并实现数据输入计算机的特殊代码。目前主要有两种条形码：一维条形码和二维条形码。销售时点（point-of-sale，POS）系统通常被视为是拥有自动信息识别和处理能力的销售管理系统。通过销售商品时对商品条形码的扫描，把销售的商品的相关信息立即输入后台的 MIS（管理信息系统）中，进而把相应的信息传输给相应的合作伙伴。这套系统使得制造商能尽快地了解其产品的销售信息以及最终顾客的需求趋势，从而更准确地做好预测，降低库存水平，缩短订货提前期，最终提高整个供应链的效率。

2. EDI 技术

电子数据交换（Electronic Data Interchange，EDI）就是标准商业文件在企业的计算机系统间的直接传输。这就意味着：

（1）传输的内容是标准的商业文件，并且采用标准格式；

（2）文件是在组织间传输，不适合组织与个人，个人与个人之间的信息传输；

（3）文件是在计算机系统间的直接传输，至于通过电话，传真或电子邮件传输后的间接传输也不适合 EDI 定义。

实施 EDI 潜在益处很多。最主要的益处是减少了公司文档方面的工作，提高了数据传输速度和准确性，使领导层把更多精力集中在战略决策方面。同时，实施 EDI 能降低运营成本。此外，由于实施 EDI 提高了数据传输速度的准确性，扩大了信息含量，缩短了订货采购提前期，使得库存水平降低，大大地降低了库存费用。

3. 射频技术

射频技术（Radio Frequency，RF）的基本原理是电磁理论。射频系统的优点是不局限于视线，识别距离比光学系统远，射频识别卡可具有读写能力，可携带大量数据，难以伪造，且有智能。RF 适用于物料跟踪、运载工具和货架识别等要求非接触数据采集和交换的场合。由于 RF 标签具有可读写能力，在需要频繁改变数据内容的场合尤为适用。

4. GIS 技术

地理信息系统（Geographical Information System，GIS）是多种学科交叉的产物，它以地理空间数据为基础，采用地理模型分析方法，适时地提供多种空间的和动态的地理信息，是一种为地理研究和地理决策服务的计算机技术系统。

GIS 应用于物流分析，主要是指利用 GIS 强大的地理数据功能来完善物流分析技术。完整的 GIS 物流分析软件集成了车辆路线模型、最短路径模型、网络物流模型、分配集合模型和设施定位模型等。

5. GPS 技术

全球定位系统（Global Position System，GPS）具有在海、陆、空进行全方位实时三维导航与定位能力。

GPS 在物流领域的应用有以下三个方面：

（1）用于汽车自定位、跟踪高度；

（2）用于铁路运输管理；

（3）用于军事物流。

（二）基于 Internet/Intranet 的供应链管理 IT 集成系统

企业通过优化其流通网络与分销渠道、减少库存量、加快库存周转来改进其供应链，关键是进行更好的集成，提高每个企业对整体供应链中即时信息可见度，在此，IT 集成系统发挥了重要的作用。

1. 供应链管理的 Internet/Intranet 集成思想

基于 Internet/Intranet 的供应链管理信息系统，将实现全球化的信息资源网络，可以更好地在信息时代实现企业内部与企业之间的信息的组织与集成。企业可以通过高速数据专用线链接到 Internet 骨干网中，通过路由器与自己的Intranet 相连，再由 Intranet 内主机或服务器为其内部各部门提供存取服务。基于 Internet/Intranet 的集成供应链企业网络结构如图 9.14 所示。

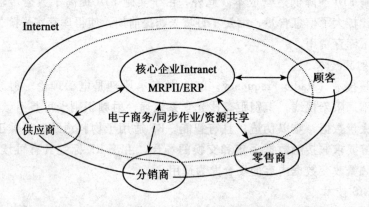

图 9.14　基于 Internet/Intranet 的集成供应链网络结构

2. 基于 Internet/Intranet 供应链企业信息组织与集成模式

由于网络的开放标准赋予了其创造新的商业模型的非凡能力，使过去不能连接起来的程序得以连接，因此曾经属于企业内部独立的数据库的应用，诸如后勤、制造、财务信息、采购和人力资源，现在能够相互间交流，而这些数据系统和其他企业的相应系统也能实现对话，即在需要的时候发出去或是找出来，这就有可能在与合作伙伴和客户的合作中实现一个新的飞跃。基于 Internet/Intranet 供应链企业信息组织模型如图 9.15 所示。

（三）供应链管理与电子商务技术

在电子商务环境下，由于全球经济的一体化趋势，当前的供应链系统正向全球化、信息化和一体化方向发展。通过电子商务的应用，供应链中的节点企

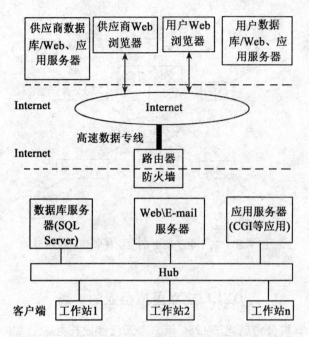

图 9.15 基于 Internet/Intranet 供应链企业信息组织模型

业能更好地实现信息共享，加强供应链中的联系，使企业可以提高生产力，为产品提供更多的附加值。

电子商务的应用对供应链管理的影响包括以下几个方面：①电子商务全面采用电脑和网络支持企业及其客户之间的交易活动，包括产品销售、服务、支付等，为供应链管理提供了新的技术和手段；②电子商务帮助企业拓展了市场，缩小了企业与客户之间的距离；③电子商务促进了企业合作，建立了企业与客户之间的无缝集成。这样就达到了生产、采购、库存、销售以及财务和人力资源管理的全面集成的最终目标，使物流、信息流和资金流发挥最大效能，把理想的供应链运作变为现实。

企业在供应链管理中，可以运用 E-mail、电子会议、电子营销、EDI 销售点和预测、某些财务技术手段（如电子资金转账 EFT）、共享数据库等多种电子商务应用技术来改善对供应、生产、库存、销售的管控；与供应商、分销商和客户建立更快、更方便、更精确的电子化联络方式；实现信息共享和管理决策支持；同时为将来实现端到端的供应链管理作好了准备。基于电子商务的供应链管理组织模型如图 9.16 所示。

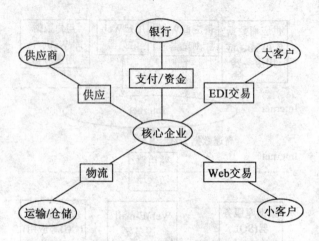

图 9.16 基于电子商务的供应链管理组织模型

案例 **DELL 建立虚拟企业的实践**

DELL 计算机公司创建于 1984 年，今天已经成长为一个 120 亿美元的大公司。其成功在很大程度上取决于其采用了虚拟的运作方式。

1. DELL 计算机公司与传统计算机制造策略的差异

传统的计算机公司，例如 IBM，Digital 等都有一种传统的观念——即自己生产所有必需的零部件，这就使得它们必须自己制造一台计算机所需的大量零部件，而且必须保证在各个领域内都达到领先水平，这实际上是很难的。但 DELL 公司认识到，与其同 20 个已经进入市场的生产者竞争，还不如同其中最优秀的企业达成合作来得更经济。DELL 公司的策略是把有限的资金和资源投入到最能够产生市场价值的部分，而让其他企业为其生产一般零部件。DELL 公司不搞大而全。

2. DELL 计算机公司的生产管理

与传统的计算机公司不同，DELL 公司没有一个完整的生产体系要去管理；相反，它利用与其他公司的合作，大大减少了公司管理的强度和成本。比如，DELL 公司一共有约 10 000 名服务技师为其产品做售后服务，然而这些服务技师中的绝大部分都不是来自于 DELL 公司，而是充分利用了其他公司的人力资源。这就使得公司的整个组织机构要比较精简。而在顾客看来，这些人员却代表了 DELL 公司。

3. DELL 计算机公司同供应商的合作与普通的"外包"（outsourcing）的

区别

DELL 公司把它的供应商看做是有利的合作伙伴。这些供应商派出技术人员来帮助 DELL 公司开发新产品，DELL 公司也把这些技术人员看成是公司的一分子。比如，当 DELL 公司开发某些新产品的时候，供应商的技术人员就长驻在 DELL 公司；而当顾客发现了 DELL 公司产品问题的时候，DELL 公司就会马上通知供应商停止生产，直到他们修正错误。DELL 公司同它的供应商建立了高度的信息共享，这使得公司对市场的反映更加快捷，并创造了更多的价值。DELL 公司对供应商的需求定单能精确地反映 DELL 公司每日的需求，它对产品的需求数量甚至精确到个位数。DELL 公司与供应商之间的关系并非是固定不变的，这取决于供应商在技术、质量等方面能否保持领先的地位。这种"强-强"合作方式保证了 DELL 公司的技术始终是一流的。

4. DELL 公司对库存的新的认识

DELL 公司认为，企业经营的一个重大挑战是如何管理其库存。DELL 公司将注意力放在库存的流动速度上，而不是库存量的大小。它在每一批库存中以进库日期作为标志，将入库到装配时间跨度作为评判库存是否合理的标准，从而达到控制库存的流动速度的目的。DELL 公司追求的不是日本准时生产方式（Just-In-Time，JIT）中的"零库存"，它更强调加快库存的流动速度，而不是库存的绝对量。

5. DELL 公司与顾客之间的联系

DELL 公司建立一套完备的数据交换系统。通过这个系统，顾客的需求可以及时地反映到公司。例如，一个顾客在当地的某个硬件商店订购了一台计算机，这个商店发送这些信息，系统进行信息处理后反馈给 DELL 公司，这就可以根据这些数据，快速制订和调整每天的生产计划。

小　结

随着 21 世纪全球经济趋向于一体化和信息化以及计算机网络技术的广泛应用，虚拟企业、企业流程再造以及供应链管理理论得到进一步深化和发展。虚拟管理的实施、虚拟企业的组织结构模型、企业流程再造的程序、供应链管理模型及其信息技术的应用将成为研究的重点。其中，企业流程再造理论是当今世界最前沿的管理理论。虚拟管理理论的完善和发展将进一步促进企业经营管理模式的变革。

思考题

1. 虚拟企业如何实施虚拟管理？

2. 虚拟企业的组织结构模型有哪些？

3. 如何实施企业流程再造？

4. 简述企业实施供应链管理的原则和行动步骤，并以制造型企业为例，分析我国企业传统制造模式如何实现流程再造。

5. 你认为供应链上各个成员之间应建立一种什么样的关系？

6. 举例说明信息技术在供应链管理中的应用。

参考文献

1. 解树江. 虚拟企业. 北京：经济管理出版社，2001

2. 李仕模. 第五代管理. 北京：中国物价出版社，2001

3. 余菁. 企业再造：重组企业的业务流程. 广州：广东经济出版社，2000

4. 芮明杰，钱平凡. 再造流程. 杭州：浙江人民出版社，1997

5. 朱道立，龚国华，罗齐. 物流和供应链管理. 上海：复旦大学出版社，2001

6. 宋华，胡左浩. 现代物流与供应链管理. 北京：经济管理出版社，2000

7. 上海现代物流人才培训中心. 现代物流管理. 上海：上海人民出版社，2002

8. 仇俊林. 虚拟企业与虚拟管理. 经营与管理. 2001（7）：15

9. 王刚. 欧美企业进行全球虚拟管理的七个步骤. 经济与管理，2000（2）：53~54

10. 李昕，李冀. 虚拟企业是企业发展的新形式. 中国工程科学，2001（9）：81~82

11. 西方. 企业再造. 中国企业报，2002年3月5日

12. 王胜. 管理新革命——企业再造. 中国企业报，2002年2月1日

13. 石春生，李锦胜，宋志强，等. 虚拟企业组织管理的几个基本问题. 现代管理，2001（5）：60~61

第十章 学习型组织理论

　上一章介绍的虚拟管理是通过组织结构柔性化、扁平化、动态化的管理，实施以自主管理为特征的管理方式，而学习型组织是一种高柔性、扁平化、学习型的组织形式，其理论体系主要包括学习型组织的内涵、特征及其构建模型。学习型组织理论的重点在于彼得·圣吉模型的五项修炼，即自我超越、改善心智模式、建立共同愿景、团体学习和系统思考，而系统思考是五项修炼中最重要的一项修炼。"第六项修炼"的提出，意味着建立学习型组织的本质在于具有开放的研究态度和不断创新的学习态度。

第一节 学习型组织概述

一、学习型组织的内涵

　人类正在迈向知识经济时代，面对世界经济逐渐趋于一体化、国际化、全球化以及市场环境瞬息万变的外部形势，企业组织为了做好决策，全体成员只能不断地学习和更好地学习。一个组织惟有不断地进行组织结构的调整变革与管理创新，才能具有保持竞争优势和立于不败之地的能力，而获得这种能力的关键在于学习，而且在于能比对手学习得更快更好。而人是管理中最为活跃、最为重要的因素，因此任何组织尽管其规模和复杂程度不尽相同，但都是属于以人为主体的最复杂的社会经济系统。一个组织惟有懂得如何唤起全体成员的责任感，并激发其潜力，使其专注于持续的共同学习中去，才能真正地在竞争中赢得未来。

　美国系统动力学专家佛睿思特（Jay W. Forrester）在1965年发表的《企业的新设计》一文中，运用系统动力学的基本原理，作出了未来企业基本特征的具体构想，如组织结构扁平化、组织信息化、开放化、管理者与被管理者之间建立工作伙伴关系以及组织学习并调整其内部结构，等等。1990年，美国管理学家彼得·圣吉（Peter Senge）发表了《第五项修炼》一书，论述了创建学习型组织的问题。彼得·圣吉在书中认为：学习型组织是组织成员通过不断地共同学习，突破自己的能力上限，创造真心向往的结果，培养全面、前瞻而开阔的思考方式，全力实现共同的抱负的组织。因而，学习型组织作为一种充分发挥人的主观能动性的组织与管理模式，是当代一种通过不断学习来改革组织本身、富有持续生命力和持续竞争力的组织形式，也将是未来最成功的企业组织形式。

因此，所谓学习型组织（learning organization），就是能够培养组织的学习气氛，充分发挥员工的创造性思维能力，建立一种精干灵巧、信息化、层次少、柔性高、应变力强，能不断自我学习、创新，充满活力和开拓进取的组织。简言之，它是一种高柔性、扁平化和学习型的组织。

二、学习型组织提出的背景

学习型组织受到如此广泛的关注和推崇的原因何在呢？其中有各种深刻而复杂的社会、经济、科技与文化与历史背景。

1. 传统的管理理论已不适应快速变化的竞争环境

进入新世纪以来，全球社会、经济发生了巨大的变化，正在经历由工业社会向知识经济社会的过渡和转变，而即将到来的信息时代的主要特征是：社会经济活动规模巨大，竞争日趋激烈。在这一新的时代背景下，任何种类、形式的组织都面临优胜劣汰、生死存亡的严峻挑战，而其中首当其冲的是为数众多、对时代变迁和市场变动最为敏感的各类公司、企业。20 世纪 70 年代以来，全球企业的平均寿命明显缩短了。在美国，平均有 62% 的公司存活不到 5 年，寿命超过 20 年的公司数只占公司总数的 10%，只有 2% 的公司能存活 50 年。美国的高新技术企业，只有 10% 能存活 5 年。1970 年名列《财富》杂志前 500 名的大企业，到 1983 年即有 1/3 销声匿迹了。其中的主要原因不是由于外部环境恶劣、竞争过于激烈，而是由于传统的组织理论和管理观念已经不适应新的时代要求了。

传统的组织管理模式，即在组织内部建立多层次的"金字塔"形的组织机构，管理幅度小，无法适应现代社会信息变化的要求，来不及做出快速反应。随着现代管理科学，特别是 30 多年来系统科学所取得的成就，为组织理论和管理理念的创新提供了新的理论基础，从而突破了传统的管理理论。因此，必须改变企业原有的"金字塔"形的组织结构，使其扁平化、信息化，建立学习型组织。正如《财富》杂志提出，20 世纪 90 年代最成功的公司将是那些建基于学习型组织的公司。

2. 组织理论愈发重视人的作用

人力资本概念提出后，"人是企业最大的资产"这一观念逐渐得到认同，工业时代的战略资源是资本，而信息时代的战略资源是拥有知识和创新能力的人才。人才作为知识的创造者和载体，逐渐成为企业间竞争的对象和企业赖以发展的动力。因此，企业把人力资源的重要性提高到突出的地位，人力资源管理成为企业的首要战略。随着社会物质财富不断丰富和人民生活水平不断提高，人们的价值观也因而发生了深刻的变化。人们对工作的要求已不仅仅是谋生的手段或生活的第一需要了，更多的是为了体现个人价值，满足自我实现的需求，在工作中获得认同感和成就感。这种价值观从物质追求到精神追求的转变，促成了学习与工作的融合，使组织向学习型企业转型成为可能。由于组织学习能力是保证企业竞争优势的根本所在，因而为提高组织成员的学习能力，使学习成为企业生命源泉，学习型组织也就应运而生了。

3. 管理者自身素质的提高要求建立学习型组织

随着市场竞争日趋激烈，创新成为企业发展的关键，现代管理科学对组织成员能力的开发越来越重视，使得企业必须不断学习来保障组织所有成员能力的提高。

根据美国管理学家彼得·F. 德鲁克（P. F. Drucker）的现代观点，管理者是在工作中指挥他人完成具体任务，并对组织成员负有特殊贡献的人。因此，企业对管理者素质的要求更高，从而开始了经济学家熊彼特（J. A. Schmpeter）提出的发扬企业家精神的时代。企业的兴衰成败与企业管理者自身的素质密切相关，当企业经营面临外部威胁时，管理者变革组织的能力决定着企业的前途和命运。管理者只有在不断地学习中去探索新路、开拓进取，并敢于承担风险，勇于创新，才有可能冲出陈腐管理思想的牢笼，打破个人固执己见的图圈，从而摆脱困境，扭转不利的局面。因此，要提高企业的整体素质和竞争力，就必须要提高管理者自身的素质，而作为学习型组织理论的核心内容，彼得·圣吉提出的五项修炼即自我超越、改善心智模式、建立共同愿景、团体学习和系统思考就成为提高组织成员素质和企业竞争力的重要因素。

4. 知识经济的时代要求建立学习型组织

知识经济时代，知识将成为创造财富附加价值的主体和最重要的经济资源。因此，获取知识和应用知识的能力，将成为企业竞争力的关键，而这种能力，只有通过持续不断地学习来保证。在今天的企业竞争中，最成功、最具竞争优势的企业通常是那些善于获得知识、开发知识和运用知识，将其不断转化为新的生产能力的企业。21 世纪的企业竞争不仅仅是产品与服务的竞争，而且是知识能力的竞争，也就是学习型组织之间的竞争。新世纪管理科学研究的一个主题，就是企业如何有效地进行学习以提高获得知识的能力，而不是单纯衡量企业获取的知识量。因此，伴随着知识经济的到来和不断深入发展，学习型组织理论作为当今最前沿的两大管理理论之一，也必将得到进一步发展。

当前中国经济正处于转型时期，一方面难以完全摆脱传统的计划经济管理理念的影响，另一方面又面临着社会主义市场经济理论进一步完善的严峻考验。随着我国加入世界贸易组织（WTO），我国企业在进军海外市场以及面对外资涌入的冲击时不可避免地要受到国际市场和国内市场、国际规则和国内规则、成熟经济和转型经济，以及外来文化和传统文化的多重挤压。这也要求我国企业更加注重学习型组织的研究，不断自我超越，改善心智模式，建立共同愿景，开展团体学习，学会系统思考。因此，中国企业更需要学习型组织的管理理论。

三、学习型组织的建立

建立学习型组织应注意的关键性问题：

1. 领导群是组织管理变革的领导者

学习型组织理论提出了领导群的理论。学习型组织理论的提出是一场组织管理的变革，因此要建立学习型组织必须实现领导群即组织中的各层次的管理者真正能共同行动起来。学习型组织理论的领导群包括：最高层管理者和各种职能管理者，如负责技术业务的专家领导以及负责知识传递的网络领导。领导群的作用远远大于单个管理者作用的总和。

2. 应抓住重点

创建学习型组织是一项纷繁复杂的工作，必须考虑到以下三个方面：

（1）认识到个人作用的重要性。如果不能发挥每个组织成员的积极性和主动性，组织成员对创建学习型组织漠不关心，组织管理的变革就不会发生。

（2）认识到吸引他人支持的必要性。建立组织学习的网络只有各方大力支持才能坚持发展下去。

（3）认识到产生实效的紧要性。只有产生实效，才能使组织成员感受到具有持续创建的价值。

3. 坚持原则

如果没有承诺，什么也不会发生，但最初的承诺，应限于一小部分组织成员。开始启动的步子要小心谨慎，因为好的开端是成功的一半。要注意行动一致、方向明确，集中精力解决主要问题，遇到障碍时将其作为学习的机会来克服，不断反思和创新，从而使问题变成好事。

4. 重视理论学习，注意结合实际

学习型组织理论认为，认识论与方法论相比更为重要，因为只有深刻的认识，才会有永恒的动力和明确的目标。因此，创建学习型组织首先要注重理论知识的学习，不断领悟学习型组织理论的真谛。另外，在建立学习型组织中，要注意与中国国情相结合，与本单位的实际情况相结合。

四、学习型组织的特征

1. 具有很强的自我学习能力

善于不断学习是学习型组织的本质特征，正如彼得·圣吉所言，学习型组织的真谛：活出生命的意义。而所谓"善于不断学习"，包括以下四个方面的含义：

（1）强调终身学习。即组织中的成员均能养成终身学习的习惯，才能形成组织良好的学习气氛，促使其成员在工作情境中不断地学习。

（2）强调全员学习。即企业组织的决策层、管理层、操作层都要全身心投入学习。

（3）强调全过程学习。即学习必须贯彻于组织系统运行的整个过程之中。

（4）强调团体学习。即不但重视个人学习和个人智力的开发，更强调组织成员的合作学习和群体智力（组织智力）的开发。

2. 以自主管理为导向

学习型组织理论认为，自主管理是使组织成员（企业员工）能边工作边学习，并使工作和学习紧密结合的方法。通过自主管理，可由组织成员（企业员工）自己发现工作（生产）中的问题，自己选择伙伴组织团体，自己选定改革进取的目标，自己进行现状调查，自己分析原因，自己制定对策，自己组织实施，自己检查效果以及自己评定总结。团体成员在自主管理的过程中，能形成共同愿景，能以开放求实的心态互相切磋，不断学习新知识、进行创新，从而增加组织（企业）快速应变、创造未来的能量。

3. 组织由创造性团体组成，全体成员拥有共同愿景

组织的共同愿景，来源于员工个人的愿景而又高于个人的愿景。它是组织中所有员工共同愿望的景象，是他们的共同理想。它能使不同个性的人凝聚在一起，朝着组织共同的目标前进。在学习型组织中，团体是最基本的学习单位，团体本身应理解为彼此需要他人配合的一群人。组织所有的目标都是直接或间接地通过团体努力来达到的。

4. 高层管理者起着协调、激励、支持的作用

当组织成员面临巨大压力而失去学习的动力时，组织管理的变革就难以实现；而当组织成员坚信自己会成功时，就会不断地努力学习和应变。在传统的组织结构中，高层管理者只负责思考和决策，容易陷入盲目，基层人员只有消极被动地行动。由于过分依赖高层管理者，导致组织效率低下。而学习型组织

中，每一成员的思考与行动合为一体，高层管理者积极思考、理性决策，基层人员也在不断思考并采取有效行动，上下互动，目标明确，使全体组织成员能够主动创造出高质、高效的成果。因此学习型组织强调企业的高层管理者主要是处理好三个角色：一是优良系统的设计师；二是共同愿景的仆人；三是好教练。组织成员只有依靠团体学习和共同愿景自我引导，使整个组织成为具有不断增强的学习力和创造力的系统，才能不断地自我超越。

第二节　学习型组织的构建模型

学习型组织理论为各类企业设计了不同种类的模型，研究这些模型的原则和方法，对创建学习型组织有很大的帮助。

一、五阶段模型

鲍尔·沃尔纳（P. Woolner）运用实证研究方法，从企业教育与培训活动这一角度，对为数众多的企业进行了深入的观察与分析，在此基础上，归纳出学习型企业的发展模式。他认为，企业学习活动的发展一般经历五个阶段（见图10.1）。

学习型企业的发展模式				
阶　段	重　点	时间跨度	面临危机的程度	对组织的冲击
第五阶段 学习与工作完全融合	个人 工作团体 系统 ↑ 个人	长期 ↑ 短期	高 ↑ 低	大 ↑ 小
第四阶段 系统化学习				
第三阶段 有意识地学习				
第二阶段 消费性学习				
第一阶段 无意识自发（不正规）学习				

图 10.1　鲍尔·沃尔纳的五阶段模型

　　在第一阶段，企业本身尚处于初期发展阶段，企业中的学习活动一般是自发的、不正规的，企业没有安排学习项目的意识。随着企业的发展和竞争的加剧，一方面，组织内部仍然存在不正规的学习活动；另一方面，更多的现象则是企业出资选送部分员工到企业以外的教育部门去进修。这就使企业组织学习步入了第二阶段即消费性学习阶段。在第三阶段，规模经济的发展使企业的教育与培训能够面向企业中更多的员工，企业开始有意识地在企业内部开发适合自己特定需要的学习项目，并建立相应的学习基地来推动这项工作。但此时，企业学习活动与企业长期发展战略之间尚缺乏明显的联系。到了第四阶段，企业已把学习纳入组织日常工作中，企业的课程设计进一步趋于成熟，无论是企业内部设计的课程还是请外面的学习专家专门设计的课程，都更富创造性。企业立足于满足特定需要，还要建立一系列相应的标准，作为衡量员工各类技能水平的指标。根据沃尔纳的看法，这一阶段的企业学习已开始进入高级阶段。它与企业的发展战略与对策目标紧密地结合在一起。目前美国有不少企业就处于这一学习阶段。然而，在这一学习阶段，组织的学习与日常工作之间互相脱离的现象仍然时有发生。在更多的情况下，学习仍然是培训部门的职责，而不是各部门主管的职责。这就使得组织的学习能力受到一定的限制。

　　第五阶段的特点就是学习与工作的融合，表现为：第一，学习的责任已经置于企业的管理指令系统中，成为部门主管、工作团体、员工个人和人力资源开发部门的共同职责。第二，工作与学习已经不可分割地联系在一起，学习是工作创新的形式，学习成为人们乐意做的事而不是必须做的事。第三，企业内学习组织的重要支柱之一是企业建立了组织绩效反馈机制。这种机制使得组织各个层次包括个人、工作团体或组织整体可以根据各种信息及时纠正或改进组织行为。在企业的实际工作中，团体的发现问题会、每周例会以及组织重大事件分析会等都是这种机制的典范。第四，企业组织中工作团体的管理方式以自治为主，团体成员往往被要求掌握多种技能，能轮流承担各种职责。团体成员之间能互相学习，协同并进，不断地改进他们的工作系统。在这种管理方式下，主管的作用不再是控制和解决问题，而是转向鼓励和促进人们自己解决问题，取得满意结果。企业学习一旦发展到第五阶段，其组织系统、结构和过程就十分有利于组织成为真正的学习型企业。

二、"第四种"模型

　　约翰·瑞定（P. Redding）主要从战略规划理论的角度，分析组织学习的各种模式以及学习型企业的基本特点。他认为，一个组织未来的生存能力取决于组织能否实行系统的快速变革。从过去的几十年来看，各类组织一直在学习怎样进行变革。而在这一过程中，根据组织战略变革不同的运行机制，大致可区分出三种组织战略改革模型，它们曾经使企业成功地引入了各种变革。

第一种模型强调"计划"。其基本前提是只要高级管理人员能运用定量分析方法理性地预测未来变化，制定科学的改革计划，那么改革就能一蹴而就。在这一模型中，高级管理人员的计划能力是至关重要的。它与传统的命令-控制型管理模式相一致。但由于企业环境的变化速度常常快于计划的实施，一线员工和中层管理人员又缺乏对计划的了解，在计划实施过程中还会遇到意想不到的问题。于是经过修正，第二种模型出现了。其战略改革的运行机制是"计划—执行—计划"。所谓执行计划是计划的进一步细化。它对实施计划过程中可能产生的问题制定了具体的解决对策，并且对所需的各种资源（包括财力、物力、人力和时间）做出规定。此外，在执行计划阶段也更注重与中层管理人员的沟通，以保证改革计划的顺利推行。然而改革计划的贯彻，还有赖于企业组织环境的促成。很多系统问题诸如企业文化、准则、政策、管理风格、薪酬等外部因素也常常影响改革计划的实施。随后，第三种模型出现了，其运行机制是"准备—计划—实施"（见图10.2），这种模型注重改革前的一系列准备工作，其基本前提是组织内部改革成败直接取决于各项准备工作的充分与否，为使改革顺利成功，准备工作应包括：①认清需求，上下之间、管理人员和一线员工之间广泛交流改革模式，以求达成共识；②协调企业文化等环境要素，创造一个有利于改革推行的环境；③以改革所需的各种技能武装员工。显然第三种模型把企业组织的战略改革置于一个比较完整的框架中，但其不足之处是把改革看成某个固定的项目，而忽视了改革与企业战略、结构和信息系统之间的相互关系。

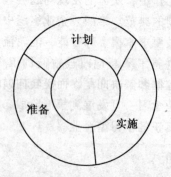

图 10.2　瑞定的第三种模型

瑞定在前三种模型的基础上提出的第四种模型就是学习型企业。它有四个基本的要点，即"持续准备—不断计划—即兴推行—行动学习"　（见图 10.3）。

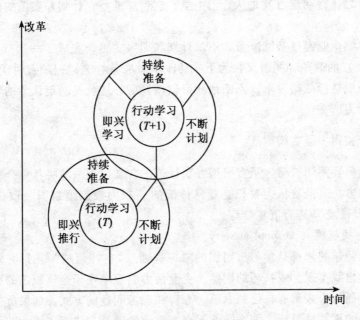

图 10.3　瑞定的第四种模型

第一，持续准备。在学习型企业中，其战略改革始终处于一种持续的准备阶段，它并不针对某个特定的改革项目，而是广泛地关注企业与环境的协调，不断地对经营行为提出质疑，为一般意义的改革做好永久性准备，使组织在多变的环境中能随时应付各种挑战。

第二，不断计划。在以前的模型中，计划是一种正式的书面文件，其中详细规定了改革的项目与程序。而在学习型企业中，提倡设计开放的、灵活的计划。这就是说，不断修订的计划往往比原始计划更有价值，灵活开放的战略方向比固定刻板的计划重要得多，而且在修订这些计划时要广泛地征求参与实施的一线员工的意见。

第三，即兴推行。学习型企业在推行改革计划的过程中，往往并不要求员工按部就班，而是鼓励员工充分发挥潜力，采取即兴创作的原则创造性地实施改革计划。在学习型企业中，每个员工好比交响乐团的成员，都是企业战略计划的制定者。他们协同发挥作用，使改革成为一项共同的创造性事业。

第四，行动学习。学习型企业不是通过一年一度的评估体系来衡量改革的成败。相反，它提供大量的机会使组织随时检验行动，及时做出反应，从而调整组织的行动路线，提高改革的效益，加快改革的进度。学习型企业不会坐等问题或危机到来时才采取措施。它的特点是及时对行动作了反省并改变改革决策。简言之，行动学习就是从行动中学，它贯穿准备、计划和实施的每一个阶段。

学习型企业经过持续准备、不断计划和即兴实施，完成了一次（T）又一次（$T+1$）的改革，同时又在为下次的改革做准备。这样，随着时间的推移，组织不断地进行战略改革，不断地获得创新发展，这就是瑞定认为的学习型企业的生命力所在。

三、彼得·圣吉模型

这里简要阐明彼得·圣吉模型五项修炼的含义，下一节将具体介绍进行五项修炼的方法。圣吉认为要把企业从传统的"权力控制型组织"改造成"学习型组织"，必须进行五项修炼：

1. 自我超越（personal mastery）

自我超越的修炼是学习型组织的精神基础。"自我超越"是指突破个人能力极限的自我实现，或技巧的娴熟。企业活力的源泉在于全体职工的积极性和创造性，而每个人都有自己的意愿、心智和思考问题的方式。如果员工未被充分激发以实现某种目标，那么，就不会有企业的发展与成功。因此，学习型组织理论提出的"自我超越"的修炼，是每个员工不断实现他们内心深处最想实现的愿望、创造和超越，这种自我超越并非一般意义的吸收知识和提高技能，而是一种全身心地投入学习，是突破极限的自我实现。

2. 改善心智模式（improving mental models）

"心智模式"是根深蒂固于人们心中，影响人们如何认识周围世界，以及如何采取行动的许多假设、陈见和印象。这种模式不仅影响人们如何认识这个世界，更重要的是它还影响人们的行为。在组织的诸多决策模式中，起决定性作用的正是这种根深蒂固的心智模式。因此"改善心智模式"的修炼，要求组织为员工提供有效地表达自己想法，并以开放的心灵容纳别人的想法的氛围，形成整体互通联动的共同心智模式，以利于组织目标的实现。

3. 建立共同愿景（building shared vision）

共同愿景是组织成员共同的愿望和远景，是组织的共同目标。它是人们心中一股令人深受感召的力量。共同愿景对学习型组织是至关重要的，它为学习提供聚焦点。因为只有当人人致力于实现共同的愿望时，才会产生创造性学习。建立"共同愿景"的修炼会使组织领导与员工拥有共同的使命感，大家围绕一个共同的目标而努力，为这一愿景的实现做出卓越的贡献。

4. 团体学习（team learning）

团体学习是发展团体成员互相配合、整体搭配与实现共同目标的能力的学习活动及其过程。圣吉认为团体学习对现代组织来讲是非常重要的，这是因为在现代组织（企业）中，学习的基本单位是团体而不是个人。企业的新产品、新技术和新工艺的出现与应用，新的管理模式的推行，都与团体学习密切相关。"团体学习"的修炼，就是要使全体员工相互学习，形成有效的共同思维，创造出出色的成果。

5. 系统思考（systems thinking）

系统思考要求人们运用系统的观点看待组织的发展。它引导人们，从看局部到纵观整体，从看事件的表面到洞察其变化背后的结构，以及从静态的分析到认识各种因素的相互影响，进而寻找一种动态的平衡。系统思想既有完整的知识体系，也有实用的工具，它将前面四项修炼融合在一起，并与它们共同构成学习型组织的五项创新技术。

圣吉认为组织成员应该摒弃传统的、片段的、割裂的思维方式，确立系统思维模式。"系统思考"的修炼要求人们纵观全局，用系统思维的方法来分析影响我们认识事物的各种因素，而不是把这些因素割裂开来。

在这五项修炼中，圣吉把第五项修炼视为核心部分，他认为系统整体的合力将远远大于各部分加总的合力，只要企业全体员工都努力进行这五项修炼，企业必将迸发出巨大的潜能，去战胜一切竞争对手。

沃尔纳、瑞定和圣吉这三位管理学家从不同角度构建了学习型组织的模型，其共同之处是：企业要想生存，提高竞争能力，就必须鼓励全体员工不断进行业务学习和自我修正，发扬团体精神，增强全体员工的使命感，建立改革意识和修正系统行为的机制，用进步与创造的新观念，不断创造未来。

第三节　学习型组织的五项修炼

一、自我超越的修炼

1. 建立个人愿景

个人愿景，就是内心真正关心的事情，是一个特定的结果，一种期望的未来景象或意象。如果说一个人对未来所持有"上层目标"是抽象的，那么个人愿景则是具体的。例如，上层目标是跻身国内一流大学行列，愿景则是在年度高校综合实力评比中位列十强。上层目标与愿景是相辅相成的。愿景如果有了背后的上层目标，就更有意义和方向感，而能持续发展，进而更上一层楼；

而上层目标若是有了愿景支撑，就能更具体，更容易衡量、描绘与落实。

相对于个人来说，愿景总是那些将要实现但还没有实现的愿望。有了清晰的愿景，人才能够重新聚焦、不断增强自我的力量。

2. 保持创新性张力

愿景与现实的差距，可能成为一种力量，这种力量一旦被正确使用，就会将个人朝向愿景推动。此种差距是创造力的来源，因而被圣吉看做是"创造性张力"。张力一词本身含有焦虑、紧张的意味，但是创造性张力是我们认清一个愿景与现状之间有差异之时，产生的正面的力量。保持创造性张力是自我超越的核心原理，它整合了这项修炼所有的要素。

理解创造性张力的正确意义，并且在行动中保持这种创造性张力，一方面可以转变我们对失败的看法，让我们真正明白失败只不过是愿景和现实存在距离，而这种距离正是自我超越的空间；另一方面，创造性张力也帮助我们培养耐心，锻炼坚强的意志等品质。

3. 看清结构性冲突

意识清醒的人时常感觉到自己正被两种不同方向的力量所控制：一种力量将个人拉向自己的愿景；但同时也有另外一种力量将个人拉向相反的方向。于是个人不由自主地在心里问：我有能力有资格完成这么艰巨的任务吗？这两个系统的对立被称作"结构性冲突"（structure conflict）。

对付这种"结构性冲突"，常见的有三种策略：一种是消极地让愿景被侵蚀，即承认自己实在无能力或无资格去达到愿景；第二种被称为"操纵冲突"（conflict manipulation）；第三种是意志力的作用，也就是全神贯注去克服达成目标过程中所有形式的抗拒力。圣吉指出，如果结构性冲突起源于内心深藏的信念，那么，只有从改变信念开始。

4. 诚实地面对真相

诚实地面对真相的要义在于根除那些阻止个人和组织看清真实状况的障碍。我们未曾觉察到的结构禁锢着我们，一旦我们看得见它们，它们就不再能够像以前那样禁锢我们了。我们开始感到内心里生出一种力量，把自己从那种支配自己行为的力量中解放出来，这对个人和组织都是如此。

诚实地面对真相，不仅对于个人的自我超越至关重要，对于群体来说，只有诚实地面对真相，我们才能谈得上改善群体对一些事物的看法。在团体学习中，一些常用的方法，比如"讨论法"，也是要求群体成员说出自己心中的不解和困惑，这样才能改变自己，和团体保持协调。

5. 运用潜意识

意识和潜意识是个体学习过程中经常运用的两种意识形式。任何新的工作，当一开始时，整个活动都需要在高度清醒的意识指挥下才能完成，而当熟练后，在潜意识的指挥下就可以很好地完成工作。在日常的生活中，当我们借助静坐、思索等方式，潜意识就能慢慢浮现出来。我们内心中真正专注的终极目标，就能更加清晰地展现在我们的脑海中。这种训练，使我们专注于某些特别重要的事情，或是愿景的某些方面，而不为外界的浮华所分心。

二、改善心智模式的修炼

（一）辨认跳跃式的推论

辨认跳跃式的推论，即认真分析自己是如何从粗浅的、直接的观察跳到概括性的结论的。这需要对自己已经得到的某种结论所依据的原始资料进行客观分析，对所得到的结论的准确性和导向性进行分析。

在现实生活中，人们的理性心智常常将具体事项概念化，即以简单的概念代替许多细节，然后以这些概念来进行推论。因而在思考过程中，很快就"跳跃"到概括性的结论，以至于从来没有想过要去检验它们。这就是所谓的跳跃式的推论。

跳跃式的推论之所以会发生，是由于人们直接从观察转到概括性的推论，未经检验，这也是企业常见的现象。例如，公司的高层管理者，往往因顾客要求更大的折扣，而相信"顾客购买产品时，考虑的是价格，服务品质不是一项重要因素"。当主要的竞争者逐渐进行服务品质的改善而转移顾客时，也许有新进来的营销人员请求公司在改善服务上增加投资，但他的请求很可能被拒绝了。高层管理者并未检验这位营销人员所提出的想法，因为原有的看法已经成为一个"事实"，结果导致公司市场占有率逐渐下降。

由于反思与探询技巧由辨认跳跃的推论开始，进而逐步改善心智模式，并建立符合学习型组织需要的最佳心智模式，因此把辨认跳跃式的推论作为心智模式的一项修炼。

（二）练习左手栏

练习左手栏是指对自己所经历的事件以及处理方式，坦诚地写出内心深处的隐含假设，以此来检查心智模式在处理事件过程中所扮演的角色，并予以改进的一项修炼技巧。

左手栏（left-hand column）是由阿吉瑞斯和他的同事发明出来的。它是一项效果很好的技巧，借此可以看见人们的心智模式在某种情况下是怎样运作的。它暴露出人们是如何操纵现状来避免暴露真正的想法，因而使现状无法得到改善的。左手栏的练习证实管理者确实具有心智模式，而心智模式常常扮演重要的角色，有时甚至会带来负面的影响。一旦管理者做了这个练习，就可以察觉自己的心智模式所扮演的角色，并开始明白为什么要坦诚说出自己的假设是很重要的。

练习左手栏可以成功地将隐含的假设显现出来，并显示这些假设如何影响行为。看清自己的左手栏所得到的最重要的收获，就是了解到自己是如何失去在冲突状态下的学习机会的。先看清自己可能使情况恶化的推论与行动，是有很大益处的。这便是心智模式修炼技术之——左手栏的效用。

（三）兼顾探询与辩护

这是一种在多人之间进行开诚布公地探讨问题的技术。它一方面允许别人对未知和不明的情况进行询问，另一方面允许对自己的观点进行辩护，在这样面对面的交流过程中，逐步暴露各自的心智模式并加以改进。

大多数管理者被训练成善于提出与辩护自己的主张。但这种辩护的技巧有时会产生相反的效果，会把自己封闭起来，无法真正相互学习。人们所需要的，是综合运用辩护与探询，来增进合作性的学习。圣吉认为，学会探询问题可以停止增强辩护的雪球效应。

管理者如果将辩护与探询的技巧合并运用，通常能够产生最佳的学习效果，这种方式可称为"相互探询"。所谓相互探询，是指每一个人都把自己的想法明白地说出来，并接受公开检验。这就可以创造出真正不设防的气氛，没有人隐匿自己看法背后的证据或推论。例如，当探询与辩护兼顾的时候，人们不会只是探询别人看法背后的证据和推论，而是先陈述自己的看法并说明自己的假设与推论，以这种方式来邀请他人深入探询。

在纯粹辩护的情况下，目标是为了赢得争辩。但在探询与辩护综合运用的时候，目标就不再是"赢得争辩"，而是要找到最佳的论断。这与人们如何使用原始资料和如何推论有很大关系。例如，当人们运用纯粹辩护的时候，人们倾向于有选择性地使用原始资料，只提出能印证自己论点的原始资料，或只采取较有利的推论来使自己的说法成立，而避开较为不利的推论。相反地，当辩护与探询的程度都很高时，人们开放地面对全部的原始资料，无论这些原始资料是确切的还是尚未证实过的。因为人们真正的目的是想要找出自己看法的不足并试着了解别人的推论过程。

（四）对比拥护的理论和使用的理论

通常，在人们拥护的理论（人们所说的）与人们使用的理论（实际支配人们行为的理论）之间存在着差距，即所谓"言行不一"。例如，信赖他人可能确实是某人"愿景"的一部分，但是他（她）从不借钱给朋友，惟恐对方借钱不还。显然，这里，个人使用的理论与其拥护的理论不一致。差距的出现本身是一种正常现象，它不是造成问题的根源，因为问题的根源是不能诚实地面对和说出这个差距。除非承认心中拥护的理论与现实行为之间的差距，否则无法学习。因此，对多数人来说，重要的是要找出这个差距，并对其进行分析，然后设法缩小这个差距。

学习最后应导致行为的改变，而不应只是取得一些新信息，也不应只是产生一些新构想而已。这就是为什么看清自己拥护的理论与自己使用的理论之间的差距是非常重要的。拥护的理论与使用的理论之间差距的出现，是因为人们有了较高的愿望，而不是伪善。而"愿景"与现在行为之间的差距，具有创造性改变的潜力。正如汉诺威的总裁欧白恩所说："眼睛看不见它自己。"

三、建立共同愿景的修炼

(一) 鼓励个人愿景

共同愿景是由个人愿景会聚而成，只有会聚个人愿景，共同愿景才能获得能量。要建设学习型组织，企业必须持续不断地鼓励成员发展自己的个人愿景。如果人们没有自己的愿景，他们所能做的就仅仅是附和别人的愿景。如果只是顺从，就绝不是发自内心的意愿。

另一方面，原本各自拥有强烈目标感的人结合起来，可以创造强大的综合效果，朝向个人及团体真正向往的目标迈进。学习型组织理论认为，那些勇于实现崇高愿景的人，都是具有创造性张力的人，也就是对愿景有明确的了解，并能够持续深入探询真实情况的人。共同愿景由个人愿景发展而来，共同愿景产生的创造性张力远大于个人愿景所产生的创造性张力。另外，组织要注意在鼓励个人愿景的同时不能侵犯个人自由，因为学习型组织中个人愿景是自由的一部分，尊敬个人愿景意味着尊敬个人自由。

(二) 改进高层做法

圣吉指出："学习建立'共同愿景'这项修炼的第一步，是放弃愿意总是由高层宣示，或是来自组织制度化规划过程的传统观念。"建立共同愿景的策略应该体现出一个阶梯式的"进步"，即从告知、推销、测试、咨商和共同创造等五个阶段入手，建立组织的共同愿景，如图 10.4 所示。

(1) 在告知阶段，首先要求高层领导清楚组织的愿景，然后将愿景告知员工；

(2) 在推销阶段，领导人往往需要感召人们投入到愿景之中，并希望员工能够全心全意地奉献；

(3) 在测试阶段，领导试图了解员工对愿景的真实反应，了解员工对愿景中各个部分的想法；

(4) 在咨商阶段，高层领导应邀请组织全体成员来担当其顾问，以塑造

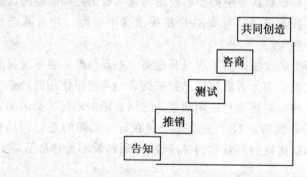

图 10.4　　建立共同愿景的五个阶段

共同愿景；

（5）在共同创造阶段，即具体实施的阶段，组织成员开始为其塑造的愿景而工作。

（三）学习聆听他人

建立共同愿景必然是一个长期过程。善于建立共同愿景的管理者，需要用日常用语谈论这个过程，并与日常生活交织在一起。

以日常用语谈论共同愿景，一个突出的特点是互动性强。所谓互动，体现在交谈时，就表现为既要清晰有力地表达自己的看法，也要善于倾听别人的看法。对于处于高层、意志坚定、有主见的管理者而言，这是一个不容易做到的事情。学习聆听他人的关键是转变一种观念，即习惯于聆听，这并不意味着为了"大我"而牺牲"小我"，而是为了达成共识，必须先让不同的意见、看法或设想存在。一个成功的企业家，其成功既可以表现在他能够先于企业员工提出愿景规划，同样可以表现在他能够耐心听取别人的意见然后以清晰有力的语句把这些内容表达出来。

（四）融入企业理念

建立共同愿景只是企业基本理念中的一项。企业其他的基本理念还包括目的、使命与核心价值观。圣吉警告说：愿景若与人们每日信守的价值观不一致，不仅无法激发真正的热忱，反而可能因挫败、失望而对愿景改为嘲讽的态度。

企业的基本理念需要回答三个关键性的问题："追寻什么"、"为何追寻"与"如何追寻"。

追寻什么？追寻愿景，也就是追寻一个大家希望共同创造的未来景象。

为何追寻？企业的目的或使命，是组织存在的根源。

如何追寻？在达成愿景的过程中，核心价值观是一切行动、任务的最高依据和准则。

对于一个正在建设中的学习型组织而言，通过分析公司员工的日常活动，我们可以看出这三项基本理念合而为一。也只有这三者合而为一，才使公司具有一种在同一方向巨大的合力，引导公司进一步发展。

四、团体学习的修炼

团体学习的修炼要学会运用真诚交谈与讨论。这是两种不同的团体交谈方式。在真诚交谈时，人们自由地和创造性地探讨复杂而重要的问题，先撇开个人的主观思维，彼此用心聆听，实现共同思考。讨论则是提出不同的看法加以辩论。真诚交谈与讨论基本上是能互补的。通常，人们用真诚交谈来探讨复杂的问题，用讨论来就某些问题达成协议。学习型组织要具有善于交叉运用真诚交谈与讨论这两种方式的能力。由于讨论类似于改善心智模式中的"探询与辩护"，因此这里着重介绍"真诚交谈"。

（一）真诚交谈（或称深度会谈）

真诚交谈的理论和方法是由美国杰出的量子物理学家鲍姆（D. Bohm）提出来的。鲍姆认为，必须学习如何与人、事、物进行交流。深度会谈的目的在于使团体智慧超过个人智慧的总和，因此，在真诚交谈时，大家以不同的观点探讨复杂的问题，每个人都提出心中的假设，并自由交换各自的想法。在一种无拘无束的探讨中，人人将深藏内心的经验与想法完全浮现出来，而不是害怕别人知道自己的想法。可见，真诚交谈的目的是要超过任何个人的见解，而非赢得对话。如果深度会谈进行得当，人人都是赢家，个人可以获得独自思考无法达到的见解。

有效的真诚交谈有三项基本的条件：

（1）所有参与者必须将自己的假设"悬挂"在面前，不断地接受询问与检验这些假设。"悬挂假设"的意思是，每个参与者先将自己的假设提出来，以便不断地接受询问与观察。因此，真诚交谈时，必须非常用心。

（2）所有参与者必须视彼此为工作伙伴。团体成员只有视彼此为工作伙伴，才能共同思考问题和进行真诚交谈。这是因为在团体成员沟通的过程中，彼此的思维会不断地得到补充和加强，从而产生出较好的互动作用。

（3）必须有一位"辅导者"来掌握真诚交谈的精确含义和活动过程。圣吉认为，一个真诚交谈的辅导者必须做好一个"过程顾问"（process facilitator）的许多基本工作，这包括帮助人们了解他们自己才是过程与结果的责任人，即对真诚交谈结果负成败责任。除此之外，辅导者的另一项功能是，基于他对真诚交谈的了解，使他可以通过参与来影响真诚交谈发展的方向。当团体掌握了真诚交谈的经验与技能，辅导者的角色渐渐变得不那么重要，或可以成为参与者之一。一旦成员真诚交谈的习惯养成了，团体就成为一种没有"先来者"的自我学习群体。在习惯于真诚交谈的团体中，通常不需要确定辅导者。

（二）交叉运用真诚交谈与讨论

在团体学习时，讨论是真诚交谈不可缺少的搭配。讨论是提出不同看法并加以辩论，这能够对整个情况提供有用的分析。真诚交谈则是提出不同的看法，以发现新的看法。因此，如果团体必须达成协议，并必须做出决定，那么，讨论是需要的。在讨论之中大家依据共同意见，一起来分析和衡量各种可能的想法，并从中选择一种较佳的想法。如果有成效，讨论将得出结论或找到行动的途径。相反地，真诚交谈是发散性的，它寻求的不是同意，而是更充分地掌握复杂的问题。

圣吉认为，一个学习型的团体，要善于交叉运用真诚交谈与讨论。二者的基本规则不同，目标也不同，如果无法加以区别，团体就既不能进行真诚交谈，也无法进行有效的讨论。

（三）反思、探询是真诚交谈的基础

如果真诚交谈明确地成为团体学习的一个特有的愿景，那么，反思与探询技巧，对于实现这个愿景是不可缺少的。正如个人愿景提供了建立共同愿景的基础，反思与探询技巧也提供了真诚交谈的基础。

近年来，在美国流行一种叫做"六步过程"的团体学习方法，实际上就是融合了团体讨论与深度会谈，并辅之以现代决策的多项技术。如表 10.1 所示，在"扩展/分歧"阶段，要求员工展开深度会谈；而在"简要/集中"阶段要求员工发挥讨论的功能。在整个解决问题的过程中，多次用到深度会谈与讨论的办法。

表 10.1　　融合讨论与深度会谈的团体学习过程

步骤	需要解答的问题	扩展/分歧 （深度会谈）	简要/集中 （讨论）	到下一步之前要做些什么
1. 确认并选择问题	我们渴望有些什么改变	存在很多待考虑的问题	提出一个问题，并在什么是"理想状态"问题上达成一致	分歧的确定，有关"理想状态"的具体描述

续表

步　骤	需要解答的问题	扩展/分歧（深度会谈）	简要/集中（讨论）	到下一步之前要做些什么
2. 分析问题	是什么阻碍了我们达到理想状态	存在很多需要弄清楚的潜在因素	找出并证实关键的原因	列出关键的原因
3. 产生可能的解决方案	我们怎样改变现状	存在很多解决问题的思想、方案	选出可能的潜在解决方案	列出可行方案表
4. 选择并规划解决方案	达到目标的最好途径是什么	存在很多衡量可行解决方案的标准；存在很多如何贯彻并评估选定方案的意见	在使用何种标准衡量解决方案问题上达成一致；在如何贯彻和评估解决方案上达到一致	制定和监督改变进程的计划，制定衡量方案效果的评估标准
5. 贯彻方案	我们是否在按计划进行	贯彻解决例外问题的方案（如果有必要）	执行方案	
6. 方案执行效果的评估	该计划的效果如何	共同选定的解决方案的效果如何，找出仍未解决的问题	核实问题是否已解决，并在未解决的问题上达成一致	

五、系统思考的修炼

（一）系统思考法则

系统思考的法则不仅训练人们扩大思考的时间和空间，以适当界定问题所处的系统范围，还提供了一些思考方法和工具，帮助人们了解系统发生变化背后的整体互动关系。这种互动关系被称为"结构"。通过对结构的了解与不断改善，组织内各部之间、发展战略与实际能力之间、现在的行动与未来的资源之间等等，都可以获得较长远而紧密的动态搭配。彼得·圣吉认为，第五项修炼的微妙法则包括以下几个方面：

（1）今日的问题来自昨日的解。解决问题的方式，只是把问题从系统的一个部分推移到另一部分，当事者却未察觉。

（2）愈用力推，系统反弹力量愈大。系统思考有个名称——"补偿性回馈"，意指善意的干预引起了系统的反应，但这反应反过来抵消干预所创造的利益。有些情况下，你愈用力推，系统反推回来的力量也愈大。我们常不自觉地被吸进补偿性回馈的陷阱，且以自己的不懈努力为荣。

（3）渐糟之前先渐好。许多管理的干预行为，常在恶果显示之前，呈现良好状况的假象。

（4）显而易见的解往往无效。当我们努力地推动熟悉的解决方案，而根本的问题仍然没有改善，甚至更加恶化时，就极可能是"非系统思考"的结果。

（5）对策可能比问题更糟。短期改善导致长期依赖的例子俯拾皆是，系统思考学者称这个现象为"舍本求末"。

（6）欲速则不达。任何系统，包括生态和人类组织，都有其成长的最适当速率，而此最适当速率远低于可能达到的最快成长率。

（7）因与果在时空上并不紧密相连。所有的问题，皆起因于复杂的人类社会系统的基本特性："因"与"果"在时间与空间上并不是紧密相连的。而大多数人往往假设因果在时间与空间上是很接近的。

（8）寻找小而有效的高杠杆解。高杠杆解，即找出能够产生重大、持久的改善或能解决大问题的最省力的解。寻找高杠杆解是一种挑战，学习系统思考可以帮助我们提高找到它的几率。

（9）鱼和熊掌可以兼得。如既要提高质量又要降低成本，既要权力下移又能有序管理，既要留住员工又不让劳工成本增加太多，既要鼓励个人发挥作用又不破坏团体精神等等，由于我们往往以静态片段的方式来思考，因此极易采用僵硬的方法——二者择一。真正的杠杆解在于，看出如何在经过一段时间以后，两者都能改善。

（10）不可分割的整体性。关于如何判断整体，有一个很重要的原则：我们要研究的互动因素，应该是那些跟要解决的问题相关的因素，而不以我们的组织或系统中，因功能而划分的人为界线为出发点。这个原则称为"系统边界原理"。

（11）没有绝对的内外。我们的问题是：倾向于"归罪于外"。系统思考有时会将造成问题的"外"部原因，变成系统的"内"部原因来处理，这是由于解决之道常常藏在你跟你的"敌人"的关系之中。

（二）系统思考修炼的层次

在学习型组织理论看来，系统思考有多重层次。即事件层次的系统思考、行为变化形态层次的系统思考和系统结构层次的系统思考，如图 10.5 所示。从某种意义上来说，所有的层次都是如实反映客观存在的，但其效果却大大不同。圣吉不但区分了系统思考的三个层次，还进一步指出每个层次的思考都和特定的行为联系在一起。许多"组织的学习障碍"，其原因正是可以从较低层次的系统思考上找出来。

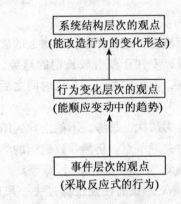

图 10.5　系统思考修炼的层次

1. 事件层次上的思考

如果以"谁对谁做了什么的事件"层次来解释事情，注定会采取反应式的立场，带来的后果是抓住一点不及其余，看不到较长时间趋势性的东西，更看不到结构性冲突的存在。一些组织的学习障碍，如"专注于个别事件"、"局限思考"、"归罪于外"，就是由于停留在事件层次的思考上面。

（1）专注于个别事件。"个股今天的下降，是因为该企业昨天宣布其经营恶化"，这样的说明在短时间内是真实的，但是它们分散了我们的注意力，使我们未能以一种长远的观点去看事件变化的形态，并且未能了解这些形态背后的原因。专注于个别事件的思考方式，带来的行动必然只能是反应式的，即只能是在一个事件出现之后，对它引起的结果做出一个简要的预测。它妨碍一些远大目标的实现，也不利于创造性的培养。

（2）局限思考。局限思考使得我们无法看到自己的行为如何影响其他的成员。例如，日本车在引擎盖上三处地方，使用相同的螺栓去接合不同的部分，而美国汽车同样的装配，却使用了三种不同的螺栓。这样一来，汽车的组装较慢且成本较高。但美国的汽车为什么用三种不同的螺栓呢？因为在底特律的设计单位有三组工程师，每一组只对自己的零件负责。日本的公司则由一位设计师负责整个引擎或范围更广的装配。具有讽刺意味的是：这三组美国工程师，每一组都自认为他们的工作是成功的，因为他们的螺栓在装配性能上都不错。

（3）归罪于外。专注于个别事件或本部门的职能，容易导致种种问题。然而当出现问题时，一个常见的现象就是互相责怪。在组织中，经常看到行销部门责备制造部门，制造部门责备工程部门，工程部门责备市场调研部门的现象。

2. 行为变化层次的思考

在行为变化层次上进行思考，这比在事件层次上的思考进了一步。在行为变化层次对问题提出的解释，专注于察看较长期的趋势，并评价它们的涵义。它打破了短期内反应的局限，至少它关注于一段时间之后，如何才能顺应变动的趋势。

但是如果仅仅停留在行为层次上思考，不能上升到结构层次上看问题，就看不到那些影响事件变化的关键节点，仍然导致组织的学习障碍。这些学习障碍包括"从经验中学习的错觉"，"习而不察"，等等。

（1）从经验中学习的错觉。我们往往根据过去一段时间的经验，总结出一些带有规律性的认识。我们往往停留在行为变化层次上思考，犯下错误。当某一个行业暂时发生从业人员短缺的现象时，大家看到的是这个领域人力资源供不应求的表象，学校忙于开设这种专业，招收大量学生。几年之后当学生毕业时反而出现供过于求、人才过剩的情况。而更长的时间过后，由于该行业聚集了大量闲置人员，大批人才流失，学校减收甚至停收该专业的学生，又会造成这一领域供不应求的景象。

（2）习而不察。习而不察同样说明，如果思考只停留在行为变化的层次，看不清事件发生质变的关键，将会酿成大错。在20世纪60年代，美国汽车占有绝大部分北美市场，1962年日本车在美国市场的占有率低于4%，而当1967年日本车的占有率近10%以及1974年达到稍低于15%的时候，三大汽车厂商仍悠然自在，不以为然。直到20世纪80年代初期，三大汽车厂商开始以认真的态度检讨它们自己的做法与核心假设，但日本车在美国市场的占有率已经上升到21.3%，到了1989年达到30%，已经构成了对美国汽车制造业的严重威胁。

3. 系统结构层次的思考

系统思考超越了事件层次和行为层次的局限，专注于解释是什么造成了行为变化的形态。对于一个制造、销售为一体的企业来说，系统结构层次的观点必须显示发出的订单、出货和库存如何互动，从互动中发现货物不稳定与扩大的效应。由于结构才能触及行为背后的原因，并进而改进行为变化形态，因此改变背后的结构，能够产生不同的行为变化形态。从这个意义上讲，结构的解释就深具创造性。

第四节　学习型组织及其创新

一、第六项修炼

建立学习型组织的五项修炼现在正汇聚成一个包括许多技能的整体。它们使得建立学习型组织成为一项系统的工作，也许我们将来还会有一两项发展从其他不曾想到的地方出现，而产生一种我们今日尚不能理解的全新修炼。所谓第六项修炼，就是以开放的心态，创建无终点的学习修炼。

（一）五项修炼的整合

融合五项修炼，对一个组织成为学习型组织来说是非常重要的。这是一件充满挑战性的工作，因为整合一个新工具，比单独个别应用这些工具难多了。但这样做所得到的回报却是无法衡量的。

这就是为什么系统思考是以上所提到的修炼中的第五项，它是整合其他各项修炼为一体的理论与实务，防止组织在真正实践时，将各项修炼看成互不相干的修炼。没有系统思考，人们就无法探究各项修炼之间是如何相互影响的。系统思考强化了其他每一项修炼，并不断提醒人们，融合整体能得到大于各部分加总的效果。局部思考常使人们衷心相信愿景终将实现，却无法帮助人们探究隐藏在其背后的系统结构运作的巨大力量。

系统思考也需要建立共同愿景、改善心智模式、团体学习与自我超越四项修炼来发挥它的潜力。

（1）个人的自我超越是整个学习型组织的基础，为学习型组织提供了最宝贵的人力资源。它是反射个人对周围影响的一面镜子，缺少自我超越的修炼，人们将陷入"压力-反应"式的结构困境。

（2）改善心智模式专注于以开放的方式，发现人们在认识方面存在的缺陷；建立共同愿景能够培养成员对团体的长期承诺。从时间上看，前者是针对业已形成的"组织记忆"，是组织从记忆中学习的体现；后者则是对未来生动的描述，对组织的成长起到推动作用。

（3）团体学习是发展团体力量，使团体力量超过个人力量加总的技术。

作为组织内部的学习，团体学习不仅在规模上超越了个人学习，而且在内容上完全不同于个体学习。团体学习既是团体的活动内容，又是检视心智模式、建立共同愿景的载体和手段。

（4）系统思考是学习型组织的灵魂，可以使人们了解学习型组织最重要的部分，也就是以一种新的方式使人们重新认识自己与所处的世界，一种心灵的转变。从将自己看做是与世界分开的，转变为看到自己与世界是联结在一起的；从将问题看做是由外部的某些人或某些事情引起的，转变为看到自己的行动是如何造成问题的。总之，学习型组织促使人们不断发现自己是如何造成目前处境的，以及能够加以改变的地方。

（二）整合全局的六种智能

要成功地修炼整合全局，领导者需要具备六种智能或体验。要处理好复杂混沌的困难局面，领导者应该在以下六个层次上实施行动：

1. 财政智能

了解财政的流向、过程和程序以及组织在以往为达此目的所付出的努力、目前采取的措施和为确保以后生存发展所必须的革新措施的能力即为财政智能。财政智能的作用在于把企业的资源看做是可以用来实现目的和将来获得可持续发展的空间。要持续开发财政智能需要不断修炼。财政智能的建立，需要一种学习的文化环境。

2. 社交智能

没有人能够单独做一件事情，所有的工作都离不开人际关系。在企业中，事与事，人与人，总存在普遍联系。领导者在利用社交智能时会考虑组织内部关系和外部关系的质量。在内部，起主导作用的是权力和威望、优先权、信任、归属感、雇员彼此的合作程度以及企业的愿景和价值观念。领导者可通过社交组织，使员工在新的关系中得到训练。这类组织可以有授权组队、自发组队、工作团体和任务小组等多种形式。通过理解工作要求和社交能力的现实，在与领导者协调中推进此项工作。

社交活动有三种智能障碍：空间盲（看不到社会的其他方面）、关系盲（看不见自己在关系中的位置，视自己为整体，我行我素）和时间盲（看不清形成现在的历史事件的复杂背景）。认清这三种社交智能障碍就能够有效地提高领导者能力。

3. 思考智能

思考智能是通过学习与思考提高群体智商的能力。群体智商是有待开发的最重要资产。当企业管理人员认识到建立一个学习型组织或者知识管理系统的重要性时，他们就是合格的管理者。因为只有它才是竞争力和持续发展的动力。

4. 情感智能

在复杂和不确定的情景中工作需要发挥每个人、每个团体或组织的智能。情感智能正如体内的罗盘，能感知我们的知识是否正确。情感智能和社交智能紧密相关是因为需要情感智能创造信任关系。另外，情感智能与智力智能也密切相关。事实上理智和情感在大脑中是交叉的。感觉和情感强烈地影响着理智。感觉居于我们精神生活的首位，其影响是巨大的。

善于使用情感智能的领导者都是有很好的直觉的人。整合全局依赖于领导者对团体情感健康的感知，这样团体就不会彼此妨碍和破坏，也不会说出"不知道什么对我们有利"。

5. 环境智能

物质环境本是群体中整体福利的一个明显要素。领导者的这种智能有利于感知物质环境的质量和影响。领导者需要了解在所提供的空间中人们对工作的感觉，而让员工帮助设计健康的环境能够产生意想不到的效果。

6. 精神智能

彼得·德鲁克在其《管理》一书中提出了精神智能。书中认为，管理起始于对大于我们自己的机构负责的意愿。管理源于我们选择一种超越实现自我利益的服务。当我们选择超越自我利益的服务时，我们感受到负责掌管我们周围的世界。这要求一种信任，而我们还不习惯去驾驭这种信任。精神智能侧重于在团体中能唤起人们积极表达思想的一种共同目标、一种发展空间，以及人们在一起创造未来时萌发出来的一种景仰。它包含着敬重、神圣和希望，是企业持续发展的核心。

二、学习型组织的创新

(一) 管理创新

管理理论从科学管理、行为科学到现代管理理论，再到当代人本管理理论，直到当今世界最为前沿的两大管理理论——学习型组织理论和企业流程再造理论，其发展过程本身就是一个不断创新的过程。而管理实践则更是在创新中不断发展的，因为任何企业的企业管理不可能一成不变，也没有固定的模式。不同的企业由于生产规模、经营领域、技术水平和人员素质等不一样，企业管理的模式也不一样。

创新是企业管理的永恒主题。现代企业管理强调三个方面的内容：一是柔性，二是全员参与，三是透明度。①组织结构的柔性意味着虚拟企业在组织结构上不设置固定和正式的组织，而代之以一些临时性的、以任务为导向的团队式组织。组织结构的柔性化可以实现企业组织稳定性和变革性的统一。②允许多样性的存在是员工参与管理的前提，但全员服从并不等于全员参与，而应以自主管理为导向，实行目标管理（management by objectives，MBO）。③企业要增加管理透明度，不要搞神秘化，使员工能够参与管理。要大力简化作业流程，现在美国、日本的大企业都在致力于企业流程再造，这样不仅可以减少成本，同时也能提高工作效率。

什么是管理创新呢？管理创新是指创造一种新的更有效的资源整合模式，它既可以是新的有效整合资源以达到企业目标和责任的全过程式管理，也可以是新的具体资源整合及目标制定等方面的细节管理。管理创新具体包括下列五种情况：

（1）提出一种新的经营思路并加以有效实施。新经营思路如果是可行的，就成为管理方面的一种创新。但这种新经营思路并非只针对一个企业而言是新的，而应对所有的企业来说都是新的。

（2）创设一个新的组织机构并使之有效运转。组织机构是企业管理活动及其他活动有序化的支撑体系。一个新的组织机构的诞生是一种创新，但如果不能有效运转则成为空想，不是真正意义上的创新。

（3）提出一种新的管理方法。一个新的管理方法能提高生产效率，或使人际关系协调，或能更好地激励员工等等，这些都将有助于企业资源的有效整合以达到企业既定目标和责任。

（4）设计一种新的管理模式。所谓管理模式，是指企业综合性的管理方式，是企业总体资源有效配置实施的方式，因而这种方式对所有企业的综合管理而言是新的，自然成为一种创新。

（5）进行一项制度的创新。管理制度是企业资源整合的行为规范，它既是企业行为的规范，也是员工行为的规范。制度的变革会给企业行为带来变化，进而有助于资源的有效整合，使企业得到进一步发展。因此，制度创新也是管理创新之一。

（二）学习型组织与管理创新

未来企业的竞争是企业学习能力的竞争，企业惟一持久的竞争力是比自己的对手具有更快更强的学习能力。创新管理将成为未来管理的主流，为适应科学技术、经营环境的不断变化，企业必须不断地进行战略创新、制度创新、观念创新和市场创新，以扁平化、信息化、智能化为特征的学习型组织将很快成为企业的组织管理模式。从建立学习型组织的实践来看，企业要进行五项修炼，也需要进行多方面的创新。

从自我超越来看。个人和组织要突破自我超越障碍，通过建立个人愿景、保持创造性张力、看清结构性冲突、诚实地面对真相和运用潜意识来进行自我超越修炼，在一般企业里如果没有创新意识和行为是很难做到的。

从改善心智模式来看，组织要发展改善心智模式的能力需要创新，需要以学习新的技术和以革新制度为媒介，只有这样才能使心智模式成为惯性练习。组织通过询问及辩论的技巧，使管理者不得不思索在迈向未来的不同途径中，该如何思考、选择及如何管理。这样可避免所有管理者出现完全相同的倾向，避免单一化的思维模式所带来的危机。当一群管理者分享他们心中对未来的不同情境时，他们较能理解企业环境的多变性和不可控制性，进而进一步加强应变的能力。

从建立共同愿景来看。没有创新，共同愿景是无法建立的。在愿景的启发和汇集时期，需要创意思考的能力。愿景在开创时期特别需要发散性思考的能力。因为在这个阶段，心灵必须完全开放，没有批判，有的只是良性启发的对话，去思索新的可能和机会。在后期汇集各种不同的愿景，以建立出共同愿景时，也特别需要创意思考，必须在提取与包容之间把握得非常适当，既反映每个人的愿景，又不会出现各持己见、争执不下的局面，这实在是一门创新艺术。

从团体学习来看。要使团体学习在企业内开展起来并长久地持续下去，需要进行创新。许多想使企业变得更好的领导者常常发现团体学习很困难，而让组织整体学习更是困难，因为传统的组织结构中存在许多学习障碍，像独断性、权威性、等级性等种种防卫心态和障碍，这些对个人而言是个悲剧，而对企业组织而言，却是致命伤，这也就是为什么一般企业的平均寿命不超过 40 年的原因之一。

再从系统思考来看。组织和个人要看清系统动态性的复杂结构、要看清事物之间的因果反馈环、要看清时间滞延……要掌握趋势背后的结构，扩大思考的时间幅度和所涉及的范围，要离开那种"头疼医头，脚疼医脚"的心智模式，而成为"认识事物长期发展趋势和内在结构"的心智模式，并找到真正解决问题的杠杆点，都需要创新。而要掌握和应用系统思考的工具和技术如绘制系统基模、建立管理学习实验等也都需要创新。

案例　　壳牌和汉诺威运用心智模式的实践

20 世纪 70 年代初期，壳牌石油公司规划部在分析石油供需的长期趋势后，预见未来石油市场将会发生一场巨变。它们将石油市场未来各种可能发生的情况编成方案，要求管理者预想对策。最初，该公司许多管理者认为方案中所述与他们过去多年的经验不符，都不愿意改变自己原先的想法。后来，规划小组改变了做法，它们把目标确定在改变主管们的心智模式。在新设计的方案中，规划小组设法使主管们重新反省自己原有的想法，进而把深藏于内心的心智模式浮出，检验其是否正确。结果主管们发现自己所依据的假设在未来石油市场的发展趋势不太可能持续下去，因此，必须建立新的想法，修正原有的心智模式。结果在 1973 年至 1974 年间，阿拉伯石油禁运引起危机时，大多数石油公司都采取由中央集团控制分公司营运的做法，而壳牌公司却放手让各分公司根据自己的情况去做。因为主管的心智模式管理得当，处理这次危机非常有效。1970 年，该公司还屈居世界大石油公司末位，到了 1979 年它已是七大石油公司中实力最强的一家。20 世纪 80 年代，主管们的心智模式经过再次调整，1986 年他们安然度过了因石油过剩而导致油价暴跌的危机。

　　汉诺威保险公司采取了迥然不同的做法，来改善员工的心智模式。汉诺威保险公司成立于 1852 年，在 1969 年濒于破产边缘时，该公司最高主管决定以数年时间来改变员工的价值观，建立员工"开放型"的心智模式，以取代权威型组织价值观。汉诺威公司认为这些新的价值观能使公司日益强大，面对任何挑战。时至今日，该公司已成为一家在财产和责任保险绩效方面均为最好的公司。据《福布斯》杂志 1990 年 1 月的调查，它的复合式收益率从 1980 年以来一直保持 19%。正如其总裁欧白恩指出的那样，汉诺威保险公司在利润方面，1970～1974 年的 5 个年度中，高于美国保险产业的年平均利润有 3 次之多，1975～1979 年有 4 次，1980～1989 年的 10 年则每年都高于平均值；在成长率方面，公司高于行业平均成长率的次数同期分别为 1 次、4 次和 8 次；在平均净报酬率方面，1985～1989 年为 19.8%，业界为 15.9%；在销售成长率方面，汉诺威公司为 21.8%，业界为 15%。可见，汉诺威公司通过建立员工"开放型"的心智模式，使其在获利、成长及资产等方面取得了出色的成就。

小　结

　　21 世纪是科学技术更加迅猛发展、人类社会全面进入信息社会与知识经济的时代，个人和团体为能跟上时代发展的步伐，需要将工作与学习结合起来，实现终身学习。而学习型组织理论通过各种组织模型的构建，特别是五项修炼，以及管理创新使工作学习化和学习工作化，将工作与学习巧妙融合。学习型组织理论已成为当今最前沿的管理理论之一，而学习型组织将成为未来成功企业的管理模式。

思考题

　　1. 学习型组织的内涵及其特征是什么？

2. 简要评述学习型组织的构建模型及其共同点。

3. 试以个人学习为例，谈谈如何在学习中实现自我超越、改善心智模式、建立共同愿景、团体学习和系统思考？

4. 怎样才能实现有效地真诚交谈？

5. 系统思考与前四项修炼之间的关系如何？

6. 管理创新与学习型组织之间的关系如何？

参考文献

1. 彼得·圣吉．第五项修炼——学习型组织的艺术与实务．上海：上海三联书店，1997

2. 张声雄．〈第五项修炼〉导读．上海：上海三联书店，2001

3. 周德孚，殷建平，蔡桂其．学习型组织．上海：上海财经大学出版社，1998

4. 冯奎．学习型组织：未来成功企业的模式．广州：广东经济出版社，2000

5. 肖余春．21 世纪人力资源管理的新方向——学习型组织述评．载《江西教育学院学报（社会科学）》，2000（8），59 ~ 62

6. 翟英，张晓辉．西方企业理论的新发展——学习型组织理论，载《农业与技术》，1999（12），84 ~ 87

第十一章 战略选择与实施理论

　　企业组织与企业战略具有密切的关系，美国学者钱德勒（A. D. Chandler）在其名著《战略与结构——美国工业企业历史的篇章》中提出了企业组织结构要服从企业战略这一基本原则，本章要讨论的即是企业战略的选择与实施理论。该理论也是管理科学整体理论中一门较重要的分支学科。什么是科学的战略分析方法？战略选择理论中有哪些经典的矩阵及模型？如何将控制论运用于战略实施理论中？这些都是本章将要回答的问题。

第一节　TOWS 战略分析方法

一、TOWS 分析法概述

　　TOWS 分析法是一种综合考虑企业内部条件和外部环境的各种因素，进行系统评价从而选择最佳经营战略的方法。T 是指企业外部环境的威胁（threats）；O 是指企业外部环境的机会（opportunities）；W 是指企业内部的劣势（weaknesses）；S 是指企业内部的优势（strengths）。

　　在进一步讲解战略分析方法之前，有必要对 TOWS 战略分析方法的关键术语进行定义。

　　1. 战略

　　战略一词原为军事用语，随着人类社会实践的发展，"战略"被广泛地用于军事之外的领域。一般认为企业战略是指"企业为了长远的生存和发展，根据外部环境和内部能力状况，选择目标市场和产品，统筹分配经营资源，革新经营结构的决策和行动方案"①。

　　一般来说，企业战略可划分为三个层次，即公司战略、经营（事业部）战略和职能战略。公司战略是企业战略的总纲，是企业的最高管理层指导和控

---

　　① 引自：龚敏，谭力文等：《现代企业战略管理》，5 页，武汉，武汉大学出版社，1993。

制企业的一切行为的最高行动纲领；经营（事业部）战略是企业内部各部门和所属单位在企业总体战略指导下经营管理某一特定单位的战略计划；职能战略是为贯彻、实施和支持企业总体战略与企业经营战略而在企业特定的职能管理领域制定的战略。

表 11.1 列举并定义说明了企业通常可以选择的各种战略：

表 11.1　　　　　　　　　　　　战略类型及定义

战略类型	具体战略	定　　义
稳定发展战略	市场渗透	通过强大的营销策略提高现有产品或服务的市场份额
	市场开发	将现有产品或服务打入新的区域市场
	产品开发	通过改造现有产品或服务以及开发新产品或服务来增加销售
发展战略	前向一体化	获得分销商或零售商的所有权或对其加强控制
	后向一体化	获得供方公司的所有权或对其加强控制
	横向一体化	获得竞争对手的所有权或对其加强控制
	集中化多元经营	增加同现有产品或服务相类似的新产品或新服务
	混合式多元经营	增加新的与原业务不相关的产品或服务
合并战略	横向合并	两家或更多的直接竞争者的组合
	同心合并	产品或服务具有相似性的两家或多家公司的组合
	纵向合并	生产线前后关联的两家或多家公司的组合
	复合合并	现有产品或服务及不相同的两家或多家公司的组合
紧缩战略	转向战略	通过减少成本与资产对企业进行重组以提高经营效率
	放弃战略	将公司的主要部门售出
	清算战略	通过拍卖资产或停止全部经营业务来结束公司的运作

2. 外部机会与威胁

企业外部的机会是指环境中对企业有利的因素，如政府支持、高新技术的应用、良好的购买者和供应者关系等。企业外部的威胁是指环境中对企业不利的因素，如新竞争对手的出现、市场成长缓慢、购买者和供应者讨价还价增强、技术老化等。机会和威胁基本上是在企业的控制范围之外，因此被称为是"外部"的。

战略管理的一条基本宗旨就是利用外部机会，回避外部威胁或减少外部威胁的影响。因此，识别、监视和评价外部机会与威胁是企业成功所必需的。

3. 内部优势与劣势

企业内部的优势和劣势是企业内可控制的因素，一般表现在企业的资金、技术设备、职工素质、产品、市场及管理技能等方面。优势和劣势都是与竞争者相对而言的，此外还可与公司自己的目标相对而言。例如，对一家极力防止产品脱销的公司来说，高库存周转率可能并不构成一种劣势。

判断企业内部的优势和劣势一般有两项标准：一是单项的优势和劣势。例如，企业资金雄厚，则在资金上占优势；市场占有率低，则在市场上占劣势。二是综合的优势和劣势。为了评估企业综合的优势和劣势，应选定一些重要因素，加以评估打分，然后根据其重要程度加权确定。

二、外部因素分析方法

（一）波特的五种力量模型

外部环境分析中一个重要的方面是对行业的结构及竞争性进行分析，美国哈佛大学商学院教授迈克尔·E. 波特（M. E. Porter）对竞争环境中制约企业的各种主要因素进行深入分析后，提出了著名的波特模型。波特认为，决定一个企业盈利能力的首要和根本的因素是产业的吸引力，竞争战略必须从对决定产业吸引力的竞争规律的深刻理解中产生。竞争规律都寓于以下五种竞争力量之中：新竞争者的进入、替代品的威胁、买方的还价能力、供方的讨价能力和现有竞争者之间的竞争（见图 11.1）。

1. 现有竞争者之间的竞争程度

企业间的竞争通常是五种竞争力量中最重要的一种，决定产业内竞争的因素主要有：产业增长率、产业集中程度和平衡情况、固定（或流动）投资的增值、产品差异程度、商标的知名度、转换成本、竞争厂商的多样化、公司的利害关系以及退出障碍等。

2. 潜在的新进入者的威胁力

新竞争对手进入行业，意味着行业生产能力增大、市场份额的重新分配以及与现有企业争夺资源。进行分析时，应从进入的阻力和现有企业的反应入手。进入壁垒一般包括以下因素：规模经济的缺乏，用户对原有产品较高的忠诚度及较强的品牌偏好，资金及技术的缺乏，政府的管制政策、关税，原有公司的对抗行为以及潜在的市场饱和，等等。

3. 替代品的威胁

替代产品的存在为产品的价格规定了上限，当产品价格超过该上限时，用户将转向替代产品。当替代产品价格下降或用户改用替代产品使成本下降时，

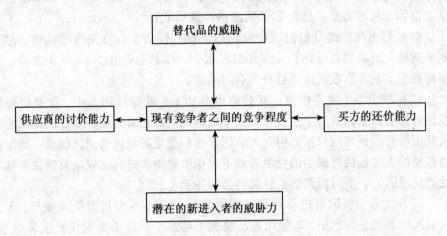

图 11.1　波特的五种力量模型

替代产品带来的竞争压力将会增大。衡量替代产品竞争优势的最好尺度是，替代产品进入市场后所得到的市场份额以及竞争公司增加生产能力和加强市场渗透的计划。

4. 供应商的讨价能力

供应商的威胁手段一是提高供应价格，二是降低供应产品或服务的质量，从而使下游行业利润下降。在下列情况下，供应商有较强的讨价还价能力：供应行业由几家公司控制，其集中化程度高于购买商行业的集中化程度；供应商无需与替代产品进行竞争；对供应商而言，所供应的行业无关紧要；对买主而言，供应商的产品是很重要的生产投入要素；供应商的产品存在差别并使购买者建立起很高的转换成本；供应商对买主行业构成强大的前向一体化威胁。

5. 买方的还价能力

购买上可能要求降低购买价格，要求高质量的产品和更多的优质服务，其结果使得行业竞争加剧，导致行业利润下降。在下列情况下，购买者有较强的讨价还价能力：买者相对集中并且大量购买；购买的产品占购买商全部费用或全部购买量中很大的比重；从该行业购买的产品属标准化或无差别的产品；购买商的行业转换成本低；购买商的利润很低；购买商有采用后向一体化对销售者构成威胁的倾向；销售者的产品对购买商的产品质量或服务无关紧要；购买商掌握供应商的充分信息。

（二）外部因素评价（EFE）矩阵

外部因素评价矩阵（external factor evaluation（EFE）matrix）可帮助战略

制定者归纳和评价经济、政治、文化、社会、人口、环境、政府、法律、技术及竞争等方面的信息。建立 EFE 矩阵的步骤如下：

（1）列出在外部分析过程中确认的关键外部因素。首先列举机会，然后列举威胁，可采用百分比、比率和对比数字，因素总数在 10～20 个之间，包括影响企业和其所在产业的各种机会与威胁。

（2）赋予每个因素权重，其数值由 0.0（不重要）到 1.0（非常重要）。权重标志着按该因素对于企业在产业中取得成功的相对影响程度，因此机会往往比威胁得到更高的权重，但当威胁因素特别严重时也可得到高权重。确定恰当权重的方法包括对成功的竞争者和不成功的竞争者进行比较以及通过集体讨论而达成共识。所有因素的权重总和必须等于 1。

（3）为各关键因素进行评分，范围为 1～4 分，4 分代表反映很好，3 分代表反映超过平均水平，2 分代表反映为平均水平，而 1 分则代表反映很差。评分标志着企业现行战略对各关键因素的有效反映程度，反应了企业战略的有效性。需注意的是评分以公司为基准，而步骤（2）中的权重是以产业为基准的。

（4）用每个因素的权重乘以它的评分，即得到每个因素的加权分数。

（5）将所有因素的加权分数相加，得到企业的总加权分数。

无论 EFE 矩阵包括的关键机会与威胁数量多少，企业所得到的总加权分数在 1.0 到 4.0 之间，平均总加权分数为 2.5。总加权分数为 4.0 说明企业在整个产业中对现有机会与威胁做出了最出色的反应，即企业的战略有效地利用了现有机会并将外部威胁的潜在不利影响降至最小。而总加权分数为 1.0 则说明公司的战略不能利用外部机会或回避外部威胁。

表 11.2 是美国一家汽车生产公司 EFE 矩阵的例子。总加权分数为 2.20 说明该公司在利用外部机会和回避外部威胁方面低于平均水平。

表 11.2   EFE 矩阵举例

关键外部因素	权重	评分	加权分数
机会			
1. 在汽车的生产和分销方面有降低成本的办法	0.10	3	0.30
2. 欧洲经济统一使全球市场潜力增大	0.05	3	0.15
3. 符合空气净化的替代燃料的出现	0.15	1	0.15
4. 网络汽车广告的增加	0.05	1	0.05
5. 汽车智能系统的研发进步巨大	0.15	4	0.60

续表

关键外部因素	权重	评分	加权分数
威胁			
1. 不利于汽车工业的立法	0.10	2	0.20
2. 进口车占有了很大市场份额	0.20	2	0.40
3. 汽车行业销售缓慢	0.05	3	0.15
4. 日元与美元的汇率	0.10	1	0.10
5. 美国经济的下滑或可能的衰退	0.05	2	0.10
总计	1.00		2.20

三、内部因素分析方法

内部因素分析方法采用内部因素评价（IFE）矩阵。

对企业内部的优势与劣势分析进行总结的步骤就是建立内部因素评价矩阵（internal factor evaluation（IFE）matrix）。这一战略分析工具总结和评价了企业各职能领域的优势与劣势，并为确定和评价这些领域间的关系提供了基础。与上述 EFE 矩阵相类似，IFE 矩阵也可按如下步骤建立：

（1）列出在内部分析过程中确定的关键因素，首先列出优势，然后列出劣势。因素个数在 10～20 个之间。

（2）给每个因素以权重，其数值范围由 0.0（不重要）到 1.0（非常重要）。权重标志着各因素对于企业在产业中成败的影响的相对大小。无论关键因素是内部优势还是劣势，对企业绩效有较大影响的因素就应当得到较高权重。所有权重之和等于 1。

（3）为各因素进行评分，范围为 1～4 分，1 分代表重要劣势，2 分代表次要劣势，3 分代表次要优势，4 分代表重要优势。仍需注意的是，评分以公司为基准，权重则以产业为基准。

（4）用每个因素的权重乘以它的评分，即得到每个因素的加权分数。

（5）将所有因素的加权分数相加，得到企业的总加权分数。

无论 IFE 矩阵包含多少因素，总加权分数的范围都是从最低的 1.0 到最高的 4.0，平均分为 2.5。总加权分数大大低于 2.5 的企业的内部状况处于弱势，而分数大大高于 2.5 的企业的内部状况则处于强势。应当注意的是，当某种因素既构成优势又构成劣势时，该因素将在 IFE 矩阵中出现两次，分别给予权重和评分。

表 11.3 仍以上述的汽车生产为例,列出 IFE 矩阵,总加权分数 2.90 表示该公司的总体内部优势高于平均水平。

表 11.3　　　　　　　　　　IFE 矩阵举例

关键内部因素	权重	评分	加权分数
优势			
1. 世界第二大小汽车生产商	0.05	4	0.20
2. 大规模生产能力使其达到规模经济	0.10	4	0.40
3. 业务组合平衡较好	0.05	3	0.15
4. 与外国公司成功合作经营	0.10	4	0.40
5. 通过技术革新降低了成本提高了质量	0.15	4	0.60
6. 强有力的管理队伍	0.10	3	0.30
7. 员工素质较高	0.05	3	0.15
8. 已建立起较高的声誉	0.05	3	0.15
9. 合理的财务比率	0.05	4	0.20
劣势	0.7		2.55
1. 与竞争者相比,收益更多地花费在养老金、补偿救济金等方面	0.05	1	0.05
2. 缺乏多样化经营	0.05	2	0.10
3. 没有实现全面机械化	0.10	1	0.10
4. 近期的合资经营亏损	0.10	1	0.10
总计	1.00		2.90

四、TOWS 分析矩阵

TOWS 分析矩阵是综合以上两种分析方法从而寻找企业外部环境和内部条件最佳可行战略组合的一种分析工具。

TOWS 分析矩阵是一个以外部环境中的机会和威胁为一方,企业内部条件中的优势与劣势为另一方的二维矩阵(见图 11.2)。在此矩阵中,有四个象限或四种 TOWS 组合,即优势-机会(SO)组合,优势-威胁(ST)组合,劣势-机会(WO)组合,劣势-威胁(WT)组合。各种组合分析如下:

（1）优势-机会（SO）组合。这是一种最理想的组合，任何企业都希望凭借企业的长处和资源来最大限度地利用外部环境所提供的多种发展机会。

（2）优势-威胁（ST）组合。在这种情况下，企业应巧妙地利用自身的优势来对付外部环境中的威胁，其目的是发挥优势而减低威胁。但这并非意味着一个强大的企业必须以其自身的实力来正面回击外部环境中的威胁，合适的策略应当是慎重而有限度地利用企业的优势。

（3）劣势-机会（WO）组合。企业已经鉴别出外部环境所提供的发展机会，但同时企业本身又存在着限制利用这些机会的组织劣势。在这种情况下，企业应遵循的策略原则是通过外在的方式来弥补企业的劣势，以最大限度地利用外部环境中的机会。

（4）劣势-威胁（WT）组合。企业应尽量避免处于这种状态。然而一旦企业处于这样的位置，在制定战略组合时就要减低威胁和劣势对企业的影响，以期能克服劣势或使威胁随时间的推移而消失。

	优势（S） （列出优势）	劣势（W） （列出劣势）
机会（O） （列出机会）	SO 组合 发挥优势，利用机会	WO 组合 利用机会，克服劣势
威胁（T） （列出威胁）	ST 组合 利用优势，回避威胁	WT 组合 减小劣势，回避威胁

图 11.2　TOWS 矩阵

第二节　战略选择理论

一、经营单位战略选择理论

（一）战略地位与行动评价（SPACE）矩阵

战略地位与行动评价矩阵（strategic position and action evaluation（SPACE）matrix）是一种重要的战略匹配方式。如图 11.3 所示，该矩阵的四象限图表明进取、保守、防御、和竞争四种战略中哪种适合于特定的企业。SPACE 矩阵的轴线代表了 4 个对于确定企业的总体战略地位最为重要的因素：两个内部因素——财务优势（FS）和竞争优势（CA），两个外部因素——环境稳定性（ES）和产业优势（IS）。

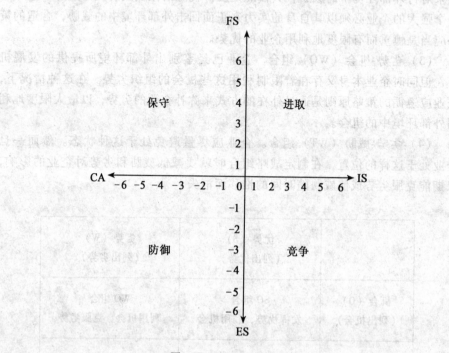

图 11.3　SPACE 矩阵

建立 SPACE 矩阵的步骤如下：

（1）选择构成财务优势（FS）、竞争优势（CA）、环境稳定性（ES）和产业优势（IS）的一组变量。根据企业类型的不同，SPACE 矩阵轴线可以代表多种不同的变量，上述 EFE 矩阵和 IFE 矩阵中所包括的各种因素应当在建立 SPACE 矩阵时予以考虑。常见的 FS 变量有：投资收益、杠杆比率、偿债能力、流动资金和现金流动等；CA 变量有：市场份额、产品质量、对供应商和经销商的控制等；ES 变量有：技术变化、通货膨胀率、需求变化性、市场进入壁垒和价格需求弹性等；IS 变量有：增长潜力、盈利潜力、财务稳定性和专业技术等。

（2）多构成各数轴的变量进行评分：对构成 FS 和 IS 轴的各变量评分范围从 +1（最差）到 +6（最优），对构成 ES 和 CA 轴的各变量评分范围从 –1

（最优）到 -6（最差）。

（3）分别将各数轴所有变量的评分相加，除以该数轴的变量总数，得出 FS，CA，IS 和 ES 各自的平均分数。

（4）将 FS，CA，IS 和 ES 各自的平均值标在各自数轴上。

（5）将 CA，IS 轴上的两个分数相加，将结果标在横轴上；将 FS，ES 轴上的两个分数相加，将结果标在纵轴上。标出横轴与纵轴数值的交点。

（6）自 SPACE 矩阵原点至上述横、纵轴数值的交叉点画一条向量。该向量表明了企业可采取的战略类型：进取、竞争、防御及保守。

图 11.4 表示通过 SPACE 分析得出的各种战略态势。当公司的向量位于 SPACE 矩阵的进取象限时，该企业处于绝佳地位，可通过其内部优势来利用外部机会、克服内部劣势和回避外部威胁。根据企业面临的具体情况可采取以下战略及它们的组合：市场渗透、市场开发、产品开发、前向一体化、后向一体化、横向一体化、混合式多元经营、集中式多元经营、横向多元化经营及结合式战略。

向量出现在 SPACE 矩阵的保守象限时，意味着该企业应固守基本竞争优势而不要过分冒险。保守性战略通常包括市场渗透、市场开发、产品开发及集中化多元经营。

向量出现在 SPACE 矩阵左下角的防御象限意味着企业应集中精力克服内部劣势并回避外部威胁。防御性战略包括紧缩、剥离、结业清算和集中化多元经营。

最后，向量位于 SPACE 矩阵右下角的竞争象限表明企业应采取竞争性战略。竞争性战略有后向、前向及横向一体化、市场渗透、市场开发、产品开发及组建合资企业。

（二）战略聚类模型

战略聚类模型也是一种常用的制定备选战略的工具，企业及公司各战略经营单位都可按此方式被定位。如图 11.5 所示，战略聚类模型基于两个评价数值：竞争地位和市场增长，各备选战略按吸引力大小排序而分别列于矩阵的各象限中。

按照这一模型，象限Ⅰ中的企业处于绝佳地位，宜继续集中力量经营现有业务，不宜轻易转移其既有的竞争优势。但如果企业资源除扩大现有业务外还有剩余，则可考虑采用前向、后向或横向一体化及集中化多元经营战略。

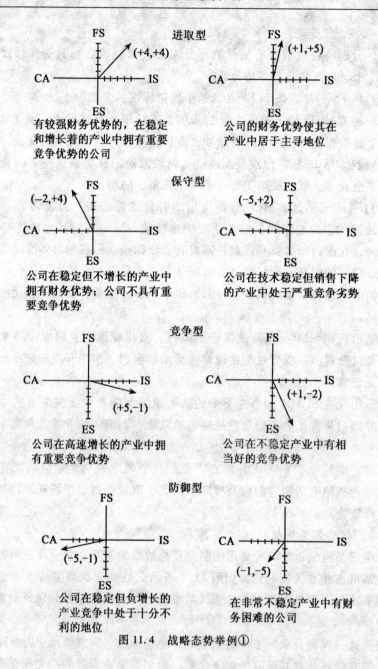

图 11.4　战略态势举例①

① 资料来源：H. Rowe：'Strategic Management and Business Policy：A Methodological Approach'，155，Massachusetts，Addison-Wesley Publishing Co. Inc.，1982.

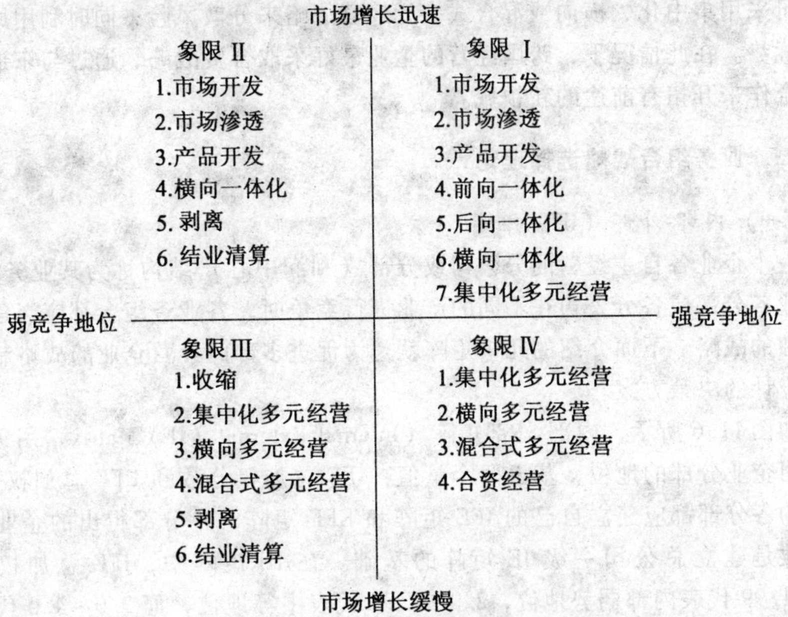

市场增长迅速

象限Ⅱ　　　　　　　　　　象限Ⅰ
1.市场开发　　　　　　　　1.市场开发
2.市场渗透　　　　　　　　2.市场渗透
3.产品开发　　　　　　　　3.产品开发
4.横向一体化　　　　　　　4.前向一体化
5.剥离　　　　　　　　　　5.后向一体化
6.结业清算　　　　　　　　6.横向一体化
　　　　　　　　　　　　　7.集中化多元经营

弱竞争地位 ────────────────────── 强竞争地位

象限Ⅲ　　　　　　　　　　象限Ⅳ
1.收缩　　　　　　　　　　1.集中化多元经营
2.集中化多元经营　　　　　2.横向多元经营
3.横向多元经营　　　　　　3.混合式多元经营
4.混合式多元经营　　　　　4.合资经营
5.剥离
6.结业清算

市场增长缓慢

图 11.5　战略聚类模型①

象限Ⅱ中的企业必须认真评估其现有战略，找出其绩效不佳的原因，判断有无可能使竞争地位转弱为强，可能的选择是重新制定市场开发或产品开发战略、横向一体化、分离和结业清算。一般来说，在迅速增长的市场中，即使弱小的企业也往往能找到有利可图的机会，因此应首先制定市场开发或产品开发战略。如企业通过上述努力仍无力获得成本效益，则可考虑采取一体化战略，若再无力增强竞争地位，可考虑退出该市场或产品领域的竞争。若企业生产的产品品种较多，则可分离出耗费大、效益低的业务。最后，当某业务很难盈利时，可以采取清理战略，以避免拖延造成的更大损失。

若企业处于第Ⅲ象限，即相对竞争地位较弱，同时面对一个增长缓慢的市场，企业可采取如下几种战略：收缩、集中化、横向或混合式多元经营、剥离或结业清算。其中收缩战略既能得到转移投资所需资金又能促使雇员提高工作效率；集中化或混合多元经营战略便于企业进入有前途的竞争领域。如果能找到持乐观态度的买主，则可以采取分离或清理战略。

若企业处于第Ⅳ象限，即企业的相对竞争地位较强，但市场增长却比较缓

① 资料来源：Roland Christensen：'Policy Formulation and Administration', 16-18, Homewood, Richard D. Irwin, 1976.

慢，可采用集中化、横向或混合式多元经营战略来分散风险，同时利用原有的竞争优势。在此情况下，跨国经营的企业最好采取合资战略，通过与东道国企业的合作来开拓有前途的新领域。

二、业务组合战略选择理论

（一）内部-外部（IE）矩阵

一个企业各自主经营的分公司或分部（利润中心）结构称为其业务组合。当企业各分部或各分公司在不同的产业进行竞争时，各业务组合都应当建立自己单独的战略。下面介绍的几个矩阵就是为促进多部门经营企业的战略制定而专门设计的决策方案。

如图 11.6 所示，内部-外部矩阵（Internal-External（IE）Matrix）用 9 个格子表明企业分部的地位，基于两个量值：IFE 总加权分数和 EFE 总加权分数。企业的各分部都应建立自己的 IFE 矩阵和 EFE 矩阵，各分部得出的企业总加权分数是建立总公司一级 IE 矩阵的基础。在 IE 矩阵中，IFE 总加权分数 1.0～1.99 代表内部弱势地位，2.0～2.99 代表中等地位，而 3.0～4.0 代表强势地位。相似的，EFE 总加权分数 1.0～1.99 代表外部弱势地位，2.0～2.99 代表中等地位，而 3.0～4.0 代表外部优势地位。

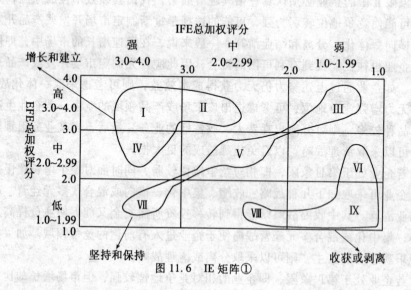

图 11.6 IE 矩阵①

---

① 弗雷德·R. 戴维（李克宁译）：《战略管理》，第 8 版，232 页，北京，经济科学出版社，2001。

　　IE 矩阵可以被分为三个具有不同战略含义的主要区间：第一，落入第 I，II 或 IV 格的分部可被看做是增长和建立型部门。这类分部宜选用加强型战略（市场渗透、市场开发和产品开发）或一体化战略（后向一体化、前向一体化和横向一体化）。第二，落入第 III，V 或 VII 格的分部可采取维护和保持型战略，最常用的战略是市场渗透和产品开发。第三，处于第 VI，VIII 或 IX 格的分部可采用收获型或剥离型战略。成功的企业应能使业务组合中的各分部位于 IE 矩阵的第 I 格或其附近。

　　（二）波士顿（BCG）矩阵

　　波士顿矩阵（Boston Consulting Group（BCG）Matrix），又称四象限法，是由波士顿咨询公司首先提出的，常用于市场营销组合中产品组合策略的选择，同时用于经营单位组合的战略选择。

　　BCG 矩阵是把销售增长率（即经营业务增长率）和企业的相对竞争地位（即市场占有率）作为决定整体经营组合中任一特定经营单位应当奉行的战略的两个基本参数。销售增长率对战略的选择有双重作用：一是销售增长率高意味着市场容量大或竞争对手的市场占有率较少；二是销售增长率高意味着迅速收回资金的机会较大，也意味着增长越快，维持增长的资金也越多。企业的相对竞争地位强意味着较高的利润率，从而应得到较高的现金流入量。

　　BCG 矩阵将销售增长率作为纵坐标，以线性坐标表示；将市场占有率作为横坐标，以对数坐标表示，构成 4 个象限，象限的界定可按实际情况随意设置。如图 11.7 所示，图中 10% 以上的销售增长率被认为是高增长，1.5 的对数坐标（即某一经营单位的市场份额为其主要竞争对手市场份额的 1.5 倍）的市场占有率为高低界限。位于 BCG 矩阵第 I 象限的业务分部被称为"明星"，第 II 象限的被称为"现金牛"，第 III 象限的被称为"问号"，第 IV 象限的被称为"瘦狗"。波士顿咨询公司认为，一个企业的所有经营单位都可列入上述任一象限中，并依据它所处的地位采取不同的战略：

　　"明星（star）"——相对市场占有率和市场增长率都较高的经营单位，因而所需要的和所产生的现金流量都很大。"明星"通常代表着最优的利润增长率和最佳的投资机会，因此最佳战略是对其进行必要的投资，从而维护和改进其有利的竞争地位。这类分部可考虑采取的战略包括：前向、后向和横向一体化，市场渗透，市场开发，产品开发及合资经营。

　　"现金牛（cash cow）"——有较低的市场增长率和较高的相对市场占有率的经营单位。较高的相对市场占有率带来高额利润和现金，而较低的市场增长率只需要少量的现金投入。因此，"现金牛"通常产生出大量的现金余额，可提供现金去满足整个公司的需要，支持其他需要现金的经营单位。对"现金牛"类的经营单位,应采取维护现有市场占有率,保持经营单位地位的维护战略,如产品开发或集中化多元经营战略;也可采取抽资转向战略,获得更多的现金收入。

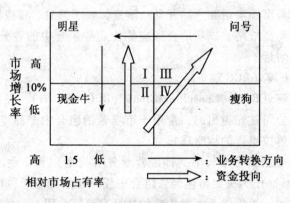

图 11.7 BCG 矩阵

"问号（question mark）"——相对市场占有率较低而市场增长率却较高的经营单位。高速的市场增长需要大量投资,而相对市场占有率低却只能产生少量的现金,为此,对总公司而言,一种战略是对"问号"进行必要的投资,采取加强型战略（市场渗透、市场开发或产品开发）以扩大市场占有率使其转变为"明星",当市场增长率降低以后,这颗"明星"就转变为"现金牛"。如果认为某些"问号"不可能转变为"明星",就应当采取放弃战略。

"瘦狗（dog）"——相对市场占有率和市场增长率都较低的经营单位。较低的市场占有率一般意味着较少的利润,此外,由于增长率低,用于维持竞争地位所需的资金经常超过它们的现金收入,因此用追加投资来扩大市场占有率的办法往往是不可取的。由于其内部和外部地位的劣势,这类部门通常被结业清算、剥离或通过收缩而被削减。当分部刚刚沦为"瘦狗"时,最好首先采用收缩战略,因为通过大规模的资产和成本削减,很多"瘦狗"往往能够起死回生,成为有活力的、盈利的企业分部。

对大多数公司来说,他们的经营单位分布于矩阵中的每一象限。企业应采取的经营组合战略可概述如下:首要目标是维护"现金牛"的地位,但要防止常见的对其追加过多投资的做法。从"现金牛"处所得的资金应优先用于维护或改进那些无法自给自足的"明星"的地位。剩余的资金用于扶持一部分筛选出的,确认为可转变为"明星"的暂处于"问号"地位的经营单位。要有勇气放弃或清算那些不宜投资的处于"问号"地位的经营单位。对于处于"瘦狗"地位的经营单位，首先要研究能否起死回生，转弱为强，投资上应非常慎重，如果确认为失败，就要有决心予以放弃或清算。

公司不仅要对每类经营单位采取不同的战略以及对经营组合采取整体经营组合战略，同时还应注意每类经营单位在整个公司经营组合中的比重，即要关注公司的整体经营组合的平衡性。只有平衡的经营组合才是理想的经营组合。图 11.8 是一个公司经营组合图，圆圈的大小代表各分部对总公司销售额的贡献比率，它所描述的经营组合是相当平衡的。该公司有两三个"现金牛"作为坚实的基础，两个"明星"提供了进一步发展的机会，可能有两个"问号"能以合理的价格转变为"明星"。最后，还有几个应受到严密监控的"瘦狗"，可放弃或清算掉。而图 11.9 所示的经营组合是不平衡的。该公司"现金牛"单位太少，而"瘦狗"类单位太多。这样，"问号"的发展缺少资金来源，企业也没有具有发展前途的"明星"业务。

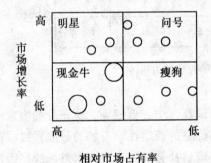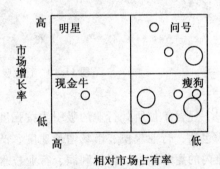

图 11.8　平衡的经营组合图　　　　图 11.9　不平衡的经营组合图

BCG 矩阵的主要宜处在于，它使企业很容易注意到各分部门的现金流动、投资特性及需求。但它同其他所有技术分析一样，也有某些局限性。例如，将所有企业看成是"明星"、"问号"、"现金牛"、"瘦狗"之一未免过于简单，很多位于 BCG 矩阵的企业不易被明确地归类。此外，BCG 矩阵不能反映各分部或其所在产业在一定时期是否增长，即该矩阵没有考虑时间因素，只是对企业在某一特定时点状况的反映。最后，除相对市场份额地位和市场增长率之外的一些变量，如竞争优势等，对公司各经营单位决策的制定也非常重要。

BCG 矩阵和 IE 矩阵的相似之处在于他们都是用矩阵图表示企业分部地位的工具，为此他们也被称为组合矩阵。而且，在 BCG 和 IE 矩阵中，都可用圆圈的大小代表各分部对总公司销售额的贡献比率，用圆圈中阴影代表各分部对总公司盈利的贡献比率。当然，BCG 矩阵和 IE 矩阵两者也存在一些重要的区别。首先,两个矩阵的轴线不同。其次,IE 矩阵比 BCG 矩阵要求有更多的关于企业分部的信息。另外,两个矩阵的战略含义也各不相同。

（三）吸引力-竞争能力矩阵

行业吸引力-竞争能力分析法是由美国通用电气公司与麦肯锡咨询公司在对 BCG 矩阵加以改进的基础上共同发展起来的。根据行业吸引力和经营单位的竞争能力,它也用矩阵来定出每个经营单位在总体经营组合中的位置,据此来制定出不同的战略,如图 11.10 所示。

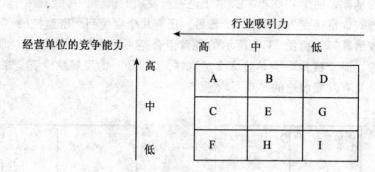

图 11.10　行业吸引力-竞争能力矩阵

经营单位所处行业的吸引力按强度分成高、中、低三等,所评价的因素一般包括:行业规模、市场增长速度、产品价格的稳定性、市场的分散程度、行业内的竞争结构、行业利润、行业技术环境、社会因素、环境因素、法律因素及人文因素等。经营单位所具备的竞争力按大小也分为高、中、低三等,所评价的因素包括:生产规模、增长情况、市场占有率、盈利性、技术地位、产品线宽度、产品质量及可靠性、单位形象、造成污染的情况及人员情况等。

行业吸引力的三个等级与经营单位竞争能力的三个等级构成一个具有 9 象限的矩阵,公司中的每一经营单位都可依其不同实力放置于矩阵中的某一位置。总体上公司的所有经营单位可分为三类,对不同类型的经营单位应采取不同的战略:

（1）发展类。这类包括处于 A,B 和 C 位置的经营单位,这些经营单位具有较强的竞争地位,所处行业很有前途,公司应采取发展战略,即要多投资以促进其快速发展。

（2）选择性投资类。这类包括处于 D,E 和 F 位置的经营单位。对这类单位,公司的投资要有选择性,选择其中条件较好的单位进行投资,对剩余的经营单位采取抽资转向或放弃战略。

（3）抽资转向或放弃类。这类包括处于 G，H 和 I 位置的经营单位。这类单位的行业吸引力和经营单位实力都较低，应采取不发展战略。对一些目前还有利润的经营单位，采取逐步回收资金的抽资转向战略；而对不盈利又占用资金的单位则采取放弃战略。

下面讨论如何将行业吸引力和竞争能力中的每个因素进行定量化，以便确定出每个经营单位在矩阵中的位置。

首先，确定对每个因素的度量方法。一般选用 5 等级度量法对每一等级赋予一定的分值，如某一因素很不吸引人，可给 1 分，有些不吸引人给 2 分，一般则给 3 分，有些吸引人给 4 分，很吸引人则给 5 分。

其次，根据实际情况对行业吸引力和经营单位竞争能力中的各因素确定一个等级值，并赋予一定权重，以表示各因素相对于经营单位的地位及重要程度。权数的总和应等于 1。表 11.4 是一家公司的某经营单位行业吸引力加权平均的例子，其中权数最大的是利润率，说明它对经营单位的影响最大。权数乘以等级值得出每个因素的计分，再把所有因素的计分累加起来就得到行业吸引力的总分。用同样的程序和方法，可得到上述经营单位竞争能力的加权总分，如表 11.5 所示。

表 11.4　　　　　　　　　　　行业吸引力加权平均举例

因素	权数	等级	计分
行业增长	0.15	3	0.45
市场规模	0.12	4	0.48
产品价格	0.05	3	0.15
市场多样性	0.05	4	0.20
行业竞争	0.05	3	0.15
行业利润率	0.25	3	0.75
行业整体技术	0.05	3	0.15
通货膨胀率	0.05	2	0.10
经济周期性	0.10	2	0.20
财政状况	0.05	3	0.15
能源政策	0.08	4	0.32
总计	1.00		3.10

表 11.5   竞争能力加权平均举例

因素	权数	等级	计分
生产规模	0.10	3	0.30
市场占有率	0.30	4	1.20
技术地位	0.10	5	0.50
产品质量及可靠性	0.25	3	0.75
研究与开发	0.05	1	0.05
管理能力	0.15	3	0.45
单位形象	0.05	2	0.10
总计	1.00		3.35

    最后，根据以上得出的行业吸引力和竞争能力的总分值来确定经营单位的位置。例如，可将行业吸引力或竞争能力的强、中、弱三等级的分界点定为3.0 和 1.50，即分值高于 3.0 者为强，处于 3.0～1.50 之间者为中，低于 1.50 的为弱。上述经营单位的行业吸引力总分为 3.10，竞争能力总分为 3.35，则经营单位处于矩阵图的左上方，是一家比较理想的企业（如图 11.11 所示）。对拥有多个经营单位的企业，用同样的方法可确定各经营单位在此矩阵中的位置。表 11.6 是一家总公司多个经营单位的总评分的例子，图 11.11 则是根据上述分值列出的大致的行业吸引力-竞争能力矩阵。

表 11.6   多个经营单位的总分值

经营单位	行业吸引力	竞争能力
I	3.10	3.35
II	2.25	1.05
III	2.35	2.75
IV	2.10	3.33
V	1.05	1.25
VI	1.20	2.22

行业吸引力

图 11.11　各经营单位所处位置

（四）产品-市场演化矩阵

产品-市场演化矩阵，是霍福尔（C. W. Hofer）对 BCG 矩阵和行业吸引力-竞争能力矩阵的扩展，按产品市场寿命周期五个阶段：开发—成长—扩张—成熟饱和—衰退和经营单位竞争地位：强、中、弱，构成 15 个区域，如图 11.12 所示。每一经营单位按其产品市场寿命阶段和竞争能力处于相应位置上，圆圈大小表示产业的相对规模，圆圈内阴影表示经营单位在行业中的市场占有率。根据各经营单位所处的位置和情况，采取相应的战略。

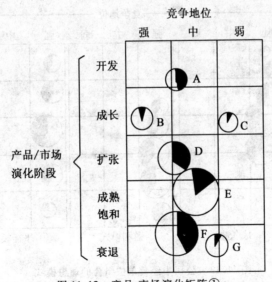

图 11.12　产品-市场演化矩阵①

———————————

① 资料来源：L. L. 拜亚斯（王德中等译）：《战略管理：规划与实施——概念和案例》，121 页，北京，机械工业出版社，1988

从图中可以看出，经营单位 A 的市场占有率较大，正处于产品-市场发展的开发阶段，且具有潜在的强大竞争力，就像一颗潜在的"明星"，因此是公司大力发展的对象；经营单位 B 类似 A，但要研究为何市场占有率相对低而竞争能力强，为此需要制定出克服市场占有率低的战略；经营单位 C 处于一个成长中的规模较小的产业，竞争地位弱且市场占有率低，所制定的战略要弥补上述不足，以使将来的投资合理，同时也可考虑放弃以将资源用于经营单位 A 和 B；经营单位 D 正处于扩张时期，其市场占有率高，竞争地位也较强，应维持其相对强大的竞争地位，从长期看，D 应该成为一头"现金牛"；经营单位 E 和 F 都是公司的"现金牛"，资金的主要来源，应予以维持和巩固；经营单位 G 犹如一条"瘦狗"，在短期内应尽可能的多收回资金，长远的战略则是放弃或清算。

不同的组织可以有不同的经营组合，霍福尔认为，大多数组合都是三种理想模式的变形。这三种模式是：成长型，盈利型及平衡型（见图 11.13）。每种组合模式都表明一家公司在对各经营单位分配资源时可能制定的战略和目标。

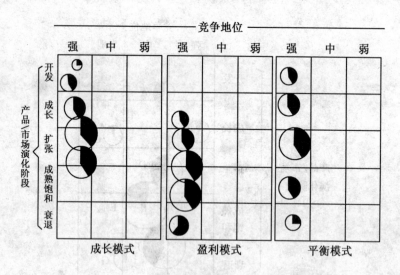

图 11.13　公司中经营单位组合的理想模式

三、定量战略计划矩阵

上述理论提供了多种备选战略，战略决策阶段要解决的是如何从这些战略中分出优劣，得到最佳战略。以下介绍一种分析技术——定量战略计划矩阵（quantitative strategic planning matrix，QSPM）。

QSPM 矩阵是一种战略制定者基于事先确认的外部及内部关键因素来客观评价备选战略的工具，表 11.7 表明了 QSPM 矩阵的基本格式：左边一列为关键的外部和内部因素（可从战略分析阶段的 EFE 矩阵和 IFE 矩阵中直接得到信息），紧靠关键因素的一列中标出了各因素在 EFE 矩阵和 IFE 矩阵中得到的权数，顶部一行为可行的备选战略（来自战略选择阶段）。当然并不是所有的被选战略都要在 QSPM 矩阵中予以评价，战略制定者应该用良好的直觉性判断来选择进入 QSPM 矩阵的战略。

表 11.7 QSPM 矩阵

关键因素	权重	战略 1	战略 2	战略 3	战略 4
关键外部因素					
经济					
政治					
文化					
科技					
法律					
关键内部因素					
财务					
管理					
市场营销					
产品质量					
研究与开发					
员工素质					

从理论上讲，QSPM 矩阵根据对关键外部和内部因素的利用和改进程度来确定各战略的相对吸引力。QSPM 矩阵中包括的备选战略的数量和战略组合的数量均不限，但只有在同一组内的各种战略才可以进行相互比较式评价。例如，第一组战略可能会包括集中化、横向和混合式多元经营，而另一组战略则可能包括发行股票、债券和出售分部以筹集资金等内容。这两组战略是完全不同的，不具有可比性，因此 QSPM 矩阵只在战略组合内评价各战略。

表 11.8 是一家汽车公司的 QSPM 矩阵，它所考虑的备选战略是在欧洲建立合资企业和在亚洲建立合资企业。下面以这家汽车公司为例，详细介绍 QSPM 矩阵的建立过程。

（1）在 QSPM 矩阵的左栏列出公司的关键外部机会与威胁和内部优势与劣势。这些信息可直接从 EFE 矩阵和 IFE 矩阵中得到，注意至少应包括 10 个外部关键因素和 10 个内部关键因素。

（2）给每个外部及内部关键因素赋予权重，标在紧靠外部和内部因素的纵栏中。这些权重应与 EFE 矩阵和 IFE 矩阵中的数据保持一致。

（3）考虑战略选择过程中列出的各矩阵并确认企业有可能实施的备选战略，将这些战略标在 QSPM 矩阵的顶部横行中，如有必要，可将各战略分为互不相容的若干组。

（4）依次考察各外部和内部因素，就其对不同战略的吸引力评分，评分范围为 1~4 分：1 分代表没有吸引力，2 分代表有少许吸引力，3 分代表相当有吸引力，4 分代表非常有吸引力。这些用数值表示的各组中每个战略的相对吸引力，称为吸引力分数（attractive scores，AS）。需要注意的是，如某一因素对同一组中战略的选择没有影响，就不应对该因素进行吸引力评分，即对该组中的所有备选战略，这一因素的吸引力评分用"－"表示，不予计算。如某因素影响某一战略而不影响其他战略，它仍将影响战略决策，应给予吸引力分数。如在该例中，北美自由贸易协定对在两个战略之间进行选择没有影响，因而在 AS 栏中以"－"表示。

每个吸引力分数都应有其理论依据。如在图 11.13 中，第一行中的吸引力分数的理论根据为西欧的统一使欧洲较之亚洲可以提供更为稳定的商务环境，因此在欧洲建立合资企业的吸引力分数为 4，而在亚洲建立合资企业的吸引力分数为 2，这表明前者是最可取的，同时若只考虑"欧洲的统一"之一项关键因素，后者也是可以接受的。要注意的是，不要给各种战略以同样的 AS 评分，同时也要避免同一行中相同的分数重复出现。

（5）将各因素的权重乘以吸引力分数，得到吸引力总分（total attractive scores，TAS）。吸引力总分表示对相邻外部或内部关键因素而言，各备选战略的相对吸引力。吸引力总分越高，战略的吸引力就越大（只考虑相邻的关键因素）。

（6）将 QSPM 矩阵中各战略纵栏中的吸引力总分相加，得到吸引力总分和。吸引力总分和表明了在各组备选战略中，那种战略最具吸引力（考虑所有影响战略决策的相关外部及内部因素）。分数越高说明战略越具吸引力。备选战略组中各战略吸引力总分差表明了各战略相对于其他战略的可取性。本例中在欧洲建立合资企业与在亚洲建立合资企业的 TAS 分数分别为 4.90 和 4.15，表明前者更具吸引力。

表 11.8　　　　　　　　　　　　**QSPM 矩阵举例**

关键因素	备选战略				
	在欧洲建立合资企业			在亚洲建立合资企业	
	权重	AS	TAS	AS	TAS
机会（O）					
1. 欧洲的统一	0.10	4	0.40	2	0.20
2. 消费者在选购汽车时更注重环保	0.15	4	0.60	3	0.45
3. 亚洲经济日益市场化	0.10	2	0.20	4	0.40
4. 对某节能小汽车的需求呈增长趋势	0.15	3	0.45	4	0.60
5. 北美自由贸易协定	0.05				
威胁（T）					
1. 对客车的需求增长缓慢	0.10	3	0.30	4	0.40
2. 不稳定的亚洲经济	0.05	4	0.20	1	0.05
3. 不利于汽车业的立法	0.10	–	–	–	–
4. 美元的贬值	0.15	4	0.60	2	0.30
5. 其他交通工具的竞争	0.05	–	–	–	–
优势（S）					
1. 公司利润率呈上升趋势	0.10	4	0.40	2	0.20
2. 新的北美分公司	0.10	–	–	–	–
3. 新的节能汽车的研发	0.10	4	0.40	2	0.20
4. 管理绩效高	0.10				
5. 新技术的应用提高生产率	0.15	3	0.45	3	0.45
劣势（W）					
1. 某分部销售额下降	0.05				
2. 企业重组花费巨大	0.05				
3. 公司国际化经营进展缓慢	0.15	4	0.60	3	0.45
4. 在欧洲的经营面临亏损	0.15	2	0.30	3	0.45
5. 税前利润率低于行业平均水平	0.05	–	–	–	–
总计	2.00		4.90		4.15

QSPM 矩阵具有如下优点：

（1）它可以相继地或同时地考察一组战略。例如，可以首先评价公司一级的战略，然后再考虑分公司或各分部的战略，最后评价职能部门一级的战略。在 QSPM 矩阵中可以同时评价的战略或战略组合的数量不受限制。

（2）它使得战略制定者在决策过程中将相关的外部和内部因素综合考虑在内。通过建立 QSPM 矩阵，可使战略制定者注意到影响战略决策的各种重要关系，因而可避免不适当地忽视或过分地偏重某些关键因素。

（3）QSPM 矩阵基本上适用于各种类型的组织。经过适当修改，它可用于大型及小型的，盈利及非盈利的各种组织，尤其适合于跨国公司提高战略决策水平。

当然，QSPM 矩阵也存在着一定的局限性。如权重和吸引力分数的确定要依靠直觉性判断和经验性假设，这些主观因素可能会影响评定的客观性。此外，QSPM 矩阵决策结果的科学性很大程度上依赖于战略分析和战略选择过程中的信息和匹配分析的质量。

第三节　战略实施理论

一、战略与组织结构理论

组织结构要服从组织战略这一基本原则是美国学者钱德勒（A. D. Chandler）在研究了 70 多家美国公司以后于 1962 年在其名著《战略与结构——美国工业企业历史的篇章》中首先提出的：企业战略决定着组织结构类型的变化，即企业应当根据内外部环境的变化制定相应的战略，然后再根据新制定的战略来调整原有的组织结构。组织结构的演变顺序如图 11.14 所示：

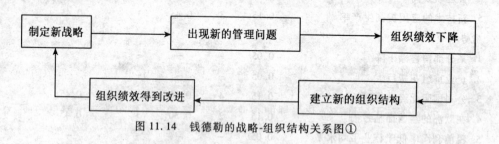

图 11.14　钱德勒的战略-组织结构关系图①

在钱德勒之后，麦肯锡的"7S"模型给出了企业的战略匹配所需的七个因素（见图 11.15），该模型系统地、动态地考察了战略与组织结构等因素间的关系。战略实施过程中，只有当企业的各种相关因素互相适应和互相匹配

①　资料来源：弗雷德·R. 戴维（李克宁译）：《战略管理》，第 8 版，264 页，北京，经济科学出版社，2001。

时，才可能获得成功。

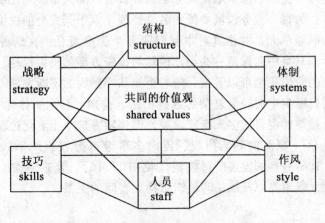

图 11.15　7S 框架图

　　组织结构可以定义为组织中各种劳动分工与协调方式的总和，它规定着组织内部各个组成单位的任务、职责、权利和相互关系。将组织结构与企业战略发展阶段联系起来，可以方便地给出企业组织从简单结构到复杂结构的连续演变过程，从而有助于比较全面地了解企业组织结构随着规模、市场、产品线的变化与随着用户—技术—业务组合战略的日趋复杂化而表现出来的发展趋势：

　　（1）企业规模很小，业务单一，由一人全面管理。此时，企业的管理者往往既是所有者又是创始人，通常与职工紧密联系，接触频繁，直接负责全体职工的指挥工作，企业管理者对企业运行的每个环节都比较了解，所有与企业使命、目标、战略以及日常运行相关的决策均由其作出。

　　（2）企业规模与范围较第一阶段有了显著的增加，这使得企业由单人负责管理向小组负责管理转变。此时，企业往往根据传统的营销、生产、财务、人事、工艺、技术、采购及计划等职能来划分战略责任，进行任务分解，建立相应的部门。对于横向一体化发展的企业来说，其主要的组织单元也就是构成生产链的一些特别组成环节。尽管处于这一阶段企业的任务通常是由许多担负专门职能责任的经理人员共同负责管理的，其业务仍基本保持在单一领域中。

　　（3）企业经营局限于单一领域或产品线，但其市场分布比较广泛，以至于必须按地理区域建立分权的经营单位。这些分权的经营单元，尽管仍需向公司总部报告，并在符合公司总体政策的前提下开展业务活动，却拥有充分的自主权制订本单元的计划以满足特定区域市场的需求。对处于这一阶段的企业而言，其各区域经营单元主要采取的是职能结构组织形式。

（4）企业不仅在区域市场方面，而且在产品与业务范围方面，分布都十分广泛，这时，企业通常采取按业务领域分权管理的大型多元化组织形式。典型的方法是：为每一业务领域委派一名总经理，赋予其充分的决策权以管理本业务领域各职能单元，并由其对本部门业务负完全责任。在这种类型的组织中，公司总部只集中和保留一些会计核算与投资方面的决策权利。

从以上的阶段模型可以看出，随着企业从小到大的不断发展，公司战略将从最基本的目标集中向较为复杂的数量扩张、前向、后向一体化、市场开发、产品开发及最终的混合式多元经营发展，而伴随着这一企业化过程，企业的组织结构也从单一职能向职能集权、再向多事业部分权组织形式转变。哈韦（Donald F. Harvey）的发展阶段模型（见图 11.16），直观地描绘出了美国公司主导性的发展道路以及战略与组织结构类型间的关系。

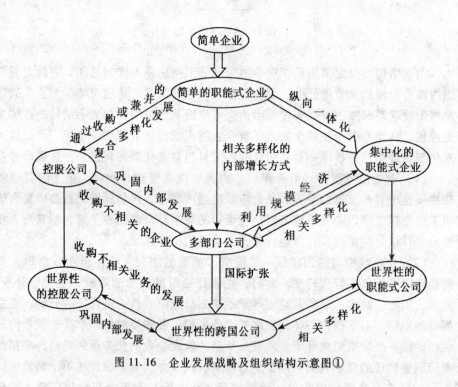

图 11.16　企业发展战略及组织结构示意图①

此外，从阶段模型还可看出，一旦战略发生变化，就有必要重新评审组织

---

　　①　资料来源：杨锡怀：《企业战略管理：理论与案例》，234 页，北京，高等教育出版社，1999。

结构与权力分配，对战略与组织的相互匹配性进行适当地调整。战略的变化将导致组织结构的变化，组织结构的重新设计应能够促进公司战略的实施。

二、战略实施模型

以下介绍的五种模型描述了总经理在战略实施过程中运用的不同工具、方法和组织形式，它们各有不同的侧重点，适合不同类型的企业（见表11.9）。

表 11.9　　　　　　　　　战略实施模型

战略实施模型	研究的战略问题	总经理扮演的角色	常用方法
指令型	应如何制定出最佳战略	理性行为者	经济分析
转化型	如何将已制定的战略予以实施	设计者	行为科学
合作型	如何使高层管理者参与战略的制定与实施	协调者	"头脑风暴法"①
文化型	如何使整个企业都保证战略的实施	指导者	交流与沟通
增长型	如何激励员工执行战略	评判者	维持平衡

1. 指令型

指令型阐明了传统的战略管理问题，即总经理应如何制定用于指导日常工作决策的经营战略，实现长期的战略目标。在此模型中，总经理扮演着"理性的行为者"的作用，以权威的资格发出指令。运行这一模型需要企业符合以下条件：企业在实施战略前就进行了大量的分析；总经理获得准确而完整的信息并拥有充分的权利；总公司一级委派一定数量的计划人员协调各经营单位的战略规划。

指令型由系统模型和增量方法两个部分组成。在系统模型中，首先确定组织目标，其次提出可能满足该目标的行动方案，再次根据经济效益对这些方案进行评价，最后从中选择一个方案予以实施。在增量方法中，主要评判企业目前的战略，评估企业面临的外部机会与威胁和内部优势与劣势，修改目前的战略以适应不断变化的内外部因素。可见，系统模型和增量方法在量的变化和分析范围上都存在着显著区别，但两者均有共同的假定基础：总经理应尽力达到企业高层所定的目标。

指令型常用的经济分析工具有：BCG 矩阵、行业吸引力-竞争能力分析矩

① 此处指就某一特定主题发扬集体智慧以从中选取合理化建议的方法。

阵、产品-市场演化矩阵、PIMS 分析①等。

2. 转化型

转化型对指令型加以发展，它需要解决的问题是：如何将既定战略通过组织予以实施？在此模型中，总经理运用科学的方法将企业组织纳入到战略规划的轨道上，并扮演着"设计师"的角色：设计企业的行政管理系统，协调组织间的关系，推动各经营单位为实现战略目标而努力。

转化型是指令型的完善与补充，其前提条件是企业已掌握了前面所述的经济分析工具。在此基础上，为了增加战略实施成功的可能性，该模型又在原有分析工具的基础上增加了三种行为科学的方法：

（1）运用组织机构和参谋人员明确地传递优先考虑的事物，将注意力集中于所需要的领域。

（2）建立规划系统、效益评价以及激励补偿等手段，支持实施战略的行政管理系统。

（3）运用文化调节的方法促进整个企业系统发生变化。

总之，总经理在运用转化形式，借助一整套强有力的战略实施手段，便可在众多不同的组织中实现更为复杂的战略规划。因此在实践中，转化型比单一的指令型更为有效。但单一的转化型也有自身的缺陷，如它不能解决指令型中如何获得准确信息的问题，也解决不了指令型中的动力问题。同时在转化型中，总经理可控制企业的组织体系和结构以支持某一具体战略，但也有可能失去战略的灵活性，而且在实践中，设计的组织结构和激励补偿系统相对于既定战略而言具有滞后性，为此在战略制定—战略实施的循环中，转化型和指令型及其他模型常常是相辅相成的。

3. 合作型

合作型把战略决策范围扩大到企业高层管理集体中，力图解决"如何使高层管理集体帮助制定和支持一系列完好的目标和战略"这一问题。在此模型中，总经理调动高层管理人员的能动性，并用"头脑风暴"的方式使持有不同观点的经理为战略制定过程做出各自的贡献。总经理的任务是要博采众长，吸收各种认识的精华，同时要发挥协调者的作用，在决策人员之间建立一种互相补充的结构，促使他们吸收各种积极的思想建议。

总体而言，合作型克服了指令性和转化型中存在的重大局限性，如总经理

---

① PIMS 是 Profit Impact of Market Strategies 的缩写，指市场战略对利润的影响。该研究最早于 1960 年在美国通用电气公司内部开展，旨在找出市场占有率对经营单位业绩的影响程度。

通过接触众多高层管理人员，克服了指令型中的信息准确性和认识局限性问题，增强了战略实施成功的可能性，更加适合于复杂而缺少稳定性的环境。当然，合作型也有自身的局限性，如不同高层管理人员的意见分歧可能过大而导致战略实施的效率低下，同时集体决策在实践中往往难以真正实行。

4. 文化型

文化型将合作型的参与成分运用到组织中较低的层次上，即从高级管理的集体参与转向全体人员的参与，试图解决"如何才能使整个组织支持既定的战略目标"的问题。在此模型中，总经理通过灌输和沟通企业的使命来指导工作，允许企业中每个人根据企业使命参与制定自己的工作程序。企业战略计划一旦形成，总经理便扮演其"指导者"的角色，鼓励每个决策者执行这一计划的具体细节。

文化型旨在打破战略制定者与战略执行者间的鸿沟，它认为员工应能更充分地参与企业各个层次的决策管理，当企业与其参与者存在共同的目标时就保证了战略实施的高效率与低风险，企业就能得到比较平稳的发展。但是文化型也有其局限性：首先，它假定企业的员工都具有学识，这一点在实践中通常很难实现；其次，该模型中强烈的企业文化可能掩盖企业的潜在问题，造成隐患；再次，该模型需耗费大量的人力物力，一般企业很难承受；最后，与合作型一样，集体决策在实践中很难真正实现。

5. 增长型

增长型既不是单纯地自上而下地推行既定战略，也非完全由集体决定战略的实施过程，而是在创造和维持一种良性平衡，即下层经营单位"自主战略行为"与高层管理控制的"总经理对策"之间的平衡。该模型要回答的是"如何激励管理人员制定与实施完美的战略"这一问题，要探讨的是总经理是否有能力用既定的企业总战略目标来激励各经营单位制定和实施达到预期目的的备选方案。

实施增长型的企业需符合以下条件：

（1）企业各层组织之间信息传递畅通，下层管理人员的工作环境宽松。

（2）总经理与其他各层管理人员的权力划分清晰，即企业的组织结构权责分明。

（3）战略制定和实施过程中既可以充分发挥集体协商的作用，又能保证不偏离企业总的战略目标。

在此模型中，总经理可采取的方法有：一定时期内强调某一特定的主题或重点，指导各经营单位的战略决策思路；提供一定的规划方法，保证各经营单位运用同一的标准进行评价；利用组织结构的调整影响战略实施效果。

需要说明的是，实践中上述的五种模型并不是互相排斥的，在一定程度上它们可能只是形式上的区别。一家稳定的企业可能对各种模型都感兴趣，只是在不同时期各有侧重。对模型的选择主要取决于企业多种经营的程度、发展变化的速度及目前的文化状态。

三、战略控制方法

1. 开关型控制

开关型战略控制方法简称开关型控制又称为事中控制或行与不行控制。其原理是：在战略实施推进过程中，按照既定的标准检查战略行动，确定行与不行，因类似于开关的通与止而得名。开关型控制一般适用于过程标准化的整体战略或战略项目的实施。

开关型控制的具体操作形式有：

（1）直接指挥：战略管理者对员工的战略活动进行指挥和指导，发现差错及时纠正，使其行为符合既定的标准。

（2）自我调节：战略执行者通过平等的、非正式的沟通，按照既定标准自行调节自己的行为，以便与其合作者配合默契。

（3）过程标准化：对规范化和可预先编制程序的战略内容制定出操作规程，间接控制和指挥执行者的行动。

（4）成果标准化：只规定最终目标业绩，不限定达到目标的方法和途径，只要工作业绩符合标准，员工的行动就符合战略目标的要求。

（5）共同信念：企业组织中各成员对战略目标、任务认识一致，在战略行动中表现出一定的方向性、使命感，从而殊途同归、和谐一致地实现目标。

2. 反馈控制

所谓反馈，就是将系统的输出通过一定通道回输到系统的输入端，从而对系统的输入和再输出施加影响的过程，如图11.17所示。反馈控制又称为事后控制，其基本原理是：在战略实施推进过程中对行动的结果与期望的标准进行衡量，再根据偏差大小及其发生的原因对行动过程采取校正措施，以使最终结果能符合既定的标准。反馈控制一般适用于企业环境比较稳定条件下的战略实施。

反馈控制方法的具体操作形式有：

（1）联系行为：对员工战略行动的评价与控制直接同他们的工作行为联系挂钩。这种形式明确了员工战略行动的努力方向，使其个人行为导向和企业战略导向接轨，较易被接受；同时通过行动评价的反馈信息可修正战略实施行动，使其更加符合战略的要求；通过行动评价，实行合理的分配，强化了员工

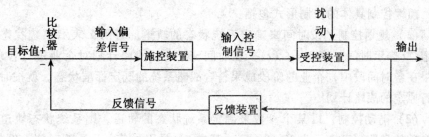

图 11.17　反馈控制图

的战略意识。

（2）目标导向：使员工参与战略行动目标的制定和工作业绩的评价。这种形式使员工了解个人行为对实现企业战略目标的作用和意义，又使员工从工作业绩的评价中看到成绩和不足，加强了推进战略实施的动力。

反馈控制的作用十分明显：用于稳定控制中，可使被控量稳定于目标值的容许偏差范围内，系统要实现稳定，必须应用反馈控制；用于随动控制中，可使被控量对应于随即输入量，确保系统对应于计划目标的变化而跟踪变化，如企业的产品结构、规格、质量与品种随着市场需求的变化而变化；用于最优控制中，可是系统在多因素、多目标的复杂情况下选择最佳方案，实现最佳或满意的效果。

但是，反馈控制也有很多局限性，最典型的是其滞后性。反馈控制中偏差的发现和纠正都是一个动态发展的过程，任何动态系统都具有保持原来运动状态不便的惯性，这种运动惯性的存在延长了被控系统处于偏差状态的运行过程和时间。而一旦出现偏差，要将其消除需要很长时间，而且要付出很大的代价。反馈控制的滞后性是其本身无法克服的，要解决这一问题，必须加强预见性，借助于前馈机制。

3. 前馈控制

所谓前馈，就是尽可能在系统发生偏差之前，根据预测的信息，采取相应的措施，纠正偏差的过程。前馈控制又称为事前控制、跟踪控制，其基本原理是：在战略实施过程中，对战略行动的结果趋势进行预测，并将预测值与既定的标准进行比较和评价，发现可能出现的偏差，从而提前采取纠正措施，使战略实施推进始终不偏离正确的轨道，保证战略目标的实现。

前馈控制方法要求战略管理者对预测因素进行分析和研究，一般有三种类型的预测因素：影响产出结果的投入因素，即整个控制系统输入要素的种类、数量和质量；可预见未来结果的早期成果因素；制约战略实施的外部环境及内部条件的变化因素。

前馈控制具体的控制形式包括：

(1) 规划控制：按时间来确定系统状态的轨道。若用 Y 表示系统状态的轨道，t 表示时间，则 $Y = f(t)$，在时间流中，按战略计划对企业进行管理。如果在各时间段中，企业的阶段成果符合战略系统的既定标准状态，就按时序执行原定的战略计划。

(2) 随动控制：以某个参数来确定系统状态的轨道，则系统状态轨道为该参数的函数，可表示为 $Y = f(x)$，其中，x 是引导值，Y 是随动值。例如，以市场需求量 x 值的变化来确定生产量 Y 值的变化就属于随动控制。应用这种控制形式时，可结合投入因素，通过调节投入的 x 值使随动值 $Y = f(x)$ 符合战略系统的要求。

(3) 适应控制：用以前的控制过程来确定未来的系统控制轨道。这种控制形式以环境和目标的稳定性为依据，即环境不变，控制目标也不变，要保持原来的系统状态轨道，只需按以前的控制过程实施控制。此方法要求战略管理者善于总结经验，并利用这些成功经验使系统保持在理想状态。

实践中，企业常常将反馈控制与前馈控制结合起来，构成前馈-反馈控制系统（见图 11.18），充分发挥两种控制方法的优势，增强系统的抗干扰能力，提高系统的稳定性。

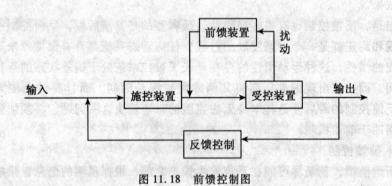

图 11.18　前馈控制图

小　结

TOWS 战略分析方法是战略选择和战略实施的基础；战略选择理论按企业的业务模式可分为经营单位战略选择理论和业务组合战略选择理论，后者中 BCG 矩阵是其他战略选择理论的基础；QSPM 矩阵是重要的战略决策分析工具；组织结构与战略相匹配是战略实施理论中的基本原则；战略实施的模型化增强了战略实施理论的可操作性；开关型、反馈和前馈控制方法将控制论融入战略实施理论中。

思考题

1. 解释影响企业的产业竞争环境的五种基本力量，并以家电行业为例，分析产业竞争五种基本力量对该行业的影响。

2. 简述 TOWS 分析法及 TOWS 分析矩阵中各象限的具体含义。

3. 描述 BCG 矩阵中的四个象限。

4. 讨论在设计行业吸引力-竞争能力矩阵中所采用的合适的变量。

5. 描述企业战略与组织结构间的关系。

参考文献

1. 杜栋. 管理控制论. 徐州：中国矿业大学出版社，2000

2. 弗雷德·R. 戴维. 战略管理（第8版）李克宁译. 北京：经济科学出版社，2001

3. 甘亚平. 现代企业战略管理. 北京：经济科学出版社，1999

4. 龚敏，谭力文，等. 现代企业战略管理. 武汉：武汉大学出版社，1993

5. 金占明. 战略管理——超竞争环境下的选择. 北京：清华大学出版社，1999

6. 李国纲，李宝山. 管理系统工程. 北京：中国人民大学出版社，1993

7. L. L. 拜亚斯. 战略管理：规划与实施——概念和案例. 王德中等译. 北京：机械工业出版社，1988

8. 麦克尔·波特. 竞争优势. 北京：华夏出版社，1997

9. 王利平. 管理学原理. 北京：中国人民大学出版社，2000

10. 解培才，徐二明. 西方企业战略. 北京：中国人民大学出版社，1992

11. 杨锡怀. 企业战略管理：理论与案例. 北京：高等教育出版社，1999

12. H. Rowe. Strategic Management and Business Policy: A Methodological Approach. Massachusetts: Addison-Wesley Publishing Co. Inc. , 1982

13. Roland Christensen. Policy Formulation and Administration. Homewood: Richard D. Irwin, 1976

第十二章　复杂性管理

　　复杂性研究或者复杂性科学是近几年来引起国内外理论者广泛关注的一门新兴学科，正逐步成为世界科学发展的热点和前沿领域，人们试图通过复杂性的研究来解决生命、人脑、生态、社会、经济及管理等科学领域的问题。复杂科学与管理的结合是复杂科学发展的一个重要方面，人们把复杂性科学的理论和研究成果纳入管理科学的研究中来，产生了一种新的管理范式——复杂性管理。本章着重阐述有关复杂性及复杂性管理的概念及其主要内容。

第一节　复杂性理论的基本思想与概念

一、什么是复杂性

　　复杂性理论或者复杂性科学是国外在 20 世纪 80 年代提出的范畴，是主要研究复杂性和复杂系统的科学。但作为复杂性科学首要概念的复杂性，至今还没有一个科学、统一的定义。根据有关文献提供的信息，目前国内外关于复杂性的定义有 45 种之多，如分层复杂性、算法复杂性、随机复杂性、有效复杂性、同源复杂性、基于信息的复杂性、时间计算复杂性及空间计算复杂性等等。

　　按照传统的理解，简单与复杂是相对的，一个事物在未被认识之前是复杂的，一旦被认识就成为简单的了。从人类认识事物的发展历程来看，这种情形是常见的。但现代科学技术的发展表明，不能把复杂性简单地归结为认识过程的不充分性，必须承认存在客观的复杂性，真正的复杂性应当具备自身特有的规定性，即使已被人们认识，即使已找到解决办法，它仍然是复杂的。也就是说，找出复杂性与简单性的根本区别之所在，使复杂性科学具有相对确定的研究领域，用处理复杂性的方法来管理、控制和利用复杂性。因此，复杂性研究的目的除了揭示和描述复杂系统的运动规律外，更重要的还在于寻求解决我们应用现有的科学理论和方法无法解决和束手无策的复杂系统的预测和控制问题。

　　关于复杂性的研究一般认为是从 20 世纪 80 年代中期开始的。在这之前，美国学者西蒙意识到系统的等级层次与复杂性有联系，于 1962 年提出了分层复杂性的概念。西蒙把等级层次结构与复杂性明确联系起来，从 4 个方面给复杂性以系统阐述，指出等级层次是复杂性的重要来源。西蒙还讨论了按照层次结构组织起来的系统的动态性质，把复杂性与系统动力学特性联系起来。这些思想对其后的复杂性研究起到了积极的推动作用。1984 年，盖尔曼（Murray-Gell-mann）和阿若（Kenneth Arrow）等人在美国创立了著名的桑塔菲研究所（Santa Fe Institute，SFI），开展跨学科、跨领域的研究，他们称为复杂性研究，这里既有自然界的复杂性，也有人类社会以及人自身的复杂性。后来他们又提炼出复杂系统和复杂适应系统的概念，如生命系统、免疫系统、演化经济系统及生态系统等。复杂性研究的另一个突出代表者是普里高津（Prigogine）、哈肯（Haken）等人用演化、生成、自组织的观点解释的复杂性。普里高津提出，复杂性存在于一切层次，不同层次的复杂性既有差别，又有同一性。平衡态、线性关系及可逆过程只能产生简单性，远离平衡态、非线性关系及不可逆过程是产生复杂性的根源。复杂性是自组织的产物，在远离平衡、非线性及不可逆的条件下，通过自发形成耗散结构这种自组织而产生出物理层次的复杂性，在此基础上方可能通过更高形式的自组织产生生命、社会等层次的复杂性。

　　在我国，以钱学森为代表的开放复杂巨系统的研究与国外的复杂性研究具有异同之处。他提出的"开放的复杂巨系统"的概念以及处理这类系统的从定性到定量的综合集成方法，即将专家群体、数据和各种信息与计算机技术有机地结合起来，把各种学科的科学理论和人的知识结合起来的方法，可以说与桑塔菲研究所在研究方法上不谋而合。

　　对复杂性进行研究，要求把科学研究对象从简单性和简单系统转向复杂性和复杂系统，在方法论上实现根本的转变，把复杂性当做复杂性处理。经典科学相信客观世界本质上是简单的，因此，在面对复杂的问题时，总是设法把复杂性简化掉，即把复杂性当做简单性处理。应该说，当对象是典型的简单系统，或者属于不够典型的复杂性问题时，这样的处理必然把产生复杂性的根源简化掉，得不到正确的结果。把复杂性当做复杂性处理，是复杂性研究的方法论原则。这并非否定复杂性研究也需要简化，而是强调对于复杂系统存在不同的简化路线和指导思想。

　　复杂性的表现形式很多，非线性、远离平衡、混沌、分形、反馈、不可逆性、模糊性、多重均衡、突变及涌现都是复杂性的某种表现。把非线性当做非线性，把远离平衡态当做远离平衡态，把混沌当做混沌，把分形当做分形等，都是把复杂性当做复杂性处理，都会带来科学的重大进步。

二、复杂性的根源

复杂性产生的机制是各种各样的，按照中国科学家张焘的观点，复杂性可归结为：系统的多层次性、多因素性、多变性、开放性，各因素或子系统之间以及系统与环境之间的相互作用，随之而有的整体行为或演化。一般认为，非线性、不稳定性及不确定性是复杂性之根源。因此，对于复杂性从其来源上讲，总体上有以下一些途径：

（1）来源于系统规模的复杂性。系统的组分数目形成系统的规模，在一定范围内，系统规模的增大不足以产生现有方法无法处理的复杂性，但是，规模巨大的系统往往带来对于简单系统或大系统的方法无法处理的复杂性。规模虽不是一个系统产生复杂性的充分条件，但是产生复杂性的必要条件。规模的复杂性是复杂性表现的一种重要形式。

（2）来源于系统结构的复杂性。系统组成成分的多样性和差异性造成组分之间相互关系的多样性和差异性，形成多层次的系统结构。系统的层次越多，把各个层次的组分整合起来的难度就越大，就越容易产生各种形式的复杂性。

（3）来源于开放性环境的复杂性。封闭系统没有复杂性，复杂性必定出现于开放系统之中。开放的系统在与外界环境交换物质、能量及信息的过程中，可以产生复杂的系统性质和系统行为。开放性是复杂性的重要根源，系统与外界环境相互关系的复杂性是系统复杂性的重要表现。

（4）来源于动力学特性的复杂性。一个系统的动力学特征如果可以忽略不计，或者可以作为静态模型来处理，那么这样的系统就是一个简单系统，简单系统中不存在复杂性。系统的动力学过程可以产生无穷的多样性、差异性、丰富性、奇异性和创新性，是复杂性产生的重要机制，复杂性只能出现于动力学系统，复杂性一定具有某种动力学特性。

（5）来源于非平衡态的复杂性。处于平衡态的系统是简单系统，平衡态不可能产生复杂性，复杂性只能出现远离平衡态，在这种条件下，系统通过自组织形成耗散结构，即自组织地产生出复杂性。

（6）来源于非线性的复杂性。线性意味着单一、均匀、可以叠加，不具备产生复杂性的根源。非线性意味着无穷的多样性、差异性、奇异性及非均匀性，可以产生突变、混沌等复杂性行为。系统组系之间非线性的相互作用是系统产生复杂性的根本内在机制，复杂性只能出现于非线性系统。

（7）来源于不确定性的复杂性。确定性对应着简单性，不确定性对应着复杂性。不确定性表现为随机性和模糊性，这些都是复杂性产生的重要机制。

（8）来源于人类理性与非理性的复杂性。以人为重要构成要素的系统，其行为必须考虑人的理性与非理性因素的作用，如人的意志、思想、智慧、意愿、偏好、心理和价值观等。人的完全理性是不可能产生复杂性的，其仍然是一个简单的系统，只有不完全理性即有限理性以及非理性才可能产生复杂性。

复杂性的来源多种多样，除了上述介绍的几种根源外，还有来源于系统组分智能的复杂性，来源于主动性以及能动性的复杂性，来源于系统的不可积不可逆过程的复杂性等。不过需要指出的是，这些诸多复杂性成因中的每一种都难以单独产生真正的复杂性，现实的复杂性是由多种因素交织在一起形成的。

三、复杂性的特点

从上面复杂性来源的途径中，我们可以看到复杂性具有以下几个方面的特点：

（1）复杂性体现整体性、系统性。即系统的每个组分不能代表整体，系统的每个层次及每个层次的局部也不能说明整体的性质，低层次的规律不能说明高层次的规律。系统的整体大于各组成部分之和。

（2）复杂的多层次结构。它反映在时间与空间尺度两个方面，既体现整体性，又是不均一的。按照系统理论，任何系统都是由要素及其之间的关系所构成的对立统一体，要素的结构及其要素之间的关系变化，形成系统的结构及其运动。任一要素或任一系统，都是在与其他要素或系统的联系中存在，彼要素构成此要素的相对环境，彼系统构成此系统的相对环境。低层次系统在高层次系统中存在，高层次系统形成低层次系统的环境。而且多层次结构之间存在着某种程度的相似性，即分形。

（3）系统各组成之间、不同层次的组成之间相互关联、相互制约，并有复杂的非线性的相互作用，而且相互作用也是多种多样的，并且它们也是相互作用的。相互作用开始时，将有微小变化，但系统能够在作用过程中产生自组织、自增强和自协调，并能产生出新的质，这种质变在复杂系统中叫做涌现（emergence）。

（4）开放性。系统与外部是相互关联、相互作用的，绝不是彼此隔离的，系统与外部环境是统一的，既相互竞争，又相互协同，共同发展。

（5）高度的动力系统，而且导向有序化发展。系统是一个演化的系统，随着时间的发展而变化。通过系统内部和系统与环境之间的相互作用，不断地相互适应、协同，以及产生自组织作用，经过不同阶段和不同的过程，系统向更高级的有序化发展，并涌现（emergence）出独特的整体行为与特征。即系统有自适应、自组织地趋向有序化的功能。

（6）系统的演化过程是阶段性的，非线性的，有渐变也有突变。渐变是突变的基础，而突变则是从低层级到高层级的变化原因。突变是系统由一种阶段、一种状态、一种特征向另一种阶段、另一种状态、另一种性质演化的转折点。系统的演化是非线性的，非线性使得系统的短期行为具有可预测性，但长期行为具有不可预测性。

四、复杂系统与复杂性

随着系统科学的发展，人们逐渐认识到系统大于其组成部分之和，系统具有丰富的层次结构和功能结构；系统经常地与外界环境进行"三流"（物质流、信息流和能量流）的交换，从而处于不断发展变化之中；系统具有自组织能力，在远离平衡态的条件下也可以呈现出稳定的性质；确定性的系统在没有受到外界扰动的情况下也可以产生内随机性，这种内随机性叫做混沌，而随机性的系统却又有其内在的确定性，即突变。人们发现，许多系统的行为和特征分析远非线性理论所能胜任，系统表现出极复杂的行为特征，于是复杂系统的概念也就应运而生了。

关于什么是复杂系统，如同复杂性一样，至今也没有一个统一的概念，许多科学家提出了种种不同的定义。有人认为复杂系统是具有多组分、多层次结构的系统，有人认为是具有多样性功能特征的系统，也有人认为是耦合度高的系统，还有人认为是有人参与的系统，等等。综合学者们关于复杂系统的各种理论，我们发现，一个能称为复杂系统的系统，其复杂性一般有以下几个方面的表现特征：

（1）系统具有多层次、多功能的结构，每一层次均成为构筑其上一层次的单元，同时也有助于系统的某一功能的实现，层次性是复杂系统的基本特点。一个系统内子系统之间是否存在层次结构是该系统是否复杂的主要标志之一。

（2）系统的各组成单元之间有着密切而广泛的联系，这些组成单元一起构成一个网络。因此每一单元的变化都会受到其他单元变化的影响，并会引起其他单元的变化，产生复杂的效应。并且系统的初始状态不同，各组成单元之间相互作用的模式也不同，最后产生的结果也不同。

（3）系统是一个学习型的组织，其组成部分是具有某种程度的智能体（agent），系统在发展过程中能够不断地向外部环境学习以及系统内部各智能体之间的互相学习，在学习中实现对系统的层次结构和功能结构进行重组的完善。因此，一个系统具有了解其所处的环境、预测其变化，并按照预定目标采取行为的能力，是其成为复杂系统的本质特征，这样的复杂系统，我们把它叫做复杂自适应系统（complex adaptive system），简称 CAS 系统。

（4）系统是开放的，耗散的，它与环境有密切的联系，能与环境相互作用，并能不断向更好地适应环境的方向发展变化，成为一个具有适应性特征的系统，或者说，系统作为一种自组织状态是靠系统内外能量和物质的交换维持的，因此，为了维持系统的可持续发展，系统必须具有适应环境的特征。

（5）系统是动态的，处于不断的变化发展状态，整体特性有时甚至突然或神秘地改变，呈现出多样性的非线性动力学特征，而且系统本身对未来的发展变化有一定的预测能力，但长期行为结果又是不可预测的。整体性能改变并不意味着一定有外力的作用，而且这种变化也包括系统中部分与整体的作用关系也在发生变化。复杂系统的变化行为有很多不同的形态。

复杂系统除了具有上述几个特征外，其最本质的特征是其组分具有某种程度的智能，即具有了解其所处的环境，预测其变化，并按预定目标采取行动的能力，也就是复杂自适应能力，这种能力也正是生物进化、技术革新、经济发展和社会进步的内在原因。

五、复杂性科学及其主要工具

（一）复杂性科学

复杂性科学（Complexity Science）是以复杂性和复杂系统为研究对象的一门新兴学科，这些对象既包括生物系统、社会系统、经济系统、管理系统和自然系统，又包括物理系统、化学系统和人工智能系统等具有复杂性的系统。其研究深度不限于对客观事物的描述，而是更着重于揭示客观事物构成的原因及其演化的历程，并力图尽可能准确地预测其未来的发展。

复杂性科学的研究对象是复杂性及复杂系统。复杂性科学研究的基本方法，与其他学科相比，最大的特点是实现了四个方面的结构，具体表现为：

（1）定性分析与定量研究相结合。对于复杂系统来说，层次越少，层次越低，越基本，数量关系就越简单，对此，定量分析是有效的。但是，在相反的情况下，层次越高，数量关系就越复杂，此时，定量分析就不易奏效，而且往往还因为只抓住零散的精确小数而丢失了影响全局的大数，这时定性分析却能以较简便的方法把握系统的本质，因此，对于复杂系统，通过定性分析建立系统总体及各子系统的概念类型，并尽可能将它们转化为数学模型，经求解或计算机模拟后得出定量的结论，然后再对这些结构进行定性的归纳，得出带有一般规律性的结论，以取得认识上的飞跃，形成解决问题的建议、方法或理论依据。为此著名科学家钱学森提出了"从定性到定量的综合集成研讨厅体系"的思想。

（2）微观分析与宏观综合相结合。微观分析的目的是了解系统的组元及其层次结构，而宏观综合的目的则是了解系统的功能结构及其形成过程。只有微观分析与宏观分析结合起来，才能完全、准确地把握系统的结构复杂性、功能复杂性、行为复杂性，以及其他复杂性内容。

（3）还原论与整体性相结合。复杂性科学不是对单一个体（还原论）进行研究，而是要对总体系统进行整合研究。还原论强调从局部机制和微观结构中寻求对宏观现象的说明，整体论强调系统内部各部分之间的相互关系和相互作用决定着系统的宏观性质。还原论和整体性是相结合的。如果没有对局部机制和微观结构的深刻了解，对系统整体的把握也难以具体化。复杂科学正是在深入了解系统个体的性质和行为的基础上，从个体之间的相互联系和作用中发现系统的整体性质和行为特征。

（4）科学推理与哲学思辨相结合。科学理论是具有某种逻辑结构并经过一定实验检验的概念系统，但科学理论并不能涵盖所有的科学研究对象的所有规律，往往有一些科学理论所无法说明的"反常"现象和"特例"事件的出现。这时仅仅依靠科学推理和科学理论无济于事，还必须运用哲学思辨的力量，从个别和一般、必然性和偶然性等范畴，以及对立统一、否定之否定等规律来加以分析和阐释，这样才能较为全面、准确地揭示研究对象的规律。

（二）复杂性科学研究的主要工具

根据我国著名管理学家成思危教授的分析，复杂性科学研究中的理论工具主要有如下一些方面：

（1）不确定条件下的决策技术。包括定性变量的量化、经验概率的确定、主观概率的改进、案例研究与先验信息的集成技术等。

（2）综合集成技术。包括系统的结构化、系统与环境的集成、人的经验与数据的集成、通过模型的集成和从定性到定量的综合集成等。

（3）整体优化技术。包括目标群及其优先顺序的确定、巨系统的优化策略（如面向方程法、多层迭代法和并行搜索法）、优化算法（线性规划、动态规划和目标规划等）、离线优化与在线优化以及最优解与满意解的取得等。

（4）计算智能。包括演化计算（如遗传算法、演化策略和演化规划等），人工神经系统和模糊系统等。

（5）非线性科学。包括混沌理论、分形理论、分岔与突变理论、孤子理论、稳定性理论和耗散理论等。

（6）数理逻辑。即数学化的形式逻辑，包括广义数理逻辑（模型论、公理集合论、证明论和递归论等）、多值逻辑、模态逻辑和归纳逻辑等。

（7）计算机模拟。如元胞自动机（cellular automata）、人工生命（artificial

life)、竞争与合作（co-operation）和 Swarm 模拟工具（swarm simulation toolkit）等。

（8）综合集成研究厅体系（Hall for Work Shop Of Met synthetic Engineering, Hwsme）。包括以计算机为核心的现代高新技术的集成与融合所构成的机器体系、专家体系和知识体系三个部分。

第二节　复杂性与管理

一、管理科学：面对复杂性的挑战

从 20 世纪初到现在，在经历了一百多年的发展之后，管理基本上完成了从经验到科学的革命，先后经历了泰勒的科学管理阶段、行为科学理论阶段、系统管理理论与权变管理理论阶段和管理科学理论阶段，现在正进入第五代管理阶段。我们在这里所讲的管理科学不是指以优化理论为主的狭义的管理科学，而是指从科学的角度来揭示管理的一般规律和方法的广义的管理科学。

但是，无论是从 20 世纪初到 30 年代的古典管理理论，30～60 年代的行为科学理论，70 年代的以战略管理为主的组织与环境关系研究，还是从 80 年代至今的企业重组、流程再造到全球化，以及知识经济时代的管理，无不是围绕着"优化"管理展开的。这种只见物不见人的"优化管理"在实践中都是屡屡失效：造成诸如资源浪费、计划不周、决策失误、市场混乱和组织失控等，这一切使得人们不敢轻易奢谈管理"优化"，而且不得不承认，管理科学正面临着来自各方面的复杂性的挑战，这些复杂性主要表现为：

（1）由于不能完全了解直接影响管理对象行为的所有因素与信息而产生的各种不确定性。

（2）由于管理系统的层次结构以及各个子系统所具有的不同的质所产生的复杂性。

（3）由于管理系统在宏观上表现出来的全局复杂性。

（4）由于管理系统各组分之间具有不可忽略的非线性相互作用所产生的复杂性。

（5）由于外部环境的变化对管理系统的作用所产生的复杂性。

（6）由于人的参与及人的关系所产生的复杂性，等等。

我们知道，任何纳入人的视野的管理系统，都是有人参与的、开放的、具有信息反馈功能的复杂系统。不管是行政管理系统、宏观的国民经济系统，还是微观的企业系统，其内部各个活动单位之间、各个基本活动要素之间，以及它们与环境条件之间都存在着错综复杂的、非线性的作用关系。人是管理系统中的重要构成要素，人的意识在系统运行过程中起着重要作用。这些都导致了管理系统整体状态行为的多样性与动态复杂性。近一二十年来，随着新技术革命的不断涌现，世界经济的一体化发展以及市场经济在全球的扩展，导致了整个工业基本结构的变革，也加剧了不同类型的管理系统状态行为的复杂性。面对外部快速变化的政治、经济、文化、科技环境，如何科学预见管理系统演变的未来状态，如何采取有效的措施来达到预期的管理目标，是管理科学研究面临的重大课题。

但是，我们必须承认，如今的管理科学研究特征还往往是从复杂的现实世界中抽象出简单的关系和对象，或者运用诸如线性、均衡和优化这样简单的方法和思想来处理复杂的事物，结果使得管理科学往往从"良好"的愿望出发，但却经常"失效"。把管理对象设定为简单的和线性的行为模式，即使是非线性的描述，往往也只是考虑稳定平衡的、周期的简单状态行为，将管理系统的不确定行为状态仅仅看做是由于环境条件的改变或突发事件的冲击，并把获得稳定平衡的行为状态作为管理所追求的目标，结果使得管理科学往往从"良好"的愿望出发，但却经常"失效"。在这样的思维定势下所产生的管理方式、方法已经不能圆满地解释或解决当今管理者们所遇到的许多复杂的管理问题。因此，管理科学需要新的范式（paradigm），给面临复杂环境变化作用的管理系统和管理组织提供新的适用管理理论与方法，这种新的范式就是基于系统科学理论的复杂性管理。

传统的关于管理系统分析的基本范式的主要内容是：

（1）系统活动可以被看成若干个活动要素组成，一个活动要素可以由其他活动要素替代。比如某一产品的生产过程，可以看成是由采购、加工、装配等活动构成，人的工作可以由能完成相同任务的机器所代替。

（2）管理系统内部各要素之间存在简单的线性关系，而不是非线性关系，将所有要素加到一起，便得到系统整体，将各要素的性质和规律加总在一起，便得到系统整体的特性和功能。因此，只要把握住各要素的特性和功能，以及各要素之间的相互联系，就可以得到整体的功能，割裂各要素间的联系来研究各要素及整体并不会最终影响整体的性质。解决了各个要素的问题，也就相当于解决了整体的问题。

（3）任何管理系统的活动是可以重复和可逆的，在保持系统要素结构关系不变的情况下，相同的管理活动可以得到同样的管理绩效。因此，可以从系统的过去推断系统的未来。

基于系统科学理论的复杂性管理范式的主要内容是：

（1）任何管理系统都是一个复杂系统，具有层次性。各局部层次与整体存在着自相似性。不能用各子系统独立的性质和规律来解释系统宏观整体的性质和规律，系统整体具有各子系统所不具有的性质和功能。子系统的功能叠加绝不等于系统整体的功能。

（2）系统内部各要素与要素之间以及它们与环境条件之间存在着复杂的非线性作用关系，外部环境影响管理系统，管理系统也影响外部环境。环境对系统的影响是长期的，绝不是突发的偶然的。系统的整体结构具有复杂性，各层次要素之间的关系也是复杂的、非线性的。

（3）系统的进化有着产生、发展、消亡的历史过程，这一过程是不可逆的。系统进化的目标在于实现系统功能的优化，而不是局部的优化，并以是否实现系统功能的优化作为评价系统内部要素及其运行合理性的标准。

二、管理：面对系统结构的复杂性

管理系统结构所引起的复杂性对管理科学的挑战极大。

（1）管理系统在空间上具有层次性。如企业有厂部、职能科室、车间和班组，管理组织有决策层、控制层、执行层和操作层，国家有中央、省、市、县、乡、镇。每一个层次上都有各自的决策者，并在一定的范围内行使决策权，这种决策关系被称为主从递阶决策，它最初由 Von Stackelberg 于 20 世纪 50 年代初在研究市场经济问题时提出。在这种主从递阶决策关系中，由于上层对下层有某种控制、引导权，下一层次对上一层次又有很大的反向制约，二者之间有着多种互动的作用。因此，即使能够针对每个层次的决策问题设计出"最优"方案，也还需要通过上下层次之间的协调方能得到一个各个层次都认可的，能够体现彼此间利益的全局最优的方案。至于说上、下层次间不仅没有协同，相反却有多种竞争与博弈的管理决策情况，问题就更加复杂了。事实上，在一个管理系统中，每一个层次都按其结构的性质实现它自身利益的最大化，但是，由于各个层次的利益通常并不一致，这种层次之间的利益协调就成为管理系统复杂性的本质问题之一。

然而，目前在我们的管理模型中，这种"空间结构"问题并没有得到重视和反映。例如，我们常常用简单的线性加权平均的方法来获得全国的某一宏观经济指标，这样我们就忽略了不同地区的空间结构，假设整个经济系统是一个均匀平衡系统，从而把一个复杂的经济系统从方法研究上简单化了，最终得到的结论也就缺乏客观性和真实性了。

（2）管理系统还有时间上的结构，这种结构不是指管理变量的随时间的动态性，而是指不同管理变量与指标的时间尺度上的"耦合性"。

　　例如，对社会经济系统，既有具体的管理问题，也有具体的控制问题，如在一个短时间内的具体的某种管理与控制方案所解决的就是这样的问题。但是这些短时间内的管理方案，相对于长时间的尺度或长时间系统演化的时候则成为了变标与指标，如我们平常所讲的经济与社会的"协调"，"可持续发展"等，这些都是较长时间意义下甚至是在系统演化意义下的管理问题。对于这一类具有"时间结构"的管理问题，我们的难点在于如何通过事实上的一个个具体"优化"管理方案的累计来"逼近"协调与可持续发展。因为这种逼近未必总是能够实现的，人类经济与社会这样复杂的系统的运行轨道在演化、发展的意义下，未必都能够像简单的控制系统那样，被分解成一个个可预测且有可达性的递推过程，如果是这样，则系统的不可逆性、对路径的依赖性等，都可以使整个管理系统演化为"非协调"或"非可持续发展"的状态。

　　(3) 时空复杂行为的 CML 模型。

　　为了研究这种具有时空结构所产生的复杂行为的系统，日本学者金子邦彦于 1983 年提出了耦合映象格子模型（coupled map lattice，CML）。

　　设 x 表示系统的状态，它是连续的。非线性映象 $x(i) \rightarrow x'(i) = f[x(i)]$ 表示局部的反映过程，i 为离散的格点坐标（$i = 1, 2, \cdots, L$），L 是系统的尺寸大小。则依据离散的拉普拉斯算子我们可以得到如下的 CML 模型：

$$X_{n+1}(i) = (1 - \varepsilon)f(x_n(i)) + (\varepsilon/2)\left[f(x_n(i + 1)) + f(x_n(i - 1))\right]$$

式中：n 表示离散后的时间，周期性边界条件用 $x_n(0) = x_n(L)$ 表示。

　　CML 模型是一个时间、空间离散，状态连续的动力学系统。它的特点在于，它是根据研究对象的宏观物理性质，拓扑结构和维数在一个具有很多网格点的网上选取一些状态变量，将影响系统发展过程的量分解成一系列相对独立的分量，如对流、扩散、反应等，同时用网格上简单的并行动力学过程来表达每个独立过程的演化，则整个系统所产生的时空复杂行为就是这些独立的过程相互协同和竞争的结果。

　　理论研究和计算机试验表示，CML 模型在分析和研究具有时空演化的复杂系统方面具有独特的作用，已在管理科学和经济学中得到广泛的应用。

三、管理：面对非线性和混沌

　　复杂性和系统各组成之间的非线性相互作用有着密切的联系，非线性带来的不稳定和对初始条件的敏感依赖是管理世界复杂性的根源之一。

　　绝大多数的管理系统本质上是非线性的反馈系统，非线性意味着无穷的多样性、差异性、可变性、非均匀性、奇异性和创新性。

　　非线性的管理系统中存在着各种形式的相关作用。管理系统内部各层次之间以及它们与外部环境之间的关系通常都是非线性的，存在着正反馈、负反馈和正、负反馈复合而成的反馈环。正、负反馈的共同作用使得管理者常常不知道管理系统最终的输出结果并且也不能控制系统，导致整个管理对象的行为具有不确定性和不可逆性，系统演化的过程具有动态不平衡性，管理的复杂性程度显著增加。

非线性与线性之间有着本质的差别，线性关系满足叠加原理，但非线性则不满足这一原理。对于一个线性管理系统来说，各层次的"优化"管理方案，叠加起来后也就构成了整个系统的"优化"管理方案。而一个非线性的管理系统，必须从整体上考虑管理行为，不能指望仅仅用简单的线性模型来近似或迭代，此时，一个从局部来说是合理的决策，但由于整个系统中存在着模糊、不完全、延迟、突变、分岔等非线性行为特征，因此，有可能从整体而言，得到一个失效的管理决策方案。

非线性的管理系统不仅能产生稳定平衡的、周期的和不稳定发散的三种动态行为，而且还能产生混沌行为，具有分形特征。混沌最典型的特征是对初始条件具有极度的敏感性，简称"蝴蝶效应"。

对于一个演化的管理系统，其演化过程可以描述为：

$$x_{t+1} = f_t(x_t)$$

式中：$x = (x_{1t}, x_{2t}, \cdots, x_{nt})$ 为系统的状态变量，如产值、销售量、价格等；$\lambda = (\lambda_1, \lambda_2, \cdots, \lambda_m)$ 为管理系统的序参量，包括管理者不可控制的环境变量和可控的管理决策变量。随着序参量 λ 的变化，系统状态就会从单一的平衡态经过不断的分岔进入信周期状态，最后进入混沌状态。随着 λ 的进一步增大，系统的行为就会更加复杂化，λ 的细微变化会导致截然不同的结果，即存在"蝴蝶效应"。

"蝴蝶效应"表明，当非线性系统处于产生混沌行为条件时，系统的线性近似所反映的系统状态就面目全非了，这时管理中隐藏着巨大的"复杂性"危险，稍有不慎就将导致管理行为的失效。

四、管理：面对信息不对称不完全和非理性的挑战

信息不对称是指市场交易双方对某一事物所掌握的信息不一样，在信息的量和质上存在着差异。即一方知道了另一方不知道的一些信息。信息不完全是指交易双方都不可能获取某一事物的所有信息，即都只了解某一事物的部分信息。信息的不对称、不完全形成了管理决策的不确定性，这种不确定性加大了管理的复杂性，破坏了市场的正常交易，导致严重的委托-代理问题。

譬如，随着人们的消费需求越来越向个性化、差异化方向发展，企业的生

产和管理模式也要由大规模生产向大规模定制方向转换。但是这种个性化的需求必须明确具体：是什么样的个性化要求？何时需要这种个性化需求？需要多少？在哪些地方需要？否则就会产生企业管理决策的难度和风险。

此外，管理中最主要，也是最困难的部分是对人的管理。人本身是一个理性与非理性的结合体，即人除了有判断、逻辑等理性的一面之外，还有诸如情感、需要、欲望等非理性的一面。在管理过程中，员工个性的好恶、管理者的情绪、人的趋利性、员工对企业的认同程度等许多非理性的因素都会给管理带来复杂性，因为人的理性、有限理性及非理性都是极其复杂的，尤其是有限理性与非理性本身就是复杂性产生的重要源泉。实践表明，在一定条件下，人群的思维方式、文化传统、价值取向、道德标准、制度偏好等这些文化心理特征表现出比资本、人力资源、技术要素更为强大的作用。

五、管理复杂性与复杂性管理

（一）管理复杂性

管理是依据管理组织所面对的环境，通过计划、组织、指挥、协调和控制等行为活动，对组织所拥有的资源进行有效配置，从而实现组织的既定目标的动态创造性活动。

管理本身是一个复杂的体系，它涉及许多的要素，不仅要管理人、才、物，还要注意国家政策的调整、竞争对手的挑战、消费者的需求变化，以及社会文化、风俗习惯等外部环境变化，这些因素中的任何一方面出了差错都可能会导致企业的失败。因此管理的复杂性，就是指由于管理所针对的具体对象、所实施的时空条件，所采取的管理工具和管理手段，以及产生的结果本身所具有的复杂性、不确定性，而给管理工作增加的难度和风险。它表现为管理系统的结构复杂、要素复杂、非平衡态复杂、过程复杂、功能复杂、非线性复杂、关系复杂、内部不确定性、系统的组分具有一定程度的智能、开放环境的复杂、外部不确定性、管理模型复杂等等。这些内容我们在上面的论述中已经看得比较清楚。

管理的复杂性告诉我们，必须审慎对待管理中的每一个问题，每一个因素，每一个过程，每一个关系，否则就可能导致管理的无效性。

（二）复杂性管理

揭示管理复杂性的目的，不在于仅仅认识管理中的复杂性问题，而是在于把复杂性理论引入管理，把管理中的复杂性作为复杂性来对待，即实施复杂性管理。

复杂性管理的具体涵义大体上有两个方面：一是把管理对象看做是一个复

杂的适应系统，依据复杂适应系统（Complex Adaptive System）理论，研究管理系统中诸多相互独立的主体（agent）怎样相互作用形成一个有机整体或功能组织，又是如何在变化的条件下既保持自身的连贯性、同一性和目标，又表现出分化、涌现等复杂的演化过程和发展能力，所谓复杂自适应系统，指的是具有以下特点的系统：①系统是由许多并行的主体（Agent）组成，每个主体并不完全一样。②系统都具有多层次的结构。③主体能在一定程度上预期未来，具有智能性和自适应性。④每个主体会和其他"主体"或者环境相互作用互获取信息。⑤每个主体通常只能获取局部信息。⑥系统具有涌现（Emergency）的特征；二是把复杂性理论和方法应用于管理实践，用复杂性理论的思想和研究工具，来处理管理中的复杂性。所以，有时把复杂性管理又叫做"以复杂性为基础的管理方法"（Complexity——based approachest to management）。

复杂性管理与一般管理理论相比，其具有以下几个方面的基本特点：

（1）整体性。世界、社会、经济系统是一个如同生命体一样的有机体，个体行为不是孤立的，而是以复杂的方式相互作用，相互影响，整个管理系统不是一部机器，不可将其行为像机械部件一样分剖成可以处理的片断加以思考，然后进行拼凑、整合，而是要从整体性出发，在保证系统整体性特征的前提下，来深入研究系统局部或个体的行为特征，但研究微观或局部的根本仍是系统整体性研究的需要，不能因为局部而影响整体性质的把握。

（2）系统思考。系统思考亦即整体性思考，而不是"拆零式"思考。但研究整体，并不意味着所有的问题都能以观察整个组织而获得把握。有些问题只能靠研究主要机能怎样互动去考察，有些问题的核心决定因素来自某个特别的机能领域，还有些问题，必须研究整个系统中各组成部分的互动力量。因此，系统思考需要灵活性，其中一条重要原则就是：我们需要研究的互动因素，应是那些与要解决的问题相关的因素，而不是以组织或系统中因功能而划分的人为界限为出发点。

（3）隐喻方法。复杂性理论的一个基本观点是整体性、系统性、非线性，每个局部都是相互锁定的网络的一部分，不可能通过将它们分解为既定系统或不同方面而完整地描述它们。为了研究整体性，又不能用分割的方法破坏整体性，这时一个有效的研究方法就是隐喻（metaphor），用隐喻来理解和表述复杂性。复杂性理论中的隐喻非常丰富，如适应性地形、自组织、涌现、吸引子、混沌的边缘、自组织的临界值和报酬递增等。复杂性理论所提供的最重要的隐喻之一就是混沌的边缘的概念，活的系统处在其稳定和不稳定的夹缝中，并且处于最活跃和最有效率的状态，即平衡于"混沌的边缘"，在这种状态下系统的作用者可以最大范围地利用产出可能的关系且相互交换的信息最大。

此外，一个复杂系统往往由显性符号系统和隐性符号系统构成。显性符号构成的规则支配着系统当前现实的显性活动，促进当前基本任务的实现。隐性符号系统不受显性符号系统驱使，它是指系统中的主体所具有的并非现在就用来处理外部事务的所有思想和行为，这个系统构成了思索、梦想、想像、比喻、类比、幻想、信奉的理论、神秘以及外部现实对象的内在表象。隐性符号系统控制着个人在行动中以及在思辨的探索性对话中与其他个体资产的内部活动，这种活动是一种学习过程，它构成了创新。创新要求显性模式发生变化，带来显性符号系统的不断变化和行为的渐进变化。因此，运用隐性模式，亦即隐喻来阐明系统整体的显性意义及开创新的可能性，已成为复杂系统管理者的基本工作。

（4）学习与适应。管理系统大都是复杂适应系统，适应性系统的最大特征是内设了学习算法——向环境学习和从"历史"中学习，能够对变化的环境作出灵活反应，通过持续的动态调整和重组过程以适应环境，并把环境变得对自己有利。通过向环境学习和从"历史"中学习，并通过各种反馈机制，在最适合的状态中稳定下来或者向更好的组织状态进化。具有这种学习和适应性特征的有效组织结构就是"学习型组织"。

（5）悖论式领导和创造性张力。所谓悖论式领导（paradoxical leaders），是指在管理中，组织的领导者既给组织管理以方向，但却是非指令性的；既要有权威性，但又不能是控制式的；既要有很强的影响，但又是开放式的；未来是不确定性的，但对此又是清晰的，等等。所谓创造性张力，是指管理组织中的每一个成员依托组织提供的良好组织结构、组织文化，管理模式所产生的一种超越自我的动力和愿望。悖论式领导的核心是宏观管住，微观搞活；创造性张力则是微观搞活的保障。悖论式领导和创造性张力是复杂系统开放性、非线性、动态性要求的体现。

第三节　复杂性管理的主要内容

复杂性科学是一门正在形成的科学，还只是一系列思想的集合，还没有现成的、成熟的理论框架，但这并不妨碍其理论的应用价值。复杂科学应用的范围很广，目前已涉及工程、生物、经济、管理、军事、政治、社会等各个方面。运用复杂科学研究研究管理，从新的视角出发进行思考，提出具有新意的观点，无疑将对经济的协调发展、管理创新和社会、企业组织的变革与进步产生深刻的影响。把复杂性思想引入管理，既是当今经济和社会发展的需要，也是当代管理科学理论和实践发展的必然要求。

一、复杂性与组织管理

在我们的社会生活中，组织是最为常见的社会系统，大到国家、小到家庭，也无论是正式团体，还是民间社团，都是组织的不同表现形式。

组织是管理的载体和对象，一方面管理思想或者理念需要通过组织加以落实、执行。另一方面，以组织体系为主要形式的等级链不但担负着将管理思想从高层传递到基层，而且还要将各类反馈信息经过逐级的筛选、分析、汇总等加工从基层传递到高层。因此，组织管理在管理理论处于极重要的位置。

就传统的组织管理而言，其目的主要是两个：一是使组织成员的目标一致；二是最大限度地提高组织的运作效率。这种目的决定了传统组织管理的重点在于控制，组织决策由高层做出，员工被要求正确无误地执行决策，组织的实力在于其凝聚力，组织中指挥与控制的等级结构确立并增强这种凝聚力。为了保证组织管理目标的实现；组织的结构大都采取层级式、职能制的模式。这种模式将组织的动态复杂问题近似为静态问题，将非线性问题转化为线性问题，将组织整体切割成小部门，由这些早已按管理者主观意志切割好的各个独立部门去处理组织运行中的各种问题。这种组织结构形态其效应功能的实现很大程度上依赖于一个隐含条件，即环境比较稳定、组织高层有足够的信息和能力对环境变化做出正确的反映，也就是外部内部环境都呈现出线性的、简单的、确定的行为特征，没有突发的事件或变故。

但是，随着信息技术的飞速发展，组织面临的环境有了极大的变化，呈现出越来越复杂的状态。从内部来看，组织系统是一个多维、多层次和多目标的系统。多维是指技术维、管理维、信息维、文化维等；多层次是指高层、中层和基层；多目标则反映组织宗旨与任务的多样性。组织系统由众多的要素和不同层次组成，各要素、不同层次子系统的相互作用和综合效应具有非线性关系，组织多种目标及达成不同目标的要素、手段之间往往存在着差异性和矛盾性。同时，组织系统是一种人机系统，它是由人建造和运作的。人是组织最基本、最重要的要素，而人是有需求、有动机、有意志的，人的思想和行为具有差异性、偏好性和不确定性，由人组合而成的组织，其内部必然产生复杂的人际关系。在组织中，人的利益机制具有非常重要的作用，个人利益与企业利益、短期利益和长期利益既有同一性，又有差异性，有时候是很难协调的。

从外部来看，组织处在经济全球化、科学技术迅速发展、信息化、网络化、数字化突飞猛进和企业、国家、区域之间既竞争又合作的复杂多变的环境下，这种环境的复杂性来源于多个方面，包括：市场环境的多样性、时变性和不确定性，比如产品的生命周期越来越短，消费者的个性化需求越来越突出，竞争的形式和程度越来越广泛等；体制、政策、法律环境的多样性、不完备性和不确定性，如可持续发展的社会要求、环境保持立法、市场体制的转轨等；科技环境、信息环境的多样性、时变性和不确定性，如信息技术的突飞猛进、电子商务的涌现等；地理环境、资源环境的局限性等。

　　环境变化的这些复杂性特征可以用一个矩阵模型概括如下，如表 12.1 所示：

表 12.1　　　　　　　　　　　　　　　　　稳定性-动态性

复杂性——复杂性	单元一	稳定的和不可预测的环境，环境因素多，彼此间异质，信息分布均匀，浅性结构——行为——绩效，对环境变动及其特征的自知之明要求高	动态的和不可预测的环境，环境因素少，异质且处于连续的变化过程中，信息非均匀分布，高强度竞争，非线性结构……行为……绩效，对环境变动及其特征的自知之明要求高	单元三
	单元二	稳定的可预测的环境，环境要素少，同质且相对不同环境变动及其自知之明要求低	动态但可预测的环境，环境因素多，同质性较强但处于不连续的变化过程，信息分布不均匀，非程序化，非线性结构——行为……绩效，对环境变动及其自知之明要求低	单元四

　　一方面，传统的组织管理者把组织看做是一个机械的、线性的、有简单因果关系及可以预测的构架和系统；另一方面都是在复杂环境变化之下，这种管理模式的屡屡失效，或不尽如人意。既然组织系统及其内、外部环境都是复杂的系统，因此把复杂性理论引入组织管理，实现组织的复杂性管理，使组织系统成为一个复杂适应性系统，不断适应变化了的环境的需要，也就成为了组织管理发展的必要和组织管理思想发展的重要趋势。

　　根据复杂性理论，呈复杂形态的组织只有不断适应变化了的环境的要求，具有适应性，成为一个适应性组织才具有生命力。所谓具有适应性，就是指组织系统能够与环境以及其他系统进行交互作用。组织在这种持续不断的交互作用的过程中，不断地"学习"或"积累经验"，并且根据学到的经验改变自身的结构和行为方式。整个组织系统宏观层次的演变或进化，包括新层次的产生，分化和多样性的出现等，都在这种适应性过程中产生出来。因此，灵活性、适应性、应对能力、学习能力和快速革新能力被认为是在快速变革的复杂环境中最佳组织结构的要素，这种组织就是学习型组织，即一种拥有知识并能对知识进行管理和运用的组织。

在复杂的环境状态下，一个组织是否具有良好的学习能力是其能否动态地适应环境变化的重要指标。学习型组织最典型的特征，在于它能根据复杂变化和充满不确定性环境的要求，通过与外界交流信息、物量、能量等学习方式，改变组织的结构以增强适应性、灵活性和反应性；改变管理模式；不断调动和发挥每一个主体的积极性、主动性和创造性；在与环境的竞争中合作，在合作中不断竞争。因此，一个学习型组织从复杂性管理角度来看，一般具有如下一些特征：

（1）设计了新型的组织结构和发展战略，具有高度的适应性，能对内、外部环境的变化作出迅速的反应。

（2）人是知识的载体，充分发挥每一个人的主动性和创造性。组织内部成员之间相互密切联系，管理者与一般职工之间具有较少的管理层次。实行"自主管理"，个人具有自治性。根据每个人创造价值的大小，确定报酬，使报酬制度具有激励性。

（3）组织内、外部之间相互联系、相互作用。承认周围环境的不断变化是不可避免的，视这些变化是可以利用的资源。对组织内部的所有过程进行不断改善，"忘掉"旧知识，充实新知识。

（4）具有总体方向意识，每个人都能理解一个组织作为系统的整体思想，个人的观念、目标与组织的观念、目标之间能较好地协调起来。

（5）组织的研究与开发工作超前于时代，致力于产品创新、管理创新、组织结构创新等创新工作，把握生存和发展的主动权。

因应着环境变化复杂性的要求，学习型组织在现代组织管理中的表现形式也不断增多。流程再造、虚拟企业、供应链与物流管理、大规模定制生产组织、并行工程等都是学习型组织的具体表现形式。

复杂适应性理论给我们在组织管理上的启示，除了要建立学习型组织外，还表现为：①管理者由注重对组织中每一个成员的"管"和"控"转变为注重"变"，转移到适应调整和变革上来，研究如何适应变化，如何调整内部结构关系，采取什么样的组织形式；②建立"自由化"、自组织的组织结构关系，改变原有组织内部部门与部门之间、单位与单位之间、个人与个人之间严密的上下级关系、指挥与执行命令的关系，使每一个个体自主能动地处理各自面临的环境，发挥他们各自的潜能，这些潜能的综合构成整个组织巨大的生命力；③培养优秀的组织文化，包括优秀的信念、价值观和一套对付一切变化的原则。这些内容的文化一旦形成，组织发展也就拥有了一种"吸引子"，一切组织行为就会有意识或无意识地围绕其运转起来，形成一种向前发展的力量。但组织文化也不是一成不变，随着环境条件的变化，管理需要对已经形成的文化进行调整，形成新的"吸引子"；④注重组织整体与部分的共同进化。在组织的发展过程中，组织的每个部分都会与其他的部分相互作用和影响，从而激发了部分之间的共同进化。更重要的是这种共同进化过程应该发生在部分和整体之间。正如"一部分先富起来"只是我国改革开放进程中部分社会组织的进化结果，并不是改革开放社会发展的最终目标，"所有的人都富起来"才是社会组织整体进化的结果，才是改革开放的根本目的；⑤注重组织的超级进化。超级进化的意思是指，除了组织的部分和整体在进化之外，进化过程和进化规则本身也在进化，因而组成一个公司、市场或社会的规则在不断进化。比尔·盖茨和大多数世界上杰出的企业家不仅在应对现有的市场的挑战，这是一个规则已经建立起来的市场，而且他们还在应对他们正在创造的新市场的新规则。仅仅通过学习可能取胜的规则并跟随遵从这些规则并利用它们来取得优势的时代已经结束了。实行改革开放，是我国社会整体进化、发展的过程，加入WTO，我们又进入了一个新的时代，我们必须认识到在这个时代，规则在变化，我们必须通过积极地适应并改变它们而寻求成功；⑥创造产生组织凝聚的能力。组织的凝聚能力来源于组织微观层次（个体）的努力。正是每一个个体富有吸引力的愿望，以及用富有激情的努力、梦想成真的追求使得他人团结在他的周围，通过他们的能力产生凝聚，并自组织地涌现出组织整体的凝聚力。因此在组织中，调动每一个个体的主动性、创造性，实行"以人为本"的民主化管理、建立扁平式的组织结构，是产生组织整体凝聚力的主要条件。在组织的凝聚力问题上，重要的不是组织的集体的力量，而是个人产生凝聚的能力，因为没有个人的凝聚能力，也就没有集体的凝聚力。

综合以上分析，我们发现与传统的组织管理相比，复杂性组织管理具有更多的新的思想，二者的显著区别如表2所示：

表2　　　　　传统组织管理与复杂性组织管理的显著区别

传统组织管理	复杂性组织管理
相对刻板的结构	不断演化的结构
认为存在一种最正确的组织方式	根据不同环境应当有不同组织方式
严格定义组织边界	分形变换的边界
严格定义成员资格和上下级等级	成员间有不同的联系方式、网络结构比单一的上下级组织更有效

续表

传统组织管理	复杂性组织管理
集中全盘控制、直接指导雇员	单位组成允许存在自组织行为,给自治的个体和团队赋予权利和能力,以增强创造力
要么竞争,要么合作	竞争中合作、合作中竞争
有序地管理变化	在组织内创造组成部分可自我调整变化的空间和余地
着重战略计划、努力实现特定目标	系统演化设计、创造演化的未来远景,注重演化竞争力

二、复杂性理论与企业系统的并行进化

传统的企业在进行内部组织设计的时候,原则是按照职能分工,物质流和信息流严格地在职能部门之间流动;外部环境对企业的影响以及企业对环境的适应都通过与外部环境联结的"投入"、"产出"职能部门的传递才能得以实现。这种整形设计导致组织内部各种制度僵化,整个结构缺乏弹性,不能随着外界环境的变化而表现出灵活性。

系统管理理论认为,企业内部与外部的隔离是为抑制企业内部对外部变化的过分反应,使企业内部不至于变化得太快,失去组织的平衡。因此在强调适应性(adaption)的同时又强调维持性(maintenance)。

在复杂性理论看来,追求组织结构的平衡乃是不现实的徒劳,是牛顿力学范式对管理理论影响的体现。因为维持系统平衡的所谓维系力是一种保守的力量,其作用在于防止失衡现象的发生,过分注重维系力会使组织崩溃。此时由于专注于维持企业的平衡态,忽视外部变化的环境,企业变成一个封闭的系统,最终将由于无法知应外在形势的变化而走向毁灭。然而现在许多企业推崇的适应环境变化的哲学是:当环境变化时,企业调整经营目标和经营策略,进而调整企业内部结构及职责的分配,以达到适应外部变化的目的。企业系统的这一变革过程遵循的是环境作用(environment)→战略调整(strategies)→结构变化(structures)这样的路径模式。简称 ESS 模式。

企业系统变革的 ESS 模式,是对企业系统简单化的结果,也是集权管理模式的要求,它认为企业内部诸要素之间,以及它们与环境之间的关系是直接的、线性的、可控制的,显然这与企业系统实际的情况是完全不相符的。按照这种进化模式,当外部环境发生快速变化的时候,企业系统 ESS 模式下的那种自上而下的串行结构根本适应不了,企业的经营目标,经营策略乃至企业内

部的组织结构、职责划分的调整，都会因为时间的延迟而不具有时效性，结果是时过境迁，徒劳无益，因此这种适应是一种被动的适应过程。

复杂适应性系统理论认为，系统的生存与发展在于其对外部环境的开放程度与适应外部环境变化的能力，而按照职能划分的企业组织结构和按照层次划分的管理系统，缺乏符合系统发展的这两个基本条件。但是，如果消除企业系统内部不同层次之间的边界，使得企业管理系统的不同层次都能同等地面对环境，相互并行地协调并适应环境变动中出现的各种情况，则就能增加企业系统的开放程度，提高企业系统适应环境变化的能力。于是，依据复杂适应性系统理论，我们就可以提出一种新的企业系统变革模式，它的路径为环境作用（environment）→并行适应（parallel adaptive）→战略调整（strategies）→结构调整（structures），简称 EPSS 模式。EPSS 模式，就是当外部环境发生变化时，企业内部各组织单位同时作出反应，企业管理部门根据已有的各组织单位适应变化的状况，对战略作出调整，进而调整企业内部的组织结构和职责的分工。

在 EPSS 模式中，并行适应是由一种称做并行工程的过程来实现的。所谓并行工程（concurrent engineering，CE）是指集成地，并行地设计产品及其相关的各个过程（包括制造过程和支持过程）的系统方法。这种方法要求产品开发人员从设计一开始就考虑产品整个生命周期中的概念形成到产品报废处理的所有因素，包括质量、成本、进行计划和用户的要求。

根据这一定义，并行工程是依据外部环境的要求，组织跨部门、多学科的开发小组，在一起并行协同工作，对产品设计、工艺、制造等上下游各方面进行同时考虑和并行交叉设计，及时地交流信息，使各种问题尽早暴露，并共同加以解决。用图 12.1 表示为：

并行工程包含着丰富的复杂适应性思想，到今天并行理念已大大超越产品开发的范畴，并行计算机、并行组织、并行管理、并行开发等并行模式不断涌现，为复杂管理系统的进化和管理提供了卓有成效的方式和途径。

三、制度系统演化效率的复杂性分析

（一）制度系统演化的复杂性及其效率

制度是指"人与人之间关系的某种契约形式或契约关系"，是决定人们的相互关系而人为设定的一些行为规则，这些规则涉及社会、政治及经济行为，它限制和确定了人们的选择集合。若干项制度的集合构成一个制度系统。制度产生的根本原因，是为了降低各种活动中的交易成本，提高效率。一项制度安排产生后，经过一段时间的实践，由于内外部条件的变化，往往会产生变动，

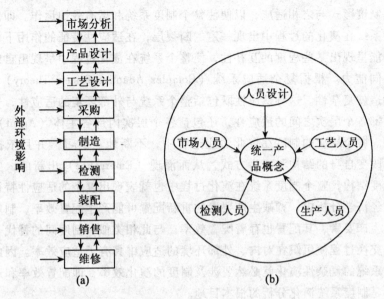

图 12.1　并行工程的产品开发模式（a）和相对应的跨部门多学科小组的组织方式（b）

即发生制度的变迁，它是一种制度间的替代、转换和交换过程。制度变迁用系统学语言表述，就是制度系统的演化，由一种系统状态演变为另一种系统状态。它是通过复杂的规则、标准和实施的边际调整实现的，其本质是利益与利益的再分配，利益格局的重新调整。

制度系统的演化取决于信息完全的程度、人的偏好、技术环境的变化、新的赢利机会的出现等因素。依据比较制度分析理论，经济过程是一个复杂的系统，具有复杂性、协调性、妥协性，在此状态下，经济主体要想清楚地权衡自己所面临的所有利害关系，并选择最佳的行动和制度安排，几乎是不可能的，因此只有有限理性。这种由有限理性及经济活动的复杂性所决定的制度系统也就成为一个复杂系统，它可以产生诸如混沌、分形、突变、协同等复杂行为。比如一项具体制度安排的产生，往往是由微小的偶然事件或机制引起的，这就是一种对初始条件敏感的正反馈现象。制度系统演化的结果，是一项新的制度安排的产生，这是一个博弈过程，也是一个达成一致的适应性过程。

此外，制度系统作为一个复杂系统在演化过程中存在着复杂的适应性特征。制度系统的演化本身就是在适应变化了的复杂环境的条件中进行的，这是制度系统演化的外部动力机制，而适应新的赢利机会的出现，降低各种有形与无形的交易成本，是其演化的内部动力机制。构成制度系统的各种制度要素不是孤立的，而是相互作用，彼此适应的。一旦某种有效的制度形式出现，就要求其他制度形式与之相适应，以便使整个制度系统和谐有效地运作。即使是整个制度系统在演化的过程中出现一定的断裂层，在适应性特征的作用下，各项制度仍能呈现出某些程度的互补性，使整个系统在演化过程中呈现出自组织能力和协同能力。根据复杂适应系统（Complex Adaptive System Theory）理论，适应性造就复杂性。这种适应性既包括整个系统与外部环境的适应性，也包括系统内部各个层次之间的适应性，还包括各个层次内部各主体（Agent）间的适应性。各个层次的制度在彼此适应过程中，不断地"学习"并且依据学到的经验改变自身的结构和行为方式，从而涌现（Emergence）出新的，更为复杂的制度结构，整个制度系统在演化过程中也就表现出复杂的适应性特征。

在经济学分析中，稀缺生产要素的重新配置可能产生配置效率，制度作为稀缺性生产要素，其配置也存着配置效率；与此相类似，制度间的替代、转换过程和交换过程使组织在对内、外部环境的适应中具有了适应效率。因此，考虑制度系统的复杂性演化就必然要涉及制度的演化效率，即配置效率和适应效率，这是制度系统演化分析的根本目地。

（二）制度系统演化的 polya 模型

制度系统作为一个复杂系统，其在演化过程中存在着自增强或正反馈效应。在这种效应的作用下，会形成一种倾向使制度系统向某一确定性结构演变。它能通过随机的涨落而达到一种有序结构，但可能并不是惟一的有序结构，而不同的有序结构可能对应着不同的演化效率。为此，我们用 polya 随机递推演化模型来揭示制度系统演化效率的复杂特征。

Polya 模型是一个所谓的缸模型。设定一个容量无限的缸，可以放入 N 种不同颜色的球。每次往缸里只加入一个新球，加入某种颜色球的概率与已经加进去的不同颜色球的比例具有一定的函数关系。

设 x_{in}, $i = 1, 2, \cdots, N$, 表示 n 时刻第 i 种球占缸中球的总数 (T) 的比例。令 i 色球在第 n 时刻为新加入的球的概率为 P_i, n (x_n), $i = 1, 2, \cdots, n$

则我们可以得到如下的演化模型：

$$x_{i,n+1} = x_{i,n} + (P_{i,n} (x_n) - x_{i,n} / (t + n)) \qquad (12.3.1)$$

式（12.3.1）中的 $P_{i,n} (x_n)$ 一般是非线性的，它可以是非线性递增，也可以是非线性递减的，还可以是部分递增，部分递减的，例如单峰函数，这时，方程（12.3.1）可能出现周期性震荡、混沌等更为复杂的演化行为。因此，式（12.3.1）表示了一种非线性 Polya 过程，它是具有正反馈的系统，系统的演化行为与 $P_{i,n}$ (x_n) 有关，后者代表了人的选择行为。如果 $P_{i,n}$ (x_n)

收敛于某一固定形式函数 p 的速度快于 $\dfrac{1}{t+n}$ 收敛于 0 的速度，则有

$$p(x_n) = x_n \qquad\qquad (12.3.2)$$

如果不动点是稳定的，则非线性 polya 过程将收敛于不动点。

为了能够采用（12.3.1）式来揭示制度系统的演化特征，我们还需做出一些假设。

假设前面参与人的制度选择对后续参与人的行动决策具有影响力，参与人的选择具有从众心理，但又都是遵循各自的利益（偏好）来行动的。显然这些条件与现实的情况是基本吻合的，依据这些假设，polya 递推模型成立的条件就与制度演化的现实条件吻合一致了，可以用 polya 模型来揭示制度系统演化的规律。

依据上述从众心理，亦即少数服从多数原则的假设，我们在这里按 3 人多数原则来确定某项制度设计被参与者选择的结果。显然有

$$p(x) = x^3 + 3x^2(1-x) \qquad\qquad (12.3.3)$$

式中：x^3 表示 3 人都选择该项制度设计的概率；2 人愿意选择该项制度设计的概率是 $x^2(1-x)$，它有 3 种组合，其不动点为 $x_1 = 0$，$x_2 = 0.5$，$x_3 = 1.0$。

通过稳定性分析知，$x_1 = 0$，$x_3 = 1.0$ 都是稳定的不动点，其经济含义为完全拒绝及完全接受前面的人关于某种制度的观点；$x_2 = 0.5$ 是不稳定的不动点，它的经济含义为可能拒绝也可能接受前面的人关于该种制度的观点。

若按照 5 人多数原则，那么与上述的分析思路一样我们有：

$$p(x) = x^5 + 5x^4(1-x) + 10x^3(1-x)^2$$

通过稳定性分析知，其不动点仍然为 0，1，0.5；其中 0.5 是不稳定不动点。

从模型演化结果我们可以看到，3 人多数原则及 5 人多数原则表示了一种聚集过程，即把三个（五个）参与者聚集为一个有代表性的参与者。通过不断聚集，较小的个体通过诸如多数原则等特定的方式结合起来，形成较大的、有代表性、较高层次的参与者，导致对新的制度设计的选择与认同，使制度系统涌现出新的演化特征，这往往是制度的宏观性发生变化的相变点，这一过程所展示的也正是复杂系统的适应性特征。

与此同时，在该相变点，无论是按个别参与者还是按参与者群体计算，其选择某项制度的行为的概率不变。个别参与者与参与者小组显然代表不同的尺度，不同尺度下的概率分布一样，依据分形理论，说明它们是统计自相似的，具有分形结构。处于相变状态时，任何一个偶然的因素都可能使参与者的选择行为发生改变，导致制度演化系统的分岔，并使分岔后的系统最后收敛于不同

相变点的稳定不动点，从而使得制度系统锁定在某个稳定的状态，形成制度演化的路径依赖现象。

（三）制度演化模型效率的复杂性分析

非线性 polya 演化模型是一个随机过程，其稳定点不止一个。当 n 很大时可以得到一个相对平稳的过程；当 n 不太大时，它是波动很大的过程，这时偶然因素会使它最后收敛于不同的稳定不动点，偶然因素会决定系统演化的结果，收敛于哪个不动点是随机的，对于这些不动点来说，也没有效率的好坏之分，也就是说制度系统在演化过程中所达到的均衡状态可能同时存在着好几个，并不是每一个状态都是有效率的。

上述分析对于我们在制度创新与制度演变过程中，正确把握制度创新的方向和路径，进行制度创新的选择具有重要意义：

（1）制度的演进过程中，很难说哪种制度选择是最优的、最有效率的。这些制度的产生是由于复杂的环境条件变化而生成的，最多不过是局部意义上的最合适的制度，不能够任意扩大或夸大它的价值也不能简单地偏好于某一种制度安排，否则就是用确定型的线性思维来解决不确定性的非线性问题，把复杂性问题简单化，以一种制度安排来制约多式多样复杂的经济交易活动。以此审视当前我国正在大力推行的现代企业制度和公司治理结构工作，我们发现，在实践中我们恰好犯了这一错误。尽管现代企业制度有它的有效性和理论价值，在一些发达国家实行的也比较成功，但若上升到所有体制类型的企业都必须走建立现代企业制度这条路，现代企业制度是所有企业制度创新的方向，可能就缺乏客观性和合理性了。今年以来，美国不断暴露出的大公司信用丑闻，也促使我们对现代企业制度进行新的复杂性思考，那些看似完美的制度安排在复杂的经济活动面前仍然是无效的。

（2）制度系统在演进过程中存在着分岔和路径依赖现象，如何分岔，什么时候分岔是随机的。制度分岔一旦发生，即使企业之间随后面临同一技术和市场环境，它们整体性的制度安排仍然可能会相差甚远，因此，制度分岔是实现制度创新的有效方式和途径，但创新的结果却可能是低效率的。制度系统一旦进入"路径依赖"轨道，就会产生自增强的正反馈状态，需要采用巨大的力量才能让它走出"泥潭"，这是制度演化的惯性作用。对于这种惯性同样也没有效率的好、坏之分，因为新制度的设计可能被锁定在由次优或不优状态所组成的低效率或无效率状态。如由于我国长期实施计划经济制度，尽管现在大力提倡并努力建设社会主义市场经济制度，但长期计划经济实施的惯性作用依然强大，很难在短时间内走出被"锁定"的轨道。

（3）由适应所产生的制度安排未必就是有效率的，适应效率来自于有效的制度。制度系统在演化的过程中所达到的任何一个均衡的状态，都是一种制度安排的体现，都是各制度参与主体依据自己的偏好，通过博弈和对环境的适应而达成一致的结果。但这种达成一致却可能是没有效率的，如合谋所产生的达成一致就如此，所谓"上有政策，下有对策"反映出的也是这种演化的低效率情况。比如在国有企业，管理者常常以一致同意作决策，在他们作决策之前，他们确实综合考虑了许多问题，但往往不是为了企业，而是为了自己。因此，由适应所产生的制度安排未必就是有效率的。这样就提出了如下一个问题：对适应性制度的效率识别，用什么标准，什么途径识别适应性制度的效率。制度系统演化过程中的难点，就在于识别这种缺乏效率的制度状态，因为我们常常会把一个缺乏效率的、但又是在适应中形成的制度当做有效的制度安排加以接受，这些问题制度经济学并没有深入分析。制度经济学所分析的制度适应隐含着这样一个假设，即制度对内、外部环境的适应都是为了改善和提高经济及管理系统的运行效率，促进经济的发展，存在着正的制度适应效率。显然，这种分析是不完善的，只考虑了问题的一个方面。

　　（4）制度系统作为一个整体，其内部的各项制度要素之间必须是彼此适应的，互容的，协同的，具有适应性。具有适应性的制度系统在演化时因为各自初期条件的不同而拥有不同的演化轨迹，有可能最终形成不同的均衡状况，这是制度系统演化过程中由于正反馈效应所产生的自增强现象。正反馈机制实际上是一种学习机制，存在着大量的模仿、从众、适应等学习过程，因此，制度的演化效率可以从学习型组织的角度加以分析。制度系统按照"发现—判断—选择—变化"的循环模式，利用正负反馈、单双循环学习来促进制度的运动，提高演化效率。这里的问题是，什么样的制度应该是协同的，什么力量左右制度系统采取正、负反馈学习，有的清楚，有的不怎么清楚。比如在一个制度系统中，有些制度要素是根本的，有些则是表层性的，有些影响是广泛而持久的，有些却只有局部和短期的影响；有些是无弹性的，而有些则是有弹性的，甚至有些是高弹性的，如何区分具有这些不同特征的制度要素，这本身又是一个复杂性问题。

小　结

　　本章阐述了复杂性的内涵、复杂性的根源、复杂性的特点、复杂系统及其主要特征，复杂性科学及其主要工具；分析了管理科学所面临的复杂性的挑战的主要内容，包括结构的复杂性、非线性和混沌、信息不完全不对称及非理性的挑战等，论述了管理复杂性与复杂性管理的关系、复杂性管理的特点；从复杂性组织管理、复杂性与企业系统的并行进化几个方面，阐述了复杂性科学理论在管理科学中的具体应用，揭示了复杂性管理在管理理念和管理方法上的显著差异。

复杂性科学的理论内涵是及其丰富的，尽管其正处于不断发展的阶段，许多理论和方法也还处于不断的完善之中，还没有成熟的理论框架，复杂性科学与管理理论的结合也仅仅只是开始，但是复杂性科学的巨大生命力，以及复杂性科学与管理科学相结合对管理科学的发展所产生的巨大推动作用是我们所不能够忽视的。可以预见，复杂性管理将是管理科学发展的重要方向，具有广阔的前景。

思考题

1. 什么是复杂性及复杂系统？复杂性的来源主要表现在哪些方面？
2. 什么是复杂科学？复杂科学研究的主要工具有哪些？
3. 管理科学面临着哪些复杂性的挑战？
4. 复杂性管理的特点是什么？传统管理与复杂性管理的差异表现在哪里？

参考文献

1. 许国志．系统科学．上海：上海科技教育出版社，2000

2. 成思危．复杂性科学探索．北京：民主与建设出版社，1999

3. ［英］拉尔夫·D．斯泰西．组织中的复杂性与创造性．宋学锋，曹庆仁译．2000

4. ［比］伊·普里戈金．从存在到演化——自然科学中的时间及复杂性，1986

5. Holland J H. Emergence. Addison-Wesley，1998

6. Waldrop MM. Complexity：The Emerging Science at the Edge of order and chaos. New York：Simon and Schuster，1992

7. Judith E. Innes，David E. Booher. Consensus Building and Complex Adaptive Systems-A Framework for Evaluating Collaborative planning. Journal of the American planning Association，Vol：65，No. 4. Autumn 1999，p. 412-423

8. ［美］霍兰．涌现．上海：上海科技出版社．2001

9. 李必强．论现代企业系统及其组织管理的复杂性．中国管理科学，2000（11）

10. 陈国权．并行工程管理方法与应用．北京：清华大学出版社．1998

11. 金吾伦．复杂性组织管理的涵义、特点和形式．管理科学，2001（5）

12. 陈利，张鸿．企业管理复杂性的成因分析．软科学，2002（2）

13. 陈卫东，顾培亮. 管理系统中的复杂性特征及其控制探讨. 中国软科学，2001（12）

14. 王永龙. 动态复杂性环境中的组织创新研究. 经济管理，2002（6）

15. 范如国. 企业制度系统的复杂性：混沌与分形. 科研管理，2002（4）

16. 范如国. 制度系统演化低效率的复杂性分析. 国际复杂性科学研讨会暨全国第二届复杂性科学学术研讨会论文集，2002 年 8 月 6～7 日. 上海

第十三章　混沌与分形管理理论

　　作为复杂性科学理论之一的混沌与分形理论，对待自然界和社会生活有着与传统科学不同的思想、研究方法，解决与说明了一些应用传统科学所不能解决与说明的问题和现象。管理科学是伴随着自然科学的发展而发展的，是自然科学与社会科学交叉的产物，混沌分形理论与管理的结合，是管理科学发展的新的范式。事实上，关于混沌与分形管理理论的研究已经成为管理科学发展的前沿，人们从系统和管理的角度，应用一般非线性系统的混沌与分形理论和方法来研究管理问题，并已经取得了许多极有价值的研究成果。

　　混沌与分形理论既是数学研究的对象，又是物理学研究的对象，既是系统科学研究的对象，又是哲学研究的对象。现在也正成为管理科学研究的对象。本章将介绍混沌与分形的基本概念、基本思想，混沌分形理论在管理中的主要应用等内容。

第一节　混沌理论及其基本思想

一、混沌的概念

（一）什么是混沌

　　"混沌"一词，我国古已有之，早在公元前 560 年左右，中国古代思想家老子就有了关于"道可道非常道"之说，并初步提出了关于宇宙起源于混沌的哲学思想。公元前 450 年左右，中国古代哲学家庄子也曾说过"南海之帝为儵。北海之帝为忽。中央之帝为混沌"。庄子所说的儵、忽，就是迅速灵敏，混沌有无知愚昧的意思，分别代表三个皇帝，而混沌竟在中央。

　　应当说，庄子在这里说的是政治，隐喻的是哲学。除了哲学上的隐喻之外，我国古代还把混沌作为宇宙天地开辟之前的一种状态。《三五历》中说："未有天地之时，混沌如鸡子，盘古生其中，万八千岁，天地开辟，阳清为天，阴浊为地"。《论衡·天篇》中说："元气未分，浑沌为一"。《易纬·乾凿度》中说："混沌者，言万物相混成而未相离"。由此可见，混沌状态的主要特征是浑然一体，但此一体是一个蕴含着万物的整体。此外，《易纬·乾凿度》还认为宇宙生成之前的状态也有一种演化过程，经历了不同阶段才到达混沌："太易者，未见气也。太初者，未见始也。太始者形之似也。太素者，质之始也。气似质具而未相离，谓之混沌。"在西方，"混沌"叫做"chaos"，意为疲倦与困惑。古埃及、古希腊的思想家中也极早就有世界起源于混沌的观点，并认为世界演化的最终结局也是混沌。以上关于混沌的概念，我们不妨把它称为古代理解的混沌。

但是，不管是混沌还是 chaos，就其一般含义而言，意指混乱、紊乱、无序和没有规律的事物或现象。如袅袅的烟雾、潺潺的流水、飞来的黄沙、拥挤的人群、奔驰的车流以及变化的股市等，都可以谓之混沌。这一种混沌，我们把它称为线性平衡态热力学混沌。

不过无论是古代理解的混沌，还是线性平衡态热力学混沌，都不是我们在这里所称的混沌的概念，我们所说的混沌的概念，是具有严格定义的非线性动力学混沌。

非线性动力学对混沌的研究迄今为止最为系统和严密。在非线性动力学中提出了一些可供理论判定的定义和实际测量的标度，其中 Li-Yorke 定理是比较公认的，影响较大的混沌数学定义。

Li-Yorke 定理于 1975 年由华人学者李天岩和他的美国导师 Yorke 在题为《周期 3 蕴含混沌》的论文中提出，由此定理出发，形成了关于混沌的专门定义。

Li-Yorke 定理：设 $f(x)$ 是 $[a, b]$ 上的连续自映射，若 $f(x)$ 有了周期点，则对任何正整数 n，$f(x)$ 有 n 周期点。

混沌定义：闭区间 I 上的连续自映射 $f(x)$，如果满足下列条件，便可确定它有混沌现象：

（1）f 的周期点的周期无上界；

（2）闭区间 I 上存在不可数子集 S，满足：

（i）对任意 x，$y \in S$，当 $x \neq y$ 时有

$$\limsup_{n \to \infty} \left| f^n(x) - f^n(y) \right| > 0$$

（ii）对任意 $x, y \in S$，有

$$\liminf_{n \to \infty} \left| f^n(x) - f^n(y) \right| = 0$$

（iii）对任意 $x \in S$ 和 f 的任一周期点 y，有

$$\limsup_{n \to \infty} \left| f^n(x) - f^n(y) \right| > 0$$

定义表明，在区间映射中，对于集合 S 中的任意两个初值，经过迭代，两

序列之间的距离的上限可以为大于零的正数，下限等于零。就是说当迭代次数趋向无穷时，序列间的距离可以在某个正数和零之间游动，即系统的长期行为不能确定，是一种与我们通常熟悉的周期运动极不相同的运动形态。

根据上述定理和定义，我们可以发现，对闭区间 I 上的连续函数 $f(x)$，如果存在一个周期为 3 的周期点时，就一定存在正整数的周期点，即一定出现混沌现象，即只要有周期 3 就会"乱七八糟"，什么周期都可能有。

（二）混沌的科学含义

混沌作为一个科学概念，既有传统认识上的外表，也有着不同于传统科学研究的内容。

协同论的创始人 H. 哈肯认为："无规律运动来源于完全确定性方程，为了表征这个新的现象，我们定义混沌来源于确定性方程的无规律运动。"哈肯从过程的角度指出了混沌是从有序中产生的无序运动状态。

美国学者，混沌理论创始人之一的诺曼·帕卡德用三个名称概括了混沌的特征和含义：蝴蝶效应、对初始条件的敏感依赖以及信息增殖。初始状态失之毫厘，最终状态就会谬之千里，初始状态微小的差别随系统的演化越变越大。确定性系统中也会存在随机行为，这就是混沌的一种特定属性。

我国学者郝柏林认为，混沌是没有周期的序，是非周期的，具有渐进的自相似的有序的现象。

综上所述，混沌的科学含义主要表现为：

（1）混沌是确定性的非线性动态系统产生的一种貌似随机的动态行为。

（2）混沌具有对系统初始条件的极端敏感性，存在着所谓的"蝴蝶效应"。

（3）混沌是有界的，具有混沌吸引子（奇异吸引子），是一种新的序。

混沌所给予我们的启示是：

（1）混沌可以产生于简单系统里，简单的方程、系统、行为能够产生异常复杂的混沌行为。

（2）混沌是非线性动态系统所固有的。哪里有混沌，哪里就有非线性。不过非线性是混沌产生的必要条件，而不是充分条件。

（3）混沌是确定性系统的一种动态行为，绝不是一种静止的行为表象。

（三）混沌吸引子

为了更深入地了解混沌的科学含义，我们有必要介绍混沌理论中的另一个重要概念奇异吸引子（strange attractor）。

我们已经知道，混沌是动态系统的一种行为特征。系统的动态演化过程可以从一个状态空间中表现出来。状态空间为描述混沌系统的行为提供了有力的工具，它用几何图形的方式表达了一个系统的动态行为。一般说来，一个系统的动态行为经过一段时间后最终稳定下来的状态，就叫做吸引子（attractor），这里的"吸引"是指系统状态变化的趋向，而不是实际的"吸引子"，只不过是在这个最终的状态点上，好像存在某种吸引力似的，将围绕着它的状态轨迹吸引过来，因而称之为一个吸引子。系统状态的变化可以从"几何"和"代数"两个方面来描述。用几何方式描述"吸引"或"发散"是针对系统在相空间或状态空间中的变化趋向而言的；用代数的方式描述，则是对系统运动所遵从的微分方程的积分曲线而言的。所以，实际上吸引子对应了微分方程的不动点、极限环、环面及高维环面。如图 13.1 所示。

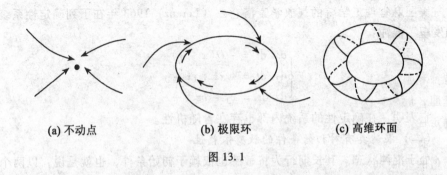

(a) 不动点　　　　　(b) 极限环　　　　　(c) 高维环面

图 13.1

一般来说，一个动态系统可以有几个或几种吸引子。系统从不同的初始条件出发，状态演化可以到达不同的吸引子。不动点是零维吸引子，极限环是一维吸引子，高维环面是整数的高维吸引子，这些吸引子的共同点，就是它们的相空间维数都是整数维。这样的吸引子我们称之为"平庸吸引子"。除此之外，还有一类吸引子叫做奇怪吸引子。如果一个吸引子不是有限点集，不是有限周期，不是光滑的或不是被分段光滑的封闭体围绕，则称之为"奇怪吸引子"（strangeattractor）。如果一个吸引子是奇怪的，且有正的李亚普诺夫指数（Lyapunovexponent），或非整数的维数，则称之为"混沌吸引子"奇怪吸引子包括混沌吸引子和奇怪非混沌吸引子。不过，在混沌理论中，奇怪吸引子一般都是混沌吸引子。

奇怪吸引子在混沌理论中有着极其重要的地位，通过对动态系统吸引子特征的分析，我们可以判断一个系统是否产生了混沌行为。

二、混沌的特征

传统的观点认为，物质运动存在着两种形式：一是严格的确定性运动，二是彻底的随机性运动。但由于混沌的发现，彻底改变了人们的思维方式。混沌运动表明，混沌运动是一种介于上述两种运动形式之间的有序的混乱，是一种被限制在确定而且稳定的范围内的混乱，一种与周期运动密切相关的混乱。归纳起来，混沌具有以下四个方面的主要特征。

（一）混沌是确定性系统内在的随机性

过去人们认为，一个系统之所以是确定性的，是因为这个系统中存在着确定的因果关系，系统的状态受确定的规律支配。而一个系统之所以是随机的，则是因为系统受到了随机性因素的作用，使得系统前后状态之间的关系具有不确定性。显然，经典的确定性系统和随机性系统的概念是完全对应的。但混沌的发现改变了这种对立。

美国麻省理工学院的气象学家洛仑兹（Lorenz）1963 年在下列确定性系统中发现了混沌：

$$\begin{cases} dx/dt = -Q(x-y) \\ dy/dt = -xz + rx - y \\ dz/dt = xy - bz \end{cases}$$

它表明，在确定性的系统内部也存在着随机性。

（二）混沌具有对初始条件的敏感依赖性

处于混沌状态。其长期行为将敏感也依赖于初始条件，也就是说，以两个极其邻近的初始值出发的两条轨道，在短时间内其差距可能不大，但在足够长的时间以后会必然性地呈现出显著的差异。逻辑斯蒂差分方程 $x_{n+1} = ax_n(1 - x_n)$，$(0 < x_n < 1, a > 0)$ 很好地演示了这一特性。逻辑斯蒂差分方程在 $a = 4$ 时的迭代情况如表 13.1 所示。

表 13.1　　　　　逻辑斯蒂差分方程在 $a = 4$ 时的迭代情况

初　　值　＼　迭代次数 n	1	2	50	300
0.199999	0.639997	0.921603	0.001779	0.597519
0.200000	0.640000	0.921600	0.251742	0.987153
0.200001	0.640002	0.921597	0.421653	0.004008

在该表中，三个初值彼此间的差别为十万分之一。代入方程后，第一、二次迭代的结果相差不大，然而差值在迭代过程中被不断放大，到第 50 次迭代时已在个位数上体现出来，到了第 300 次迭代差别更大，所得的 3 个数已经完

全没有什么相似之处了。

混沌具有对初始条件的敏感依赖性揭示了混沌系统的高度复杂性和不可预测性。

（三）混沌是一种全新的序

在认识混沌之前，人们认为世界上的事物只是以两种形态存在：或者有序，或者是混乱无序。通常意义上的有序显示一种规律的存在。这种规律在时间上表现为周期性，即运动的周而复始；在空间中表现为对称性，即结构的几何性质是双向对称的，结构的一部分可以与另一部分重合。但是混沌却是一种介于二者之间的序，它在时间上非周期、空间上非对称，但又绝非完全无规律可循的混乱和无序。它是一种不具有周期性和明显对称性的有序态，一种复杂的有序态。

（四）混沌具有普适性

在复杂的非线性的动力系统中，分岔是其所共同的结构。倍周期分岔可以带来系统的混沌行为，而且分岔这种结构具有普适性，这种普适性表现为结构普适性和测度普适性。

结构普适性是指某一类有着某种共同数学性质的非线性动力系统具有相同的结构。测度普适性是指非线性的动力系统在沿着周期分岔进入混沌的过程中隐含着一种深刻的规律，它以常数的形式表现出来，就是费根鲍姆常数。费根鲍姆常数意味着一种更为深刻的东西———一种统一的规律在起作用。

三、混沌的判断

依据上面介绍的混沌的主要特征，我们可以依据以下方法判别一个系统的动态行为是否产生了混沌：

（1）通过数值计算，观察系统的相图结构。如逻辑斯蒂（Logistic）差分方程，就是通过对系统演化相图的分析，判断系统混沌特征的产生。

（2）计算拓扑熵或测度熵。若测度熵或拓扑熵大于零，则认为系统是混沌的。

（3）计算李亚普诺夫指数。若存在正的李亚普诺夫指数，则认为系统是混沌的。

设有一维映射 $x_{n+1} = f(x_n)$，其中只有一个拉伸或压缩方向。考虑初值点 x_0 和它的近邻 $x_0 + \sigma x$，用 $f(x)$ 作一次迭代后，它们之间的距离为 $\sigma x_1 = f(x_0 + \sigma x) - f(x_0) \approx f'(x_0) \sigma x$，经 n 次迭代后会呈指数分离：

$$\sigma x_n = f_n(x_0 + \sigma x) - f_n(x_n)$$

$$= \frac{\mathrm{d}f^n(x_0)}{\mathrm{d}x}\sigma x_0 = e^{\lambda(x_0)n} \cdot \sigma x_0$$

式中：$\lambda(x)$ 就称为 Lyapunov 指数：

$$\lambda(x_0) = \lim_{n\to\infty}\left(\frac{1}{n}\right)\log\left|\frac{\mathrm{d}f^n(x_0)}{\mathrm{d}x_0}\right|$$

$$= \lim_{n\to\infty}\left(\frac{1}{n}\right)\log\left|\prod_{i=0}^{n-1}f'(x_i)\right|$$

（4）计算容量维或豪斯多夫（Hausdorff）维数。若容量维或豪斯多夫维数为分数，则认为系统是混沌的。关于这两种维数的公式在分形中再作介绍。

（5）分析功率谱。若功率是连续的，则认为系统是混沌的。

四、混沌理论的要点

混沌理论作为系统科学理论的新发展，其理论体系涉及以下三个主要部分的内容：

（1）非线性动力学。混沌理论最初就是来源于人们对简单确定的非线性动态系统的研究，非线性动力学理论是判断混沌能否出现及研究系统动力学行为的基础。

（2）耗散结构理论。耗散结构理论是由诺贝尔化学奖获得者，比利时科学家普里高津（Prigogine）创立的。所谓耗散结构是指在开放和远离平衡的条件下，在与外界环境交换物质、信息、能量的过程中，通过能量耗散过程和内部的非线性动力学机制来形成和维持时空有序结构。这一理论对于理解系统的动态演化、有序与无序、暂态与稳定态等问题提供了理论和研究方法，为混沌研究提供了重要的理论基础。

（3）分形理论。分形可谓是混沌的姊妹理论。分形和混沌分别从空间和时间上揭示了系统演化的规律。

混沌运动具有确定性、非线性、蝴蝶效应和非周期性，混沌的这些特征给我们研究系统的演化特征提供了诸多良好的视角：

（1）从长期的演化过程看，系统对初始条件具有敏感的依赖性。北京一只蝴蝶扇动的翅膀，能够导致美国纽约的一场飓风，这就是所谓的"蝴蝶效应"。在规则运动中，系统中各因素的微小涨落导致的初始条件的微小变化一般只引起运动状态的微小改变。混沌系统则不然，初始条件的微小变化能够导致系统未来长期运动轨迹之间的巨大差异，导致系统演化状态的不可预测性，即小的因素导致了巨大的结果。由此可见，混沌运动虽然服从确定的规律，但由于人无法测到最精确的初始条件，长期的运动状态就无法预言。

（2）简单的系统可以产生复杂的现象，即复杂的结果可能是由简单的行为产生的，而复杂现象的背后隐藏着同样是有序的行为。一个系统貌似随机的输出并不一定是由于随机输入造成的，一个确定性的简单系统除了能够产生稳定平衡的、周期性的和不稳定发散的行为之外，还能产生有貌似随机的混沌行为。

人们通常认为复杂的原因导致复杂的行为，简单的原因只能引起简单的行为，但混沌理论说明，简单的系统具有少量自由度和系统，却可能出现复杂的局面。反言之，复杂现象背后可能是由简单的动力系统支配的。混沌理论使我们认识到简单与复杂的统一。混乱的混沌表面下面隐藏着有序的结构，这种结构具有自相似性，可以用分形来表示，分形的存在说明了混沌运动的规律性（确定性）。

（3）一个系统可以通过倍周期分岔、拟周期运动、间歇变换三条途径走向混沌。

（4）系统的整体行为与系统内部不同子系统的行为之间可能存在着巨大的差异性。从宏观层次讲，系统的整体行为呈现出规律性、有序性，但从微观层次看，各系统的行为有些是有序的，有些却可能是无序的。反过来，极其有序的各子系统的活动，导致的则可能是无序的宏观系统的行为。

（5）系统行为在不同状态之间的转换可能是渐进的，也可能是突然的，存在着突变、分岔等行为特征。因此，根据系统状态变化的历史趋势来推测其未来的行为和特性是需要特别引起注意的，也就是说混沌系统的行为特征表现为测不准性。

第二节　分形理论及其基本思想

如果说混沌是在时间尺度内反映了世界的复杂性态，那么与之密切相关的姊妹理论分形则是在空间尺度上反映了世界的复杂性态。因此，学习混沌理论也就必然要对分形理论做一番详细了解，这一节就是对分形理论的基本介绍。

一、什么是分形

在阐述分形的定义之前，我们先来看一些分形现象。平常我们描述事物空间形状和结构，都是以几何学的手段来实现的，如欧氏几何、黎曼几何、微分几何等。传统的几何学研究的都是规则的形状，其维度是整数，因此把它又称为规则整形几何。然而，客观世界自然存在着许许多多的事物，它们不仅不具有规则的形状和规则的结构，而且其外部和内部还具有极其复杂的，互相嵌套的形状和结构，如弯曲的海岸线、起伏的山峦、流淌的河流、交错的血管、思想的创造性分化、科学革命的结构等。这样不规则和不光滑的事物一直存在着，但用传统的几何学方法都无法对其精细的结构和几何特征进行研究。这时，我们就必须求助于另一门新兴的学科——分形几何学，又简称为分形。

　　1975 年，美籍法国数学家曼德布罗特（Mandelbrot）以其独特的思想，在系统、深入，创造性地研究了海岸结构、月球表面、地貌生成的几何性质等典型的自然界中的分形现象的基础上，发表了题为《分形：形状、机遇和维数》的专著，第一次系统地阐述了分形几何的思想、内容、意义和方法，并自创了一个英文单词 fractal，意为不规则，破碎的意思，我国把它译为"分形"。在分形几何学下面，云彩、山峦、小河都是非整数的几何体，英国的海岸线也变成了无穷长。显然，比起规则的正方形、球形，分形对应的那些对象在传统的数学看来就是怪物，是传统数学不可描述的。但是，分形都比较真实和接近地反映了客观事物。

　　对于什么是分形，目前并没有一个统一的定义。1982 年 Mandelbrot 曾给出分形的如下定义：A fractal is by definition a set for which the Hausdorff – Besicovitchstrictly exceed the topological dimension.（分形是这样一个集合，其豪斯多大维数严格大于拓扑维数）

　　这个定义虽然把具有分数维的一大类分形集都包括进去了，但把某些维数为整数的分形集都排斥在外。

　　1986 年 Mandelbrot 又给出了关于分形的另一个定义：A fractal is a shape madeof parts similar to the whole in some way.（分形是其组成部分以某种方式与整体相似的一种形体）

　　在这个定义里，突出了分形的典型特征：自相似性，即部分与整体具有某种程度的自相似性，而分形体的维数又不必为整数。

　　1989 年，英国数学家法尔科尔（Falconer）在他的专著《分形几何，数学函数及应用》（Fractal geometry, mathematical foundations and applications）中认为分形的定义虽然比较困难，但可以将分形集的一些特征罗列出来予以说明，就好像"生命"一词也无精确的定义，但生命这个概念是通过生命体的一系列特征来表征的，他认为分形集具有以下 6 个方面的特征：

　　（1）分形具有精细结构，即有任意小比例的不规则的细节，具有无标度性。

　　（2）分形具有高度的不规则性，以至于无论它的局部还是它的整体都无法用传统的微积分或几何语言来描述。

　　（3）分形具有某种统计意义或近似意义的自相似性。

（4）分形的分数维数严格大于它的拓扑维数。

（5）分形的生成方式很简单，比如可以用递归方式生成。

（6）分形通常有"自然"的外貌。

概括起来就是具有无限精细的结构，无标度性，比例自相似性，一般分数维大于它的拓扑维数，可以由非常简单的方法定义，并由迭代产生等。这些特征，是我们判断一个事物是否具有分形的重要依据。

二、分形维

维数是空间和客体的重要几何参量，例如在状态空间中维数反映了描述该空间中运动所需的不多不少的变量个数。线条是一维的，平面是二维的，空间是三维的。一个毛线团是几维的呢？从远处看，可以认为它是一个点，从近处看，毛线团被认为是一个球，毛线团是毛线绕成的，又可认为它是空间曲线，毛线本身又是弯弯曲曲的柱体，这就涉及了分形，分形的显著特征之一，就是具有分数维。Mandelbrot 指出，一个分形集一般具有三个要素：形、机遇和维数。因此，谈分形不能不谈分形维。

分形维的定义有很多种，基本上都是基于"变尺度 σ——覆盖"的思想，每次测量均忽略尺度小于 σ 时集合的不规则性，但是考察当 $\sigma\to0$ 时测量值变化的状况。这里，我们介绍几种在分形研究中经常用到的分维定义。

1. 自相似维

令 $A\subset\mathbf{R}^n$ 为一个有界集合，若它可以分成 a 个大小为 $\frac{1}{b}$ 的与原集相似的子集，则 A 的自相似维数为

$$D_S = \frac{\ln a}{\ln b}$$

2. Hansdorff 维

设 A 为欧氏空间 $\mathbf{R}^n$ 中一个子集，S 为一非负数，对任何 $\sigma>0$，定义：

$$H_\sigma^s(A) = \inf\sum_{i=1}^{\infty}\left|U_i\right|^s$$

式中：U_i 为 $\mathbf{R}^n$ 中集合，并有 $A\subset\sum_{i=1}^{\infty}U_i$，$\left|U_i\right|$ 表示 U_i 的直径，即 $\left|U_i\right|=\sup\{\left|x-y\right|;x,y\in U_i\}$，且 $0<\left|U_i\right|\leq\sigma$，$\{U_i\}$ 称为 σ-覆盖。令 $\sigma\to0$，则 $H_\sigma^s(A)$ 的极限值 $H^s(A)$ 称为集合 A 的 S 维测度。可以证明，对于集合 A 存在惟一的非负实数，记为 $D_n(A)$，它满足：

$$\text{若 } 0<S<D_n(A), \text{则 } H^s(A)=\infty$$

$$若 D_n(A) < S < \infty , 则 H^s(A) = 0$$

式中：$D_n(A)$ 就称为集合 A 的 Hansdorff 维。

3. 盒子维

设 $A \subset \mathbf{R}^n$，在欧氏距离下，用边长为 $\dfrac{1}{2^n}$ 的小盒子紧邻地去包含 A，设 $N_n(A)$

表示包含 A 所需的最小盒子数，则有

$$D = \lim_{n \to \infty} \frac{\ln N_n(A)}{\ln 2^n}$$

式中：D 称为集合 A 的盒子维。

4. 关联维数

设 $x_1, x_2, \cdots, x_n$ 是系统的一个解序列，令

$$\theta(\varepsilon - |x_i - x_j|) = \begin{cases} 1 & \varepsilon - |x_i - x_j| \geqslant 0 \\ 0 & \varepsilon - |x_i - x_j| < 0 \end{cases}$$

$$C(\varepsilon) = \frac{1}{N^2} \sum_{i,j} \theta(\varepsilon - |x_i - x_j|)$$

如果有限极限

$$D_2 = \lim_{\varepsilon \to 0} \frac{\ln C(\varepsilon)}{\ln \varepsilon}$$

存在，则称 D_2 为系统的关联维。

关联维可以在不知背景相空间的情况下，只依靠实验测量的少数数据计算维数，因此在计算分形维数时得到大量采用。

三、分形与混沌的关系

分形与混沌是紧密联系在一起的一对概念。混沌主要研究的是非线性动力系统的不稳、发散的过程，研究的是无序中的有序。在一个动态系统中同时存在着平庸吸引子和混沌吸引子。平庸吸引子使系统产生稳定的平衡态，混沌吸引子使系统产生混沌态。混沌态表现为有序中存在着无序，无序中蕴含着有序。混沌态之所以具有如此特性，是因为混沌吸引子内部存在着精细的结构，具有自相似等特征，这就是分形。

混沌与分形是同一种规律的不同表现，这种统一的规律表现为混沌是在时间尺度上反映了世界的复杂性，分形则是在空间尺度上反映了世界的复杂性。

当非线性动力系统进入混沌区域后，在混沌区域存在着几何上精细的结构和自相似嵌套的特征，具有分数维数，运动具有高度的不规则性。系统通过简单的方式如递归（迭代）即可出现混沌，这些特点恰是分形所具有的特征。

这种统一的规律反映在空间分布上即为分形，出现在时间分布上则表现为混沌。

四、分形理论的价值

分形理论的诞生为我们认识自然界和人类社会，提供了诸如递归、嵌套、自相似等新的语言和新的研究工具，具有极其重要的价值，以至于美国著名的物理学家杰勒说："可以相信，明天谁不熟悉分形，谁就不被认为是科学上的'文化人'。"

概括起来，分形理论的价值至少表现为以下几个方面：

1. 分形为研究复杂性提供了重要的思想和方法

分形最重要的思想是自相似性，自相似性是跨越不同尺度的对称性，它意味着递归、嵌套，意味着嵌套在不同层次的演化、出现和交替。

在没有看到分形前，我们看到或理解的复杂性表现为一种对称性破缺，一种非线性过程的对称性破缺，但是在分形中，复杂性则表现为某种新意义上的对称性的无限或有限的自我嵌套。复杂性于是在非自相似性与自相似性的不同层次的统一中呈现出规律性，而不是无规律性。这种自相似性无论是大尺度还是小尺度，都良好地反映了事物结构内在的统一性。借助分形的自相似语言，我们也就为从整体上把握系统的复杂性行为找到了有力的工具。

同时，分形的分数维是度量分形集的"不规则"程度和"复杂"程度的客观工具。通过分形维，可以描述一个动态演化系统的复杂性的表现程度。

此外，分形也是理解各个学科内复杂性程度的新的、重要的工具。例如在自然科学中，天文学中的星星和银河系的分级成团现象、地理学中河流与列岛、植物学中的树根与叶脉、生理学中的血管等，都可能是分形体。在技术科学中，随机游走、地震波、岩石的纹理、湍流、闪电等，也被证明是一种分形过程。在社会科学中，制度的结构、市场的结构、组织的结构等也都存在分形。科学的演化特别是它的分化和综合，也可以运用分形概念加以说明。因此，分形和分维已经成为科学家观察、描述和解释世界的理论工具。

2. 分形为我们认识简单与复杂、部分与整体提供了崭新的视角

在分形的特征中，我们已经知道了分形在数学上可以通过极其简单的规则生成，这表明简单与复杂从来就不是截然分开的。虽然从本源上讲，我们还不知道自然界或其他事物的复杂性是否也是从极其简单的规则生成的。但是从混沌和分形理论知道，有序通过无序而产生，世界的复杂性可能就来源于简单性。简单的线性叠加所产生的仍然是简单，但简单的非线性叠加或迭代所产生的结果就是复杂。非线性的相互作用可以产生复杂的混沌系统，而混沌动力学

系统中的混沌的复杂性增长则可以进一步通过递归、迭代等行为产生，而这就是分形。

除了简单与复杂的关系外，人们思考的还有部分与整体的关系问题。在经典物理学占统治地位的时期，人们认为部分之和的叠加就等于整体。系统学产生之后，人们发现整体大于部分之和。分形理论出现后，人们又发现部分与整体之间有某种意义上的自相似性，这一命题远远地超越了前面两个命题的内涵。因为分形理论所讲的自相似性，指的是任意小的分形元和任意一部分的分形元与整体的自相似，它可以表现为结构的自相似、功能的自相似、信息的自相似、外观的自相似等，而不是简单地功能相等与不相等的关系。

此外，作为系统科学的新发展的一个分支，分形不是从部分出发，而是从整体出发来研究问题，但又不抛开局部的细节，联系整体与局部层次的纽带就是自相似性。

3. 分形是理解有序与无序、规则与非规则的新的理论

一个分形体，从其整体性的外观结构上讲，都表现为非规则的，杂乱无章的特征，但是在其内部却都存在内在的几何规律性，即局部与整体的自相似，而且这种自相似性在一定的标度范围内是不变的，满足无标度性。在这个范围内不断地放大任何部分，其不规则程度都是一样的。按照统计的观点，几乎所有的分形都是置换不变的，即它的每一个部分移位、旋转、缩放等在统计意义下与其他任意部分都相似。这些性质表明，分形绝不是完全的无序或混乱，在它的不规则性中存在着一定的规则性，由此，我们可以推断自然界中一切形状及其现象都能够以较小或部分的细节反映出系统整体的不规则性。

总之，分形理论方法为我们认识复杂性、非线性和系统演化提供了重要的思考途径和方法。把分形纳入管理科学的视野，必定会对管理科学的发展产生巨大的影响。

第三节　混沌理论及其在管理中的应用

混沌理论自产生以来，其应用和发展已经扩展到了自然科学和社会科学的诸多领域，作为自然科学与社会科学交叉的管理科学，混沌理论的引入是自然而然的趋势，也是管理科学发展的迫切需要。

一、混沌理论与战略管理

自20世纪90年代以来，战略管理的研究与实践进入了艰难的岁月。由于所面临的管理系统日趋多样化、复杂化，组成管理系统各要素间及其与外部环

境的相互关系已经部分或大部分演化成非线性机制，已有的战略模式已不再适用，需要寻求新的、能给处于动荡不安环境条件下的组织生存与发展指导的新的理论模式。在这种情况下，混沌战略管理的出现为新的战略研究理论框架的形成，奠定了重要的基础。

（一）管理系统中的非线性机制及传统战略研究所面临的问题

传统的战略管理理论认为，战略就是给一个经营单位在一个行为中进行定位，并假定整个工业结构是稳定的、可识别的，未来是可以预测与识别的。战略分析的重点是要人们关注业已存在的稳定的工业组织。传统的战略管理忽视了企业与企业之间，企业与政府之间，企业与消费者之间，企业与内部员工之间，以及企业与其他外部因素如金融、政治、社会、技术、法律等之间相互作用构成的复杂关系。随着全球经济、技术、交流的日益增强、产业结构的调整、新技术产业的不断涌现，使得战略研究的对象系统发生了很大的变化。管理程式的多样化、管理内涵的扩大化、管理要素的复杂化、管理目标的市场化和管理层次的立体化成为当今管理系统的重要标志。面对日益变化的复杂的环境，现有的战略研究理论却仍然假定外部环境与管理系统，以及管理系统各要素之间的关系为结构稳定的、均衡的、没有反馈联系的简单线性关系，进而依据时域连续性和历史继承性特征总结战略实施的历史，并仍然采用建立和谐机制的原理和相容原理来预测系统的未来，显然现有的理论忽视了组成管理系统的要素之间以及与环境之间的复杂的非线性关系。而且管理中的和谐机制本质上就是复杂系统的自组织结构，也必须依据非线性科学的理论加以拓展和深化，这样才能更准确地反映管理系统的本质特征。

从战略研究的实践来看，在当今市场经济条件下战略研究成果的有效性和实用性也不尽如人意。在计划经济条件下，如果说企业只是生产管理，原料供应和产品销售由计划来完成，企业外部环境变化不显著，企业行为相对简单，那么在这种情况下，企业的短期、中期、长期战略和计划必然是有效的。但是，当企业在市场条件下由生产型向生产经营型转变，进而转向异常复杂的资本运营型管理（如并购、联合，企业大规模生产模式转变为大规模定制模式）时，企业的内外环境、决定企业未来的各种因素及其相互间的关系就大为复杂了。这时由于企业缺乏对环境变化的适应能力，企业组织在某些方面甚至失去了对企业内在机制的把握能力和调控能力，以至于许多企业不得不将花费大量人力、物力、财力制订的企业战略束之高阁，对战略不再感兴趣，转而关注如何"实施"与应变，投身于诸如全面质量管理、再造工程、形象设计等管理技术，将它们视为企业生存的途径。

战略理论与战略实践的问题使我们有理由重新审视对管理系统特征的把

握。管理系统首先是一个开放的系统，它与外界环境之间不断地进行着信息、物质、能量的交换；其次管理系统是一个不可逆的系统，系统不会在不引起外界变化的条件下使其行为重演。因此，现代管理系统由于受外界因素的动态影响，而且对环境的变化又特别敏感，加之系统内部子系统多，结构层次复杂，无论管理系统的各个环节、各个方面，以至管理系统的整体运动都表现为一种多因素交错综合的非线性运动，这时若把复杂性理论中的混沌理论纳入到战略理论的分析和研究中来，就显得十分必要和有效了。

（二）混沌理论对战略研究的启示

1. 混沌理论与管理系统本质特征的界定

现代战略研究已广泛采用了一般系统论的观点。通过对系统要素之间、要素与环境之间的相互关系及系统的目的、结构、功能的分析，充分利用环境中存在的各种机会，确定系统同环境的关系，规定系统的行为范围、成长方向和竞争对策，确定战略框架，从而赢得某种竞争优势。

上述研究思路是基于把管理系统看做是开放、非平衡的，但是近似线性的系统。但依据混沌理论，绝大多数管理系统是一个开放、非平衡、有较强非线性作用的复杂系统。因此，在战略管理中，首先应考虑系统中非线性机制的强弱，即系统混沌程度的强弱。

在混沌程度较弱的地方可以用近似线性的处理方法或附加非线性参量的方法加以解决；对于混沌度较强的系统，可采用混沌理论的方法加以处理。

2. 混沌理论与管理系统的长期行为刻画

混沌系统最显著的特征是对初始条件的敏感依赖性。如果系统已经演化为混沌态，此时，系统对初始条件的敏感依赖性是必然的，这意味着，系统初始的不确定性误差会呈指数地放大，此时长期预测没有意义。这就是混沌系统的测不准原理。对于战略管理来说，只要系统处于混沌程度较大的状态，长期战略计划的制定和战略管理的实施是非常困难的。因为战略计划或战略管理的基础工作是预测，而预测的期限越长远，不确定性就越强。传统上我们认为只要有一个非常好的预测模型和对初始条件更为准确的刻画，就会得到一个更为确定的预测结构。混沌理论的"蝴蝶效应"说明，为了获得更为准确的预测结果而建立更为复杂、精确的模型，所耗"成本"远远大于所获"收益"。所以组织机构在做基于对未来的计划或战略时，不需要花费大量的资源来做长期预测，而是要注重于对未来可能出现的各种情形的分析。

以我国对"九五"及 2010 年远景目标规划的修订为例。20 世纪 90 年代中期，我国提出了"九五"及 2010 年远景目标规划，但是仅仅只过了不到 4 年，1998 年下半年以后，我国经济理论与政策研究领域对中长期发展战略的关注程度明显加强。因为，从 1998 年的形势看，"九五"与 2010 年远景目标规划最大的始料不及是新的供求关系与过剩经济的出现。在这一年，我国国民经济形势发生了重大的变化，出现了许多始料不及的新难题、新挑战，如亚洲金融危机、就业压力、经济发展减缓、1998 年大洪水等。一方面在实践上，我国在抵御亚洲金融危机，保持国民经济稳定增长，缓解就业压力，启动符合市场经济规则的财政政策与货币政策，调整产业结构，培育资本及其他要素市场等方面取得了重大进展并摸索了一定经验。另一方面在理论上，人们对产业扶持，出口导向，开放资本市场，世界经济一体化，对大集团战略，市场发育过程中的过度竞争，产业资本与金融资本之间关系，政府调控手段以及知识经济的挑战等问题提出了很多反思或新的探索。为了适应新形势、新特点，战略管理目标也必须做相应的调整，对"九五"及 2010 年远景目标作重大修改。如在中西部发展战略上，首先原来寄予希望的规模资源开发，国家对大型重点建设项目投入以及"理顺资源性产品价格"等措施可能已经不再切合实际；其次，促进经济增长，弥补银行体系缺陷和缓解就业矛盾等新的紧迫任务使中期化，区域化的财政转移支付制度的实施节奏势必被迫放缓；最后就是水资源，可持续发展的紧迫需要使重要江河上游地区垦荒，伐木，灌溉等发展设想受到重大限制，高能耗产业逐步向中西部转移的战略设想需要重新评价等。

3. 混沌理论与管理系统的短期行为刻画

虽然混沌系统是不稳定系统，长期行为具有测不准特性，但混沌系统具有的内在确定性规律，使得系统的短期预测成为可能。对于一个复杂的管理系统，如果精确地定义了起始条件并详尽地构造了系统的模型，那么就可以作出关于系统的有价值的中短期预测。例如在经济管理中，可以通过对现实经济系统各种信息的收集、分析，来前瞻近期内经济形式的发展，从而采取相对的应对措施，制定企业或国民经济的发展战略，使得企业的生产和国民经济在长期的发展中保持持续、良好的发展态势。这一方面说明人们在混沌的经济系统面前并不是无所作为的，另一方面也说明实施战略管理仍然是必要的、可行的。

不过，这种预测是建立在对系统混沌程度的认识及其所依据的混沌理论的基础上的，而不是像传统战略研究那样，对未来的把握是以"惯性原理"、"局部推断整体原理"、"相容原理"为基础的。

4. 混沌理论与战略研究中的和谐机制

在战略研究中，往往把系统形成和谐机制作为贯穿管理系统战略研究的主线。和谐机制是维持管理系统全面、长期稳定发展的目标机制的准确概括。但是，根据混沌理论，在非线性的复杂管理系统中，这种和谐机制实质上就是一定条件下的组织结构。所谓自组织是指一个系统在没有外界特定干扰的情况下，仅仅依靠系统内部要素之间的相干性、协同性或某种默契所形成的新的特定的空间、时间或功能的结构的过程。系统在演化的过程中，通过自协同、自复制、自催化和自反馈，系统内部各要素之间以及与外部之间的相互作用方式，最终实现自适应、自稳定的状态。但系统最终能否在自适应、自稳定的基础上实现演化的目的，取决于系统的自组织能力以及与外部环境的协同能力。而一个系统在演化过程中趋向自组织的基本条件则是系统的非平衡性、开放性，系统要素间与环境间的关系的非线性，系统的正反馈机制及其涨落性。

因此，为了使管理系统形成和谐机制，首先必须使系统成为一个开放的系统，保持与外界物质、能量和信息的充分交流，这样就能够使系统各子系统间存在着差异性、竞争性和排斥性，使系统远离平衡态；同时必须使系统内各子系统间、各子系统内部相互协调，这是使系统走向自组织的重要条件。

（三）混沌理论与管理的自组织

混沌理论表明，混沌吸引子在宏观整体上是稳定有序的，但在微观上，吸引子内的轨道可无限地相互接近，但又呈指数分离的状态，存在着无穷的随机性，具有相当大的自由度和灵活性。对于整个混沌系统来说，整体上的有序和稳定正是来自微观上的无序和不稳定，反之亦然。混沌吸引子的这一特征充满着深刻的辩证法，在管理理论中有着丰富的体现。因为管理系统正是这样一个混沌吸引子，对企业组织特别是对创造性要求高的高新技术企业来说，这一特征尤其明显，整个企业系统作为一个管理系统，一个混沌吸引子，在客观上是一个有序的整体，要在复杂的市场环境中稳定发展，形成对外部环境的抗干扰能力和适应能力，就必须把作为微观要素的职工的积极性、自主性充分调动起来。此时从企业组织个体上看，它们都是具有相当自由度的，充满朝气、活力和创造欲望，似乎是杂乱无章的行为个体，然而这种状态下的企业组织已经形成了良好的和谐机制，能够自组织地产生整体层次的有序态，而采取自组织的管理方式正是混沌理论中关于系统自组织地从一种混沌吸引子发展至高级有序态的混沌吸引子原理的重要体现。自组织管理方式在企业管理实践中，具体表现为企业应主要致力于组织文化、组织环境、组织理念的建设，使每一个个体都能感受到组织内部相当宽松和谐的心理环境和文化氛围，能把整个企业的价值观融入到自己个人的价值观中去；同时尽可能地以人力、物力、财力和信息等方面的资源支持员工的工作，而对其工作方式、方法、手段和程序等不作具体硬性的规定，尽可能地给员工以自主性，这样才能发挥他们的聪明才智和创造力，使他们满腔热情、最大限度地为组织创造价值。这也就是我们在上一章所说的"悖论式管理"。

目前，在西方企业界出现了员工更大自由度的岗位分担制、部分工作制、弹性工作制和非连续工作制度等使员工有更多时间自行处理个人事务，发展个人兴趣爱好以及进修学习等组织性越来越强的管理方式。事实证明，这些方法比想象的更有效。由此可见符合管理系统混沌本性的自组织管理方向的发展是不可阻挡的趋势。

（四）混沌理论与管理激励制度

混沌行为既可以产生于确定性系统，也可以产生于开放式的耗散系统，即随机性可以来自系统内部。系统一旦进入混沌态，系统的行为就会产生不同于传统理论的某种奇特性状，在没有任何外部扰动的条件下，随机性可能突然发生。而且，即使是外界的扰动很微小，也会引起系统难以预料的较大形式的波动，这便是混沌理论中的"蝴蝶效应"。混沌的这一特性对拓展管理制度理论也具有颇为深远的启发意义。

在管理系统中，系统内部一个微小的参数改变，一项决策、一桩小事故的出现，往往会正反馈放大，从而使整个系统陷入崩溃。同样在市场中的企业竞争也是如此，一个微不足道的技术改造或技术发明的应用，可能会大幅度提高企业的竞争力，甚至进而影响整个企业界的行为，改变全部企业的经营模式。此外，在管理制度中，我们更是不能忽视系统内部单一个体的非一般或非正常行为所能够导致的整个系统行为巨大的，不可预知的变化。

通观历史，像亨利·福特这样的因个人导致了技术的重大突破从而引起了巨大的社会变革；毛泽东改变了中国的命运，从而也改变了世界的面貌；希特勒把德国引向了深渊，也把世界推向了灾难。当年小岗村十几户人家的一场"分田到户"引发了中国波澜壮阔的改革开放。同样，在一个管理系统中，领导者的作用有时直接决定了管理的成败。比如我国的许多国有企业，无论是企业的技术条件，还是员工的素质都是非常不错的，然而效益就是上不去，甚至严重亏损，但换了领导人之后，在同等的市场条件和内部条件下却马上扭亏为盈、蒸蒸日上，这种状况充分说明企业领导的个人因素对企业全局的作用。因此，对于一个管理系统，我们要注重制定各种各样的激励制度，如年薪制、期权制和职工持股计划等，对领导者及员工进行有效激励，充分调动每一个人的积极性、创造性、主动性和主人翁精神，形成良好的团队意识和企业文化，这样才能产生出高效的管理绩效，也才能从整体上优化整个系统的行为。还比如在干部任用制度上，一定要注重选拔那些德才兼备的人到领导岗位，否则就会给党和人民的事业带来重大损失。那些既无德又无才的人到领导岗位之后，既不会在工作上不断创新，又不会认真贯彻党的各项方针、政策，而只会为自己的私利钻营，最终葬送我们的事业，各种腐败分子就是这一类人。

（五）混沌理论与教育管理

混沌理论不仅与经济管理相结合，对企业管理具有巨大的指导作用，对教育管理同样具有良好的启迪性。应用混沌理论指导教育管理和教育改革，将会得到许多通过传统理论所无法得到的结果。

教育系统是一类有人参与的非线性复杂系统，在其运作过程中存在大量的正、负反馈过程，是正负反馈复合的系统。例如，教育规模与社会对人才的需求之间存在正反馈关系，社会对人才需求增多，教育规模就相应扩大；而教育规模与闲置人才存量之间存在负反馈关系，专业人才就业不足，则相关专业办学规模就会萎缩。教育过程在非线性的作用下可以产生稳定平衡、周期性变化、不稳定发散、混沌四种行为方式。教育系统作为一个复杂的系统具有明显的混沌特征，具体表现为：

（1）教育过程具有内禀的随机性。教育过程不是一种随机的行为，一方面它是在教育目标的牵引下，在学生成长愿望、教师职业责任、家长和社会期待等多种因素驱动下发生的有序行为。教学规划、教学组织都是在按部就班、有序的状态中实施的。另一方面，教育过程虽然受教育目标的吸引，但又无法完全达到教育目标的规定性，总是在教育目标的引力范围内活动，是有边界的而又不可能重复的行为过程。对于不同地区、学校、个人来说，究竟如何围绕教育目标展开教育活动，则是千姿百态，表现出随机性态。

（2）教育过程具有初值敏感性。在教育过程中，对初始条件的敏感性比比皆是，往往一些不经意的因素变化，就会使后继的结果与预想的大相径庭。如某个老师的某一句话，学校开设的某一门课程，某一个具体的教学实践环节，教改的某一项措施都可能影响一个学生一生的选择、兴趣和志向，最终左右了这个学生的前途命运。

（3）教育过程是分形的，存在着自相似的行为特征。教育过程大至整个过程，小至一个学年、一个学期、一节课甚至一节课中的一个小环节，都发生结构相似的行为，即传播信息、师生双方主动反馈和评价等。而且无论是中小学教育，还是大学教育，教育过程都呈现出这样相似的行为过程。此外，教育的组织、教育的管理也具有自相似的行为特征。

由于教育系统是复杂的系统，依据复杂理论中的混沌理论，我们可以得到的启示之一，就是我们对教育系统进行精确的预测和有效控制往往是不切实际的，因为对于混沌态的运动，短期预测可行，长期预测绝对失败。比如关于中国高校规模的发展，在前几年，大概没有人预测到1999年招生规模会急剧膨胀。这一方面是所谓的为了拉动经济，另一方面也是长期以来民众接受高等教育要求与所有提供的机会差距之间的差距造成的张力释放的结果。这个张力在什么时候达到临界状态，在什么因素刺激下会得到释放，没有人确切知道。此外，混沌运动的内禀随机性也使教育控制显得苍白无力，令教育管理者奈何不得。对于学生的教育管理，一些教育工作者往往把学生当做一个简单的管理对象，希望能把学生管住，按照所设定的轨道去要求学生，学生必须循规蹈矩，否则就施以惩罚，结果要么是这样培养出来的学生严肃有余，活泼不够，缺乏主动性、创造性思维；要么是这样的管理模式碰得头破血流，学生根本不理这一套，徒落得个"现在的学生越来越不好管"的嗟叹。几十年来，每一个时期，国家都提出了明确的全面发展的教育目标，但在现实中，总有这样那样的偏差，让人感到目标旁落。虽然有人大声疾呼，有人三申五令，然而教育现实过程总是顽固地不善解人意，仿佛一头倔强的牛。人们对教育过程的这些不尽如人意大摇其头，却不知道这正是混沌使然，这才是真正的教育现实，要达到对教育的完全驾驭，是不可能的。

启示之二，教育管理要注重对临界点的研究。"蝴蝶效应"告诉我们，混沌对初始条件是十分敏感的，事物变化的临界点是弥散的。临界点就是事物的变化由量转化为质的关节点、交错点，它在一连串事件中起到牵一发而动全身的作用。

传统的教育研究，对于复杂的结果，总是习惯于追求复杂的原因，这固然重要，但殊不知，复杂的结果可能是由一个极其微小的行为产生的。我们分析教学质量滑坡现象，往往归咎于教学投入的不足等；分析青年教师队伍的不稳定，往往联系待遇低、市场经济的负面影响等；对办学水平的评估，往往注重硬件条件、经济实力、博士点、硕士点的多少等。但是否就找到了具体学校存在问题的临界点或关节点，值得探究。混沌理论启示我们，教育管理应有非线性的思维模式，找准敏感性强的初始条件。在临界点上，失之毫厘便能谬之千里。教学质量滑坡，青年教师队伍不稳定，除了常规的原因之外，制度健全、凝聚力差等很可能成为临界点，不同的对象体现出不同的敏感性。只要找准了系统进化的临界点，矛盾就可能迎刃而解。

启示之三，教育创新应具有适应性。教育的创新过程是教育系统调节内部各因素的关系，以适应新的要求，教育过程是混沌态的，必须充分注意自组织作用，形成自适应系统。根据复杂适应性理论，自适应系统应该是由许多高度联系与作用的相对独立的部分组成，每一部分能够制定和改变自己的行为策略，学习与适应环境的变化情况。1997 年，国家在对全国性本科专业目录调整后，几年来，教育发展所面临的外部环境发生了深刻的变化。随着我国加入WTO 和全球经济一体化、信息技术的迅速发展，我国需要增设一批经济和社会发展所亟需的新专业，培养一大批具有国际视野、国际竞争与合作意识和能力的人才。为了适应这一变化的外部环境的要求，2001 年教育部启动了新一轮本科学科专业结构的调整工作，出现了像金融工程、电子商务等原专业目录中没有的新专业，使得本科专业设置与结构更加适应形势的要求。为了提高教育创新适应社会发展的能力，在管理上，应建立"自主管理"组织，把系统的集权控制的层次式组织结构转化为适当分权的扁平化组织机构，使系统的每一部分具有相对自主权。在这样的组织中，每一部分容易发生决策上的变化，形成对系统的扰动，扰动被放大后，引发各部分重新调整关系，即产生自组织行为，达到创新适应目的。不断有扰动，关系不断调整，创新机制得以形成。

混沌理论在管理中的应用非常广泛，除了上面介绍的内容之外，混沌在金融、投资、市场营销等方面都有广泛应用，限于篇幅，这里就不再一一予以介绍。

第四节　分形理论与管理

分形理论自创立以来，至今已在诸如数学、物理学、化学、材料科学、信息科学、计算机、生物、医学、天文、气象、地质、经济、语言和情报等许多领域得到了应用。分形的结构、特性和潜力也为我们改造和完善管理模式提供了新的思想和方法。

一、分形企业与分形管理

在知识经济、信息经济时代，企业所面对的外部环境是复杂多变的，企业只有适应外部环境的状况及其变化，才有可能在激烈的市场竞争中生存和发展。根据分形理论，若把企业演变成一个分形企业，对企业实施分形管理，则能够较好地应对经营环境的变迁所带来的各种问题。

所谓分形企业（fractal enterprise）是借用分形几何中的自相似性（self-similarity）概念描述的一种新的企业组织结构和生产方式。分形企业的自相似包括：①企业结构的自相似，即以过程为中心建立企业的组织；②目标自相似，即单位的目标与企业的目标一致。组织结构的自律和自主的统一，实现提高企业的效率和柔性的统一。

一个分形企业是由若干相对独立的单元组成的，这种单元称为"分形单元"，分形单元中还可包含若干分形单元，一个分形企业也可以看成是一个大的分形单元。每个分形单元在企业中是可以独立运转的，并具有明确的目标和功能。分形单元具有自相似、自组织、自我调整、自我优化、目标导向、动态、结构简单、内部有序和高效的信息交流等特性。而分形企业的结构是动态和开放的，具有很强的适应环境和自我发展的能力。

（1）分形单元是自相似的。这种自相似性包括组织结构特性、创造价值的方法和方式、目标形成和实现等方面。甚至要求企业各个方面直至每个员工在理想、思维及行为方式方面具有相似性。这样，每个分形单元从自身的角度来看就是一个小的"分形企业"。自相似的概念还体现在目标方面。分形企业的目标和它的分形单元的目标是相似的。有意义的总体目标是共同制定的，所有的分形单元保持"一致"，并正确对待各自的目标。这里所说的自相似不是绝对的，就是在分形几何中，这种相似也是有误差的，而不是完全一样的结构。

（2）分形单元具有自组织的特性。分形单元能自我形成符合并有利于企业总体目标的战略和战术。分形单元中的组织结构能进行自我调整和优化，其生产和经营过程易于实现直接和快捷的改良，优秀的思想和方案易于付诸实施。它在动态过程中认识和形成其目标、内部关系及对外关系，可以改变自己，从而达到破旧立新的目的。

在分形单元中，员工的工作和生产作业也是自组织的，其组织体系简单，工作人员相互之间可自由交流和协同工作，而无须上级的批准。工作中出现的问题通常在现场进行决策和处理。小组中的成员实行自我规划、自我决策和自我管理。为员工提供一定的自我支配资源的余地，有利于充分发挥他们的主动性和能动性。

（3）分形单元具有动态特性并充满活力。与常规企业中的部门、加工车间等企业基本构件相比，分形单元具有一种关键的特性：活力。活力是指对变化万千的环境作出迅速有效反应的能力，同时反应速度也是至关重要的。企业缺乏活力总是与其利润停止增长或下降、市场份额的减少及竞争能力的下降相联系的。一个企业及结构的中心任务是能持续不断地适应环境对它的要求。影响企业活力的内部因素主要有成本状况、生产效率、研究和开发、管理的有效性、采购和销售效率、有效的财务和资本运行、后勤保障、人事、生产以及销售程序等；外部因素主要有销售市场、供应市场、竞争环境以及法律环境等。

（4）简洁有序、信息保障和扁平化结构。企业所面对的任务和环境是错综复杂的，要完成这些复杂的任务，分形企业本身必须保持简洁和有序。满足生产经营任务的信息应压缩和简化到最小的程度。简化的原则应贯穿于整个企业范围。它也是一个动态的过程，系统运行一段时间后其复杂程度可能又会增加，这时就需要进行再简化。

高效的信息交流网络是分形企业存在的必要前提，分形的内部、它们之间及与外部环境之间都要求有效的信息保障。信息网络使分形单元有可能从其母体中独立出去，而仍然保持相互间原有的动态业务合作关系。

分形企业管理和控制是灵活的，能及时、迅速地检查其运行状态是否满足目标要求，并进行及时有效的修正。它改变了"金字塔"型企业繁琐的信息结构、复杂的计划方式和缺乏自主性。

德国学者瓦奈克（H. J. Warnecke）教授通过对分形企业的分析认为，分形企业可以从内部结构、企业环境、员工、知识、数据和方法等几方面采取适当的措施以收到高效率、快速的反应能力、强大的活力及快速的创新能力等效果，具体情况如表 13.2 所示。

表 13.2　　　　　　　　　分形企业中有关措施及对应效果

效果 项目	高　　效	反映能力及活力	快速创新
内部结构	面向目标、自优化	透明、竞争、动态结构	自组织、动态结构
企业环境	合　作	透　明	合作、市场意识
员　　工	能力培养、团队精神、激励	能力培养、全局思维	激励系统、全局思维
知　　识	能力、激励、信息系统	透　明	动态结构、开放性
数　　据	信息系统、网络导航	信息系统	
方　　法	能力、团队	动态结构	动态结构

从以上分析中我们也可以发现，分形企业与传统企业在组织管理方面存在着许多方面的差别，具体内容如表 13.3 所示。

表 13.3　　　　　　　　　分形企业与传统企业的比较

传 统 企 业	分 形 企 业
企业是集中式、层次式直线结构	非集中式、内相关、扁平、分形的网络结构
按功能分解组织结构	按任务或产品分解组织结构
员工间相互不信任	员工间相互信任
强调外界控制，决策权集中	强调自我监控，将决策权分散，下放到可能出现问题并需要作出决策的地方
企业以线性、稳定、可预测和可控的方式发展	企业跳跃式发展，按照概率的规律进行变化，这是可控的但不是可确定的发展

续表

传 统 企 业	分 形 企 业
工作内容细化、单调	工作内容丰富，包含高深的知识内容，以便于工作人员有机会不断提高自己的知识水平，增加工作的趣味
供货者、顾客和竞争者之间是"零和"对策	竞争各方是"非零和"对策
公司内、公司和环境间有很清楚的边界	公司内、公司和环境间的界限是模糊的
强调个人表现	强调团队表现
强调控制	强调通讯和相互协调
对计划的一定程度的偏差通过修改计划来纠正，通过库存进行补偿	目标及实现，不是详细地进行规划，则是由自组织和自作用单元确保动态的结果

分形企业的组织管理模式是一个新的概念，还需要人们对此进行深入的研究。分形企业的管理模式也是受到混沌及分形理论的启发，从事物分形特性的角度对企业管理和组织模式进行有益的考察和研究，所形成的初步思想体系。分形企业和分形管理两者并没有一成不变的固定模式，企业应根据各自的实际情况和条件领会分形管理思想和方法的精髓，借鉴其它成功的分形企业的有益经验，建立适合自己具体条件的管理和组织模式。

二、管理绩效的分形评价

分形理论不仅可用于指导对系统的管理，而且还可以用来对系统绩效的评价。采用分形理论对管理绩效进行多维评价，揭示分维数与管理绩效的内在联系，是绩效评价的一种崭新的方法，以企业的管理绩效评价为例。

目前对企业管理的绩效评价大多仅限于法人的利润、资产评估和竞争力等单一因素，很少把组织内部和组织外部影响企业管理绩效的组织行为、管理过程、领导行为、市场效应和竞争力等评价因素统一起来同时进行评价。因此，很难得到与客观实际相吻合的结果。

至于企业管理绩效的评价方法，一般采用的是多指标加权综合指数法、模糊综合评价法或工效系数法等。这些方法大多是采用通过特尔菲法获得的权数，得到的数据具有较大的不确定性；反映企业管理绩效的多维指标，由于性质不同，数目庞大，结合起来综合评价处理上也有难度。而分形方法可以从数据序列中直接计算出分维数来综合评价绩效，不需要权数，并且数据量越庞大，越能显示出其优越性。

分形方法用维数刻画了图形占领空间规模和整体复杂性的量度。多维评价指标的不规则性，从本质上属于这类问题，分形在它的处理上有明显的优势。

（一）模型分析

根据系统论的观点，企业是一个开放的系统，因此评价企业管理绩效时，应把企业内部和外部环境结合起来进行开放系统的评价，它应涉及组织行为、管理过程、市场效应、竞争能力和应变能力等因素，即企业管理绩效为

$$G = f(x_1, x_2, x_3, \cdots, x_i, \cdots)$$

式中：x_1 代表组织行为；x_2 代表管理过程；x_3 代表市场效应；……。必须通过一系列相应的指标体系，才能从多维角度较准确、客观地描述出企业管理的绩效，并综合进行评价。由于篇幅问题，模型不详细罗列。

以 $[X]_{M \times N}$ 表示在 M 个序列指标变量组合下 N 个子指标变量组成的可行域。可行域及对应的指标如表 13.4 所示。

表 13.4   指标变量及可行域分解

序列指标	x_1	x_2	x_3	x_4	x_5	$\cdots$
子指标集	$x_{11}, x_{12},$ $\cdots, x_{1n_1}$	$x_{21}, \cdots,$ x_{2n_2}	$x_{31}, \cdots,$ x_{3n_3}	$x_{41}, \cdots,$ x_{4n_4}	$x_{51}, \cdots,$ x_{5n_5}	$\cdots$
可行域	E^{n_1}	E^{n_2}	E^{n_3}	E^{n_4}	E^{n_5}	$\cdots$

其中：$N = \sum n_i, n_1, n_2, \cdots, n_i$ 表示第 i 个序列指标的子指标数。

由于企业所处的环境十分复杂，不同指标混杂在一起，不易评价，在这种情况下，必须将每个序列指标的子指标数据分类进行整理，然后再放在一起，进行分形评价，求出其反映企业管理绩效的分维数。

1. 子指标数据的标准化

设用 N 个子指标构成的指标体系来评价 K 个企业的绩效；第 i 个企业的第 j 个指标为 x_{ij}，则对统计指标进行标准化处理，公式如下：

$$\bar{y}_{ij} = \frac{x_{ij} - \bar{x}_j}{S_j} \tag{13.4.1}$$

式中：y_{ij} 是 x_{ij} 标准化数据；$\bar{x}_j$ 是未标准化的第 j 个指标的平均值；S_j 是未标准化的第 j 个指标的标准差。

$$\bar{x}_j = \frac{1}{k} \sum_{i=1}^{k} x_{ij}$$

$$S_j = \sqrt{\frac{1}{k-1}\sum_{i=1}^{k}(x_{ij}-\bar{x}_j)^2}$$

2. 子指标数据的相关性分析

$y_i = (y_{i1}, y_{i2}, \cdots, y_{in})$ 是一个 n_i 维随机向量，各个子指标一般都存在着一定的相关性。为了消除这种相关性，可找到一个适当的 $n_i \times n_i$ 维矩阵 A，使 y_i 经它变换后产生一个新的子指标体系。

$$Z_i = (Z_{i1}, Z_{i2}, \cdots, Z_{in})^{\mathrm{T}} = AY_i \qquad (13.4.2)$$

式中：Z_{ij} 是子指标 y_{i1}，y_{i2}，$\cdots$，y_{in} 不同的线性组合，但它们两两不相关且包含了指标的所有信息。根据多元统计分析的理论，若已知随机向量 Y_i 的协方差矩阵 $B_{n_i \times n_i}$，其中 n_i 个特征根为 λ_1，λ_2，$\cdots$，λ_{n_i}，它们相应的单位特征向量为 a_1，a_2，$\cdots$，a_{n_i}，则（13.4.2）式中的变换矩阵为

$$A = (a_1, a_2, \cdots, a_{n_i})$$

同样，将每个随机指标 Y_i 都进行变换，则得到一个新的子指标体系，Z_1，Z_2，Z_3，Z_4，$\cdots Z_n$。

3. 分形评价

新子指标体系中的 N 个指标元素 Z_{ij} 可以看做是 N 维空间中各个坐标上的点，所有这些点构成 N 维欧氏空间 E^N 中的一个子集 $J_{(N)}$。定义这些点到原点距离为 d_{ij}，如果 $Z_{ij} < 0$，取 $\delta = \max \{|Z_{ij}|, Z_{ij} < 0\}$，作变换 $Z_{ij} \Rightarrow Z_{ij} + \delta$，使 $J_{(N)}$ 中每个数 $Z_{ij} \geq 0$。

首先任意给定一个半径 $r > 0$，以原点为球心，r 为半径作球，显然 E^N 中 $d_{ij} < \gamma$ 的 $N(r)$ 个点位于球内，再改变 γ 的值，重新作球，直到 $\gamma = R$ 时，球恰好包含所有的 N 个点。则半径为 γ 的球内的总数 $N(r)$ 在 N 个点中所占的比例 $C(r)$，可表示为

$$C(r) = \frac{2}{N(N-1)}\sum_{i,j} H(\gamma - d_{ij}) \qquad (13.4.3)$$

式中：$H(x)$ 是 Heaviside 函数。

$$H(x) = \begin{cases} 1, & x > 0 \\ 0, & x \leq 0 \end{cases}$$

显然，$C(r)$ 随着 γ 的增大而增大。当 γ 趋近于 R 时，$C(r) \to 1$；当 γ 过小时，$C(r) \to 0$；当 γ 位于一适当空间，$C(r)$ 随着 γ 的变化呈幂函数形式：

$$C(r) \propto \gamma^{D_2}$$

时，则子集 $J_{(N)}$ 具有分形的特性，其分维数为

$$D_2 = \ln C(r)/\ln r$$

在双对数图 $\ln C(r)$-$\ln r$ 上，用直线拟合可求出分维数 D_2。考虑到实际数据上的 $\ln C(r)$-$\ln r$ 曲线不一定是一条直线，而只有在某区域段才适合计算 D_2。因此，当用线性回归方法计算维数 D_2 时，必须先选定适当的线性段，然后在该段内进行线性拟合，才能较准确地求出 D_2。计算分维数 D_2 的目的在于对企业管理绩效进行多维评价。

在双对数图 $\ln C(r)$-$\ln r$ 上，分维数即斜率，它反映指标点在空间的分布状况，绩效好的企业的指标点分布离球心相对远，绩效差的企业的指标点分布离球心则相对近。即 $\forall \gamma > 0$，对应绩效好的 $N(r)$ 在适当区域总是小于对应绩效差的 $N(r)$，或是说绩效好的 $\ln C(r)$ ≤ 绩效差的 $\ln C(r)$。不同 k 个企业 $\ln C(r)$-$\ln r$ 线逐渐上升最终逼近于 $(\ln R, O)$ 点，所以绩效好的企业所反映出的斜率总是大于绩效差的企业所反映出的直线斜率，即企业管理绩效好的企业的分维数 $D_{好} > D_{差}$。分维数的经济意义从本质上反映了企业管理的绩效，分维数越大，企业管理绩效越好。

三、分形理论与经济系统的分形

经济系统和许多其他类型的系统一样是一个内部存在不确定性和非线性相互作用机制演化着的复杂系统，分形是这种复杂性的一种刻画，而非均衡就是复杂经济系统一种重要的分形特征。在现实的经济生活中，非均衡分形存在于各个方面：商品供需非均衡、市场结构非均衡、产业结构非均衡、区域发展非均衡和制度非均衡等。经济系统是一个典型的非均衡系统：从空间角度看，产业与产业之间、部门与部门之间、地区与地区之间，从来都是非均衡的；从时间序列来看，经济发展的速度是非均衡的。

按照分形理论，一个分形体内的任何一个相对独立的部分在一定程度上都是整体的再现和缩影，局部与整体之间存在某种程度的相似性，这种特性在经济系统中普遍存在。经济系统的分形体现在系统的结构、状态和变化过程等方面。表现为结构分形、状态分形和过程分形。结构分形是指经济系统的整体结构与部分结构在某些方面具有相似性，如宏观经济部门在结构上与中观、微观部分之间具有某种相似性；状态分形是指经济系统状态行为在不同时间尺度上具有相似性，如经济周期中长周期与短周期之间的相似性；过程分形是指一个演化过程完全结束才能进入下一个新的演化阶段。经济系统选择非均衡作为分形，既是其结构分形的体现，又是其状态和功能及过程分形的表现，而商品生产的非均衡就是这个分形体的分形生成元。

（1）经济系统作为一个复杂的整体系统呈现非均衡结构分形，作为其结构层次的各（子）系统也大多呈现非均衡分形特征，表现出极其显著的局部与整体的相似性。这种非均衡的分形特征，从本质上讲就是经济系统非线性特征的具体体现。以我国为例，我国现在的宏观经济是一种典型的非均衡经济，"经济剩余"就是这一特征的直接表现。在经济总体呈现非均衡态势的时候，经济系统中的产业系统、技术系统、制度系统和市场结构都呈现出非均衡的状态。也就是说非均衡经济系统是由若干非均衡的子系统层层组合，嵌镶而成的，具有分形所特有的层次性和相似性，而且在不同的层次之间存在着不同的分形元，市场结构的分形元为市场信息，市场信息的非均衡导致市场结构的非均衡。整体与各层次之间存在着相似结构——非均衡，这一自相似性乃是分形的根本特征。

（2）经济系统的非均衡特征来自最简单的结构——商品生产的非均衡，其构成了经济系统非均衡的生成元。商品作为经济系统一个很小的相对独立的部分，包含着整个经济社会的信息，体现着经济系统的性质及商品的内在矛盾，孕含着整个经济系统一切矛盾的萌芽，是典型的分形元。经济系统的非均衡特征从数量关系上讲表现为商品供需的非均衡。商品供需的非均衡反映着商品生产、销售、消费过程中的产业结构、市场结构、资源配置、投资和制度安排的非均衡。我们知道，经济系统的一切活动都是围绕着商品的生产而展开的。商品的生产以及对不同商品生产的要求导致了不同产业的出现，形成了非均衡的产业系统；商品生产出来后，围绕着其销售和消费出现了不同类型的销售市场和消费市场，这些活动又涉及大量资本的运动，需要大量的人力，从而出现了金融市场、人才市场、技术市场和商品市场，这些市场组成一个庞大的相互作用的非均衡的市场体系；此外，商品生产是由大量人的参与来完成的，体现了人与人之间的关系，为了规范人与人之间，以及商品生产、销售、分配中的其他各种关系，便应运而生了制度系统。商品是经济系统中最简单、最普通、最常见的"细胞"，商品的简单结构生成了复杂的经济系统，这就是"分形可由简单的方式生成"这一分形特性的反映，也是经济系统非均衡功能分形的体现。马克思当年就是从对资本主义社会这个基本"细胞"，即"分形元"商品的分析中，揭示了资本主义社会的一切矛盾，并进而揭示出资本主义乃至整个人类社会的发展规律。可以这样说，分形理论"无意中"捍卫了马克思主义的政治经济学的科学性。而商品生产的非均衡从本源上讲，又源自人的创新能力及创新活动的非均衡，正是这种非均衡的创新活动，使得商品生产呈现出非均衡变动的状态。

在经济系统中，之所以从微观层次到客观层次之间存在着非均衡的相似性特征，是由于力的相似性就使得物质处于稳态时结构上的相似性，而结构的相似性进一步呈现出功能的相似性。

（3）经济系统的非均衡分形满足无标度性，即无论研究的尺度或单位如何改变，研究客体的性质不发生变化。对于非均衡经济系统，无论其范围是一个国家，还是一个大区域，乃至全球经济；也无论研究的经济系统在过去，今天乃至将来的表现，它们都具有经济系统所共同的特征——非均衡性，只不过这种非均衡的程度在不同的区域、国家，或不同的时期表现的程度呈现出不同的差异性而已，满足研究尺度的无标度性，而这种差异性本身就是非均衡的表现。我们所说的一国经济发展的非均衡状态与全球贸易及全球经济发展的非均衡状态，就是这种分形无标度性特征的现实反映。

以上分析表明，经济系统具有结构上、功能上、过程上、状态上的非均衡分形特征，拥有分形的一切特征。在这里我们从分形理论中看到了瓦尔拉斯的均衡论是不成立的，而且借助非均衡分形，我们常常所说的微观经济与宏观经济之间的悖论就可以立刻冰释，因为无论是微观经济系统，还是宏观经济系统本质上都是非均衡的。

经济系统是一个演化着的复杂系统，非均衡分形是其复杂性特征的重要反映，"稳定的均衡模式"是根本不可能的。这一复杂性特征源于经济系统结构上，演化的环境上，演化过程的不可逆、不可积上，以及系统的主动性、能动性上。认识经济系统的非均衡分形特征，为我们理解非均衡作为经济系统的常态，从非均衡角度来研究经济系统的结构、功能、演化、状态，系统整体与局部的关系，卓有成效地管理经济系统，提供理论方法和研究思路。

四、基于分形思想的复杂系统建模理论

对于一个复杂系统，依据前面的复杂性理论，我们已经知道其总体特性是相当复杂的，尤其是对于一个特定复杂系统的边界、成分、结构和环境 4 个要素的精确描述和定量化分析，往往具有相当的难度。但是这些复杂性在考察具体问题和具体系统时，仍然有个程度和层次之分，许多复杂系统的各结构层次具有一定的相似性，符合分形几何的特征。依据分形理论的思想，可以为我们进行复杂系统的建模提供良好的帮助。也就是在掌握系统整体与局部之间结构相似性的基础上，将组合式复杂大系统用简单的分形子系统来逼近和覆盖，各子系统间的功能既互相独立又互相联系，通过考察子系统与整体系统的局部相似性，将系统分解成多个分形子系统，具体来说，就是在系统总体结构的指导下给出第一次的分解设计，使分解的各子系统具有相对的独立性和结构上的相似性，并且了解各子系统之间的相互关系，然后构筑第二级的系统模型。按照类似的方法对各二级系统进行细化，得到第三级的系统模型。以此类推，直到

达到设计目标为止。

在具体执行中，分形建模有以下几种方式：

（1）按功能分形：其中每一个分形子系统解决一个或几个功能，而各功能之间相互独立，子系统间的结合方式为组合式。

（2）按描述方法分形：每个子系统反映所研究问题的多个侧面。

（3）按相互关系分形：用若干分形子系统对变量间的相互关系进行描述。

通过以上方法，可从不同侧面进行分形建模方法的应用。这里我们以某一大型企业按照系统功能分形的方法，开发 CIMS（企业信息管理系统）为例，来具体论述分形建模方法在复杂系统建模中的应用。

这是一家以单件、小批量生产为主的订单驱动型离散制造型企业。该企业在其 CIMS 规划中，必须根据其生产经营的具体特点，设计相应的 CIMS 系统，解决日常经营行为中存在的决策支持、经营管理、技术开发管理、质量管理、生产管理和财务管理等方面的问题；同时，在总体设计中应注意厂方的现实需求和实施条件。

在 CIMS 系统功能模型的开发中，首先应使总体模型充分表达系统最主要方面的轮廓、特性及相互关系，然后按照分形原则，即在模块化、强内聚和弱耦合条件下，按照对象的复杂性程度进行分层细化，并在细化时注意按照反映所细化等级子系统信息的层次性，以及各层次模型间相似性的原则进行下一级的操作。在分形细化时，以上一级分形模型为基础，以结构相似为细化原则，根据一定的细化线索进行逐层的操作。这种应用分形思想的复杂系统开发方法既考虑了系统的总体复杂性，又体现了对系统的可认识性和可分解性，具有相当的可操作性。同时，复杂系统分形的思想也有利于根据实际情况决定具体的系统实施程度，使 CIMS 系统开发真正体现"效益驱动、总体规划、重点突破、分步实施"的方针。

经过实地调查和需求分析，可以得到企业 CIMS 的功能需求模型，并对此设计相应的各级功能模型。在最高一级的 CIMS 总体结构中，系统的总体功能模型（第一级）如图 13.2 所示。

从图中只能看出 CIMS 系统的总体输入（左方箭头）、输出（右方箭头）、软硬件和组织支持（下方箭头）以及约束条件（上方箭头），而对系统内部的具体功能模型一无所知。考虑到系统运行的 3 个重要方面（在该系统中为工厂事务运行过程的 3 个方面）：是否运行、何时运行和如何运行，以上功能模型可细化成图 13.3。其中，决策支持系统、经营管理系统及运行操作系统分别处理上述 3 类问题。

由图 13.3 可见，处于第二级的各子系统与第一级系统（总体功能模型）

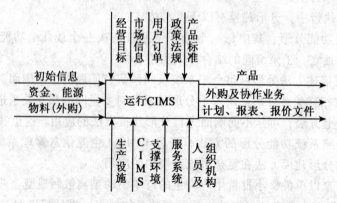

图 13.2 CIMS 系统的总体功能模型（第一级）

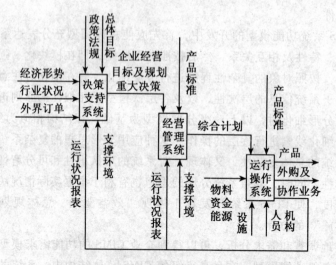

图 13.3 CIMS 系统功能模型结构（第二级）

之间存在着明显的相似特征，所不同的是该级各子系统的输入、输出、支持及约束条件既符合总体模型的约束，又在这一级的环境中进行了相应的细化。3个二级子系统之间互有联系，但又互不相同，结构类似，而功能各侧重于系统运行的各个方面，构成了有机的整体，将总体功能进行了一定程度的细化。

图 13.3 中运行操作模块的概括性设计显然是不能满足厂方要求的。按照各第三级子系统的分形原则，对运行操作模块进行进一步的细化设计，得到各运行操作子系统的功能模型结构。包括技术设计与管理系统、质量管理系统、

财务管理系统、物资供应管理系统和生产管理系统 5 个第三级子系统。这里，第三级子系统之间同样具有类似的输入、输出、支持和约束条件特征，又各有侧重，分工协作，完成了工厂运行操作模块的总体功能。

　　限于篇幅，不能将第三级模块中所有子系统进行细化并绘制总图，这里仅对其中的技术设计与管理系统的分形设计进行了分析，对于其他子系统也有类似的过程。

　　在图 13.4 所示的技术设计与管理系统功能模型总体框图中，由于其"是否运行"（即决策）功能的弱化，可在参照总体系统运行 3 个重要方面结构关系的同时，将其中的决策功能去除，然后类似于体系设计技术设计与管理系统的子模块相互关系总体结构。设计结果只有两个第四级子系统。其中技术准备计划与管理子系统及设计运行模块完成了对技术设计系统中总体功能的分解执行。从这一级的系统结构图中，可以明显地看出它与上几级系统结构在形态、结构上的相似特征，体现了 CIMS 各级子系统的分形特征。

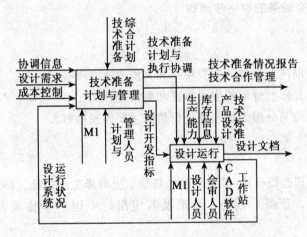

图 13.4　技术设计与管理系统总体功能模型（第三级）

　　将第四级子系统中的设计运行模块按照分形原则进一步细化，可以得到设计运行子模块的总体结构图（略）。同样，其中的第五级子系统——产品设计、工艺过程设计、产品开发与研究、技术文档与数据库管理，涉及设计运行子系统所应包含的各个不同方面，各有侧重又相互联系，进一步体现了更详细的系统分形特征。

　　如果系统有更详细的建模要求，则以上过程还可在更细的层次上继续进行。可以认为，当所开发的系统在所要求的认识层次上有清晰的解答时，则系统的复杂性在这一层次上也就清除了。而这正是我们按照系统的分形原则，层次性地认识复杂系统的目的所在。

小　　结

混沌与分形理论是复杂性理论的重要组织部分，阐述复杂性理论与管理科学的结合，必然要涉及混沌及分形理论在管理中的应用，即混沌与分形管理理论。

本章阐述了混沌与分形的定义，混沌与分形的特征、混沌与分形的判据方法、混沌吸引子、分形维、混沌与分形的关系、混沌与分形的理论价值。混沌理论在战略管理、混沌理论在管理的自组织、混沌理论在管理激励及混沌理论在教育管理中的应用；分形理论在分形企业的构成、分形式管理、管理绩效评价、复杂系统建模和经济系统的分形中的应用。这些阐述和分析仍然只能说是初步的，这主要是因为混沌与分形理论与管理的结合才仅仅开始，更深入的阐述还有待于研究成果的进一步涌现。

思考题

1. 什么叫混沌？混沌的主要特征和判据方法有哪些？
2. 什么叫分形？分形的主要特征和判据是什么？
3. 阐述混沌与分形的管理理论价值的主要表现内容。

参考文献

1. ［美］理查德·H. 戴．混沌经济学．上海译文出版社，1996

2. 王东生，曹磊．混沌、分形及其应用．中国科学技术大学出版社，1995

3. 刘洪．经济混沌管理——理论、方法、应用．中国发展出版社，2001

4. 吴彤．自组织方法论研究．清华大学出版社，2001

5. 徐二明．企业战略管理．中国经济出版社，1998

6. 吴祥兴、陈忠．混沌学导论．上海科学技术文献出版社，1997

7. 萧蕴诗、汪镭．基于分形思想的复杂系统建模实例研究．控制与决策，2001（1）

8. 张小平、甘仞初．企业的分形管理

9. 顾新建、祁国宁．分形企业的概念和结构．航空制造工程

10. 卢辉炬．混沌——理解教育的新视野．广西师范大学学报，2000（1）

11. 方耀楣．混沌理论对高教研究的方法论意义．上海高教研究，1995
(5)

12. 李大勇．企业管理绩效的分形评价．预测，1997（6）

13. 张永安、张所地．混沌理论及其对战略研究的影响．科技导报，1996
(11)

图书在版编目(CIP)数据

管理科学理论与方法/黄本笑,范如国编著.—武汉:武汉大学出版社,2006.11(2013.10重印)
　21世纪经济学管理学系列教材
　ISBN 7-307-05028-5

　Ⅰ.管…　Ⅱ.①黄…　②范…　Ⅲ.管理学—高等学校—教材
Ⅳ.C93

中国版本图书馆CIP数据核字(2006)第036991号

责任编辑:谢文涛　　　责任校对:黄添生　　　版式设计:支　笛

出版发行:**武汉大学出版社**　(430072　武昌　珞珈山)
　　　　(电子邮件:cbs22@whu.edu.cn　网址:www.wdp.com.cn)
印刷:湖北省京山德兴印务有限公司
开本:720×1000　1/16　　印张:30.375　字数:557千字
版次:2006年11月第1版　　2013年10月第3次印刷
ISBN 7-307-05028-5/C·160　　定价:38.00元

21 世纪

经 济 学 管 理 学 系 列 教 材

政治经济学概论	统计学
政治经济学(社会主义部分)	经济预测与决策技术
发展经济学概论	国际企业管理
产业经济学	会计学
证券投资学	人力资源管理
技术经济学	宏观经济管理学
新制度经济学	物流管理学
国际贸易学	管理运筹学
国际贸易实务新编	企业电子商务
保险会计	项目管理
财政学	经济法
国际投资学	中小企业经营管理
国际结算	金融企业会计
计量经济学	房地产投资与管理
环境经济学	消费者行为学
	管理学
	企业并购理论
	管理经济学
	生产与运营管理
	项目融资
	管理科学理论与方法
	战略管理